Betriebs- und Wirtschaftsinformatik

Herausgegeben von
H. R. Hansen H. Krallmann P. Mertens A.-W. Scheer
D. Seibt P. Stahlknecht H. Strunz R. Thome

Christian Petri

Externe Integration der Datenverarbeitung

Unternehmensübergreifende Konzepte für Handelsunternehmen

Springer-Verlag
Berlin Heidelberg GmbH

Dr. rer. oec. Dipl.-Volksw. Christian Petri
Hans-Böckler-Str. 57, D-6500 Mainz

ISBN 978-3-540-51849-5 ISBN 978-3-662-30491-4 (eBook)
DOI 10.1007/978-3-662-30491-4

2142-3140-543210 – Gedruckt auf säurefreiem Papier

Vorwort

Die Entwicklung des EDV-gestützten unternehmensübergreifenden Informationsaustausches gewinnt eine immer stärkere Bedeutung. In fast allen Branchen sowie auf der Ebene von nationalen und internationalen Normungsgremien werden Lösungen vorangetrieben.

Die vorliegende Arbeit will eine geschlossene Darstellung der möglichen externen Informationsweitergabe mittels EDV geben. Damit sollen - am Beispiel von Handelsunternehmen - Funktionen aufgezeigt werden, die eine veränderte Ablaufgestaltung bei den beteiligten Unternehmen verlangen. Die Rationalisierungspotentiale für die Unternehmen werden sowohl einzel- wie auch gesamtwirtschaftlich aufgezeigt.

Die Arbeit entstand während meiner Tätigkeit am Institut für Wirtschaftsinformatik an der Universität des Saarlandes in Saarbrücken. Erfahrungen aus mehreren Projekten mit Handels- und Industrieunternehmen bildeten die Anregung und die Grundlage für die Themenstellung.

Mein besonderer Dank gilt meinem akademischen Lehrer, Herrn Prof. Dr. A.-W. Scheer, für die wissenschaftliche Betreuung und die Unterstützung. Herrn Prof. Dr. B. Tietz danke ich für die Übernahme des Korreferates. Dank schulde ich vor allem meiner Partnerin Hedwig Iro, deren Engagement und Verständnis wesentlich zum Gelingen dieser Arbeit beigetragen hat.

Brechen, im April 1989 — Christian Petri

GLIEDERUNG

Seite

I. GRUNDLEGUNG 1

1. Zielsetzung 2
1.1 Problemstellung 2
1.2 Ziele der Untersuchung 6
1.3 Aufbau der Untersuchung 6
2. Integration 8
2.1 Die interne Integration (innerbetriebliche Integration) 8
2.2 Die externe (zwischenbetriebliche) Integration 12
3. Verzweigte Handelsunternehmen 17
3.1 Filialisierende Einzelhandelsunternehmen 17
3.2 Kooperationen 19
4. Einsatzformen von Informationstechnologie in verzweigten Handelsunternehmen 20
5. Klassifizierungskriterien der externen Integration 22
5.1 Übertragungsrichtung 22
5.2 Integrationsstufen der Datenübermittlung 23
5.3 Zeitliche Verfügbarkeit 27
5.4 Örtliche Verfügbarkeit 28
5.5 Anzahl der Teilnehmer 28
5.6 Organisatorische Grundgestaltung der externen Integration 29
5.7 Verhältnis Information und Dienstleistung/ Warenfluss 31
5.8 Funktionaler Umfang 31
5.9 Grad der Standardisierung 32
5.10 Autonomie 33
5.11 Verarbeitungsmethodik 34
5.12 Rechtliche Verbindlichkeit 34
5.13 Hierarchisierung der Sender- und Empfängerseite 35

II. INTERNE INFORMATIONSVERARBEITUNG IN VERZWEIGTEN HANDELSUNTERNEHMEN 37

1. Warenwirtschaftssysteme 37
1.1 Elemente eines Warenwirtschaftssystems 37
1.2 Interne Vernetzung von Warenwirtschaftssystemen 39
1.2.1 Begründung einer internen Vernetzung 41
1.2.2 Einflußfaktoren für vernetzte Warenwirtschaftssysteme 42
1.2.3 Organisatorische Konsequenzen 43
1.2.4 Beispiel: Kassen- und Rechnervernetzung 44
2. Administrative Systeme 55
3. Internes Integrationsmodell eines Handelsunternehmens 55

III. HANDELSUNTERNEHMEN IM EXTERNEN INFORMATIONSGEFÜGE 57

1. Die Einordnung von Handelsunternehmen in den gesamtwirtschaftlichen Zusammenhang 57
2. Die funktionale und sektorale externe Betrachtung 58
3. Die verwendbaren Techniken zur externen Integration 61
3.1 Die Telekommunikationstechniken 61
3.2 Sonstige Techniken 63

IV. ANWENDUNGSBEREICHE DER EXTERNEN INTEGRATION 64

1. Handelsdaten 64
1.1 Die Stammdatenpflege 65
1.2 Disposition 71
1.3 Bestellwesen 76
1.4 Logistik 82
1.5 Wareneingang 82
1.6 Rechnungsprüfung 85
1.7 Warenausgang/Verkauf 89
1.8 Austausch von Daten aus dem Informations-Modul 91
1.9 Ausgewählte Informationsflüsse bei verzweigten Unternehmen 93
1.10 Konsequenzen der EI auf die Warenwirtschaftssysteme 103

2. Weitere Funktionalbereiche von Handelsunternehmen 104
2.1 Das Personalwesen 104
2.1.1 Lohn- und Gehaltsabrechnung 104
2.1.2 Sonstige Aufgaben im Personalwesen 108
2.2 Das Rechnungswesen 109
3. Sektorale Analyse 111
3.1 Die Integration mit Banken 111
3.1.1 Traditioneller Zahlungsverkehr 112
3.1.2 Nutzung von Datenfernübertragungseinrichtungen 113
3.1.3 Cash-Management-Systeme (CMS) 117
3.1.4 POS-Banking 122
3.2 Die Integration zum Transportwesen 128
3.2.1 Schnittstellen zwischen Transporteur und Versender 133
3.2.2 Schnittstellen zwischen Transporteur und Empfänger 136
3.2.3 Schnittstellen zwischen Spediteuren und Frachtführern 138
3.2.4 Konsequenzen der externen Integration auf die Transportplanung 138
3.3 Die Integration mit Versicherungen 140
3.4 Die Integration mit Marktforschungsunternehmen 141
3.4.1 Überblick 141
3.4.2 Das MADAKOM-Konzept 143
3.4.3 Auswirkungen auf die Marktforschung 146
3.5 Die Integration externer Datenbankanbieter 147
3.6 Die Integration mit öffentlichen Verwaltungen 150
3.6.1 Sozialversicherungen 150
3.6.2 Zollverwaltungen 151
3.6.3 Statistische Ämter 151

V. ORGANISATION DER EXTERNEN INTEGRATION 153

1. Einführungskonzeption 153
1.1 Analyse der Ausgangssituation / Zielbestimmung 155
1.2 Konzeptionsphase / Projekt-Voruntersuchung 156
1.2.1 Ist-Analyse 156
1.2.2 Entscheidung: Nutzung von Standard-Lösungen 159
1.2.3 Nutzung vorhandener Standards - Auswahlprozeß 160
1.2.4 Offene versus geschlossene Lösung 162

1.3 Haupt-Projekt-Phase 162
1.4 Die Projektarbeit 163
2. Datenschutz und Datensicherheit 165
3. Rechtliche Probleme 167
3.1 Allgemeine rechtliche Probleme 167
3.2 Vertragsgestaltung in Teilnehmersystemen 169

VI. STAND DER NORMUNGS- UND STANDARDISIERUNGSVORHABEN 170

1. Die Notwendigkeit von Normen für die EI 171
2. Die Normungs- und Standardisierungsträger 174
2.1 Staatliche und überstaatliche Normungs- und Standardisierungs-Institutionen 175
2.1.1 Organisationen der Vereinten Nationen (U.N.) 175
2.1.2 International Standards Organization (ISO) 176
2.1.3 Deutsches Institut für Normung e.V. (DIN) 176
2.1.4 DEUPRO beim Bundeswirtschaftsministerium 177
2.2 Verbände und Interessengemeinschaften 177
3. Vorliegende Systeme und Ansätze 178
3.1 UN-EDI/ EDIFACT - Einheitliche Richtlinien für den Handelsdatenaustausch 178
3.2 VDA (Verband der Automobilindustrie e.V.) 188
3.3 ODETTE (Organisation pour les Donnes changees par Teletransmission en Europe - Organization for Data Exchange by Teletransmission in Europe) 191
3.4 Centrale für Coorganisation (CCG) 193
3.5 COST 306 198
3.6 CEFIC (Conseil Européen des Féderations de l'Industrie Chimique) 199
3.7 EDIFICE (elektronische Industrie) 200
3.8 Verfahren der Zollabwicklung/ Integration mit Finanzverwaltungen 200
3.9 Überblick/ Zusammenfassung 202

VII. EIN MODELL ZUR TRANSAKTIONSORIENTIERTEN EXTERNEN INTEGRATION 204

1. Kritik bestehender Ansätze 204
2. Gestaltungsalternativen zur externen Integration 207
3. Transaktionsorientierte externe Integration 210
4. Der Modellansatz 215
4.1 Das Schichtenmodell 216
4.2 Datenstrukturierung 222
4.2.1 Unternehmensinterne Datenstrukturierung 222
4.2.2 Unternehmensexterne Datenstrukturierung 224
4.2.3 Prüfung externer Daten 237
4.3 Konzeption von beispielhaften Abläufen 239
4.3.1 Fall 1: Unidirektionale Übertragung bei zentraler Struktur im bilateralen Geschäftsverkehr 241
4.3.2 Fall 2: Bidirektionale Übertragung bei zentraler Struktur im bilateralen Geschäftsverkehr 243
4.3.3 Fall 3: Bidirektionale Übertragung bei zentraler Struktur im multilateralen Geschäftsverkehr 246
4.3.4 Fall 4: Bidirektionale Übertragung bei verzweigter Struktur im bilateralen Geschäftsverkehr 251
4.3.5 Fall 5: Bidirektionale Übertragung bei verzweigter Struktur im multilateralen Geschäftsverkehr 255
5. Eignung unterschiedlicher Nachrichten zur transaktionsorientierten EI (TEI) 255
6. Grenzen eines derartigen Modells 258

VIII. KONSEQUENZEN DER EXTERNEN INTEGRATION 260

1. Betriebswirtschaftliche Nutzeffekte 260
1.1 Reduzierung der Bearbeitungsschritte/ Änderung der Ablauforganisation 260
1.2 Zugriff auf Planungs- und Bestandsdaten der Marktpartner 261
1.3 Verringerung der administrativen Kosten 263
1.4 Beschleunigte Logistik 263
1.5 Geringerer Lagerbestand / geringere Kapitalbindung 263
1.6 Verbesserung der Wettbewerbsposition 263

1.7	Übergang vom reinen Wettbewerbsgedanken zum Kooperationsgedanken	266
1.8	Ausschaltung von Zwischenstufen	267
1.9	Verlagerung von Schwerpunkten in der Aufgabenabwicklung	267
2.	Problembereiche externer Integration	270
2.1	Datenschutz und Datensicherheit	270
2.2	Telekommunikations-Infrastruktur	271
2.3	Die Software-Problematik	272
2.4	Datenaustausch und Normen	272
2.5	Rationalisierung auf Kosten anderer	273
2.6	Aufgabe der persönlichen Betreuung von Kunden	274
3.	Ausblick	274

Literaturverzeichnis 275

Anhang

A.1	Verzeichnis der im internationalen Handel gängigen Dokumente	289
A.2	Vergleich von Nachrichtentypen gemäß EDIFACT	293

Abbildungsverzeichnis

Abbildung		Seite
I.1.1.1:	Informationsfluß und -verarbeitung am Beispiel des Rechnungsverkehrs	3
I.1.1.2:	Situation der unternehmensübergreifenden Informationsweitergabe	5
I.2.1.1:	Beispielhafter Ablauf von Disposition bis Rechnungseingang	10
I.2.1.2:	Übergang von verrichtungsorientierter zu vorgangsorientierter Bearbeitung	11
I.2.1.3:	Beispielhafte Integrationsbeziehungen im Handelsunternehmen	11
I.2.2.1:	Einsatz der Informationstechnik mit unterschiedlichen Zielen	14
I.2.2.2:	Bedeutung von Kundendienst-Leistungen	15
I.3.1:	Anbindungsmöglichkeiten von Filialen	18
I.4.1:	Einsatzformen von Informationstechnologie in verzweigten Handelsunternehmen	21
I.5.1:	Mögliche Formen der Übertragungsrichtung	22
I.5.2.1:	Datenübermittlung über Mailboxsysteme	25
I.5.2.2:	Zeitversetzte Verarbeitung bei Datenübertragung	26
I.5.2.3:	Einsatz spezieller Hardware-Systeme zur Kommunikations-Steuerung	26
I.5.6:	Typologie verschiedener Gestaltungsalternativen zur EI	29
I.5.7:	Verhältnis zwischen Informations- und Warenfluß	32
I.5.13.1:	Beispiel einer mehrstufigen Struktur eines Handelsunternehmens	35
I.5.13.2:	Externe Beziehungsstrukturen	36
II.1.1:	Funktionen und Beziehungen eines Warenwirtschaftssystems	38
II.1.2.4.1:	Funktionsverteilung in Warenwirtschaftssystemen durch Kassen- und Rechnervernetzung	47

II.1.2.4.2:	Geschlossenes Warenwirtschaftssystem in einem C&C Markt	50
II.1.2.4.3:	Funktionsverteilung bei Alternative 4	52
II.1.2.4.4:	Funktionsverteilung bei Alternative 5	53
II.1.2.4.5:	Funktionsverteilung bei Alternative 6	54
III.1.1:	Beziehungen zwischen Handel und Industrie	57
III.1.2:	Außenbeziehungen von Handelsunternehmen und mögliche Technikunterstützung	59
III.2.1:	Schema der grundsätzlichen Datenbeziehungen im Warengeschäft	60
IV.1.1:	Überblick über die wichtigsten Handelsdaten	65
IV.1.1.1:	Datenelemente zum Artikel-Stammdatenaustausch	68
IV.1.1.2:	Datenelemente zum Preisdatenaustausch	68
IV.1.2.1:	Einflußgrößen der Disposition	73
IV.1.2.2:	Datenelemente zur Liefer-Anfrage	74
IV.1.2.3:	zusätzlich zur Anfrage notwendige Datenelemente des Angebots	75
IV.1.3.1a:	Kopfdatenelemente einer Bestellung	78
IV.1.3.1b:	Datenelemente einer Bestellposition	79
IV.1.3.1c:	Datenelemente des Bestell-Fußes	79
IV.1.3.2:	zusätzliche Datenelemente der Auftragsbestätigung	80
IV.1.5.1:	zusätzliche Datenelemente des Lieferscheins gegenüber der Bestellung	83
IV.1.6.1:	Zusätzliche Datenelemente der Rechnung gegenüber der Bestellung	87
IV.1.6.2:	Zusätzliche Datenelemente der Rechnungs-Differenz-Anzeige	87
IV.1.8.1:	Systematik einiger wichtiger Informationen	92
IV.1.9.1:	Zentraler Datenaustausch	93
IV.1.9.2:	Datenaustausch mit mehreren Stufen	94
IV.1.9.3:	Datenstruktur (ERM) zur Speicherung von betriebsstättenbezogenen Konditionen in zentral-orientierten Warenwirtschaftssystemen	94

IV.1.9.4:	Waren- und Informationsflüsse im Geschäftsverkehr von mehrstufigen Organisationen	96
IV.1.9.5:	Datenelemente zur Abrechnung im Streckengeschäft	96
IV.1.9.5a:	Waren- und Belegfluß beim Streckengeschäft ohne Bundeszentrale	99
IV.1.9.5b:	Waren- und Belegfluß beim Streckengeschäft mit Bundeszentrale	100
IV.1.9.5c:	Waren- und Belegfluß bei filialisierenden Systemen mit einheitlicher Lenkung	101
IV.1.9.5d:	Waren- und Belegfluß im Lagergeschäft	101
IV.2.1.1.1:	Datenelemente einer DEVO/DÜVO-Jahresmeldung	106
IV.2.1.1.2:	Zulässige Datenträger für DEVO/DÜVO	106
IV.2.2.1:	Datenelemente bei Austausch von Anlagegütern	109
IV.2.2.2:	Datenelemente der Saldenbestätigung und der offenen Posten	110
IV.3.1.1.1:	Datenelemente eines Zahlungsverkehrssatzes	113
IV.3.1.2.1:	Abwicklung bei der Erstellung von Zahlungsverkehrsdaten	114
IV.3.1.2.2:	Sicherungselemente von AIDA	116
IV.3.1.3.1:	In der Bundesrepublik angebotene Cash-Management-Systeme	118
IV.3.1.3.2:	Die technische Funktionsweise von CMS	119
IV.3.1.4.1:	POS-Grundkonzeption der WARD Montgomery	123
IV.3.1.4.2:	POS-Banking Modellrechnungen am Beispiel SB-Warenhaus	125
IV.3.1.4.3:	Integration eines POS-Systems in ein Warenwirtschaftssystem	126
IV.3.1.4.4:	Daten einer POS-fähigen Karte	126
IV.3.1.4.5:	Datenelemente bei Überprüfungs-Anfrage	127
IV.3.1.4.6:	Datenelemente einer Überprüfungs-Rückmeldung	127
IV.3.2.1:	Transportketten	129
IV.3.2.2:	Datenbeziehungen für einen einfachen logistischen Fall	130
IV.3.2.3:	Datenfluß in der Transportkette	131
IV.3.2.1.1:	Datenelemente des Transportauftrags	134
IV.3.2.2.1:	Datenelemente einer Transport-Status-Meldung	137
IV.3.2.2.2:	Traditionelle Rechnungsstellung Transportkosten	137

IV.3.2.4.1:	Planungsstufen der Abstimmung in der Transportkette	139
IV.3.4.2.1:	Der Datenfluß im MADAKOM-System	144
IV.3.4.2.2:	Auswertbare Daten in Madakom	144
IV.3.4.3.1:	Ein qualitativer Vergleich von traditionellem und Scanner-Haushaltspanel	145
IV.3.6.2.1:	Datenelemente der Kommunikation mit der Zollverwaltung	151
V.1:	Vorgehensweise bei EI-Projekten	154
V.1.2.1:	Darstellung der integrativen Beziehungen	157
V.1.4.1:	Projektorganisation	164
V.3.2:	Begleitende Vereinbarungen zur Datenübertragung	169
VI.1.1:	ISO/OSI Referenzmodell	171
VI.1.2:	Normungsaktivitäten auf den Ebenen 1-7 des ISO-Referenzmodells	172
VI.2.1.1:	Relevante Organisationen der UN bzgl. der externen Integration	175
VI.3.1.1:	UN JEDI: Zusammenwirken der verschiedenen Normungsträger	179
VI.3.1.2:	Struktur von EDIFACT	181
VI.3.1.3a:	Struktur einer Rechnungsnachricht gemäß EDIFACT (1. Teil)	182
VI.3.1.3b:	Struktur einer Rechnungsnachricht gemäß EDIFACT (2. Teil)	183
VI.3.1.3c:	Segment-Bezeichner der Nachricht INVOIC	183
VI.3.1.4:	Segmentstruktur	184
VI.3.1.5:	einfache Segmentanordnung	184
VI.3.1.6:	Anordnung von Wiederholungssegmenten	185
VI.3.1.7:	Anordnung von Wiederholungssegmenten (vertikale Verschachtelung)	186
VI.3.1.8:	Erweiterung der betriebswirtschaftlichen Nachrichten um technische Spezifikationen	187
VI.3.2.1:	VDA-Empfehlungen zum Datenaustausch	189

VI.3.2.2:	Lieferabruf-Abwicklung nach VDA bei einem Zulieferer	190
VI.3.3.1:	Erste Teilnehmer an ODETTE	192
VI.3.3.2:	Konvertierung ODETTE-VDA	193
VI.3.4.1:	Informationsfluß zwischen Industrie und Handel nach CCG	194
VI.3.4.2:	Kommunikationswege bei verteilter Struktur und bei Einsatz eines Clearing-Centers	195
VI.3.4.3:	Dateiaufteilung im SEDAS Rechnungsverkehr	196
VI.3.4.4:	Satzbeschreibung Rechnungsartikelsatz	197
VII.1.1:	Informations-Transport und die mit ihm zusammenhängenden Zeiten	205
VII.1.2:	Übliche zeitliche Verschiebung bei externer Integration	206
VII.3.1:	Beispiel einer transaktionsorientierten externen Integration, dargestellt an der Transaktion "Bestellposition erfassen"	211
VII.3.2:	Transaktionsablauf und -koordination auf verschiedenen Rechnern	212
VII.3.3:	Kommunikation über mehrere Rechner	213
VII.4.1.1:	Internes Schichtenmodell	219
VII.4.1.2:	Erweiterung des Schichtenmodells bei intern verteilter Rechnerstruktur	220
VII.4.1.3:	Externes Schichtenmodell	221
VII.4.2.1.1:	Datenstrukturierung / Aufbau eines Datenbanksystems	223
VII.4.2.1.2a:	Stamm-, Bewegungs- und Nachrichtendaten	225
VII.4.2.1.2b:	Zusammenwirken externer und interner Anwendungen	225
VII.4.2.1.3a:	Darstellung des Zusammenwirkens von Stamm- und Bewegungsdaten in einem Datenbankschema am Beispiel Verkaufsabwicklung/Fakturierung (unternehmensintern)	226
VII.4.2.1.3b:	Darstellung des Zusammenwirkens von Stamm- und Bewegungsdaten in einem Datenbankschema am Beispiel des Bestellwesens	227

VII.4.2.2.1:	Programm-Ablauf bei transaktionsorientierter EI am Beispiel Bestellübermittlung	230
VII.4.2.2.2:	Typischer Nachrichtenaufbau bei EDIFACT	231
VII.4.2.2.3:	Rechnungstransaktionen bei gegebenem Lay-Out und online-Übertragung	232
VII.4.2.2.4a:	ERM zur Beziehung interner und externer Daten	233
VII.4.2.2.4b:	ERM zur Fakturierungsabwicklung	234
VII.4.2.2.4c:	ERM zum Bestellwesen	234
VII.4.2.2.4d:	Verknüpfung von Nachrichten mit internen Daten	236
VII.4.2.2.5:	Unterschiedliche Formen der Generierung von Nachrichten	237
VII.4.2.3.1:	Fehlerbehandlung bei TEI (schematische Darstellung)	238
VII.4.2.3.2:	Fehlerbehandlung bei TEI (Programm-Ablauf)	240
VII.4.3.1.1:	Grundsätzlicher Übertragungsablauf (Fall 1)	241
VII.4.3.1.2:	logischer Ablauf bei bilateraler, unidirektionaler Datenübermittlung mit zentraler Aufgabenerledigung	242
VII.4.3.2.1:	Grundsätzlicher Übertragungsablauf (Fall 2)	243
VII.4.3.2.2:	logischer Ablauf bei bilateraler, bidirektionaler Datenübermittlung mit zentraler Aufgabenerledigung	245
VII.4.3.3.1:	Grundsätzlicher Übertragungsablauf	247
VII.4.3.3.2:	logischer Ablauf bei multilateraler, jeweils bidirektionaler Datenübermittlung mit zentraler Aufgabenerledigung	248
VII.4.3.3.3:	Schematisierter Ablauf bei ausreichendem Bestand (Fall 3)	250
VII.4.3.3.4:	Schematisierter Ablauf bei nicht ausreichendem Bestand (Fall 3)	251
VII.4.3.4.1:	Schematisierter Ablauf (Fall 4)	252
VII.4.3.4.2:	logischer Ablauf bei bilateraler, bidirektionaler Datenübermittlung mit dezentraler Aufgabenerledigung	253
VII.4.3.5.1:	Schematisierter Ablauf (Fall 5)	255
VII.4.3.5.2:	Logischer Ablauf bei bilateraler, bidirektionaler Datenübermittlung im multilateralen Geschäftsverkehr mit dezentraler Aufgabenerledigung	256
VII.5.1:	Eignung verschiedener Nachrichten zur TEI	259

VIII.1.1:	Bearbeitungsschritte für verschiedene Integrationsstufen bei isolierter Betrachtung des Bestellwesens zwischen Kunde und Lieferant	262
VIII.1.6:	Positionierung von Informationsverarbeitungssystemen in verschiedenen Unternehmen	265
VIII.1.9:	Schwerpunkt-Verlagerung aus traditionell abwicklungsorientierten Bereichen zur Stammdatenpflege bei extern integrierten Warenwirtschaftssystemen	270

Abkürzungsverzeichnis

AIAG	Automotive Industry Action Group (US)
ALFA	Automatisiertes Luftfrachtabwicklungssystem
ANSI	American National Standards Institute
bbn	bundeseinheitliche Betriebs-Nummer
bbs	bundeseinheitliche Betriebsstellen-Nummer
BDSG	Bundesdatenschutzgesetz
BMF	Bundesministerium der Finanzen
BMFT	Bundesministerium für Forschung und Technologie
BMWI	Bundesministerium für Wirtschaft
Btx	Bildschirmtext
C&C	Cash and Carry
CADDIA	Co-Operation in Automation of Data & Documentation for Imports/ Exports and Agriculture
CCG	Centrale für Coorganisation
CCITT	Commit Consultatif International Tlgraphique et Tlphonique
CEFIC	Conseil Europeen des Federations de l'Industrie Chimique
CHIPS	Clearing House Interbank Payment System
CIM	Computer Integrated Manufacturing
CMS	Cash Management System
COST	European Cooperation in the Field of Scientific and Technical Research
DATEV	Datenverarbeitende Organisation der steuerberatenden Berufe
DEVO	Datenerfassungs-Verordnung
DIN	Deutsches Institut für Normung
DFÜ	Datenfernübertragung
DDL	Data Discription Language
DML	Data Manipulation Language
DTA	Datenträgeraustausch
DÜVO	Datenübertragungsverordnung
EAN	Europäische Artikel-Nummerierung
EDI	Electronic Data Interchange
EDIFACT	Electronic Data Interchange for Administration, Commerce and Transport
EG	Europäische Gemeinschaften

EI	Externe Integration
ERM	Entity Relationship-Modell
GTDI	Guidelines for Trade Data Interchange
GZS	Gesellschaft für Zahlungssysteme
HZD	Hessische Zentrale für Datenverarbeitung
ISO	International Standards Organisation
LAN	Local Area Network
MADAKOM	Marktdatenkommunikation
MDE	Mobile Datenerfassung
NBü	Normenausschuß Bürowesen beim DIN
NI	Normenausschuß Informationssysteme beim DIN
OCR	Optical Character Recognition
ODETTE	Organisation for Data Exchange by Teletransmission in Europe
OSI	Open Systems Interconnection
POS	Point of Sale
QL	Query Language
RGH	Rationalisierugsgesellschaft des Handels
SB	Selbstbedienung
SDS	SEDAS Datenservice
SEDAS	Standard-Regelungen einheitlicher Datenaustausch-Systeme
SMMT	Society of Motor Manufacturers and Traders (UK)
SNA	Systems Network Architecture
SWIFT	Society for Worldwide Interbank Financial Telecommunication
TDED	Trade Data Elements Directory
TEDIS	Trade Electronic Interchange System
TEI	Transaktionsorientierte Externe Integration
UN	United Nations - Vereinigte Nationen
UNCTAD	United Nations Conference on Trade and Development
UNESCO	United Nations Educational, Scientific and Cultural Organization
UNICORN	EDI-Verbundprojekt der Nordsee-Fährgesellschaften
UNJEDI	United Nations Joint Electronic Data Interchange
VDA	Verband der Automobilindustrie
WWS	Warenwirtschaftssystem
ZADAT	Zollanmeldung auf Datenträgern
ZBI	Zwischenbetriebliche Integration
ZVEI	Zentralverband Elektrotechnik und Elektronikindustrie

I. GRUNDLEGUNG

Die Bedeutung der EDV für die Gestaltung betriebswirtschaftlicher Abläufe steht heute außer Frage, was sich in der immer stärkeren EDV-Durchdringung der betriebswirtschaftlichen Funktionsbereiche zeigt (vgl. Scheer, A.-W.: EDV-orientierte Betriebswirtschaftslehre 1987).

Dies manifestiert sich vor allem in den wissenschaftlich diskutierten und in der Praxis realisierten Integrationskonzepten. Stellvertretend dafür sind in der Industrie die Konzepte des Computer Integrated Manufacturing (CIM, vgl. Scheer, A.-W.: CIM 1988 und Wirtschaftsinformatik 1988) und im Handel die Warenwirtschaftssysteme (vgl. Zentes, J.: Warenwirtschaftssysteme 1985) zu nennen. Dabei steht zur Zeit die unternehmensinterne EDV-Durchdringung und -Integration im Vordergrund.

Der Einsatz von Informations- und Kommunikationstechnologien für die Gestaltung unternehmensübergreifender Vorgangsketten steht dagegen noch am Anfang. In fast allen Branchen werden Anstrengungen unternommen, um die technischen Möglichkeiten mit den betriebswirtschaftlichen Anforderungen zu vereinigen.

Die vorliegende Arbeit beschäftigt sich mit der Gestaltung solcher unternehmensübergreifender Vorgangsketten in Handelsunternehmen. Entwicklungen in anderen Branchen werden dabei auf ihre Verwendbarkeit überprüft.

Die Entwicklung von unternehmensübergreifenden, informationstechnologisch gestützten Aufgabenabwicklungen über alle Handelsstufen unter Einbeziehung der Geschäftspartner gewinnt eine immer stärkere Bedeutung (vgl. Tietz, B.: Informationsgesellschaft 1987), ohne daß - außer bei vereinzelten Ansätzen - eine systematische Einordnung der dabei benutzten Techniken und ihrer Wirkungen vorgenommen wurde.

1. Zielsetzung

1.1 Problemstellung

Wachsende Bedeutung der Informations- und Kommunikationstechnologien in Handelsunternehmen führte von den primär abrechnungstechnischen Problemen zu den inhaltlich organisatorischen Anwendungen in den Unternehmen. Wurde zunächst nur eine Übernahme der ablauforganisatorischen Gegebenheiten auf einen Rechner (Schlagwort: "wiederkehrende Vorgänge automatisieren") angestrebt, so ergaben sich bald Erkenntnisse hinsichtlich der veränderten Einsatzmöglichkeiten. Deutliches Zeichen hierfür sind die in der Theorie entwickelten geschlossenen (und integrierten) Warenwirtschaftssysteme sowie deren Realisierungen zumindest in Teilbereichen der Praxis.

Das Problem

Durch den Einsatz der Informationstechnologie in den Unternehmen haben sich operationale Abläufe, funktionale Schwerpunkte, dispositive Informations- und Steuerungsmöglichkeiten verändert. Die Abwicklung der nach außen gerichteten geschäftlichen Kommunikation ist dadurch allerdings nur gering beeinflußt geblieben. Briefe, Formulare, Listenausdrucke und sonstige Nachrichten sind mit Abstand die gebräuchlichsten Kommunikationsformen. Diese entstammen zwar häufig einem Drucker einer EDV- oder Textverarbeitungsanlage, der Transportvorgang erfolgt jedoch wie bei einer traditionellen Bearbeitung (kuvertieren, adressieren, postalische Bearbeitung, Posttransport, öffnen, bearbeiten, evtl. neuerfassen).
Auch bei elektronischem Versand (etwa Telex, Teletex, Telefax) liegt dem Empfänger ein papiergebundener Beleg vor, den er bearbeiten muß.

Am Beispiel einer Rechnung sei exemplarisch eine komplette Bearbeitungskette dargestellt (vgl. ZVEI: Firmenübergreifender elektronischer Geschäftsverkehr 1987, S. 12).

In fast allen Unternehmen sind Rechnungsdaten in einem DV-System gespeichert. Bei Fälligkeit werden diese Daten entsprechend aufbereitet und über einen Drucker auf Papier (meist Vordrucke) gebracht. Die Vordrucke werden entsprechend nachbearbeitet und postalisch versandt. Beim Empfänger werden diese Daten dann erneut vom Beleg erfaßt und nochmals in ein DV-System eingegeben. Der Empfänger bearbeitet diese Daten intern weiter und wird sie seiner Kreditorenbuchhaltung übergeben. Diese - ebenfalls dv-gestützt - erstellt auf einem EDV-Drucker eine Zahlungsanweisung (Überweisung) für seine Hausbank. Dieser Beleg wird gleichfalls versandt, bei der Bank neu eingelesen, bearbeitet und erzeugt über verschiedene Bearbeitungsstufen wiederum manuelle Belege, die beim ursprünglichen Rechnungsversender und -empfänger erneut in die DV-Systeme eingegeben werden müssen (vgl. Abb. I.1.1.1 aus: ZVEI: Firmenübergreifender elektronischer Geschäftsverkehr 1987, S. 13).

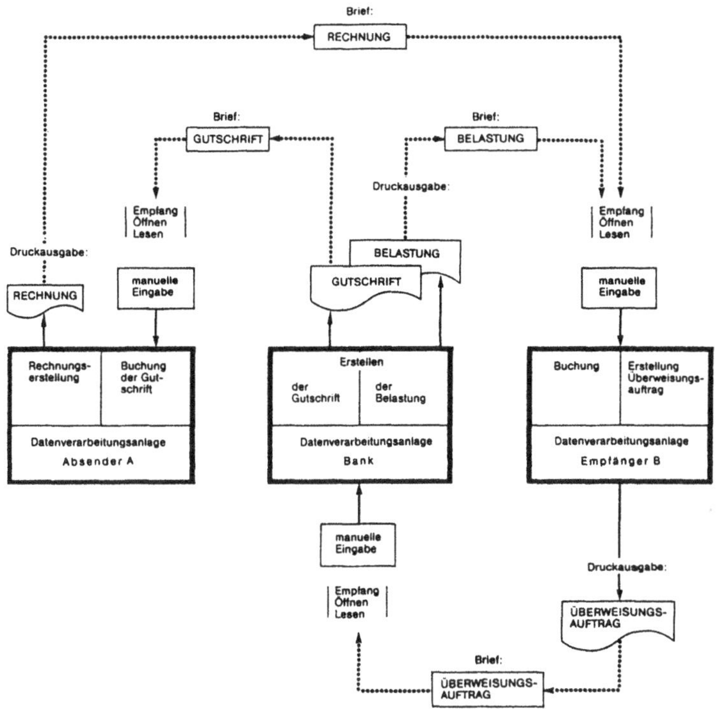

Abb. I.1.1.1:	**Informationsfluß und -verarbeitung am Beispiel des Rechnungsverkehrs**

In diesem Beispiel der Rechnungsbearbeitung und der nachfolgenden Tätigkeiten wird klar, daß unternehmensintern optimale Arbeitsabläufe sich durch eine Zusammenarbeit der Geschäftspartner deutlich verbessern lassen.

Der Zusammenhang zwischen Technik und betriebswirtschaftlicher Anwendung

Neuere Entwicklungen der Telekommunikation (Netzwerke, dezentralisierte Systeme), ein immer weiter fortschreitender Prozeß der Miniaturisierung, der Preisverfall für Hardware und komfortablere Software sind seitens der Informationstechnologie Schrittmacher für Überlegungen zu neuen Organisationsansätzen. Auf der anderen Seite treffen diese Überlegungen mit gesunkenen Handelsspannen, in vielen Branchen gestiegenem Wettbewerb und damit Rationalisierungsdruck zusammen. Hohe Lieferfähigkeit bei gleichzeitig geringem Umlaufvermögen lautet die Zielsetzung. Ähnlich wie bei vielen Industrieunternehmen wird im Handel versucht, Absatz und Beschaffung zeitsynchroner zu gestalten.

Kaum haben sich Netzwerk-Konzeptionen auch in der organisatorischen Abwicklung innerhalb von Unternehmen etabliert (z.B. Büroverbundsysteme), erlangt die Informationstechnologie auch erhebliche Bedeutung für die Abwicklung von Aufgaben zwischen Unternehmen.

So entstanden in den letzten Jahren neue und veränderte Märkte, deren Bedienung in enger Beziehung zum Einsatz der Informationstechnik steht. Beispiele dafür sind:

- Cash-Management Systeme bei Banken
- Btx-Bestelldienste bei Versandhäusern (Verbraucher-Anbindung)
- elektronische Fernübertagungsdienste für den Zeitungsdruck
- Ersatzteildienste im Rechnerverbund zwischen Händlern und Herstellern.

Marktveränderungen erzwingen auch Veränderungen im Betriebsablauf, die z.T. nur mit Hilfe der Informationstechnik bewältigt werden können. Dazu gehören beispielsweise das Banking-POS (Verbund von Kassiervorgang im Einzelhandel mit automatischer Abbuchung vom Bankkonto des Kunden) oder die ganze Weite der CIM-Konzeption (CAD/CAM, PPS, Just-in-time, vgl. Scheer, A.-W.: CIM 1988) in Fertigungsunternehmen.

Trotz dieser vielversprechenden Ansätze blieb die unternehmensübergreifende Integration der Datenverarbeitung bisher auf einzelne Themenbereiche begrenzt (Städtler, M.: Zwischenbetriebliche Integration im Güterverkehr 1984; Hammel, R.G.: Externe Integration 1976). Besonders fortschrittliche Konzeptionen sind bisher lediglich im Bankenwesen und im Transportwesen vorhanden (Banken: Loh, W.W.: Das S.W.I.F.T.-System 1983; Transportwesen: Diruf, G.: Logistische Informatik 1985). Die Verbreitung solcher Konzeptionen variiert erheblich nach Branchen und Betriebsgrößen. Mertens (Mertens, P.: Zwischenbetriebliche Integration 1985, S. 81-90) greift das Thema überblickartig auf.

Zur Zeit stellt sich die Situation der unternehmensübergreifenden Informationsweitergabe unter Einbeziehung der Datenverarbeitung wie folgt dar (vgl. Abb. I.1.1.2):

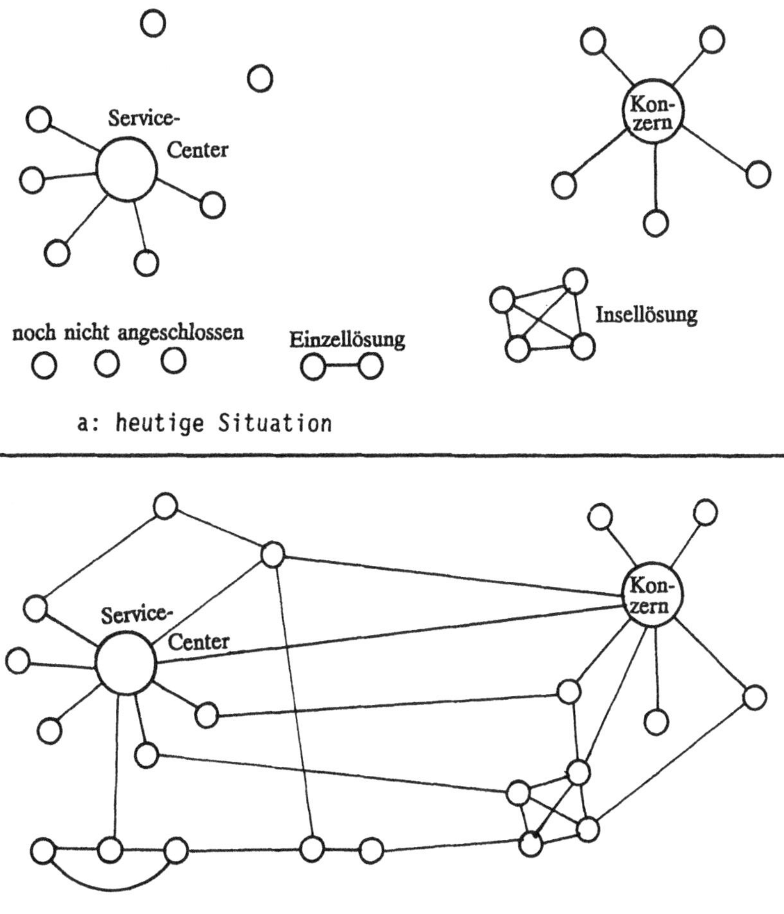

Abb. I.1.1.2:	Situation der unternehmensübergreifenden Informationsweitergabe (vgl. GLI: EDIFACT 1987, Vorwort)

1.2 Ziele der Untersuchung

Der Grundgedanke der hier vorliegenden Arbeit entstand in mehreren Projekten bei Handels-, Dienstleistungs- und Industrieunternehmen. Das Ziel der (internen) Integration und der Anbindung von zentralen und dezentralen Betriebsstätten an den Informationsfluß einer Unternehmensgruppe ist weitgehend anerkannt. Die Vorteile einer informationstechnologischen Zusammenarbeit mit Externen werden zwar gesehen, aber nur mit großem Zögern aufgegriffen. Die Zurückhaltung ist zum einen durch fehlende Standards, zum anderen mit noch erheblichem Nachholbedarf in der internen Organisation zu erklären.

Die vorliegende Untersuchung beschäftigt sich gezielt mit der Problematik der Handelsunternehmen, da hier die Orientierung zum Beschaffungs- und Absatzmarkt stärker ausgeprägt ist als in Industrieunternehmen. Bei Industrieunternehmen ist die Bandbreite der im Kunden- und Lieferantengeschäft zu beachtenden Daten (technische Spezifikationen, Lieferanforderungen, Produktionsspezifika etc.) noch umfangreicher als im Handel mit häufig standardisierten Produkten. Dabei ist festzustellen, daß zumindest einige industrielle Branchen (insb. Automobilindustrie) bzgl. der unternehmensübergreifenden Integration erheblich weiter fortgeschritten sind als der Handel. Die Aussagen der Arbeit lassen sich in vielen Fällen auf Industrieunternehmen übertragen.

Mit einer geschlossenen Darstellung der möglichen externen Informationsweitergabe durch EDV sollen Funktionen aufgezeigt werden, die bei der bisherigen traditionellen Betrachtung noch nicht einbezogen wurden. Damit werden Handelsunternehmen sowohl einzel- wie auch gesamtwirtschaftlich Rationalisierungspotentiale aufgezeigt. Diese Arbeit will Anregungen und Hilfestellungen zur konkreten Ausgestaltung der externen Integration geben.

1.3 Aufbau der Untersuchung

Diese Zielsetzungen werden in folgenden Arbeitsschritten angestrebt:

Das erste Kapitel legt die begrifflichen und systematischen Grundlagen der externen Integration (EI) und der verzweigter Handelsunternehmen.

Im zweiten Kapitel wird die interne Informationsverarbeitung in Handelsunternehmen analysiert. Die Grundlagen von Warenwirtschaftssystemen und ihre Ausgestaltung in verzweigten Organisationen werden diskutiert.

Das dritte Kapitel ordnet Handelsunternehmen in den gesamtwirtschaftlichen Zusammenhang ein und zeigt auf, wie funktionale und sektorale Aspekte unterschieden werden können. Verwendbare Kommunikationstechnologien werden hier kurz vorgestellt.

Die im dritten Kapitel vorgenommene Differenzierung dient im vierten Kapitel als Grundlage einer detaillierten Analyse der externen Beziehungen hinsichtlich der Funktionen, der Daten und ihrer Bedeutung für Handelsunternehmen. Wegen des Umfangs der warenwirtschaftlichen Funktionen werden diese bei der funktionalen Betrachtung gesondert analysiert.

Das fünfte Kapitel versteht sich als Entscheidungsleitfaden bei der Einführung von Verfahren oder Anwendungen der externen Integration. Hier wird ein Vorgehensmodell entwickelt, das unterschiedliche Rahmenbedingungen berücksichtigt.

Die bis dahin vorgenommenen Untersuchungen sind weitgehend von realen Ansätzen abstrahiert, so daß diese im sechsten Kapitel vorgestellt werden müssen, sofern sie für die derzeitige und zukünftige Entwicklung der externen Integration in Handelsunternehmen von Bedeutung sind.

Anhand der im vierten und sechsten Kapitel beschriebenen Anwendungen und den Anforderungen moderner DV-Technologie wird im siebten Kapitel ein Modell einer weitgehend real-time orientierten externen Integration erarbeitet. Anhand von beispielhaften Fällen wird dieses stufenweise auf den Fall des verzweigten Handelsunternehmens im Informationsverbund mit externen Geschäftspartnern konkretisiert.

Kapitel acht faßt die Nutzeffekte der externen Integration zusammen und zeigt auf, welche Auswirkungen durch sie eintreten können. Zugleich wird auch kritisch auf die Probleme dieser Zusammenarbeit von Unternehmen eingegangen.

2. Integration

Der Begriff der Integration findet in unterschiedlichen wissenschaftlichen Disziplinen Verwendung (Mathematik, Philosophie, Biologie). Er wird im allgemeinen als die "Bildung von Ganzheiten durch Zusammenfassung von Teilen zu einer übergeordneten Einheit" (Lehmann, H.: Integration 1980, Sp. 978) verstanden. In der Terminologie der Systemtheorie "handelt es sich bei der Integration um eine spezifische Verknüpfung von Elementen zum Ganzen eines Systems. Die Ausrichtung der einzelnen Elemente auf den Systemzweck erfolgt in der Weise, daß Veränderungen eines Elements nicht auf dieses beschränkt bleiben, sondern sich auch auf die anderen Elemente des Systems und damit auf das System insgesamt auswirken." (Lehmann, H.: Integration 1980, Sp. 978).

2.1 Die interne Integration (innerbetriebliche Integration)

Die Datenintegration

Die strategische Nutzung von Informationen beeinflußt in erheblichem Maße die Gewinne der Unternehmen und wird zunehmend zu einem Schlüsselelement im Wettbewerb. Strategische Informationen sind gewöhnlich bereichsübergreifender Natur; deshalb wird es immer zwingender nötig, eine unternehmenseinheitliche Datenmodellierung vorzunehmen (vgl. Scheer, A.-W.: Unternehmensdatenmodell 1988, S. 1091 ff.)

Der Grundsatz, Daten nur einmal und dann bei ihrem ersten Auftreten zu speichern, bewirkt, daß bei der Konzeption eines betrieblichen Informationssystems die Datenbeziehungen zwischen den unterschiedlichen Funktionalbereichen (vgl. weiter unten Funktionsintegration) bereits berücksichtigt werden. Eine ausschließlich auf die Funktionen ausgerichtete redundante Datenführung mit den Problemen:

- erhöhte Speicherkosten / ineffiziente Speichernutzung
- ungleiche Aktualitätsstände
- Informationsdefizite in Teilbereichen
- Information Hiding

wird damit vermieden.

Anhand von Analysen am Markt vertretener Anwendungs-Software-Produkte zeigt sich, daß dem Entwurf der Datenbasis eine hohe Aufmerksamkeit gewidmet wird. Die Bedeutung des Datenentwurfs wird bei Scheer (Scheer, A.-W.: Wirtschaftsinformatik 1988) deutlich.

Durch die konsequente Nutzung der Datenintegration wird die ursprüngliche Zuordnung von Daten zu Funktionen durchbrochen und die Daten werden einmalig definiert und stehen für alle Funktionen in gleicher Weise zur Verfügung. Die Verwaltung einer solchen einheitlichen Datenbasis verlangt erhebliche systemtechnische Unterstützung, wie sie moderne Datenbanksysteme (etwa DB2, ADABAS, DATACOM, SUPRA, ORACLE) anbieten (zu Datenbanksystemen vgl.: Wedekind, H.: Datenbanksysteme I 1981; Wedekind, H., Härder, T.: Datenbanksysteme II 1976; Vinek, G., Rennert, P. F., Tjoa, A. M.: Datenmodellierung 1982; Grill, E.: Relationale Datenbanken 1987).

Die Funktionsintegration

Die zunächst im Produktionsbereich und später auch in der Administration eingeführte Zerlegung von Arbeitsprozessen in Teilvorgänge versuchte, durch Spezialisierung der maschinellen bzw. der menschlichen Arbeitsleistung, Vorteile zu erzielen (Taylorismus).

Durch gezielten DV-Einsatz können Tätigkeiten und Funktionen wieder in einer Hand zusammengefaßt werden (vgl. Scheer, A.-W.: EDV-orientierte Betriebswirtschaftslehre 1987, S. 37). So sind in der traditionellen Rechnungsbearbeitung eines Handelsunternehmens die in Abb. I.2.1.1 genannten Stellen eingeschaltet.

Bei einer traditionellen Abwicklung kann diese Vorgangskette, die mit vielen Mängeln im Belegwesen, mit Korrekturen und Rückfragen behaftet ist, nur sequentiell abgearbeitet werden. Der Vorgang kann jeweils nur dort bearbeitet werden, wo er sich gerade befindet. Im Gegensatz dazu bieten sich, durch geeigneten DV-Einsatz, Möglichkeiten an, Funktionsbereiche in einer Hand zusammenzufassen. Durch den parallelen Zugriff aller Arbeitsplätze auf die Daten und Ergebnisse der anderen Arbeitsplätze und Funktionsbereiche werden bisher vorhandene Restriktionen durchbrochen. Mehrere Stellen verfügen gleichzeitig über die Informationen. Flexibilität und Reaktionsgeschwindigkeit der Organisation steigen deutlich, da überlappende Bearbeitung verläßlich funktionieren

Disposition ⇓	Entscheidung über Menge und Zeitpunkt der Wiederbeschaffung von Artikeln
Bestellwesen ⇓	Ausführen Bestellung, Versand Bestellformular, Weitergabe einer Kopie an Lager
Wareneingang ⇓	Prüfen Lieferschein gegen Ware und gegen Bestellauftrag, nur teilweise gegen Bestellmenge
Rechnungsprüfung	Prüfen und vergleichen Lieferschein mit Auftrag und Rechnung

Abb. I.2.1.1: Beispielhafter Ablauf von Disposition bis Rechnungseingang

kann. Der Korrektheit von Daten kommt bei dieser Beschleunigung erhebliche Bedeutung zu, da sich alle Funktionsträger auf die Richtigkeit der angezeigten und gespeicherten Daten verlassen (vgl. Ruhsert, J.C.: Computerintegriertes Management 1987, S. 47).

Die Informationstechnik ist damit zum Auslöser neuer ablauforganisatorischer Möglichkeiten geworden. Der Trend zur Spezialisierung, der zur Aufgabe der Bearbeitung ganzheitlicher Vorgänge an einem Arbeitsplatz führte, kann umgekehrt werden. Neue Ansätze erlauben eine fallbezogene, komplette Bearbeitung am Arbeitsplatz. Das Verrichtungsprinzip wird abgelöst durch das Objektprinzip (vgl. Scheer, A.-W.: EDV-orientierte Betriebswirtschaftslehre 1987, S. 39 ff.; Meyer, F.A.: Ganzheitliche Verarbeitung 1986, S. 370).

Zusammenfassung der internen Integration

Die Konsequenzen einer durchgängigen Integration im Handelsunternehmen zeigen sich besonders an den in der Vergangenheit entwickelten Warenwirtschaftssystemen und ihrer Einbindung in operative Systeme wie Finanz- und Rechnungswesen und Personalabrechnung. Abb. I.2.1.3 zeigt einen Fall mit einfachen Integrationsbeziehungen für ein Handelsunternehmen auf. In Kapitel II.3. werden diese Beziehungen erläutert.

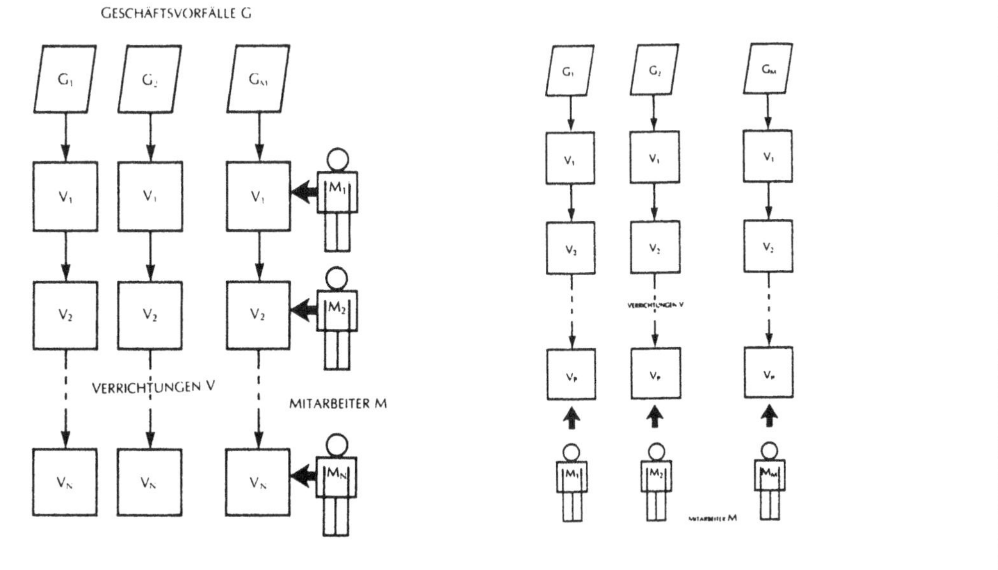

a) verrichtungsorientiert

b) vorgangsorientiert

Abb. I.2.1.2: Übergang von verrichtungsorientierter zu vorgangsorientierter Bearbeitung

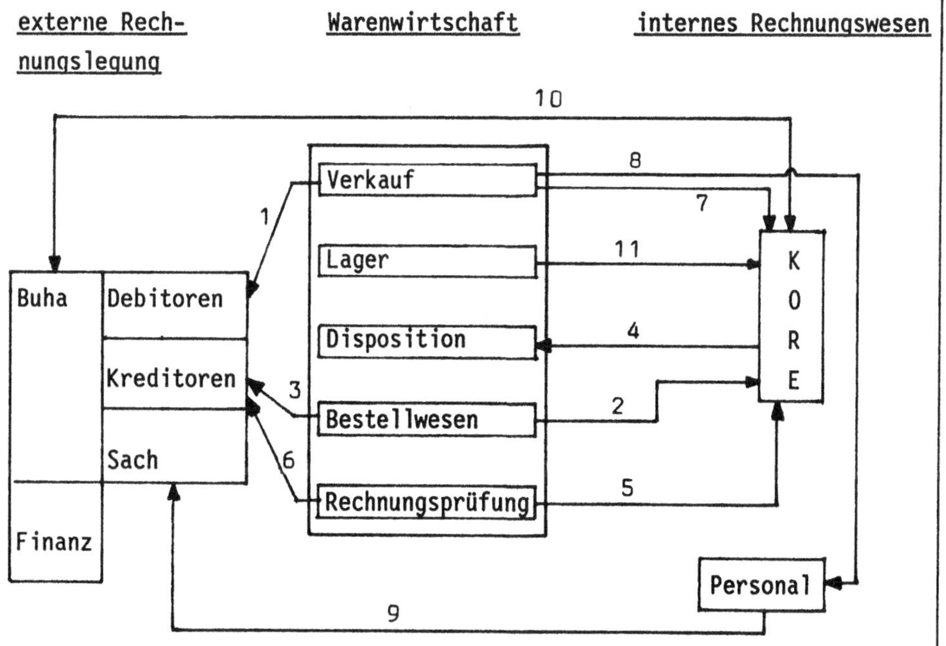

Abb. I.2.1.3: Beispielhafte Integrationsbeziehungen im Handelsunternehmen

Integrationsansätze wurden in der Vergangenheit von zahlreichen Vertretern der Wissenschaft sowie der Praxis entwickelt und dargestellt (Zentes, J.: Integrierte Warenwirtschaftssysteme 1982 und 1985; Sova, O.; Piper, J.: Computergestützte Warenwirtschaft 1985). Dabei bezogen sich die Ausführungen meist auf den Fall des Ein-Standort-Unternehmens bzw. des filialisierenden Unternehmens mit zentraler Ausrichtung.

2.2 Die externe (zwischenbetriebliche) Integration

Eine logische Fortsetzung des Konzepts der internen Integration der EDV findet sich in der externen Integration (EI) von Vorgängen mittels EDV. In den 60er-Jahren wurde dieses Thema erstmals auf einer technologisch sehr einfachen Ebene diskutiert (vgl. Mertens, P.: Zwischenbetriebliche Integration 1966). Die zu der damaligen Zeit noch begrenzten technischen Möglichkeiten und Anwendungen können mit heutigen Möglichkeiten nicht verglichen werden. Die in den letzten Jahren entstandenen Datenübertragungseinrichtungen (etwa Datex-P, -L), preiswerte Kommunikationstechnologien (Bildschirmtext, Mailboxen) und die Dezentralisierung und Miniaturisierung der Hardware haben die Möglichkeit geschaffen, neue organisatorische Konzepte zu erschließen.

Die externe Integration hat das Ziel - analog zur internen (innerbetrieblichen) Integration - voll dv-gestützte Verfahrensketten durch weitgehend automatisierten Datenaustausch über Unternehmensgrenzen hinweg aufzustellen. Als Beispiele lassen sich hierzu nennen (vgl. AWV: Automatisierter Datenaustausch, Teil 1 1981, S. 11):

- Automatisierung des Bestellverkehrs zwischen Besteller (Kunde) und Bestellempfänger (Lieferant)
- Automatisierung des Abrechnungsverkehrs
- Automatisierung der Transportabwicklung.

Durch eine automatisierte Datenübermittlung zwischen Unternehmen können folgende Ziele verfolgt werden:

<u>1. schnelle Weiterleitung der Daten von Rechner zu Rechner (Unternehmen zu Unternehmen) ohne manuelle Eingriffe</u>

Eine beschleunigte Informationsweitergabe ist häufig erst Voraussetzung für betriebswirtschaftlich wünschenswerte Maßnahmen, wie Bestandsreduzierung und Just-in-time-Logistik. Die Beschleunigung kann intern durch eine Verringerung des Erfassungsaufwandes und extern durch Verringerung der Übermittlungszeiten (elektronische statt beleggebundener Übermittlung) erfolgen. Die Verringerung des Erfassungsaufwandes durch Eliminierung der Neucodierung fällt i.a. beim Empfänger der Daten an, so daß dieser zunächst den größeren Vorteil aus der EI besitzt (vgl. ähnliche Ergebnisse beim S.W.I.F.T.-Projekt der Banken, vgl. Loh, W.W.: Das S.W.I.F.T.-System 1983, S. 124).

2. Reduzierung des Verwaltungsaufwandes

Nach Angaben der UN-ECE und der EG beträgt der Verwaltungsaufwand zur Erstellung, Bearbeitung und Kontrolle des Belegverkehrs heute bereits 7 bis 10 % des Warenwerts (vgl. Kommission der Europäischen Gemeinschaften: TEDIS 1986a, S. 7; International Chamber of Commerce: Uniform Rules for Communication 1987, S. 1). Der Aufwand für die Erfassung und Prüfung der von den Geschäftspartnern übermittelten Informationen soll daher reduziert werden. Übergeben Geschäftspartner ihre Daten maschinenlesbar in einem vorher definierten Austauschformat, so kann der Empfänger auf eine Neuerfassung, u.U. auch auf eine Prüfung, verzichten. Durch den Wegfall der wiederholten Datenerfassung entfallen auch Übertragungsfehler, die Datenqualität steigt. Auf teure Durchschreibeformulare kann z. T. verzichtet werden.

3. Flexibilität

Alleine durch die zeitliche Verfügbarkeit von Kundendiensten (Auskunftsbereitschaft, Auftragsannahme rund um die Uhr, Möglichkeit der späten Stornierungen von Aufträgen/Bestellungen etc.) kann die Flexibilität des Unternehmens in der Sicht der Marktpartner gesteigert werden. Interne Flexibilitätssteigerungen sind möglich, wenn Bestell- oder Auslieferungstermine verschoben werden können.

Alleine durch seine hohe zeitliche Verfügbarkeit (24 Stunden) kann ein System der externen Integration Probleme in den Kunden- und Lieferantenbeziehungen beseitigen bzw. mildern. Greifen Maßnahmen der externen Integration derart stark, daß dadurch die Auslieferung beschleunigt wird, sich Auftragsfristen (vgl. die Auswirkungen unterschiedlicher Auslieferungszeiten bei Sharman, G.: Rediscovery of Logistics 1984, S. 73) reduzieren und zugleich Sicherheitsbestände verringern lassen, so ist damit eine Steigerung der Flexibilität verbunden.

4. Marktstrategie/ Verbesserung der Marktposition

Die Fähigkeit, Geschäftspartnern jederzeit mit exakten Informationen zu

dienen, wird auch bei der Gestaltung der Geschäftsbeziehungen Einfluß gewinnen; z.T. sollen damit Wettbewerbsvorteile erzielt, z.T. Marktpositionen verbessert werden (vgl. McFarlan, F.W.: Information technology changes the way you compete 1984, S. 101, vgl. auch Krcmar, H.: Strategische Informationssysteme 1987, S. 227 ff.).
Solange nicht alle Unternehmen an der externen Integration teilnehmen, kann sie als Marketinginstrument benutzt werden, um mit verbesserten Dienstleistungen (mehr, schnellere, preiswertere Informationsbereitstellung) Abnehmer zu gewinnen (vgl. Mertens, P.; Plattfaut, E.: Strategische Waffe 1986; Pauluhn, B.: Marketing und EDV 1986, S. 43-45).

Zusammenfassung

Ziel der externen Integration ist es, die Wirtschaftlichkeit von betrieblichen Leistungen zu erhöhen, bei gleichzeitiger Nutzung von Werkzeugen zur Verbesserung der unternehmerischen Wettbewerbssituation. Diese beiden Einflüsse gehen aus Abb. I.2.2.1 hervor. Abbildung I.2.2.2 zeigt (in Anlehnung an Sharman, G.: Rediscovery of Logistics 1984, S. 76) mögliche Ansätze einer Verbesserung oder Ausrichtung von ablauforganisatorischen Lösungen aus der Sicht von Geschäftspartnern auf. Durch Einsatz der EI sind von den dort genannten 7 Beurteilungskriterien die 6 bedeutendsten beeinflußbar.

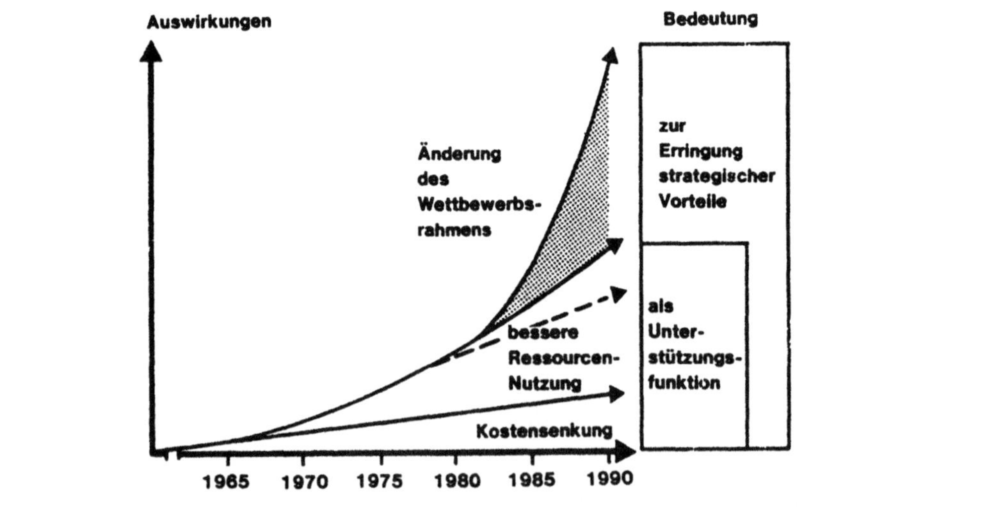

Abb.I.2.2.1:	Einsatz der Informationstechnik mit unterschiedlichen Zielen (in Anlehnung an: o.V.: Strategische Anwendungen 1986, S. 1)

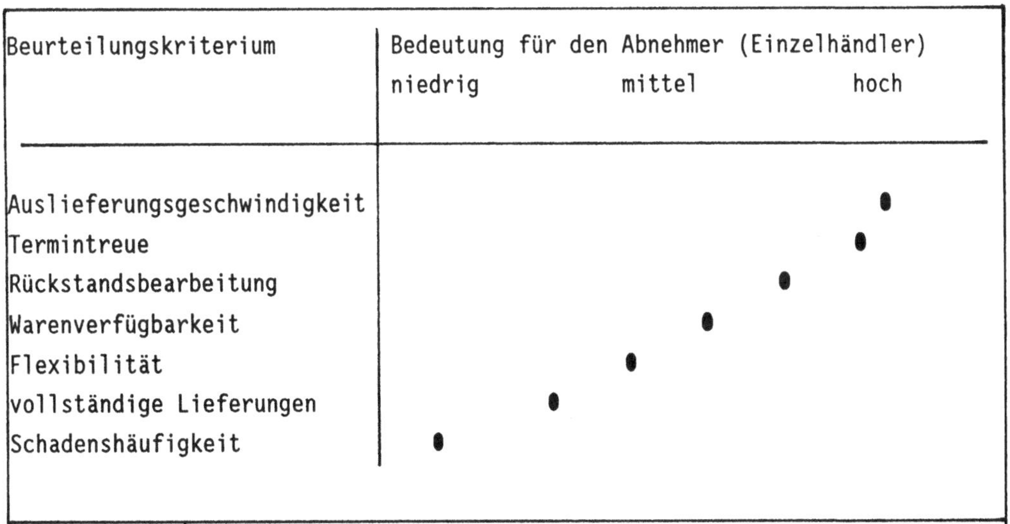

Abb. I.2.2.2: Bedeutung von Kundendienst-Leistungen

Die betriebswirtschaftliche Zielsetzung der EI muß durch eine wirtschaftspolitische ergänzt werden.
"Der ungehinderte Informationsfluß zwischen den Wirtschaftsteilnehmern und den Mitgliedsstaaten ist eine unerläßliche Voraussetzung für den freien Waren- und Dienstleistungsverkehr sowie die Intensivierung der Zusammenarbeit zwischen Unternehmen auf europäischer Ebene" (Kommission der Europäischen Gemeinschaften: TEDIS, 1986b, Vorwort).

Die moderne Volkswirtschaft beruht immer mehr auf dem Austausch von Informationen oder kommerziellen Daten zwischen den Wirtschaftsteilnehmern. Die Schnelligkeit, Zuverlässigkeit und Sachbezogenheit der Informationsflüsse sind mehr und mehr ausschlaggebend für die Wettbewerbsfähigkeit der Unternehmen, unabhängig von ihrer Größe (vgl. Kommission der Europäischen Gemeinschaften: TEDIS 1986a).

Begriffsklärung

In der Literatur finden sich die Begriffe der "betriebsübergreifenden Vorgangsketten" (Scheer, A.-W.: CIM 1988, S. 172 ff.) und der "Zwischenbetrieblichen Integration" (Mertens, P.: Zwischenbetriebliche Integration 1985, S. 81-

90; Städtler, M.: Zwischenbetriebliche Integration 1987, S. 368-369). Dabei wird von einem Verständnis des "Betriebs" als Gesamtheit aller unter einem Ziel wirtschaftenden Einheiten ausgegangen, die mit einer Außenwelt in Kontakt treten. Die innerhalb der Gesamtheit abzuwickelnden Funktionen und ihre integrativen Beziehungen sind nicht gemeint.

In der Betriebswirtschaftslehre finden sich zur Abgrenzung "Betrieb" - "Unternehmen" unterschiedliche Auffassungen (vgl. Wöhe, G.: Allgemeine Betriebswirtschaftslehre 1986, S. 12; Lütkenhorst, W.: Betrieb 1987, S. 230). Unabhängig von den bei Wöhe genannten Meinungsrichtungen, ergeben sich aus Sicht der Handelsbetriebslehre begriffliche Probleme, da hier der Betrieb überwiegend als Betriebsstätte verstanden wird und somit nur Teil einer größeren gemeinsam agierenden Gesamtheit ist. "Betriebsübergreifend" oder "zwischenbetrieblich" kann damit auch eine Beziehung zwischen Teilen einer Gesamtheit bedeuten.

Zugleich nutzt auch die Handelsbetriebslehre den Begriff "zwischenbetrieblich" für das Beziehungsgefüge zwischen unterschiedlichen <u>Gesamt</u>gebilden. Um solche sprachlichen Differenzierungen und Unklarheiten zu vermeiden, verwendet diese Arbeit durchgängig eine etwas abweichende Notation:
<u>Unternehmen</u> sind Gesamtgebilde, die aus mehreren <u>Betrieben</u>, Filialen, Häusern etc. bestehen können. Die Begriffe Betrieb, Niederlassung und Filiale werden im Verlauf der Arbeit zur Kennzeichnung dezentraler Einheiten verzweigter Unternehmen herangezogen.

Auf den Begriff der "zwischenbetrieblichen Integration" wird verzichtet zugunsten des eindeutigeren Begriffs der "externen Integration" (vgl. Meyer, B.: Die externe Bankautomation 1985; Hammel, R.G.: Externe Integration 1976), welcher deutlich macht, daß damit echte Außenbeziehungen mit Kunden, Lieferanten, Dienstleistern etc. gemeint sind, die nicht alleine in der Gestaltungshoheit eines Unternehmens oder einer Unternehmensgruppe stehen.

Ein weiterer in der Diskussion benutzter Begriff ist der des "Elektronischen Datenaustauschs" (EDI - Electronic Data Interchange). Dieser wird auch in dieser Arbeit benutzt; er ist aber nicht so weitgehend, wie der Begriff der externen Integration, da hier primär die technische Übertragung im Mittelpunkt steht, nicht aber die gesamte Organisation von Informationsflüssen.

3. Verzweigte Handelsunternehmen

Gegenstand der Untersuchung sind überwiegend die verzweigten Handelsunternehmen. Diese wurden gewählt, da sie in der Marktbedeutung insbesondere im Einzelhandel ein deutliches Übergewicht besitzen (vgl. Falk, B.; Jakob, W.: Handelsbetriebslehre 1986, S. 32) und Aussagen bezüglich der EI für diese Organisationsformen sich einfach auf Organisationen mit nur einem Standort übertragen lassen. Die wichtigsten Formen stellen die filialisierenden Handelsunternehmen sowie die Kooperationen dar.

Die Überlebensfähigkeit dieser Organisationen hängt z.T. auch von deren Fähigkeit ab, auf Entwicklungen eingehen zu können. Zahlreiche dieser verzweigten Unternehmen haben in den letzten Jahren Warenwirtschaftssysteme installiert; z.T. wurden damit nur Teilfunktionen abgedeckt, z.T. ist die dv-technische Aufgabenverteilung zwischen den einzelnen Stufen noch nicht gelöst. An diesem unternehmensintern noch zu organisierenden Bereich arbeiten fast alle Unternehmen. Die nächste Stufe - Findung einer der verzweigten Struktur dieser Unternehmen angemessenen externen Organisation - ist in Ansätzen bereits im Gange.

3.1 Filialisierende Einzelhandelsunternehmen

"Filialunternehmen (Filialbetriebe) sind Einzelhandelsbetriebe, die eine größere Anzahl räumlich getrennter Verkaufsstellen (Filialen) unter einheitlicher Lenkung betreiben." (Falk, B./ Jakob, W.: Handelsbetriebslehre 1986, S. 200). Die wichtigsten Kriterien für ein typisches Filialunternehmen sind der großhandelsmäßige Zentraleinkauf für alle Filialen, das dafür charakteristische Zentrallager und eine zentrale Betriebskontrolle und -abrechnung.

Zu unterscheiden sind die Formen der Filialunternehmen nach dem Sortiment in Lebensmittel- und Nichtlebensmittelfilialisten, nach dem Verbreitungsgebiet (lokale, nationale, supranationale Filialisten) und nach der Zahl der Filialen in Klein- und Massenfilialisten (vgl. Pardey, R.: Interne Information 1985, S. 20). Außer den bekannten Filialunternehmen gibt es noch eine Reihe weiterer Betriebsformen des Einzelhandels mit filialisierten Betriebseinheiten. Dies sind Warenhausunternehmen, Fachmarktketten, Versandhandelsunternehmen mit stationären Betriebseinheiten, aber auch Verbrauchermarkt- und SB-Warenhaus-Unternehmen.

Die vielfältigen Anbindungsmöglichkeiten der Filialen an die Zentrale zeigt Abb. I.3.1 (vgl.: von Herder, H.: Filialunternehmen 1979, S. 7):

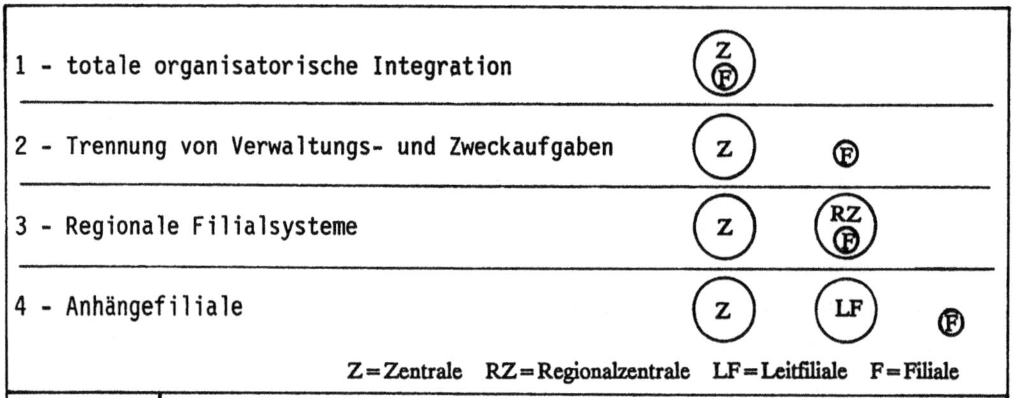

Abb. I.3.1: Anbindungsmöglichkeiten von Filialen

Da beim Filialsystem ein allen Teilbetrieben gemeinsames Willenszentrum gegeben ist, sind vom Betriebstyp her gute Voraussetzungen für einen vernetzten Datenfluß gegeben, zumal der Vollzug gleicher oder ähnlicher Funktionen in den Teilbereichen vorherrscht (vgl. Pardey, R.: Interne Information 1985, S. 18, zitiert hier: Alewell, K.: Filialen 1956, Sp. 1779). Auf der anderen Seite sind allerdings auch die räumliche Trennung der Filialen und die häufige Existenz von Regionallägern als besondere Schwierigkeit hinsichtlich der Datenflüsse anzusehen.

Filialisierte Einzelhandelsunternehmen sind vertikal typischerweise zweistufig (Zentrale-Filialen) oder dreistufig (Zentrale - Regionalverwaltung - Filialen) aufgebaut. Die Zentrale deckt dabei in der Regel folgende Funktionen ab: Einkauf, Marketing, Logistik, Filialleitung und allgemeine Verwaltung.

Das wesentliche Element eines Filialunternehmens ist die zentrale (einheitliche) Leitung des Gesamtunternehmens. "Zentralisation" bedeutet in Bezug auf das Gesamtunternehmen das Verhältnis zwischen Zentrale und Filiale, wobei die Zentrale verbindliche Anweisungen gibt, die von den Filialen zu befolgen sind. Eine wesentliche Grundsatzentscheidung filialisierender Einzelhandelsunterneh-men betrifft daher die Verteilung der Entscheidungsrechte auf die Hierarchiestufen der Organisation. Wichtiges Kriterium bei der Gestaltung von "Zentralisation" und "Dezentralisation" ist der Bereich der Sortimentspolitik (evtl. in Verbindung mit der Beschaffungspolitik).

3.2 Kooperationen

Eine "Kooperation liegt vor, wenn mehrere Unternehmen (Unternehmer) auf freiwilliger Basis vertragliche Vereinbarungen treffen, um einzelne oder mehrere Betriebsfunktionen besser wahrnehmen zu können, ohne dabei ihre rechtliche und ökonomische - kooperativ eingeschränkte - Selbständigkeit zu verlieren" (Schminke, L.: Die Informationspolitik von Handelsbetrieben 1981, S. 4, zitiert hier: Kuhn, G.: Entwicklung und Probleme der Kooperation 1977, S. 15). Das bedeutet, daß bei Einsatz warenwirtschaftlicher Funktionen nur Teilbereiche gemeinschaftlich gelöst werden. Wichtig ist hierbei, daß die Zentrale ihre Dienstleistungsaufgaben gegenüber den Mitgliedern erfüllen kann und die dazu notwendigen Daten erhält (vgl. Kirchner, J.D.; Zentes, J.: Führen mit Warenwirtschaftssystemen 1984, S. 157).

War die ursprüngliche Zielsetzung der an einer Kooperation beteiligten Unternehmen die kostengünstige Warenbeschaffung, die durch Auftragskonzentration vergleichsweise niedrige Einkaufspreise ermöglichte, so haben sich die kooperativen Gebilde des Handels in ihrem Verhalten den zentralgeleiteten Großunternehmen genähert und sich vom "Einkaufsclub zur Marketingzentrale" entwickelt (vgl. Schminke, L.: Die Informationspolitik von Handelsbetrieben 1981, S. 2). Die Zentralen übernehmen dabei immer mehr die Führungsfunktion und wachsen in die Rolle eines Managementzentrums für die angeschlossenen Einzelhändler hinein (Schminke, L.: Die Informationspolitik von Handelsbetrieben 1981, S. 6).

Die in der Bundesrepublik verbreitesten Kooperationsformen des Handels sind die Einkaufsgenossenschaften, die freiwilligen Ketten und die Franchisesysteme (vgl. Tietz, B.: Der Handelsbetrieb 1985, S. 249 ff.).

4. Einsatzformen von Informationstechnologie in verzweigten Handelsunternehmen

Unabhängig von ihrer Betriebsform (Einkaufsverband, Verbundgruppe, freiwillige Kette, Massenfilialist, Warenhausgruppe, ...), ihrer rechtlichen Ausgestaltung, der Art der Zusammenarbeit und zahlreichen weiteren Unterschieden ist allen Handelsorganisationen die Problematik einer Aufgabenverteilung zwischen Zentrale und Betrieben (Filiale, Warenhaus, Verbundpartner) gemeinsam. Anhand von Unternehmens- oder Gruppenzielen muß eine optimale Abwicklungsorganisation gefunden und weiterentwickelt werden. Die EDV als Unterstützungsinstrument kann dabei hilfreich sein.

Alternativen

Grundsätzlich existieren - aus informationstechnologischer Sicht - zwei extreme Alternativen, die jedoch nicht völlig losgelöst von der Unternehmensstruktur gesehen werden können. Aus Darstellungsgründen werden diese isoliert vorgestellt. Dazwischen existieren zahlreiche Mischformen.

Zentrale EDV-Alternative

Die hierarchisch nachgeordneten Einheiten (Filialen, Niederlassungen, Warenhäuser, Verbundpartner) verfügen über keine eigenen DV-Systeme. Sie sind evtl. über Datenübertragungs-Leitungen an einen Rechner der Zentrale angeschlossen, nehmen aber ausschließlich am zentralen DV-System teil. Dezentrale Systeme existieren nicht.

Vorteil einer solchen Lösung ist der vergleichsweise geringe Aufwand zur Implementierung der warenwirtschaftlichen Funktionen und die einheitliche Kontrolle der Vorgänge durch eine Stelle.

Dezentrale EDV-Alternative

Im anderen Extremfall besitzen die nachgeordneten Einheiten komplette Informationssysteme zur Abwicklung ihrer Aufgaben, u.U. nicht nur Warenwirtschafts-, sondern auch Verwaltungsfunktionen. Weiterhin sind die Aufgaben nicht auf einem Rechnersystem anzutreffen, sondern weiter spezifiziert (etwa eigener Kassenrechner, eigener Warenwirtschaftsrechner, eigener Rechner für administrative Funktionen). Die einzelnen Rechnersysteme sowie die auf ihnen ablaufenden Programme sind so koordiniert, daß die Zielerreichnung des Gesamtunternehmens sichergestellt ist.

Vorteile dieser Alternative sind die spezialisierten Einzelsysteme, die hohe Verfügbarkeit (und damit subjektive Verfügungsgewalt) der Filiale über Informationstechnologie und die Möglichkeiten einer marktgerechten Strategie.
Nachteile sind allerdings der erhebliche Aufwand zur Koordinierung der einzelnen Systeme, die permanente Tendenz zur Auseinanderentwicklung der organisatorischen Lösungen zwischen den Filialen und zwischen den Filialen und der Zentrale.

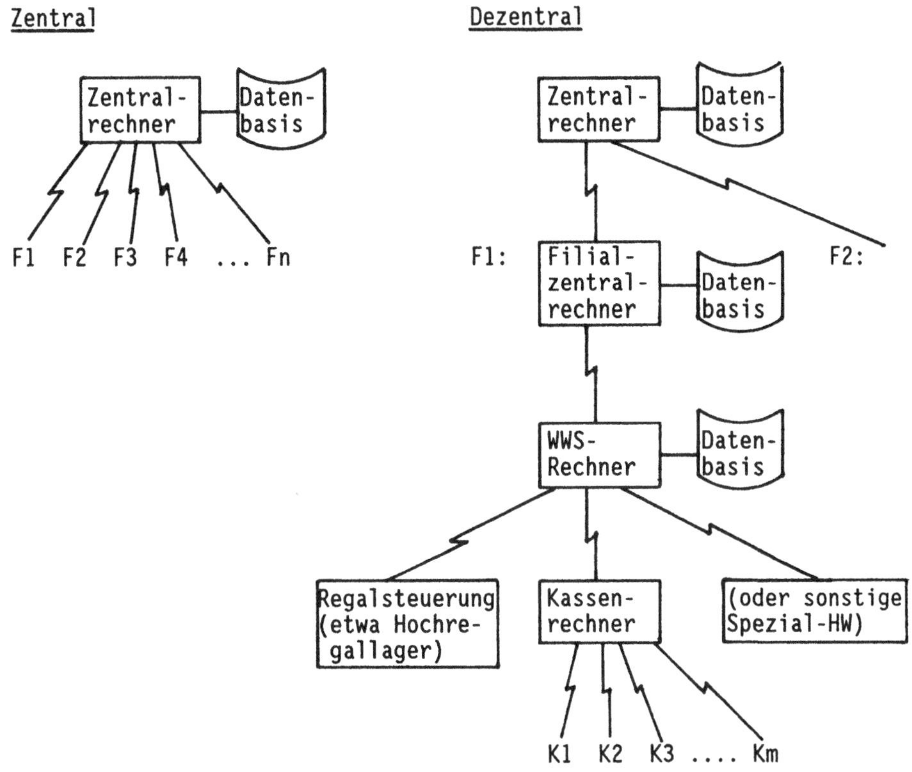

Fx: Filiale x
Ky: Kassenplatz y

Abb. I.4.1: Einsatzformen von Informationstechnologie in verzweigten Handelsunternehmen

5. Klassifizierungskriterien der externen Integration

5.1 Übertragungsrichtung

Eine Übersicht der möglichen Übertragungsrichtungen bei der EI zeigt die folgende Abbildung (vgl. Städtler, M.: Zwischenbetriebliche Integration im Güterverkehr 1984, S. 7).

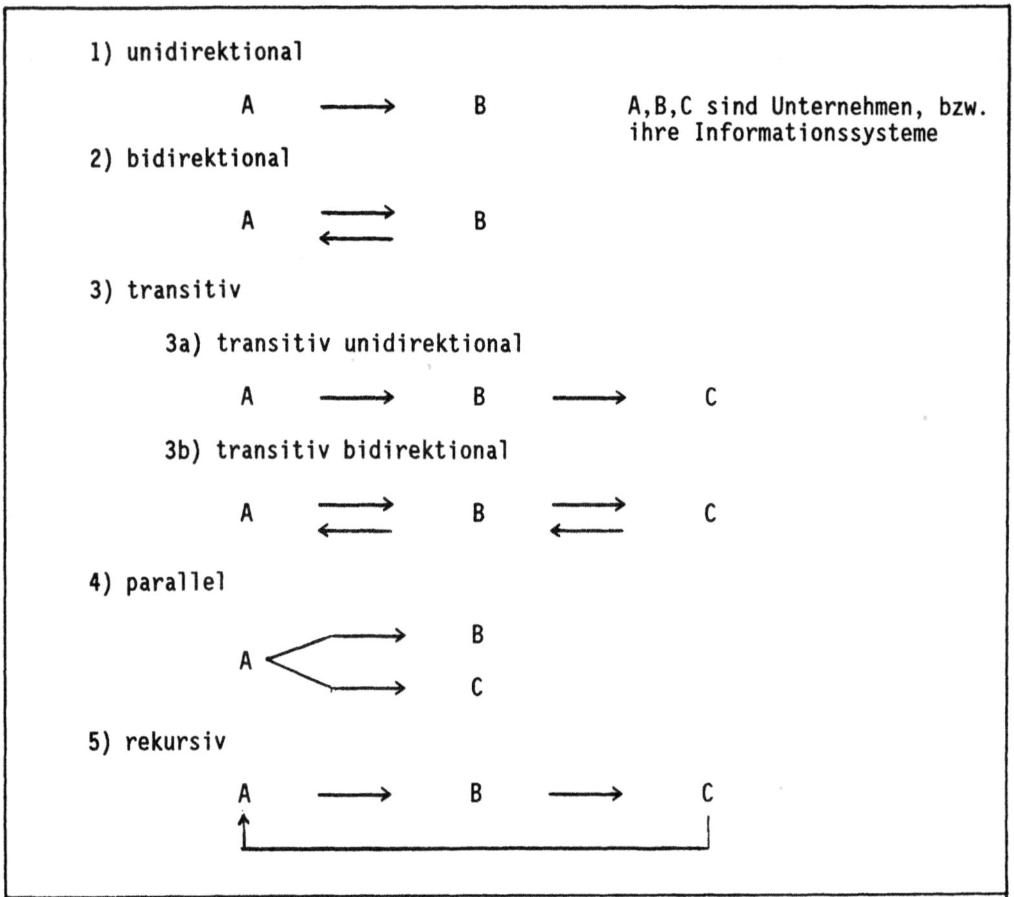

Abb. I.5.1: Mögliche Formen der Übertragungsrichtung

Bei unidirektionaler Übertragungsrichtung fließen die Informationen aus einem System A in ein Informationssystem B, ohne umgekehrt Daten zurückzuerhalten. Bei bidirektionaler Übertragung werden Daten zwischen den Partnern A und B in beiden Richtungen ausgetauscht. Im Falle transitiver Übertragung reicht Unternehmen B von Unternehmen A erhaltene Daten nach Bearbeitung (ergänzen, modifizieren) an ein Unternehmen C weiter. Bei bidirektionaler Transitivität kann C die erhaltenen Daten umsetzen und andere oder die überarbeiteten Daten dieses Vorgangs wieder an B zurücksenden; B wiederum sendet die Daten an A zurück. Im rekursiven Fall wird das Ende der Übertragungskette A,B,C bei C erreicht, C leitet diese Daten aber nach A zurück, wo sie zur Rückkopplung der Ausgangsdaten dienen.

5.2 Integrationsstufen der Datenübermittlung

Entsprechend der technischen Weiterentwicklung lassen sich bezüglich der Datenübermittlung zwischen Unternehmen bzw. Informationssystemen folgende Differenzierungen vornehmen:

0 - keine Integration, manuelle Bearbeitung
1 - a) Einseitige Integration (automatische Ausgabe, bzw. automatisches Einlesen)
    b) Belegorientierte Integration
2 - Datenträgeraustausch (Disketten, Magnetbänder)
3 - leitungsgebundene Datenübermittlung
    a) Lock-in-Terminals
    b) unformatiert Mailboxsysteme
    c) formatierte Mailboxsysteme
    d) zeitversetzte Verarbeitungssysteme
    e) zeitsynchronisierte Transaktionssysteme

1a) Einseitige Integration
Bei einer einseitigen Integration wird aus einem Rechner automatisch ein lesbarer Beleg erzeugt, aber auf der Partnerseite nicht entsprechend automatisiert eingelesen. Dies kann z.B. mit OCR-A Schrift durchgeführt werden. Durch die Fortschritte bei Beleglesern kann ein mit Blockbuchstaben ausgefülltes Formular, nach Versand zu einem Partnerunternehmen, automatisiert eingelesen werden. Voraussetzung hierzu ist eine unternehmensübergreifende verpflichtende Vereinbarung über den Aufbau des zu verwendenden Formulars.

1b) belegorientierte Integration
Einen Schritt weiter sind die traditionellen belegorientierten Integrationssysteme. Der im ersten Unternehmen bearbeitete Beleg wird maschinenlesbar codiert und umgekehrt beim empfangenden Unternehmen wieder eingelesen. Eine der

ältesten Anwendungen hierfür stellt die Codierzeile auf Schecks und Überweisungen im Interbankenverkehr dar.

2) Datenträgeraustausch
Der Datenträgeraustausch zwischen Unternehmen setzt ein gemeinsam nutzbares externes Speichermedium bei den Informationen austauschenden Unternehmen voraus. Gebräuchlichste und bekannteste Formen sind das Magnetband, Disketten und vereinzelt Magnetbandkassetten. Neben dem inhaltlichen Format der Informationen (Satzaufbauten) müssen auch technische Fragen (Diskettengröße 5,25 oder 8 Zoll, Packungsdichte bei Bändern 800, 1600 oder 6250 bpi (Bit per inch)) geklärt sein.

3) leitungsgebundene Datenübermittlung
Die modernste Integrationsstufe stellt die leitungsgebundene Datenübertragung dar. Hierbei sind mehrere Unterfälle möglich; diese sind aus betriebswirtschaftlicher Sicht nicht in jedem Falle positiver zu beurteilen als die bisherigen Stufen. Andererseits kann davon ausgegangen werden, daß hiermit eine erhebliche Beschleunigung des Datentransports erreicht wird.

3a) Lock in Terminals für Geschäftspartner
Existiert zwischen Unternehmen eine sehr enge (für eine Seite fast ausschließliche) Geschäftsbeziehung, so kann ein Geschäftspartner seinen Kunden oder Lieferanten - zum Teil sogar kostenlos - Terminals mit Anschluß an die eigene Datenverarbeitung zur Verfügung stellen. Solche Terminals erleichtern v.a. dem Aufsteller die Kommunikation und Verarbeitung und intensivieren auch die Geschäftsbeziehung. Ist die Beziehung so intensiv geworden, daß Partner nur noch mit erheblichen Umstellungskosten für ihre informationstechnische Infrastruktur aussteigen können, so spricht man im Amerikanischen von "Lock-in", der Partner sitzt in einem "geschäftlichen Käfig" (vgl.: o.V.: Weg vom Stückwerk 1986, S. 17). Dies gilt auch für Dienstleistungsrechenzentren, wenn sie einem Geschäftspartner gehören (Beispiel: Lageroptimierung des Händlers durch Rechenzentrum eines Herstellers oder Generalimporteurs - etwa im Kfz-Bereich).

3b) unformatierte Mailboxsysteme
Erzeugt ein Unternehmen Informationen aus dem eigenen DV-System, übermittelt diese Daten über Leitung nicht unmittelbar an den Empfänger sondern an einen privaten oder öffentlich zugänglichen Datenpool, aus dem der Empfänger sich die Daten selbst abholt, so spricht man von einem Mailboxsystem. Haben sich

Sender und Empfänger der Information nicht auf eine klare Definition der Struktur der ausgetauschten Daten geeinigt, so bleibt dem Sender nur die Möglichkeit, seine Informationen im Klartext (ähnlich einem fertigen Dokument) darzustellen.

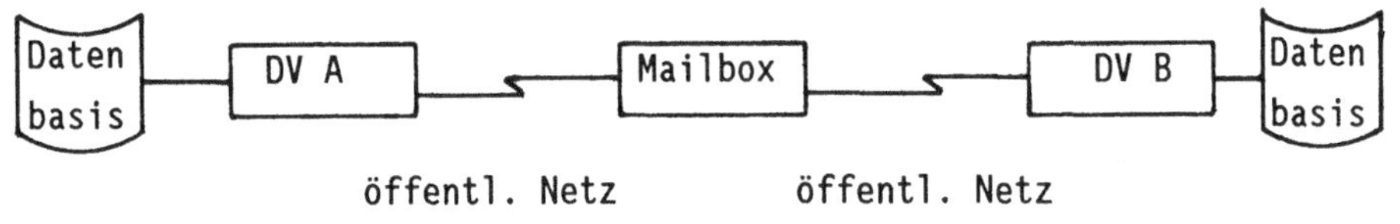

Abb. I.5.2.1: Datenübermittlung über Mailboxsysteme

Von einer Integration im eigentlichen Sinn kann nicht gesprochen werden. Dennoch wird dieses Verfahren - selbst bei weitgehend hochintegrierten Anwendungen zwischen Unternehmen - als Ergänzung sinnvoll weiterbestehen bleiben, z.T. als Briefersatz.

3c) Formatierte Mailboxsysteme

Stellt das sendende Unternehmen Daten in einer vorher definierten Struktur dem Empfänger in einem Mailboxsystem zur Verfügung und ist der Empfänger der Daten in der Lage, die ausgelesenen Daten automatisch weiter zu verarbeiten, so handelt es sich um ein formatiertes Mailboxsystem. Die Zwischenspeicherung erlaubt es Sender und Empfänger mit nur einem physischen Adressaten (Mailbox, Clearing Center), aber zahlreichen logischen Systemen (Kommunikationspartner, Unternehmen), in Verbindung zu stehen.

3d) zeitversetzte Verarbeitungssysteme

Bei den Mailboxsystemen handelt es sich um räumlich und zeitlich von der Weiterverarbeitung getrennte Datenspeicher. Werden Daten hingegen unmittelbar bei ihrer Entstehung verarbeitet und direkt an den Datenempfänger übermittelt, bei diesem jedoch erst später (etwa einmal täglich) verarbeitet, so wird kein weiterer Zwischenspeicher (Mailbox) benötigt. Die Daten stehen in vorher festgelegten Formaten beim Empfänger zur Verfügung. Eilaufträge bzw. sofortige Verarbeitungsmöglichkeiten sind nicht gegeben - sofern dafür nicht eigens Ausnahmen festgelegt werden - da die Daten bis zum nächsten Verarbeitungstermin gesammelt werden. Eine Rückantwort kann nicht unmittelbar erwartet werden. Die Art der internen Datenverarbeitung (Batch- oder Dialogsysteme) ist bei dieser Integrationsstufe nicht bedeutsam.

Mögliche Warte- bzw. Liegezeiten von Daten sind bei dieser Integrationsstufe aus der Abbildung I.5.2.2 zu entnehmen.

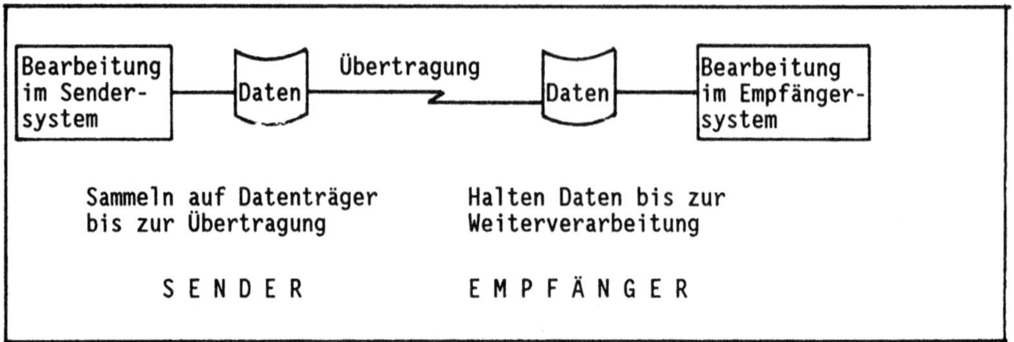

Abb. I.5.2.2: Zeitversetzte Verarbeitung bei Datenübertragung

Eine weitere Differenzierung dieses Falls kann aus der Art des Kommunikationsrechners abgeleitet werden. Häufig kommunizieren die Geschäftspartner nicht unmittelbar mit den operativen Systemen, sondern nutzen vorgeschaltete Systeme, auf denen sie die übertragungsrelevanten Daten zur Verfügung stellen. Damit soll vermieden werden, daß Unberechtigte im eigentlichen Hauptrechner arbeiten (Datensicherheit).

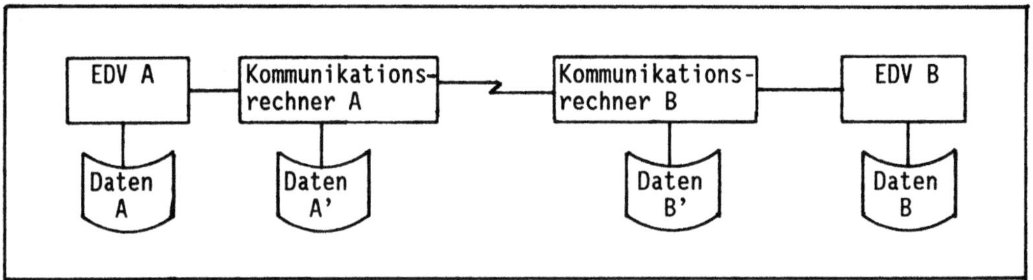

Abb.I.5.2.3: Einsatz spezieller Hardware-Systeme zur Kommunikations-Steuerung

3e) zeitsynchronisierte Transaktionssysteme

Die höchste integrative Stufe erreichen Systeme, bei denen eine in einem Unternehmen erzeugte Information (Anfrage, Rechnung, ...) unmittelbar nach Entstehen an den Kommunikationspartner versandt wird. Der Kommunikationspartner seinerseits nimmt die Information auf und verarbeitet sie sofort. Je nach Transaktionsart (Rückantwort notwendig oder nicht) wird auf dem gleichen Wege eine Rückinformation gesandt. Eine Zwischenspeicherung wie im Fall 3d) ist nicht notwendig. Theoretisch ist auf diese Weise eine "Verhandlung" zwischen Systemen möglich. Voraussetzung hierzu sind auf beiden Seiten dialogorientierte Verarbeitungssysteme.

Im Falle 3e) der zeitsynchronisierten Transaktionssysteme werden Daten aus einem eigenen (im Extremfall sogar realtime) System erzeugt, unmittelbar an den betroffenen Rechner des Geschäftspartners weitergereicht (damit entfällt die sonst übliche Transportzeit der Daten) und beide Seiten verfügen über die übermittelten Daten (im Gegensatz zu Fall 3a).

5.3 Zeitliche Verfügbarkeit

Die zeitliche Verfügbarkeit der EI läßt sich in 2 Kriterien messen:

1) Zeitverschiebung zwischen Datenentstehung, Datentransport und Datenempfang
2) zeitliche Verfügbarkeit der Partner.

Informationen, die im Unternehmen A entstehen und als Daten an andere Unternehmen weitergeleitet werden, können:
- zunächst zwischengespeichert werden und periodisch (z.B. täglich, wöchentlich) zum Versand gebracht werden (vgl. I.5.2, Fälle 1b, 2, 3d)
- zunächst zwischengespeichert und in Abhängigkeit bestimmter Schwellwerte zum Transport gebracht werden (Trigger-Konzept, Aktionsdatenbanken, vgl. Berthold, H.J.: Aktionsdatenbanken 1983, S. 20)
- in Abhängigkeit der Dringlichkeit der Einzelinformationen zwischengespeichert oder sofort versandt werden
- grundsätzlich sofort versandt werden.

Umgekehrt können diese Fälle auch beim Empfänger zutreffen. Auch hier besteht die Wahl zwischen sofortiger Bearbeitung der Eingangsdaten bis hin zu strikter periodischer Bearbeitung.
Die Transport- und Liegezeiten sind den Bearbeitungszeiten von Sender und Empfänger hinzuzurechnen, um die Gesamtdauer zwischen der Datenentstehung bei Sender und dem Eingang im DV-System des Empfängers zu ermitteln.

Die zeitliche Verfügbarkeit der Partner bedeutet ihre Erreichbarkeit - etwa auch nachts, an Wochenenden oder außerhalb der Arbeitszeiten. Dieses Kriterium spielt bei traditioneller Datenträgerübermittlung eine nur geringe Rolle; bei online-Kommunikation kann die Nichtverfügbarkeit aber sehr wohl eine Restriktion darstellen.

5.4 Örtliche Verfügbarkeit

Die örtliche Verfügbarkeit bedeutet eine Aussage über die Erreichbarkeit eines Kommunikationspartners über den gewünschten Kommunikationsweg. Ist Datenträgeraustausch per Postversand oder Kurier i.a. sichergestellt, so können bei Datenübertragungseinrichtungen durchaus Restriktionen bestehen, z.B. eingeschränkte Erreichbarkeit privater Netzwerke, Verfügbarkeit aller DFÜ-Dienstleistungen der Post oder sonstiger Netzbetreiber (etwa in Randgebieten).

5.5 Anzahl der Teilnehmer

1) bilaterale Vereinbarungen
Die Vereinbarung über Art und Aufbau der auszutauschenden EDV-gestützten Informationen wird lediglich von zwei Partnern festgelegt. Dabei sind sie frei, eigene Vereinbarungen zu setzen, sich an bestehende Standards anzulehnen oder ausschließlich bestehende Standards zu nutzen.
Auch Sicherheitsgründe können für die Präferenz bilateraler Vereinbarungen sprechen, etwa bei der Anwendung bestehender Standards zur EI begleitet von individuellen Verschlüsselungs- und Entschlüsselungs-Algorithmen.

2) multilaterale Vereinbarungen
Mehrere Unternehmen oder Organisationen entwickeln eigene Vorstellungen über Art und Aufbau der zwischen ihnen auszutauschenden Daten und Informationen. Grundsätzlich sind sie frei, eigene Standards zu entwickeln oder sich an bereits bestehende Normen oder Empfehlungen anzulehnen. Je größer die Anzahl der beteiligten Organisationen ist, desto höher ist auch die Wahrscheinlichkeit eines weitgehend standardisierten Vorgehens, evtl. unterstützt von Normungsansätzen. Multilaterale Vereinbarungen können zusätzlich noch durch bilaterale Vereinbarungen abgesichert werden.

5.6 Organisatorische Grundgestaltung der externen Integration

Abb. I.5.6 zeigt vier Grundtypen einer möglichen Ausgestaltung der externen Integration. Darüber hinaus sind auch Mischformen vorstellbar.

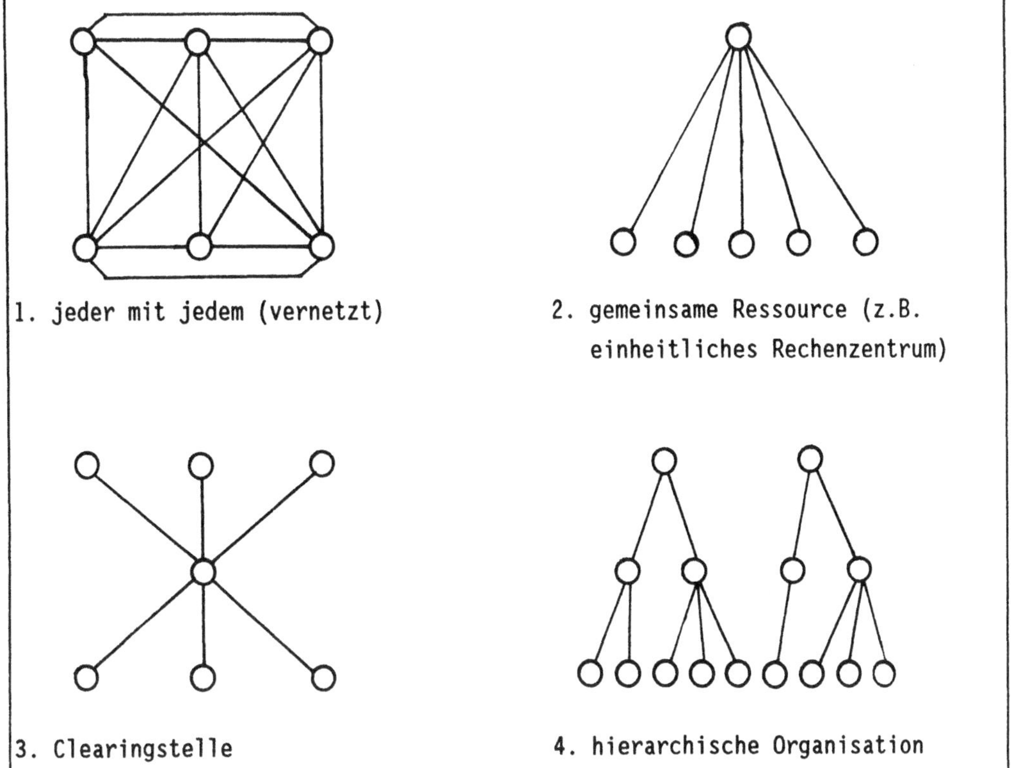

Abb. I.5.6: Typologie verschiedener Gestaltungsalternativen zur EI

1. jeder mit jedem (vernetzt)

Den organisatorisch komplexesten Fall für die einzelnen Beteiligten stellt die EI dar, wenn jeder mit jedem Daten austauschen kann. Voraussetzung hierzu sind ausreichend standardisierte Verfahren, da sonst die Gefahr besteht, jeden Geschäftspartner individuell (via bilaterale Vereinbarungen) bedienen zu müssen. Bei Datenträgeraustausch bedeutet dies einen hohen Umlaufbestand an Datenträgern. Bei DFÜ müssen ein entsprechend leistungsfähiges Vermittlungsnetz, ausreichend Kapazität im Kommunikationssystem der Unternehmung und des Carriers sowie evtl. Sicherungsmaßnahmen gegen unberechtigte Zugriffe vorhanden sein.

2. gemeinsame Ressource
Einigen sich Unternehmen auf ein einheitliches System, das auf einem Rechner abgewickelt und von allen Teilnehmern genutzt wird, so können Datenübertragungsvorgänge zwischen DV-Systemen weitgehend entfallen, da alle notwendigen Daten an einer Stelle gespeichert sind. Voraussetzung ist allerdings, daß nicht alle Teilnehmer genau 1 Funktion nutzen (z.B. Abfragefunktionen), sondern daß Ergebnisse eines Teilnehmers Input für weitere Teilnehmer darstellen.

Der Fall der gemeinsamen Ressourcennutzung ist häufig bei Konzernunternehmen anzutreffen, wo Tochterunternehmen per Standleitung in einigen Funktionalbereichen (etwa administrative Funktionen) die Dienste der Zentrale nutzen oder bei Unternehmen einer Branche, die ein gemeinsames Servicerechenzentrum nutzen. Eine andere Möglichkeit stellt die Nutzung von Hard- und Software eines Unternehmens durch ein anderes Unternehmen dar. Bezüglich der EI ergeben sich folgende Vorteile:

- keine physische Datenübertragung notwendig (außer Terminal-Bedienung lokal entfernter Stationen)
- Datenkompatibilität leicht erzielbar
- schneller und kostengünstiger Datentransfer
- Möglichkeit hochintegrierte Systeme zu entwickeln.

3. Clearingstelle
Eine der bekanntesten Einrichtungen zur EI sind Clearingstellen - etwa im Bankensektor. Geschäftspartner benutzen in einer Branche oder zur Abwicklung einer bestimmten Funktion eine gemeinsame Dienstleistungsstelle. Gründe hierfür können sein:

- Aufgabenbündelung
- Kostenvorteile
- einheitliche Ansprechpartner.

Die Clearingstelle übernimmt für die Teilnehmer vorher exakt festgelegte Aufgaben, garantiert für die Vertraulichkeit der weitergegebenen Informationen und stellt den Teilnehmern gemäß einem Verteilungsschlüssel angefallene Kosten in Rechnung.
Im Gegensatz zur gemeinsamen Ressourcennutzung verarbeitet die Clearingstelle keine Daten, sondern dient nur als Mittler, evtl. als Zwischenspeicher und Umsetzer.

4. hierarchische Organisation
Wird das Konzept der Clearingstelle so erweitert, daß lokale Knoten geschaffen werden, die den Informationsaustausch teilweise selbst regeln können und lediglich regional nicht weitervermittelbare Informationen an einen übergeordneten oder einen zentralen Knoten leiten (der evtl. mit weiteren zentralen Knoten verbunden ist - vgl. Telefonvermittlungsorganisation), so spricht man von einer hierarchischen Grundgestaltung der EI.

5.7 Verhältnis Information und Dienstleistung/ Warenfluss

Mögliche Beziehungen zwischen Informationsübermittlung und dem physischen Warenfluß bzw. der Erbringung einer Dienstleistung sind in Abb. I.5.7 enthalten. Die Informationsübermittlung kann parallel oder entgegengesetzt zum eigentlichen Warenfluß bzw. zur Dienstleistungserbringung erfolgen.

5.8 Funktionaler Umfang

1. Vollintegration
Bei Vollintegration werden alle Daten aller Funktionalbereiche, die im unternehmensübergreifenden Geschäftsverkehr benötigt werden, maschinell lesbar ausgetauscht. Das empfangende Unternehmen kann die Daten in seinem Rechner übernehmen und bearbeiten. Evtl. Rückmeldungen werden ebenfalls maschinell lesbar zurückgegeben. Die Integration bezieht sich somit nicht auf einen Teil der Beziehungen (etwa nur dort, wo große Datenmengen übergeben werden), sondern auf die Gesamtheit. Vollintegration kann sich dabei auf die Beziehung eines Unternehmens zu einem einzigen Unternehmen (bilaterale Vollintegration) oder zu allen Unternehmen, mit denen Geschäftsbeziehungen unterhalten werden (multilaterale Vollintegration), erstrecken. Die Vollintegration wird allein aus Kostengesichtspunkten eine Fiktion bleiben, erlaubt aber eine sinnvolle Analyse der Datenbeziehungen.

2. Teilintegration
Im Gegensatz zur Vollintegration werden hier nur Teilbereiche der extern ausgetauschten Informationsbeziehungen automatisiert. Als Orientierung dient dabei häufig das Übertragungsvolumen, die Dringlichkeit, die erforderliche Genauigkeit der Daten und die unmittelbar realisierbaren Kosteneinsparungen

(vgl. hierzu auch die Nutzeffekte der EI in Kapitel VIII).

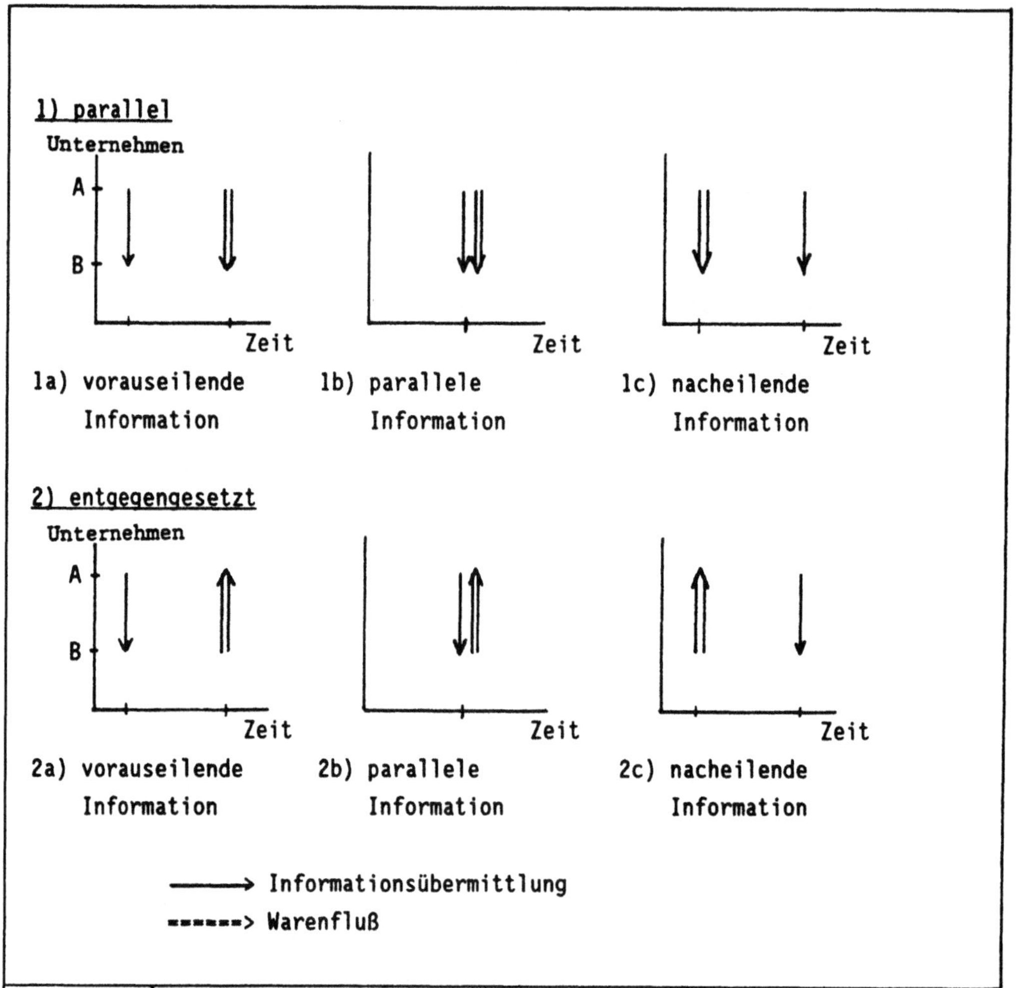

Abb. I.5.7: Verhältnis zwischen Informations- und Warenfluß

5.9 Grad der Standardisierung

1. Individuelle Regelung

Einigen sich zwei oder mehr Unternehmen bzw. Unternehmensgruppen über Ausgestaltung und Betrieb der unternehmensübergreifenden Schnittstellen autonom und entscheiden sie selbst über den Zutritt weiterer Partner, so spricht man von einer individuellen oder autonomen Regelung. Als Betreiber solcher Systeme kommen Mitgliedsunternehmen, Dienstleistungsunternehmen (hier insb. General Electric Information Services mit seinem Mark III-Netz) oder Rechenzentren in Frage (vgl. Städtler, M.: Zwischenbetriebliche Integration 1984, S. 5).

2. bedingt offene Systeme
Darunter versteht man die Quasi-Standardisierung durch ein oder mehrere Unternehmen, die eine Pionierrolle übernehmen und als erste ihren Partnern vorschreiben wie Daten zu übertragen sind. Neben dem Ziel einer verbesserten und verbilligten Abwicklung können auch Marketinggründe zur Zulassung oder Ablehnung von Interessenten führen.

3. offene Systeme
Offene Systeme sind von vornherein auf eine große Teilnehmerzahl ausgerichtet. Anhand von definierten Merkmalen (Schnittstellendefinitionen), die jedem Interessenten zugänglich sind, kann die Gestaltung des unternehmensübergreifenden Datenflusses erfolgen. Träger solcher Normen, die zu offenen Systemen führen können, sind z.B. Wirtschaftsverbände (VDA Verband der Automobilindustrie, CCG Centrale für Coorganisation), Normeninstitutionen (DIN, OSI, ANSI) oder Marktführer.

5.10 Autonomie

1. volle Autonomie
Alle beteiligten Unternehmen behalten die volle Autonomie über ihre Anwendungen, Programme und Daten. Sie entscheiden selbst über Verzicht oder Teilnahme an der externen Integration.

2. Teilautonomie
Einige beteiligte Unternehmen besitzen zwar die rechtliche und wirtschaftliche Selbständigkeit, haben faktisch aber einer Begrenzung ihrer Handlungsfreiheit zugestimmt. Als Beispiele hierfür können insbesondere enge Lieferbeziehungen genannt werden, bei denen Anwender auf bestimmte Funktionalbereiche selbst verzichten und sie ihren Geschäftspartnern übergeben. Dies trifft z.T. auf die Händlerorganisationen der Automobilhersteller zu, die ihre Lagerhaltungspolitik und Wiederbevorratung vom jeweiligen Hersteller durchführen lassen, bzw. Apotheken, die ihre Lageroptimierung vom Großhändler abwickeln lassen. Ein anderer Fall ist der Verzicht auf Prüfroutinen bei einem Partner, bzw. der Verzicht eines Geschäftspartners, sämtliche relevanten Daten

selbst zu speichern oder selbst EDV-mäßig zu führen (vgl. Lock-in-Terminals).

3. Funktionale Integration/ Autonomieverzicht
Von funktionaler Integration der EI spricht man, wenn ein Partner ausschließlich die Ressourcen des anderen nutzt, d.h. zur Funktionsausführung des eigenen Unternehmens nur externe Ressourcen zum Einsatz kommen. Dies bezieht sich auf Anwendungen, Programme und Datenhaltung. Als Beispiele können die Beziehungen von Volksbanken zu ihren regionalen Rechenzentren - die von den überregionalen Genossenschaftsbanken gehalten werden - bzw. der Zusamenschluß zahlreicher staatlicher Verwaltungsaufgaben (etwa HZD - Hessische Zentrale für Datenverarbeitung) gelten.

5.11 Verarbeitungsmethodik

Analog zu der in der unternehmensinternen Datenverarbeitung gebräuchlichen Differenzierung in Batch- und Dialog- (Online-) Systeme läßt sich auch die EI entsprechend unterteilen:
- Batch-Abwicklung
- Online-Abwicklung.

Selbst bei hochintegrierten, volldialogisierten, unternehmensinternen Anwendungssystemen kann die Schnittstelle zu externen Anwendungen dadurch realisiert sein, daß Daten gesammelt und anschließend geschlossen als Stapel (Paket) in ein anderes System übergeben werden. Es handelt sich dann um eine Batch-Übermittlung. Online-Übermittlung ist nur leitungsgebunden möglich. Hier werden Daten eines Systems unmittelbar bei Entstehung an ein externes System weitergeleitet und dort auch unmittelbar weiterverarbeitet. Zwischen diesen Formen sind auch Mischformen vorstellbar.

5.12 Rechtliche Verbindlichkeit

Die externe Integration wird häufig auf die technische Abwicklung reduziert. Jedoch ist zu differenzieren, welche rechtliche Bedeutung den übermittelten Daten zukommt. Es kann differenziert werden nach:
- Volle rechtliche Verbindlichkeit
- Teilweise Verbindlichkeit
- Reine Informationssysteme.

Im Fall einer vollen rechtlichen Verbindlichkeit der übermittelten Daten werden keine zusätzlichen Belege, Bestätigungen etc. benötigt, um einen Geschäftsvorfall wirksam werden zu lassen. Werden die übermittelten Daten von Belegen, telefonischen oder sonstigen Bestätigungen begleitet, so reicht eine Datenübermittlung alleine nicht zur vollen verbindlichen Wirksamkeit eines Geschäftsvorfalls aus. Die niedrigste Stufe besitzen hier die reinen Informationssysteme, die dem Geschäftspartner zwar zahlreiche Daten zur Verfügung stellen können (auch in einer höchsten Integrationsstufe), nach denen die Geschäftspartner u.U. auch agieren, die aber keine rechtliche Verbindlichkeit vorsehen (z.B. Btx-Bestellung bei Versandhaus - weitgehend unbeschränktes Rückgaberecht).

5.13 Hierarchisierung der Sender- und Empfängerseite

Unternehmen bzw. Unternehmensgruppen besitzen häufig mehr als eine hierarchische Leistungsebene. Abb. I.5.13.1 zeigt den Fall eines Handelsunternehmens mit Zentrale und mehreren Stufen.

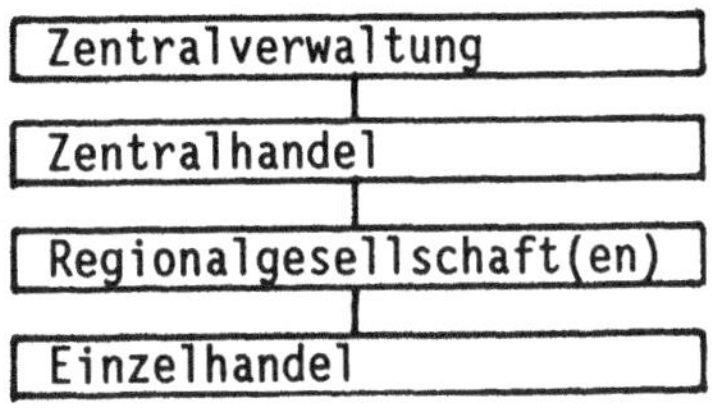

Abb. I.5.13.1: Beispiel einer mehrstufigen Struktur eines Handelsunternehmens

Ähnliche Strukturen sind auf der Anbieter- und Nachfragerseite des betrachteten Unternehmens möglich. Damit können bei EI (betrachtet man nicht einen einzigen Funktionsbereich isoliert auf einer Ebene) folgende Fälle auftreten:

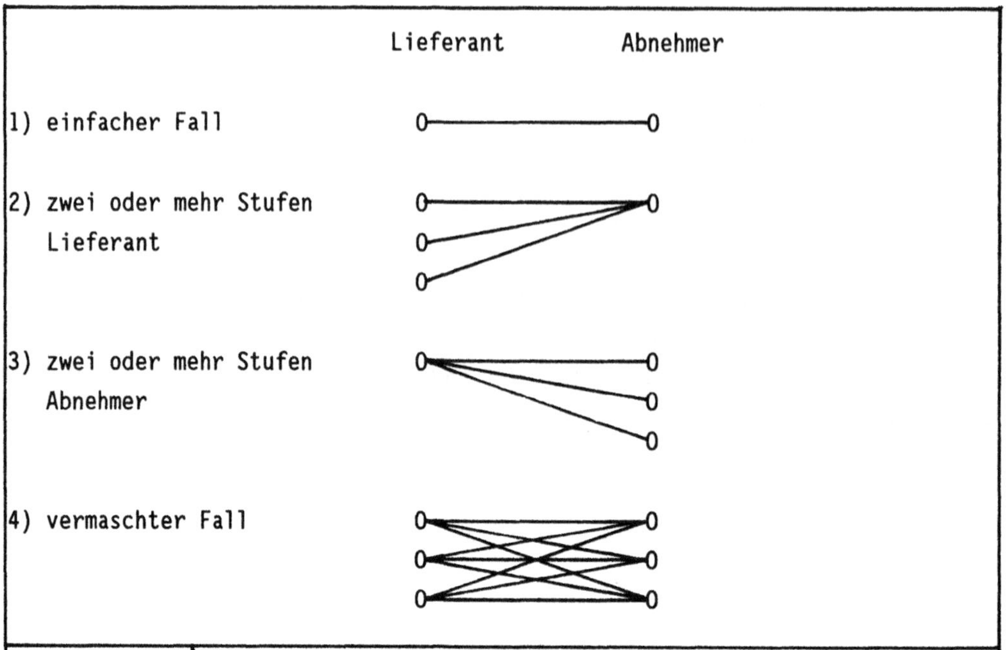

Abb. I.5.13.2: Externe Beziehungsstrukturen

Im einfachen Fall betrifft die EI zwei Unternehmen, ohne daß bei diesen unternehmensinterne Prozesse zur Koordinierung mehrer Ebenen angestossen werden. Bei hierarchischer Organisation der Lieferantenseite hat der Kunde zu einem Vorgang unterschiedliche Ansprechebenen (Beispiel: Bestellung bei Regionalzentrale, Lieferung durch Auslieferungslager, Rechnung durch Regionalzentrale, Bonusvergütung durch Bundeszentrale). Stehen einer Lieferantenebene mehrere Abnehmerebenen gegenüber, so sind die zu übertragenden Daten nach der funktionalen Aufgabenverteilung des Abnehmers auszurichten. Den komplexen Fall eines vermaschten unternehmensübergreifenden Systems, das auch hohe Anforderungen an die interne Funktionsgliederung stellt, zeigt Fall 4).

II. INTERNE INFORMATIONSVERARBEITUNG IN VERZWEIGTEN HANDELSUNTERNEHMEN

1. Warenwirtschaftssysteme

1.1 Elemente eines Warenwirtschaftssystems

Warenwirtschaft umfaßt den logischen Daten- und Informationsfluß zur Erfassung, Verarbeitung und Auswertung von Daten für die Steuerung der Warenbewegungen im Handel, wie Einkauf/Disposition, Warenumschlag und Verkauf, sowie den physischen Warenfluß, der mit Hilfe des Daten- und Informationsflusses die körperlichen Warenbewegungen wie Beschaffung, Transport und Lagerung verfolgt (vgl. o.V.: Definition "Warenwirtschaft" und "Warenwirtschaftssysteme" 1983, S. 53). Bei Warenwirtschaftssystemen geht es nicht unmittelbar um die Ware selbst, sondern um die Informationen, die durch bestimmte Warenmanipulationen erzeugt werden oder die selbst Manipulationen auslösen (vgl. Schulte, K., Steckenborn, I., Blasberg, L.: Systeme der Warenwirtschaft im Handel, 1981, S. 20).

Der Einsatz elektronischer Informations- und Kommunikationstechniken hat sich im Handel als wichtiges Instrument zur Unterstützung der Warenwirtschaft durchgesetzt. Erst mit ihrer Hilfe ist die Grundlage zur Realisierung der

- Rationalisierungspotentiale
- Marketingpotentiale
- Managementpotentiale
- Kooperationspotentiale

gegeben (vgl. Zentes, J.: Tendenzen zur Entwicklung von Warenwirtschaftssystemen 1985, S. 2).

Die Funktionen eines Warenwirtschaftssystems sind im einzelnen nicht eindeutig voneinander abgrenzbar, da sie in einen stetigen Informationsfluß eingebunden sind, der aus ihrer engen Verflechtung resultiert (vgl. Abbildung II.1.1). Entsprechend den handelsbetrieblichen Grundfunktionen Einkauf, Lagerhaltung und Verkauf können als wesentliche und in der Literatur fast immer in gleicher oder ähnlicher Weise dargestellte Teilfunktionen eines Warenwirtschaftssystems genannt werden:

- Stammdatenverwaltung
- Disposition
- Bestellwesen
- Wareneingang

- Rechnungsprüfung
- Lagerhaltung
- Warenausgang/Verkauf
- Informationswesen.

Abbildung II.1.1 zeigt die zwischen diesen Teilfunktionen existierenden wichtigsten Beziehungen auf.

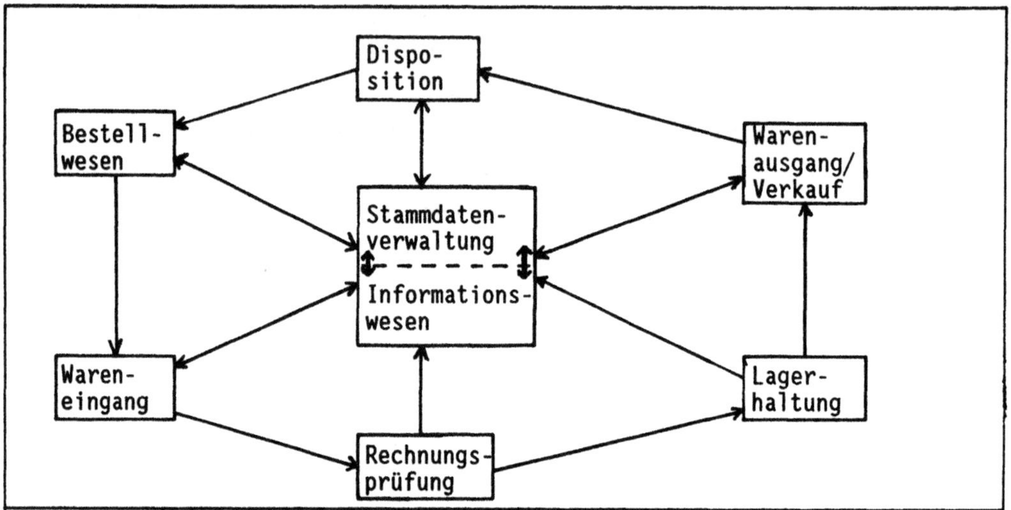

Abb. II.1.1:	Funktionen und Beziehungen eines Warenwirtschaftssystems

Die Stammdaten umfassen solche Daten, die zeitlich fast unbegrenzt im Handelsunternehmen benötigt werden. Die wichtigsten sind Artikel-, Lieferanten- und Kundenstammdaten (im Großhandel). Daneben werden auch die Steuerungsparameter zu den Stammdaten gerechnet. Die Stammdaten bilden die Basis eines Warenwirtschaftssystems.

Im Rahmen der Disposition wird eine Entscheidung über die Beschaffung von Artikeln bzgl. Zeitpunkt und Menge getroffen.

Eng mit der Disposition verbunden ist das Bestellwesen, das die Daten der Disposition aufnimmt und die Lieferantenauswahl, die Bestellschreibung und die Überwachung der offenen Bestellungen umfaßt.

Im Wareneingang erfolgt eine Prüfung der eingehenden Artikel und ein Abgleich gegen die Bestellung. Der Wareneingang ist Grundlage der Rechnungsprüfung.

Die Rechnungsprüfung besitzt die Aufgabe, eingehende Lieferantenrechnungen zu kontrollieren. Basis dafür sind die in den Stammdaten gespeicherten Konditionen, die Bestellung, die Wareneingangsprüfung und die Rechnung. Die Rechnungsprüfung besitzt eine Schnittstelle zum Finanz- und Rechnungswesen.

Für eine lückenlose Bestandsüberwachung müssen in der Lagerhaltung sämtliche Bewegungen (Zu-/Abgänge vgl. Warenein- und -ausgang, Abschreibungen, Inventurdifferenzen) festgehalten werden.

Grundlage des Warenausgangs ist eine möglichst artikelbezogene Erfassung der Abverkäufe. Je nach Betriebstyp sind hier erhebliche Unterschiede festzustellen. Der Warenausgang besitzt ebenfalls Schnittstellen zum Finanz- und Rechnungswesen.

Die Funktion Informationswesen wird aus allen Funktionen des Warenwirtschaftssystems mit Daten versorgt.

Das Zusammenwirken sämtlicher dargestellter Funktionen, d.h. die Berücksichtigung sämtlicher warenbezogener Informationsprozesse in einem computergestützten System <u>in</u> einem Unternehmen, wird auch als "geschlossenes" Warenwirtschaftssystem bezeichnet. Geschlossene Warenwirtschaftssysteme genügen den Anforderungen der in Kapitel I. beschriebenen internen Integration. Im Gegensatz dazu versteht man allerdings unter einem "integrierten" Warenwirtschaftssystemen ein System, welches neben dem internen Integrationsgedanken auch die externe Integration aufgreift (zur Abgrenzung zwischen integrierten und geschlossenen Warenwirtschaftssystemen vgl. Zentes, J.: Warenwirtschaftssysteme als Element der modernen Logistik 1981, S. 3).

1.2 Interne Vernetzung von Warenwirtschaftssystemen

Von einer internen Vernetzung spricht man, wenn die an einer Stelle gesammelten Daten zum Zweck der Information oder weiteren Verarbeitung an eine oder mehrere andere Stellen im Unternehmen weitergegeben werden können, d.h. ein Rechnernetz bzw. Rechnerverbund vorliegt.

Die Weitergabe und Zusammenführung setzt voraus, daß eine gewisse Übereinstimmung und Einheitlichkeit der entsprechenden EDV-Anlagen, Programme und Datenbasen besteht. Erst dadurch kann ein effizienter Informationsverbund realisiert werden. Die Vernetzung erzwingt somit eine übergreifende Hard- und Softwarekonzeption. Die festzustellende Bewegung zur Dezentralisierung der Daten muß deshalb mit der Forderung nach einer Zentralisierung von Entwicklung und Entwurf der warenwirtschaftlichen EDV-Systeme verbunden werden (vgl. Scheer, A.-W.: EDV-orientierte Betriebswirtschaftslehre 1987, S. 73).

Voraussetzung ist demnach, daß die Übermittlung die warenwirtschaftlichen Daten eines Unternehmens betrifft. Die im Rahmen des Warenwirtschaftssystems artikelgenau vorliegenden Informationen müssen innerhalb des Unternehmens von der Stelle ihrer Erfassung an eine andere Stelle zur Verarbeitung und Auswertung weitergegeben werden können. Dabei ist auch mit einbezogen, daß gewonnene Erkenntnisse wieder an die mit Entscheidungskompetenz ausgestattete Stelle zurückspielbar sind.

Besonders wenn Betriebsstätten oder Zentrale und Filialen räumlich voneinander getrennt in einem geschlossenen Warenwirtschaftssystem arbeiten wollen, ist eine Vernetzung unabdingbare Voraussetzung. Erst dadurch ist es möglich, einerseits Daten aus mehreren Filialen zusammenzufassen, direkt zu verarbeiten und auszuwerten und andererseits im Rahmen der dezentralen Datenverarbeitung auf aktuelle Unternehmensdaten zuzugreifen.

Interne Vernetzung bedeutet dann die Sicherstellung eines ungehinderten Datenflusses über mehrere verbundene EDV-Systeme hinweg in einem Unternehmen.

Von einer internen Vernetzung spricht man aber auch dann, wenn Daten zwischen zwei an sich selbständigen Unternehmen des Handels ausgetauscht werden. Voraussetzung dafür ist eine mehr oder weniger ausgeprägte vertragliche Bindung. Hierunter fallen freiwillige Ketten, Einkaufsgenossenschaften und Franchisesysteme. Bei den letztgenannten ist die vertragliche Bindung so stark, daß zahlreiche Aktivitäten, die im sonstigen Geschäftsverkehr zum externen Bereich zählen (Beschaffung, Lagerung etc.), zur gruppeninternen Leistungserfüllung zählen.

1.2.1 Begründung einer internen Vernetzung

Die Gründe für die interne Vernetzung sind systemimmanent. Es gilt die Möglichkeiten, die mit den modernen Informationstechnologien innerhalb eines Unternehmens gegeben sind, voll auszuschöpfen.

Für die Vernetzung können im wesentlichen folgende Gründe herausgestellt werden:

- Erhöhung der Aktualität durch direkte Übertragung der Daten:

  Durch die Vernetzung ist der schnelle Informationsfluß, auf Grund der Übertragbarkeit der Daten von einem EDV-System auf ein anderes, d.h. von einer Funktion des Warenwirtschaftssystems auf eine andere, wie von einer Ebene der Hierarchie auf eine andere und von einem Ort auf einen anderen, gegeben. Von diesen Möglichkeiten ausgehend, können dann bei einer Zentrale Daten aus mehreren Filialen zusammengefaßt werden. So können Bedarfe aktuell von untergeordneten Stellen an übergeordnete Unternehmensbereiche weitergegeben und damit auch ihre reibungslose Versorgung aus einem zentralen Lager gelöst werden (vgl. Scheer, A.-W.: EDV-orientierte Betriebswirtschaftslehre 1987, S. 81).
  Somit beeinflußt die Vernetzung:
    - rechnerübergreifende Datenversorgung
    - funktionsübergreifende Datenversorgung
    - Datenbereitstellung unabhängig von Hierarchien.

- Schaffung eines geschlossenen Datenkreislaufs:

  Durch die interne Vernetzung können betriebswirtschaftliche Daten zwischen Zentrale und Filialen und wieder zurück unmittelbar ausgetauscht werden. Die Konsequenzen eines geschlossenen Datenkreislaufes gehen weit über die Warenwirtschaft hinaus und betreffen auch traditionelle Abrechnungsfunktionen, wie Buchhaltung (etwa automatische Übernahme von Rechnungsprüfungsdaten in die Debitorenbuchhaltung) und Personalabrechnung (etwa Nutzung der Daten des Warenwirtschaftssystems zur Provisionierung der Verkäufer und Abteilungsleiter).

- Vermeidung von Doppelarbeiten durch einmalige Erfassung und Weitergabe der Daten von einer zur anderen Stelle:

  Daten, die innerhalb des Unternehmens anfallen, können ohne weitere manuelle Zwischenarbeiten, wie Selektion, Transformation, Erfassung etc. aus einem System unmittelbar in ein anderes System übergeben werden. Neben der Reduzierung der Erfassungskosten steht auch eine höhere Datenqualität.

- Verbesserte Kontrollmöglichkeiten:

  Dies gilt sowohl für die Zentrale als auch für die dezentralen Außenstellen des Unternehmens, da die Daten und Funktionen prinzipiell an jeder beliebigen Stelle im Unternehmen bereitgestellt werden können.

- Delegation von Entscheidungskompetenzen auf andere Ebenen wird ermöglicht:

  Vernetzte Warenwirtschaftssysteme erlauben eine andere Verteilung von Kompetenzen und Funktionen als es in der klassischen Warenwirtschaft möglich war. Dies erlaubt es - unter Wahrung der Unternehmensziele - sowohl Entscheidungsbefugnisse an die dezentralen Einheiten zu vergeben, als auch umgekehrt diese vermehrt in einer zentralen Stelle zu versammeln. Im ersten Falle wird dies durch eine bessere Kontrollmöglichkeit der Zentrale über die Außenstellen (globale Verkaufsstatistik), im zweiten Fall durch die beschleunigte Aufdeckung von regionalen Sonderentwicklungen (artikel- und verkaufsstellengenaue Kontrolle) ermöglicht.

- Erhöhte Flexibilität zur Anpassung an die Marktbedürfnisse

  Grundsätzlich ist diese Flexibilität gegeben; in der Praxis wird sich ein Warenwirtschaftssystem jedoch nur unter Schwierigkeiten kurzfristig umstellen lassen. Selbst wenn dies möglich wäre, erfolgte die Umstellung der Organisationsstruktur eines Unternehmens nur mittelfristig.

- Gewährleistung eines hohe Sicherheitsgrades zur Aufrechterhaltung des Datenkreislaufes bei Störfällen

  Insbesondere in den hochsensiblen Bereichen eines Warenwirtschaftssystems müssen andere Sicherheitsaspekte gelten als bei den administrativen Funktionen. So ist in SB-Warenhäusern bzw. bei Scanning-Installationen eine Doppelrechnerkonzeption (bzw. zwei Masterkassen) bereits häufig anzutreffen, da der Ausfall der Warenausgangs-Funktion erheblichen Schaden für das Unternehmen bewirkt. Der Ausfall anderer Einheiten (etwa Zentralrechner oder ein Filial-/Betriebsrechner) beeinflußt die wichtigsten Funktionen des Unternehmens zunächst nicht.

Umfangreiche weitere systemtechnische Gedanken zur Vernetzung und Integration von Teilsystemen finden sich bei Plattner (Plattner, H.: Der Integrationsmanager 1987, S. 25 ff.).

1.2.2 Einflußfaktoren für vernetzte Warenwirtschaftssysteme

Die Gestaltung von unternehmensinternen Warenwirtschaftssystemen hängt von zahlreichen Faktoren ab. Wegen der Vielfältigkeit der im Warenhandel tätigen Betriebe kann es kein einheitliches System geben. Typische Einflußfaktoren sind:

- Betriebsgröße

  Der zu bearbeitende und auszuwertende Datenumfang steigt i.d.R. mit dem Umsatz.

- Anzahl dezentraler Filialen und Läger

  Je umfangreicher die Anzahl der Filialen/Niederlassungen ist, desto bedeutsamer ist das Zusammentragen von Daten für Vergleichs- und Steuerungszwecke; zugleich sind auch zahlreiche Daten der Zentrale in die Filialen (Multiplikationseffekt) zu übermitteln.

- Sortimentsgröße
  Umfangreiche Sortimente verlangen verfeinertere Steuerungs- und Kontrollmechanismen als kleine.
- Betriebstypen
  Die Betriebstypen Einzelhandel, Großhandel, Filialsysteme, freiwillige Ketten, Einkaufsgenossenschaften, Franchisesysteme etc. fordern von ihrer organisatorischen Abwicklung unterschiedliche Anwendungssysteme.
- Marktbearbeitungssysteme
  Mit der Unterscheidung in stationären Handel (Ladenhandel) und Versandhandel sind wesentliche Unterschiede bestimmt.
- Branchen
  Die Anforderungen bzgl. der einzelnen Funktionsmodule differieren erheblich zwischen den Branchen. Z.B. stellen Apotheken sehr hohe Anforderungen an die Auslieferungsgeschwindigkeit ihrer Großhändler; im Textilhandel ist eine automatische Disposition nahezu ausgeschlossen.

Entscheidungskriterien für eine konkrete Vernetzungstechnik (vgl. auch III.3.1) sind insbesondere die zu übermittelnden Datenmengen, die geforderte Ausfallsicherheit, das Anwendungsspektrum und der vom Unternehmen geforderte Aktualitätsgrad.

1.2.3 Organisatorische Konsequenzen

In der Anfangszeit der Einführung von EDV-Systemen lag ein Trend zur Zentralisierung von EDV-Systemen vor. Verarbeitung und Bereitstellung der Daten sollte in der Nähe der Entscheidungen fällenden Stelle liegen (vgl. Scheer, A.-W.: EDV-orientierte Betriebswirtschaftslehre 1987, S. 72). Durch moderne EDV-Technologie ist die Möglichkeit gegeben, Entscheidungsbefugnisse von der Zentrale auf dezentrale Stellen zu verlegen, indem die dazu erforderlichen Informationen an der entsprechenden Stelle rechtzeitig zur Verfügung gestellt werden. Damit steht aber auch häufig der Ort der Entscheidungsfindung zur Diskussion.

Funktionen eines Warenwirtschaftssystems können demnach in mehrstufigen Handelsunternehmen verlagert werden, da sich auf Grund der ständig verbesserten

Informations- und Kommunikationstechniken der Spielraum in der organisatorischen Gestaltung erweitert hat.

Durch die Vernetzung lassen sich aber nicht nur Funktionen oder Teile davon auf dezentrale Stellen verlagern, sondern gleichzeitig werden auch die Kontrollmöglichkeiten für das Management auf allen Stufen verbessert. Dies resultiert aus der erhöhten Geschwindigkeit des Informationsflusses und aus der örtlichen Verfügbarkeit der Informationen.

Die Organisationsstruktur kann damit weitgehend frei von Beschränkungen technischer Art, wie sie früher in der EDV gegeben waren, bestimmt werden und richtet sich in erster Linie nach der Unternehmensphilosophie. Zum Teil werden komplexe Marktbearbeitungskonzepte erst durch den Einsatz moderner Warenwirtschaftssysteme möglich. Als Beispiele hierfür können Zusammenschlüsse von Groß- und Einzelhändlern gelten, die jeder für sich nur eine regionale Verbreitung besitzen, aber mit überregionalen Abnehmern in Verhandlungen treten wollen. Hier ist ein gemeinsames Warenwirtschaftssystem die Grundlage der Verhandlungen und des Markterfolges. Das bedeutet, daß in Zukunft zur Erringung eines Marktes u.U. erst hohe Vorleistungen in die Entwicklung von Unterstützungssystemen zu erbringen sind, bevor der Markt selbst bearbeitet werden kann.

1.2.4 Beispiel: Kassen- und Rechnervernetzung

Erst durch die Verteilung von Datenverarbeitungs-Aufgaben mittels verteilter Computer-Nutzung (Distributed Data Processing) läßt sich ein rationeller Betrieb mit hoher Effizienz der EDV-Anlagen durchführen. Die unterschiedlichen Leistungsmerkmale der einzelnen Systeme lassen sich dabei optimal einsetzen:

Mainframe:	preiswerte Speicher, leistungsfähige Retrieval-Funktionen und Datenauswertungen, Einsatz bei übergeordneten integrativen Funktionen
Minirechner: (Abteilungsrechner)	mehrplatzfähig, einfache Betriebssysteme, besseres Preis-Leistungsverhältnis für Rechenvorgänge als Großrechner, Kompromiß zwischen Mikro und Mainframe

Mikrorechner: preiswertes Preis-Leistungsverhältnis bei Rechenvorgängen, teure Speicher, nur eingeschränkt mehrplatzfähig (PC-Netzwerk)

Spezialhardware: z.B. Kassen, MDE-Geräte, Waagen; diese besitzen bereits zahlreiche vorgedachte und realisierte Funktionen (z.B. Kassensollführung, An- und Abmeldeprozeduren,...), die bereits in vielen Fällen ausgetestet und realisiert sind.

Warenwirtschaftssysteme im Handel ergeben durch ihre Funktionen, die je nach der Organisation des Unternehmens und seiner Philosophie auf mehrere Orte und mehrere Ebenen der Hierarchie verteilt sein können, typische Beispiele für Vernetzungen im Rahmen einer Datenerfassung und -verarbeitung, die sich auf mehreren Stufen vollziehen kann. Die volle Ausnutzung der Informationsmöglichkeiten eines Warenwirtschaftssystems erreicht man dabei, wenn auch das Management bei seinen Entscheidungen aktuell unterstützt wird. Daraus ergibt sich, daß durch die Verbundfähigkeiten aller Systeme untereinander (Großrechner, Mikro- und Minicomputer) sowie mit der Einbindung der den Abverkauf festhaltenden Kassensysteme ein umfassendes Rechner- und Informationsnetz über alle Hierarchiestufen des Unternehmens aufgebaut wird. Diese kommunizieren über öffentliche oder private Datenübertragungswege.

In einem solchen Netz übernimmt ein zentraler Warenwirtschafts-Rechner die Aufgaben der

- Steuerungsfunktion
- Datensicherung
- Datenpflege (Stammdaten)
- Programmpflege
- Erstellung von Analysen.

Die Datenkassen, Mikrocomputer und sonstigen Rechner übernehmen in jedem Fall die:

- Verkaufsdaten-Erfassung
- Kassenabrechnung
- Dispositionsunterstützung der dezentralen Einheiten.

Je nach Ausgestaltung können sie auch noch weitere Funktionen wahrnehmen, z.B.:

- Bestandsführung
- Vorverarbeitungsfunktionen für statistische Auswertungen

(vgl. auch Zentes, J.: Tendenzen zur Entwicklung von Warenwirtschaftssystemen 1985, S. 6).

Die Funktionen eines Warenwirtschaftssystems können im Handel auf verschiedenen Stufen wahrgenommen werden. Im folgenden werden sechs Alternativen unterschieden. Dabei reicht die Betrachtung vom kleinen Facheinzelhandelsgeschäft mit alleinstehenden Kassen bis hin zum großen Handelsunternehmen, bei dem über mehrere Ebenen ein Rechnernetz aufgebaut ist (vgl. Abbildung I.2.4.1). Dabei sind lediglich die Fälle 4-6 für die Analyse verzweigter Handelsunternehmen relevant.

Für die Zwecke verzweigter Handelsunternehmen ist ein spezifisches Integrationsmodell aufzustellen, aus dem hervorgeht, welche Funktionen auf welcher Ebene auf welcher Hardware abgewickelt werden.

Alternative 1

Ausgangspunkt ist das Facheinzelhandelsgeschäft mit einer oder mehreren selbständigen elektronischen Kassen. Hier werden in der Regel alle dispositiven und administrativen Tätigkeiten vom Inhaber in eigener Verantwortung durchgeführt. Von den Kassen wird die Funktion Warenausgang nur in begrenztem Umfang wahrgenommen. Die Warenwirtschaft findet überwiegend manuell statt. Die Kassen ermöglichen nur eine betriebsinterne Auswertung. Hierbei wird ein täglicher Kassenbericht erstellt, der neben dem Tagesumsatz Aussagen über eine bestimmte Zahl von Warengruppen, Artikel, z.T. auch Verkäufer und Kassierer je Kasse macht.

Alternative 2

Bei dieser Alternative handelt es sich um mittlere Einzelhandelsbetriebe, in denen mehrere Datenkassen im Verbund eingesetzt sind. Dieses Kassenverbundsystem besteht aus einer Leitkasse (LK), dem sogenannten Master, und mehreren angeschlossenen Nebenkassen (K), den sogenannten Slaves oder Satelliten. Bei diesem, als Master-Slave-Verfahren bezeichneten, Kassenverbund ist die Leitkasse mit einer höheren Intelligenz ausgestattet und den übrigen Kassen übergeordnet (vgl. auch RGH: Information und Kommunikation im Handel, Teil 1 1984, S. 162). Ihr Funktionsumfang und ihre Speicherkapazität ist größer als die der Nebenkassen. Sie sammelt, verdichtet und wertet die Daten der Nebenkassen

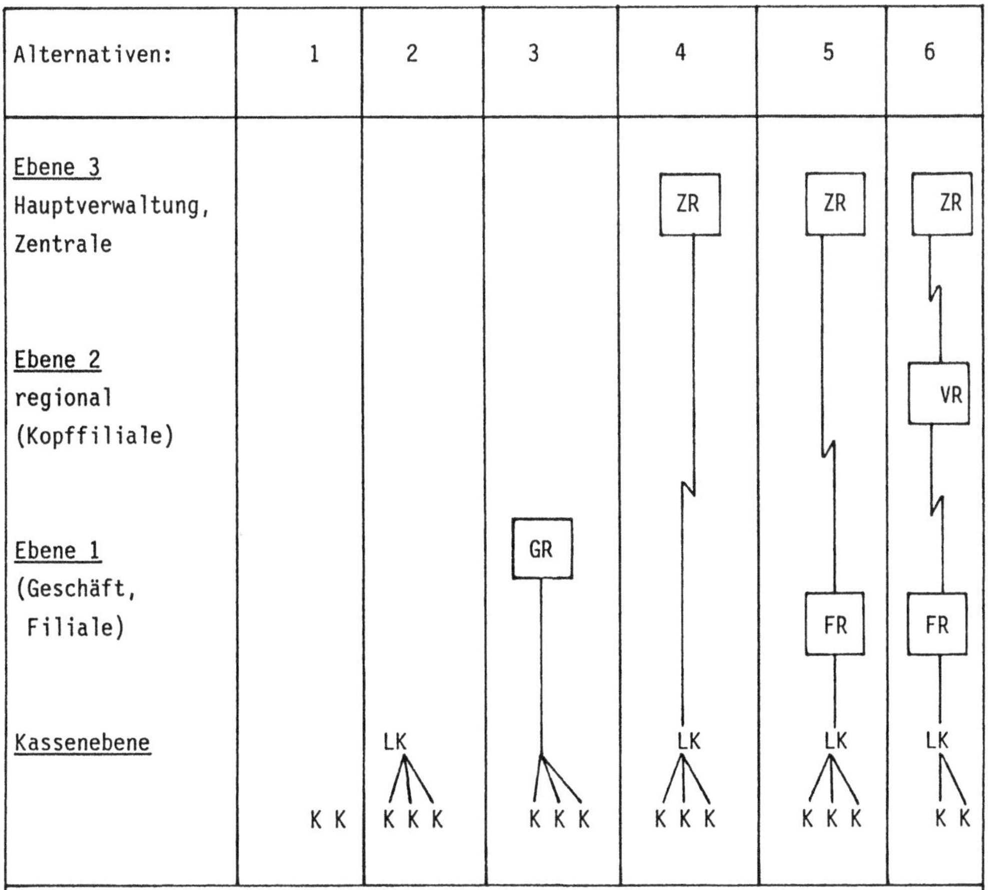

K: Kasse
LK: Leitkasse
GR: Geschäftsrechner
FR: Filialrechner
VR: Verbundrechner
ZR: Zentralrechner

Abb.II.1.2.4.1: Funktionsverteilung in Warenwirtschaftssystemen durch Kassen- und Rechnervernetzung aus, so daß jederzeit der Überblick über sämtliche an der Check-out-Linie erfaßten Verkaufsdaten gewährleistet ist und der vollständige und aktuelle Datenbestand immer zur Verfügung steht. Mögliche Auswertungen sind: Berichte über Finanzen, Kassierer, Stundenaktivitäten, Warengruppen und Abteilungen sowie gezielte Artikelumsatzberichte etc.

Die zentrale Speicherung der Kassendaten erfolgt i.d.R. auf einem Massenspeicher der Leitkasse. Durch Preis- und Textabruf bekommen die Nebenkassen von der Leitkasse (Vernetzung als Voraussetzung) Artikelbezeichnungen, Preis, Warengruppe und weitere Informationen übermittelt. Dies hat den Vorteil, daß Änderungen zentral vorgenommen werden können und nicht an jeder Kasse erfolgen müssen. Da beim Ausfall der Leitkasse das gesamte Kassensystem ausfällt, wird eine Nebenkasse als Back-up-Master zur Ausfallsicherheit installiert. Diese übernimmt die Funktion des übergeordneten Systems, falls die Hauptkasse ausfällt und arbeitet sonst wie eine normale Nebenkasse.
Die Master-slave-Konzeption gewinnt wachsende Bedeutung. Ihr Einsatz ist isoliert für Facheinzelhandelsgeschäfte sinnvoll, für die sich der Einsatz eines kompletten Warenwirtschaftssystems nicht lohnt. Auch in größeren Einheiten reichen diese Kassensysteme (vgl. z.B. Alternative 5 und 6) immer mehr in die Domäne der traditionellen Kassenrechner für Scanning-Anwendungen hinein. Größere Leitkassen speichern inzwischen bis zu 1,5 MB und mehr Daten im Hauptspeicher (z.B. ADS 48.000), d.h. es sind ca. 45.000 Artikel speicherbar. Bei dem weiteren Wachstum dieser Systeme sind sie damit auch für große SB-Warenhäuser interessant; für die Verkaufsdatenerfassung eines normalen Supermarktes sind sie völlig ausreichend, zumal sie inzwischen auch über zahlreiche Schnittstellen zur Datenübertragung verfügen.

Alternative 3

Auf dieser Stufe kann ein geschlossenes Warenwirtschaftssystem realisiert werden. Diese Alternative stellt ein rechnergesteuertes Verbundsystem dar, bei dem alle Kassen über einen Hintergrundrechner (Geschäftsrechner GR) angeschlossen sind. Der Rechner übernimmt die POS-Abwicklung und hält sämtliche Anwendungsprogramme, die zur Steuerung der Warenwirtschaft erforderlich sind.
Bei dieser Alternative erfolgt die automatische Übernahme der Verkaufs-Daten in den Rechner. Zugleich bedient der Rechner auch die Anfragen der Kassen bzgl. Preisen, Texten etc. Bei Ausfall des Rechners können - je nach Größe der Check-Out-Linie - eine oder mehrere Kassen mit Diskettenlaufwerken die Funktion einer Leitkasse mit eingeschränkten Funktionen übernehmen. Die Verkaufsda-

tenauswertung ist umfangreicher als in Alternative 2, da auch andere Daten herangezogen werden können. So können Renner-/Pennerlisten, Aktions-Erfolgskontrollen, Vergleichsberichte nach Perioden etc. erstellt werden (vgl. Stahlknecht, P.: Wirtschaftsinformatik 1985, S. 305). Voraussetzung dazu ist allerdings, daß auch Lagerbestände und Vergleichsinformationen aus anderen Perioden auf dem Rechner gehalten werden.

Der Rechner verfügt über zahlreiche Peripherieanschlüsse, so daß Bildschirmterminals, Drucker, Waagen, MDE-Geräte, PCs etc. angeschlossen werden können. Durch den Einsatz von Bildschirmarbeitsplätzen und Druckern kann beispielsweise die direkte Kontrolle und Verbuchung der Wareneingänge und die anschließende Artikelauszeichnung (Etikettierung) durchgeführt werden. Desweiteren verwaltet der Rechner die Stammdaten. Damit ist der gesamte warenwirtschaftliche Datenfluss computergestützt; es liegt ein geschlossenes Warenwirtschaftssystem vor.

Bei sehr umfangreichen Sortimenten bzw. hoher Kassierfrequenz/-sicherheit kann der Einsatz eines zweiten Rechners erforderlich werden. In diesem Fall übernimmt ein Rechner die Steuerung des Kassenbetriebs, auf dem anderen Rechner wird die gesamte übrige Warenwirtschaft abgewickelt. Bei Ausfall des Kassenrechners kann dann der Warenwirtschafts-Rechner automatisch den Kassenbetrieb übernehmen.

Abbildung II.1.2.4.2 zeigt eine dieser Alternative entsprechende Konfiguration eines Cash & Carry Marktes.

Die Alternativen 4 bis 6 beinhalten Rechnerkonfigurationen in Filialunternehmen, aus denen der hierarchische Aufbau eines Warenwirtschaftssystems deutlich wird. Die aufgezeigten Möglichkeiten sind abhängig von der Größe der einzelnen Filialen und der Unternehmensstruktur, die durch die Funktionsverteilung auf den einzelnen Ebenen der Hierarchie widergespiegelt wird. Im Gegensatz zu den Alternativen 1-3, die in der gezeigten Ausprägung typisch für den Einzelhandel sind, können die Alternativen 4-6 in leicht modifizierter Form (insbesondere Entfall der Kassensysteme) auch in verzweigten Großhandelsunternehmen vorkommen.

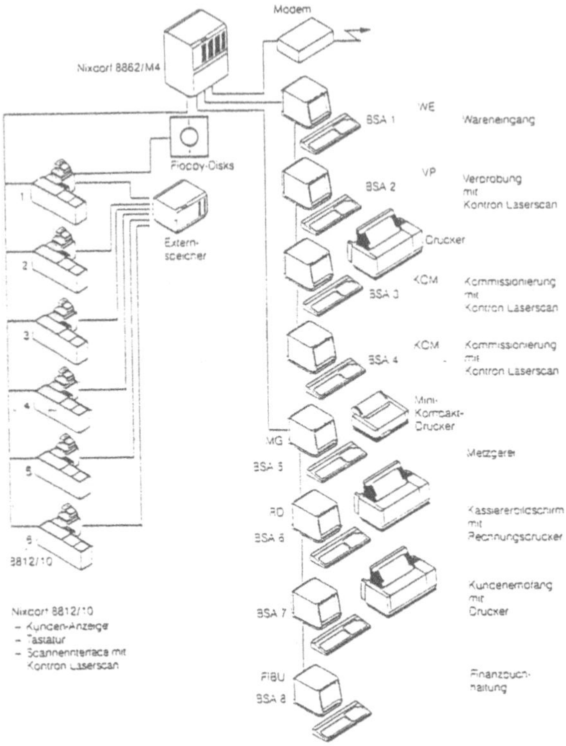

Abb. II.1.2.4.2:	Geschlossenes Warenwirtschaftssystem in einem C&C Markt (aus: Hildebrandt, H.: Schneller, sicherer, informativer 1986, S. 64)

Alternative 4

Hier handelt es sich in der Regel um Filialunternehmen mit kleinen oder mittleren Filialen. In diesen wird ein überschaubares und eng gehaltenes Sortiment geführt.
Diese Alternative ist hinsichtlich der Konfiguration mit Alternative 2 insofern vergleichbar, als die Basis in beiden Fällen ein Kassenverbundsystem ist. Der Unterschied ergibt sich aus der Anbindung eines Zentralrechners. Dieser steht an einem Ort, der nicht mit der Filiale identisch ist. Die Verbindung zwischen Leitkasse und Zentralrechner wird i.a. über ein öffentliches Netz hergestellt.
In der Filiale wird nur die Funktion Warenausgang wahrgenommen. Statistische Auswertungen der Verkaufsdaten über die Leitkasse sind nur in engem Umfang

möglich. Dispositionshilfen für die Filiale stammen lediglich aus dem zentralen System.

Üblicherweise werden die Verkaufsdaten nach Geschäftsschluß von der Zentrale abgerufen. Die Zentrale führt die Funktionen Disposition, Bestellwesen, Wareneingang und Rechnungsprüfung, Lagerverwaltung, Informationswesen und Stammdatenverwaltung durch. Hier liegt eine ausgeprägte Zentralisierung vor. Die Verteilung der Funktionen ist in nachstehender Abbildung II.1.2.4.3 dargestellt.

Alternative 5

Bei dieser Konfiguration ist in der Filiale abweichend zur Alternative 4 zusätzlich ein Rechner installiert. Hierbei handelt es sich in der Regel um einen Mikro- oder Minicomputer. Dieser Teil der Konfiguration kann als Filialinformationssystem bezeichnet werden. Die der Filiale zur Verfügung stehende Rechnerkapazität ermöglicht detailliertere Auswertungen der Verkaufsdaten. Diese können unmittelbar von der Filialleitung genutzt werden. Über Terminals sind aktuelle Umsatzdaten jederzeit abfragbar.

Die Filiale ist häufig ermächtigt, ein eng umrissenes Sortiment (etwa Frischwaren) selbständig zu disponieren, zu bestellen und lagermäßig zu verwalten. Z.T. dienen die Rechner auch zur organisatorischen Unterstützung marktgerechter Anpassungen, etwa bei der Führung regional unterschiedlicher Verkaufspreise, dem Ausnutzen lokaler Preisvorteile im Einkauf oder der Führung lokal nachgefragter Waren.

Für das Hauptsortiment liegt damit die Wahrnehmung der Funktionen - ausgenommen des Warenausgangs - bei der Zentrale. Abbildung II.1.2.4.4 zeigt eine bei dieser Alternative übliche Funktionsverteilung der Warenwirtschaft.

Alternative 6

Ein derartiges Rechnernetz ist für größere Filialisten mit regionalen Zentralen geeignet. Mehrere Filialen einer Region werden zu einem Verbund zusammengeschlossen und von einer Kopffiliale betreut. In abgewandelter Form kann sie auch bei Warenhäusern und SB-Warenhäusern vorgefunden werden; hier fallen die

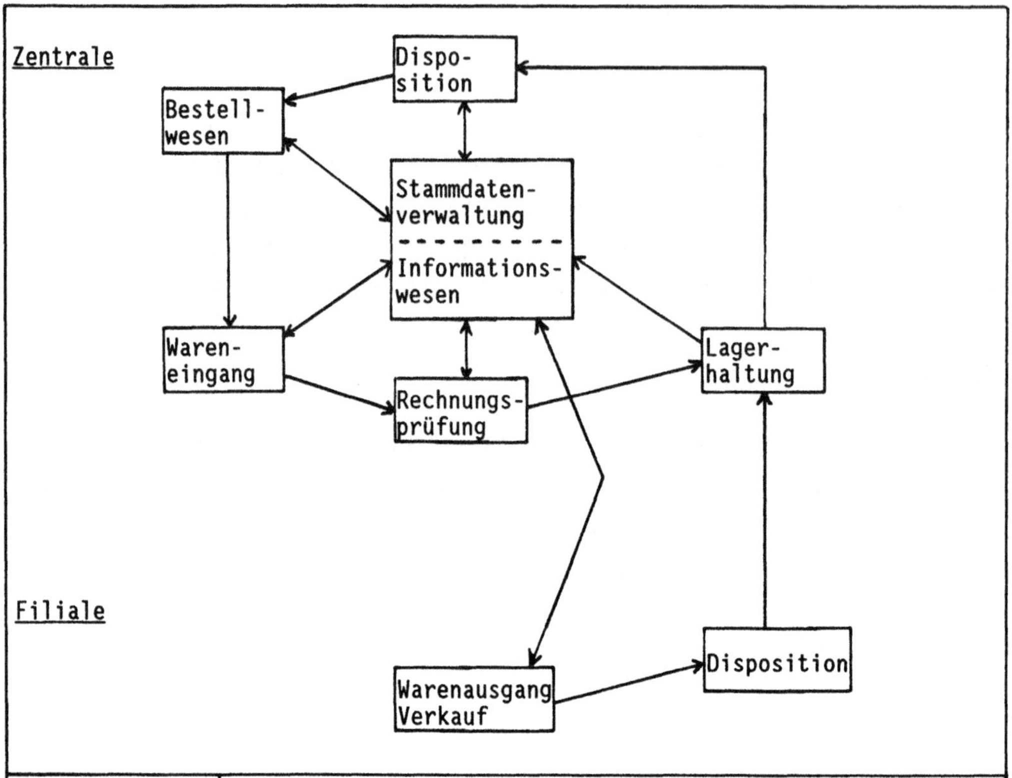

Abb. II.1.2.4.3:	Funktionsverteilung bei Alternative 4

Ebenen 1 und 2 häufig zusammen, werden aber dezentral wahrgenommen. In den einzelnen Filialen sind die Leitkassen mit einem Filialkassenrechner verbunden, von dem aus die Daten an den Verbundrechner der Kopffiliale übermittelt werden. Die Zentrale wiederum ruft die Daten von diesen Verbundrechnern der Kopffilialen ab.

Bei einer derartigen Steuerungsversion liegt das Schwergewicht der Filialleitung eindeutig auf der Gestaltung des Verkaufsgeschehens und der Beeinflussung des Verkaufsvorgangs. Daten aus dem Filialrechner stehen - vom Kassenabschluß des Vortages abgesehen - nicht zur Verfügung.

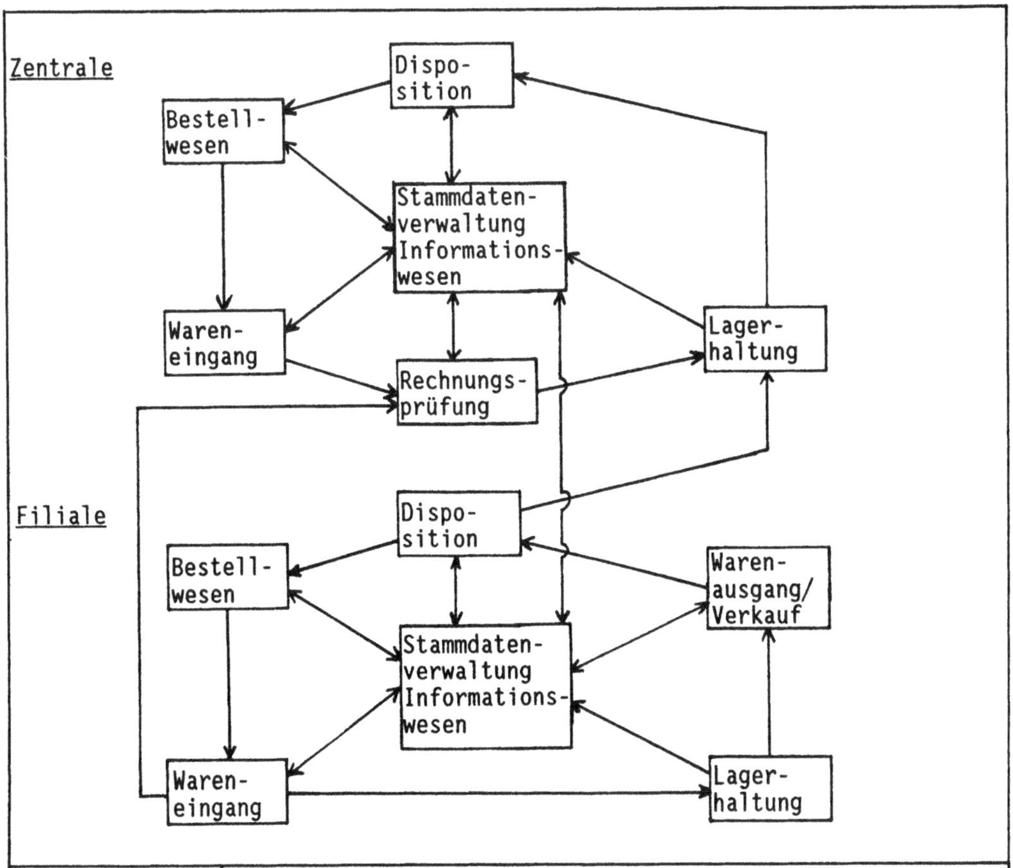

Abb. II.1.2.4.4: Funktionsverteilung bei Alternative 5

Alle Funktionen des computergestützten Warenwirtschaftssystems liegen bei den Kopffilialen und der Zentrale. Üblicherweise ist an die Kopffilialen ein Zentrallager angeschlossen, von dem aus die Warenverteilung der Filialen vorgenommen wird. Damit führt die Kopffiliale folgende Funktionen aus:

- Disposition und Bestellwesen (teilweise mit Zentrale gekoppelt)
- Wareneingang
- Lagerausgang
- Warenausgang.

Die Zentrale nimmt die folgenden Funktionen wahr:

- Stammdatenpflege
- Informationswesen
- Disposition und Bestellwesen (in Zusammenarbeit mit Kopffiliale)
- Rechnungsprüfung.

Eine mögliche Verteilung der Funktionen ist aus Abb. II.1.2.4.5 ersichtlich.

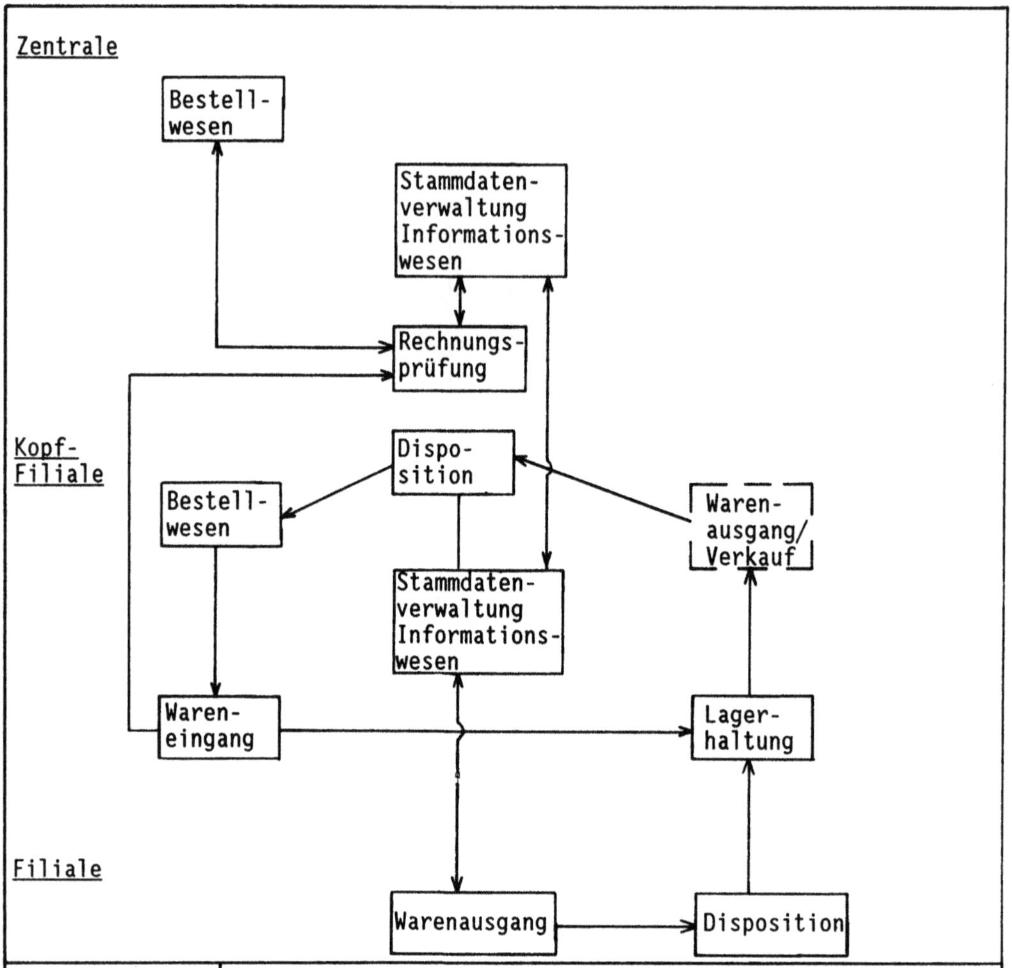

Abb. II.1.2.4.5: Funktionsverteilung bei Alternative 6

2. Administrative Systeme

Die administrativen Systeme (vgl. Hansen, H.R.: Wirtschaftsinformatik I, 1986; Mülder, W.: Computergestützte Personalinformationssysteme 1984) eines Handelsunternehmens umfassen die Systeme:

- Rechnungswesen
  - -- Kosten- und Leistungsrechnung
  - -- Finanzbuchhaltung
    - --- Debitoren und Kreditoren
    - --- Hauptbuchhaltung
  - -- Anlagenbuchhaltung
- Personalwesen
  - -- Lohn- und Gehaltsabrechnung
  - -- Personalinformation.

Mit Ausnahme der Funktionalbereiche des Personalinformationswesens und der Kosten- und Leistungsrechnung sind die übrigen Bereiche weitgehend gesetzlich fixiert. Das hat dazu geführt, daß EDV-Systeme hier bereits früh zum Einsatz kamen.

Ähnlich wie die Funktionsverteilung in Warenwirtschaftssystemen über verschiedene hierarchische Stufen erfolgen kann, ist dies auch bei administrativen Systemen vorstellbar. Im wesentlichen haben sich bei Filialsystemen des Einzelhandels zentrale Strukturen, bei SB-Warenhäusern und Warenhäusern gemischte und bei Kooperationen je nach Ausprägung der Teilnehmer gemischte bis dezentrale Strukturen der administrativen Systeme ausgebildet.

3. Internes Integrationsmodell eines Handelsunternehmens

In Abbildung I.2.1.5 war ein einfaches Integrationsmodell eines Handelsunternehmens vorgestellt worden, das die wichtigsten Datenflüsse zwischen den Funktionalbereichen berücksichtigt. Die zahlreichen Beziehungen zwischen den Modulen der Warenwirtschaft werden darin nicht nochmals ausgewiesen, da sie in Abb. II.1.1 gezeigt sind.

Abverkäufe führen im Großhandel und im Versandhandel zu einer Forderung gegenüber Kunden (Debitoren). Diese Beziehung (1) würde im Einzelhandel direkt als

Kassenbestandszugang von den Kassen-Systemen an die Haupt- (Sach-) Buchhaltung weitergegeben. Die Kosten- und Leistungsrechnung muß die Abverkäufe nach Warengruppen und weiteren internen Kriterien (etwa unterschiedliche Deckungsbeitrags-Definitionen) berücksichtigen (7).
Bei Verkäuferprovisionierung wird mit dem Abverkauf eine Information (8) an den Personalbereich notwendig, damit die Ermittlung des Brutto-Betrages erfolgen kann.
Auf der Basis noch freier Limits, die bereits in der Disposition berücksichtigt werden (4), führt das Bestellwesen Bestellaufträge aus. Diese führen zu einer voraussichtlichen Lieferantenrechnung (3) und zu einer Kürzung der Einkaufs-Limits (2). Wie beim Abverkauf, so sind auch bei der Rechnungsprüfung Daten an die Buchhaltung (Kreditoren (6)) und an die Kostenrechnung (5) zu übergeben.
Ergebnisse der Personalabrechnung müssen von der Sachbuchhaltung zwecks Zahlbarmachung übernommen werden (9). Daten der Buchhaltung sind in vielen Fällen Grundlage der Kostenrechnung (10). Umgekehrt können Daten der Kostenrechnung auch die Buchhaltung beeinflussen (z.B. Abschreibungsbedarf).

Die Beschreibung der kompletten integrativen Beziehungen eines Unternehmens ist ähnlich wie in den Beispielen des Kapitels II.1.2.4 nur unter Kenntnis der genauen Strukturen möglich.

III. HANDELSUNTERNEHMEN IM EXTERNEN INFORMATIONSGEFÜGE

1. Die Einordnung von Handelsunternehmen in den gesamtwirtschaftlichen Zusammenhang

Handelsunternehmen stehen - wenn sie nicht ausschließlich innerhalb eines Konzernverbundes tätig sind - mit zahlreichen weiteren Unternehmen in Kontakt. Dabei kann es sich um Produktionsunternehmen, Groß- und Einzelhandelsunternehmen, Dienstleistungsunternehmen aller Art (Speditionen, Banken, Versicherungen ...) und staatliche Stellen handeln.
Ein auf das Beziehungsgefüge zwischen Industrie, Handel und Konsumenten ausgerichtetes Grundmodell stellt Abb. III.1.1 dar (Tietz, B.: Der Handelsbetrieb 1985, S. 128).

Die darin enthaltenen Beziehungsaspekte stellen die Komplexität möglicher Aktionen und Reaktionen dar. Reduziert man die Betrachtung - wie in dieser Arbeit - auf den Bereich der sinnvollen Kommunikations- und Datenbeziehungen zwischen Unternehmen, so steht das Handelsunternehmen ausschließlich im Blickpunkt der durchlaufenden Aktivitäten.

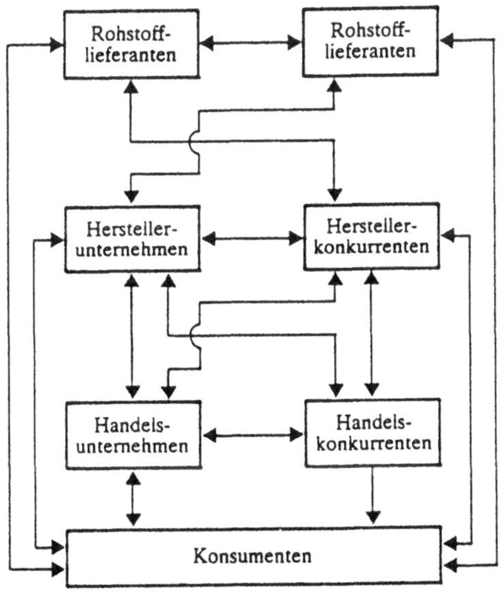

Abb. III.1.1:	Beziehungen zwischen Handel und Industrie

Abbildung III.1.2 zeigt das dieser Arbeit zugrundegelegte Gefüge der Außenbeziehungen von Handelsunternehmen. Durchgezogene Linien bedeuten dabei unmittelbare Beziehungen des betrachteten Unternehmens mit Kommunikationspartnern. Aus der Abbildung wird zugleich ersichtlich, daß zahlreiche Aktivitäten des Unternehmens bei anderen Unternehmen Folgeaktivitäten veranlassen, die wiederum ein enges Zusammenarbeiten mit anderen Unternehmen verlangen. Diese sind mit gestrichelten Linien gekennzeichnet.

Daraus zeigt sich, daß zahlreiche externe Ablaufketten existieren, die einer Betrachtung bedürfen. Diese werden in Kapitel IV. näher untersucht.

2. Die funktionale und sektorale externe Betrachtung

Betrachtet man die in Kapitel II erarbeiteten Funktionalbereiche eines Handelsunternehmens als Grundlage, so zeigt sich in den Beziehungen zu Kunden und Lieferanten im Warengeschäft (funktionale Betrachtung) sowie in der Beziehung zu Dienstleistern (sektorale Betrachtung) das in Abbildung III.2.1 dargestellte Schema der Datenbeziehungen im Warengeschäft. Dies ist zunächst stark vereinfacht und enthält nur die wichtigsten Beziehungen. Eine Diskussion der Beziehungen und ihrer Ausgestaltung erfolgt in Kapitel IV. Die Funktion Warenausgang (Verkauf) wurde aus graphischen Gründen auf die Funktionen Auftragsbearbeitung und Verkauf aufgeteilt.

Neben den in Abb. III.2.1 dargestellten traditionellen papiergebundenen Übertragungsmethoden lassen sich auch modernere Techniken einsetzen. Die Nutzung dieser Techniken zwischen den innerbetrieblichen Funktionen und den Funktionen bei den Geschäftspartnern sind in der Abbildung III.1.2 angedeutet.

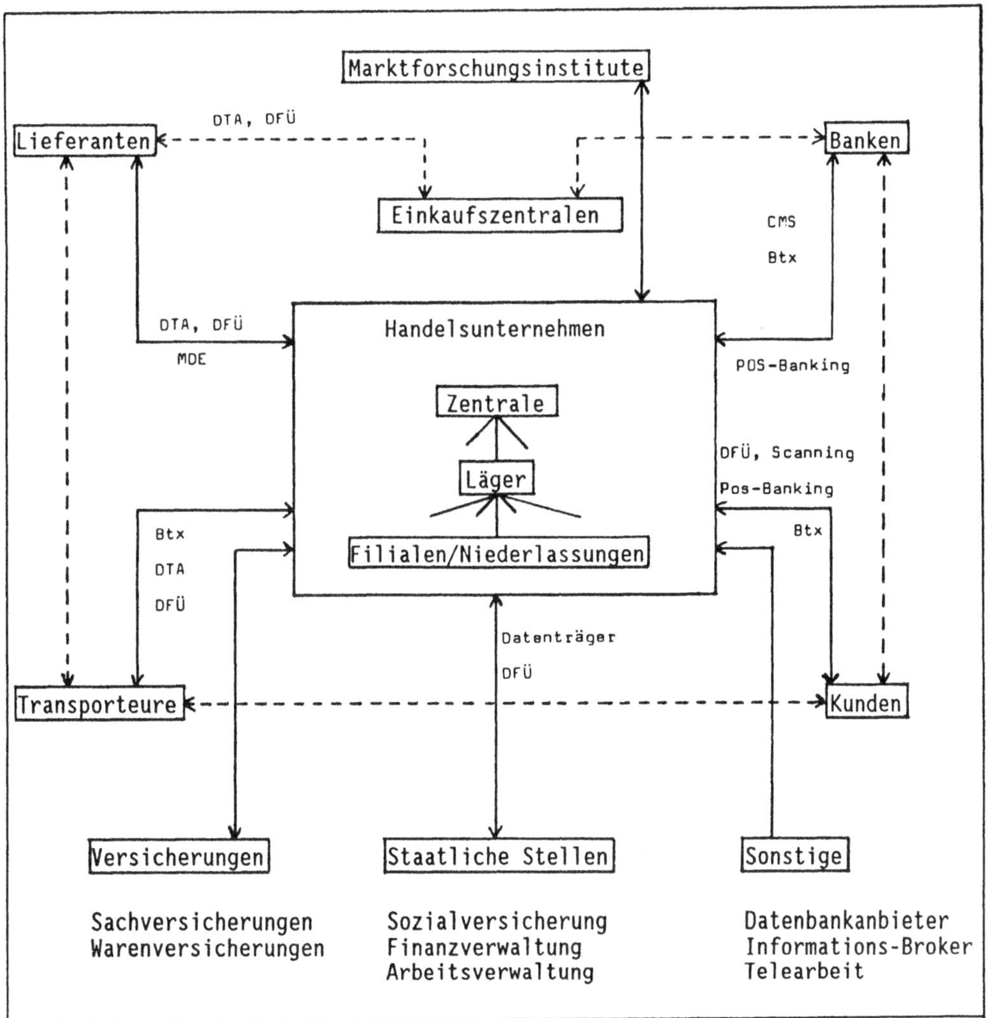

Abb. III.1.2:	Außenbeziehungen von Handelsunternehmen und mögliche Technikunterstützung (vgl. Kapitel III.3)

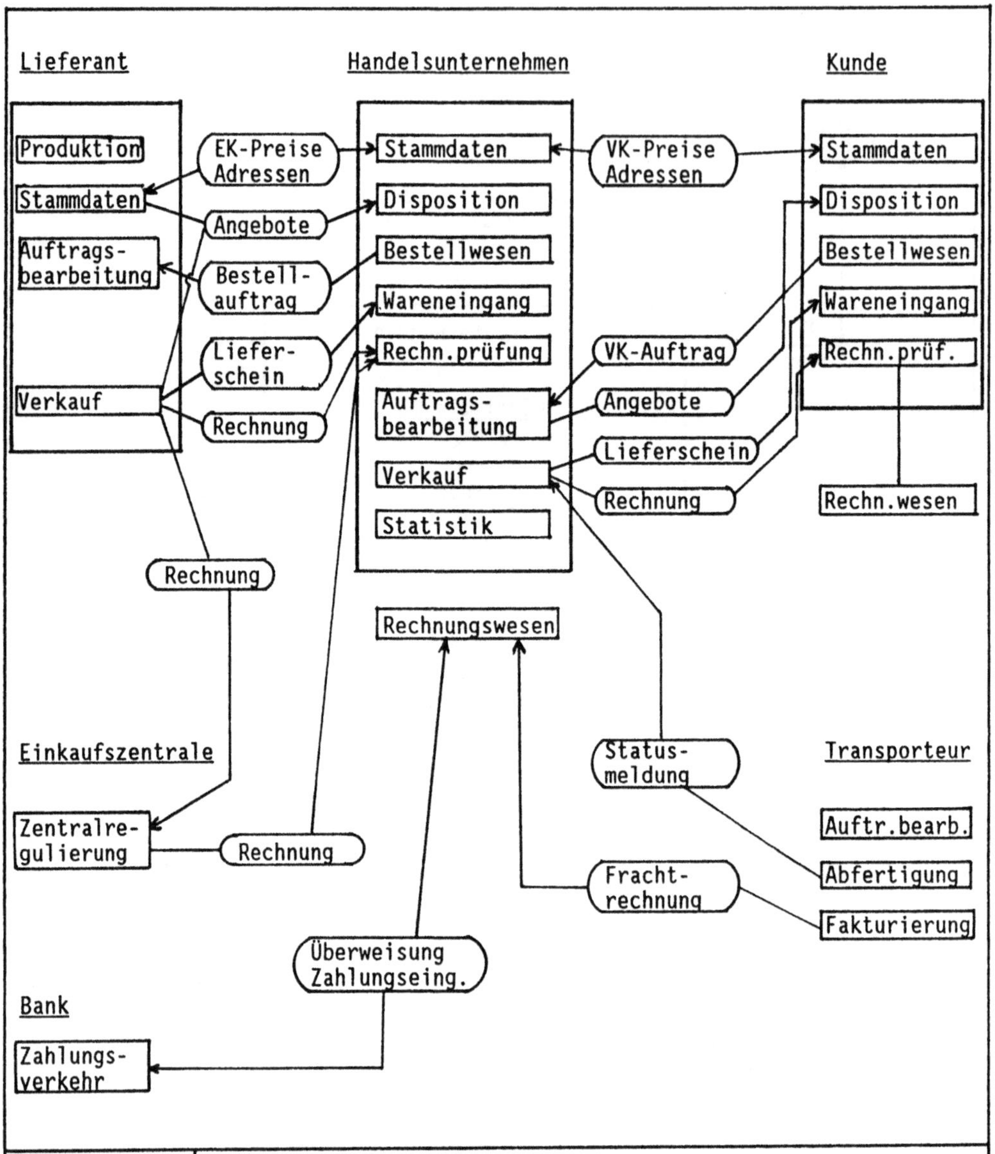

Abb. III.2.1: Schema der grundsätzlichen Datenbeziehungen im Warengeschäft

3. Die verwendbaren Techniken zur externen Integration

3.1 Die Telekommunikationstechniken

Damit die externe Integration genutzt werden kann, müssen technische Systeme zur Verfügung stehen, die die Kommunikation ermöglichen (vgl. Tessar, H.: Einsatz neuer Kommunikationstechniken 1983, S. 13, S. 161).

In I.5.2 (Integrationsstufen) waren leitungsgebundene Techniken zur Datenübermittlung als höchste Form der Integration dargestellt worden. In der Bundesrepublik eignen sich dazu insbesondere die folgenden Übermittlungsnetze:

- das Telefonnetz
- das Datex-L-Netz (Leitungsvermittlung)
- das Datex-P-Netz (Paketvermittlung)
- das ISDN-Netz (dienstintegriertes digitales Fermeldenetz)
- der Fernmeldedienst Btx.

Daneben existieren die traditionellen Formen des Datenträgeraustauschs, die - wenn nicht explizit erwähnt - im folgenden nicht weiter berücksichtigt werden.

Das Fernmeldenetz ist die Basis der heutigen Fernmeldeinfrastruktur der Bundespost. Zur Übertragung größerer Datenmengen und höherer Geschwindigkeiten ist das Telefonnetz nur bedingt geeignet. Speziell zum Austausch digitaler Nachrichten bietet die Bundespost das Datex-L-Netz als öffentliches Wählnetz an. Die Übertragungssicherheit gegenüber dem Telefonnetz ist deutlich höher, ebenso die möglichen Geschwindigkeiten (64 kB, teilweise auch darüber).

Gegenüber dem Datex-L-Netz ist das Datex-P-Netz wesentlich verbessert und bietet folgende Vorteile: (vgl. Deutsche Bundespost: Datexdienst mit Paketvermittlung o.J., S. 5):

- über einen Anschluß können gleichzeitig mehrere virtuelle Verbindungen aufgebaut werden
- Verkehrsbeziehungen zwischen zwei Endstellen können dauernd verfügbar sein (virtuelle Verbindung). Abgerechnet werden im wesentlichen nur die Übertragungsmengen.

Das ISDN-Netz (Integrated Services Digital Network) wird mit seiner digitalen Übertragungstechnik ein Zusammenwachsen der bisher getrennten Dienste ermöglichen.

Bildschirmtext (Btx) ist ein auf das Fernmeldenetz gestützter Telekommunikationsdienst, der Computertechnik und Fernsehgeräte zur Übermittlung von Text- und Grafik-Daten nutzt. Der Anwenderkreis von Btx läßt sich in drei Klassen unterteilen (vgl. Katzsch, R.: Kosten-Nutzen-Aspekte von Bildschirmtext 1986, S. 31 f.): private Btx-Nutzer, gewerbliche Btx-Nutzer ohne externen Rechner und gewerbliche Btx-Nutzer mit externem Rechner. Dabei sind vielfältige Anwendungsmöglichkeiten gegeben (vgl. Maciejewski, P.; Bergmann, P.; Litke, H.: Bildschirmtext für den Einzelhandel 1984, S. 24):

- reine Informationseinholung
- Eigendarstellung
- Nutzung für Inhouse-Kommunikation.

Bei der Auswahl geeigneter Telekommunikationstechniken sind folgende Kriterien von Bedeutung:

- Datenmenge
- Verfügbarkeit/ Verbreitungsgrad
- Erweiterbarkeit/Flexibilität
- Datensicherheit
- Fehlerbehandlung
- Installationsaufwand
- Betriebskosten.

Diese Kriterien sind sowohl bei unternehmensinternen Vernetzungs-Vorhaben als auch bei der Gestaltung von unternehmensübergreifenden Lösungen zu berücksichtigen.

3.2 Sonstige Techniken

Telekommunikationstechniken alleine reichen nicht immer zur EI zwischen Unternehmen aus. Damit der Anstoß zur EI überhaupt erfolgen kann, bedarf es der Entwicklung weiterer Techniken, die hier nicht im einzelnen aufgeführt werden sollen. Als Beispiele können gelten:

Technik	Voraussetzung für
MDE-Gerät	Inventur-Aufnahme und Bestellübermittlung
Scanning	artikelgenaue Warenausgangserfassung bei großen Sortimenten im Einzelhandel
Kundenkarte	Identifikation und Abrechnung von Kunden zwischen Handel und Banken (POS-Banking).

IV. ANWENDUNGSBEREICHE DER EXTERNEN INTEGRATION

In diesem Kapitel werden die für Handelsunternehmen wichtigsten Außenbeziehungen bezüglich ihres Inhalts, ihrer Häufigkeit und Eignung zum externen Datenaustausch analysiert. Dabei wird vorausgesetzt, daß unternehmensintern geschlossene Systeme zur Verfügung stehen. Die internen Lösungen werden dabei nur vertieft betrachtet, sofern dies notwendig ist und Auswirkungen der EI auf diese Lösungen sichtbar werden.

Dabei wird zunächst eine funktionale Betrachtung der in Frage kommenden Anwendungen durchgeführt. Wegen des Umfangs der rein warenwirtschaftlichen Funktionen werden diese in einem eigenen Kapitel (1. Handelsdaten) untersucht. Im Anschluß folgt eine Analyse der externen Beziehungen der Funktionen des Personal- und Rechnungswesens. Kapitel 3 schließt mit einer sektoralen Betrachtung der Anwendungen.

1. Handelsdaten

Der Austausch von Handelsdaten eines Handelsunternehmens mit anderen Unternehmen umfaßt sämtliche von außen initiierte oder vom Unternehmen für Externe initiierte Daten, die dem eigentlichen Geschäftszweck dienen und dem Warengeschäft selbst zugeordnet werden können. Mittelbare oder abgeleitete Geschäftsbeziehungen (etwa zu Banken, Versicherungen, Transporteuren ...) fallen nicht darunter.

Handelsdaten sind insbesondere alle mit der Beschaffung, Lagerung und dem Vertrieb zusammenhängenden Daten, die zur Erfüllung der in diesen Bereichen anfallenden Aufgaben anfallen und mit den Geschäftspartnern ausgetauscht werden. Abb. IV.1.1 zeigt in Anlehnung an VDA und CCG (vgl. Zimmermann, G.: VDA-Schnittstellen 1987, S. 352; CCG: Sedas 1986, S. I,1) das dieser Arbeit zugrunde gelegte Verständnis der Handelsdaten.

Die in Handelsunternehmen zu bewältigende Informationsmengen im Außenkontakt haben erhebliches Volumen erlangt. So laufen alleine von den zwanzig größten Lieferanten der Konsumgüterindustrie monatlich rd. 1 Million Rechnungs-Belege zur Bearbeitung in die Zentralen des Handels (CCG Sedas 1986, S. I,1.). Umgekehrt fallen täglich nahezu 5 Millionen Bestellpositionen zwischen Kauf- und

Warenhäusern einerseits und den Herstellern bzw. den Lieferanten der Konsumgüterindustrie auf der anderen Seite an (Buchholz, E.: Bestelldatenaustausch 1985, S. 27). Weitere Belege wie Bestellungen, Lieferscheine, Auftragsbestätigungen etc. sind dabei nicht mitgerechnet. Bedenkt man, daß bei den o.g. Belegen in den Empfängerbetrieben eine Rechnungsprüfung (idealerweise Position für Position) vorgenommen wird, wobei ein Mitarbeiter - je nach Komplexität der Rechnung und der Art der Unterstützung (manuell, DV-gestützt) - ca. 30-100 Rechnungen pro Tag bearbeiten kann (dies sind Erfahrungen, die sich bei mehreren Projekten als gängig erwiesen haben), so wird deutlich, daß Unternehmen für die Bearbeitung alleine dieses Funktionsbereichs erhebliche personelle Ressourcen aufwenden.

In diesem Kapitel werden, anhand des in Kapitel II benutzten Modul-Systems eines Warenwirtschaftssystems, die externen Schnittstellen analysiert.

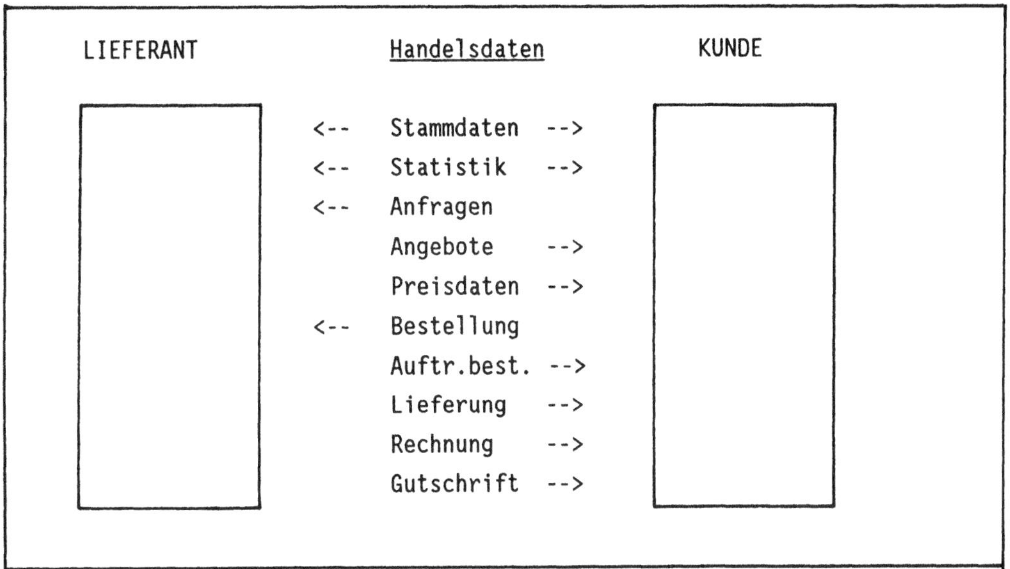

Abb. IV.1.1: Überblick über die wichtigsten Handelsdaten

1.1 Die Stammdatenpflege

Grundlage für ein effizientes Warenwirtschaftssystem ist die Sortimentspflege, d.h. die Verwaltung der Datenbestände für das Sortiment: Artikel, Lieferanten, Kunden, Konditionen, Aktionen etc. (vgl. Kruse, G.: Datenverarbeitung im Lebensmittelhandel 1985, S. 15). Der rechtzeitigen, vollständigen und richtigen

Eingabe/Erfassung der Stammdaten kommt eine besondere Bedeutung zu. Um Warenwirtschaftssysteme im Handelsunternehmen einführen und betreiben zu können, müssen die notwendigen Daten bereitgestellt sein, gleichgültig ob es sich um Teilsysteme oder um geschlossene Systeme (in der Notation von Zentes) handelt. Zu den Stammdaten sind auch allgemeingültige Steuerungsparameter für das Gesamtsystem zu rechnen, etwa:

- Filialen
- Steuersätze
- Entscheidungsregeln
- Verdichtungsregeln, Rechenvorschriften (Umsatz, Brutto- oder Netto).

Traditionell wird die Stammdatenpflege eines Warenwirtschaftssystems eher als dv-technische Voraussetzung zur Erfüllung der funktionalen Aufgaben betrachtet. Sofern dies die Steuerung der Ablauf-Logik des Geamtsystems, der grundlegenden Basis-Parameter (Filial-Verdichtung ...) betrifft, ist es sicherlich korrekt. Darüber hinaus ist zu beachten, daß in der Stammdatenpflege Ergebnisse der Kontakte des Unternehmens mit Außenstehenden einfließen. Preis- und Lieferkonditionen, Rahmenverträge über Mindestabnahmen, Artikelmerkmale etc. sind Ergebnisse einer unternehmensübergreifenden Abstimmung zwischen Geschäftspartnern. Der größte Aufwand entfällt dabei auf:

-1- die Aufnahme und Pflege von Artikel- und Adreßdaten sowie auf
-2- die Aktualisierung von Konditionen.

-1- Bei Neuaufnahme von Geschäftsbeziehungen, bei Musterungen, Sortimentswechseln etc. werden große Mengen von Artikeln ins Sortiment eines Unternehmens aufgenommen. Mit dem Abschluß des Auswahlprozesses beginnt häufig eine sehr personal- und zeitintensive Aufgabe: die dv-gerechte Erfassung der zu einem Artikel oder einem Geschäftspartner gehörenden Daten. Je ausgefeilter die Warenwirtschafts-Funktionen sind, desto umfangreicher sind auch die Anforderungen an die Daten, an ihre Korrektheit und ihren Umfang. Fehlende oder fehlerhafte Daten verursachen Störungen im Betriebsablauf (z.B.: es kann nicht kassiert werden, da Artikel-Nr. nicht bekannt ist, Artikel werden bei Disposition ignoriert ...) oder führen zu Verlusten. Der Warenanbieter (Lieferant) hat seinerseits einen Großteil dieser Daten gespeichert und kann sie dem Käufer (Kunde) zur Verfügung stellen.

Sowohl bei Neuaufnahme von Geschäftsbeziehungen als auch bei länger existierenden Geschäftsbeziehungen haben Kunde und Lieferant zahlreiche

Adreßdaten (Filialen, Auslieferungslager, Telefon-Nr, bbn etc.) zu pflegen, die im jeweils anderen DV-System gleichfalls benötigt werden.

-2- Die Preis- und Konditionenpflege ist in vielen Handelsbetrieben eine sehr sensible Tätigkeit. Im Sortiment befindliche Artikel existieren meist länger als die zugehörigen Einkaufs- und Verkaufs-Konditionen; gerade im Lebensmittelbereich ändern sich die Konditionen sehr rasch, z.T. gelten unterschiedliche regionale und sich gegenseitig überlappende Konditionen, die von Außenstehenden kaum noch überblickt werden können.

Traditionelle Bearbeitungsfolgen in diesem Bereich sehen eine Verhandlung zwischen den Marktpartnern vor; einer Einigung folgt die Mitteilung beider Verhandlungspartner an ihre Sachbearbeiter, bzgl. der Artikel-, Adreß- und Preispflege im Warenwirtschaftssystem. Da beide Seiten diese unabhängig in ihren Systemen erfassen, können Differenzen entstehen. Gründe dafür sind:

- Übertragungsfehler aus manuellen Unterlagen
- unterschiedliche Interpretation des Verhandlungsergebnisses
- differierende Rechenvorschriften Anbieter und Abnehmer
- unterschiedliche Arbeitsweisen der Warenwirtschaftssysteme
- Unkenntnis der Verhandlungsführer über WWS-Funktionsumfang.

Bei extern integrierten Vorgangsketten sind Daten, die neben dem eigenen Unternehmen auch andere Unternehmen betreffen, wie Neuaufnahme/Änderung von Artikeln, Änderungen der Konditionen, der Geschäftsadressen, Rahmenverträge, etc. automatisierbar.

Für den <u>Austausch von Artikeldaten</u> spricht insbesondere das erhebliche Datenaufkommen bei Neuaufnahme von Geschäftsbeziehungen, bei Neulistungen, Artikelmutationen etc. Abbildung IV.1.1.1 enthält die wichtigsten anwendungsbezogenen Daten.

- Lieferant (Absender)
- Kunde (Empfänger)
- Datum
- Artikel-Nr. (z.B. EAN, Artikelnr. von Kunde und/oder Lieferant)
- Artikelklassifikation
- Artikelbezeichnung (Artikel-Lang- und Kurztexte)
- Eigenschaften des Artikels (Haltbarkeit, Chemische Stoffe, ...)
- Abgabeeinheit/Verkaufseinheit
- Verpackungseinheit
- Verpackungsdaten (Art, Maße, Ladungseigenschaften)
- Gewicht.

Abb. IV.1.1.1: Datenelemente zum Artikel-Stammdatenaustausch

Die im Rahmen einer extern integrierten Stammdatenpflege austauschbaren Preisdaten sind (in Anlehnung an VDA: Datenfernübertragung von Preisdaten 1986, S. 2-3):

- Lieferant (Absender) z.B. einheitliche Nummern (bbn, DLZ
- Kunde (Empfänger) (vgl. Kap. VI))
- Datum der Preismeldung
- Vorgangsart (z.B. Rahmenabschluß, Einzelbestellung, Anfrage, Angebot, Katalogpreis)
- Verwendungs-Kennzeichen (Standard, Ersatzlieferung, Versuch, Behördenpreis)
- Gültigkeit von bis
- Lieferstelle (z.B. bbn)
- Artikel (z.B. EAN, ersatzweise Artikelnr. des Kunden und des Lieferanten)
- Warengruppen oder Artikelgruppen-Nr.
- Herkunftsland
- Transportinformationen (z.B. Beiladung, gefährliche Stoffe)
- Währung
- Preisschlüssel (Preise, Zu-/Abschläge, Texte, sonstiges)
- Preiseinheit
- Hinweise auf Folge-/Basis-Konditionen
- Mengeneinheit
- Menge (Mindestabnahme)
- Betrag, Preis
- Prozentangaben
- Texte
- Liefergesamtkonditionen (z.B. frei Haus ab 5 TDM)

Abb. IV.1.1.2: Datenelemente zum Preisdatenaustausch

Grundsätzlich ist es vorstellbar, daß Preisdaten in beiden Richtungen übertragen werden. Im Regelfall wird jedoch die Übertragungsrichtung vom Lieferanten zum Kunden verlaufen, da der Lieferant, die zu seinem Artikelsortiment gehörenden Konditionen zunächst anbietet. Der Kunde wird von sich aus keine

Preisdaten übertragen, es sei denn er nutzt eine vorhandene Marktmacht zur Preisbestimmung aus, wobei den Lieferanten nur bleibt, sich den Preisen anzupassen oder nicht zu liefern.

Die CCG hat mit ihrem Verfahren SINFOS (vgl. o.V.: SEDAS Artikel- und Adresseninformationssatz (SINFOS) 1984, S. 36-46) Datenaustauschsätze zu folgenden Sachverhalten festgelegt:

- Artikelinformation
- Adresseninformationen (incl. Fermeldeanschlüsse, Bankverbindungen, Lieferanschriften, Logistik-Informationen).

Die dort gemachten Spezifikationen sind in ihrem Bereich sehr umfangreich, lassen aber z.Zt. das Problem der Preis- und Konditionen-Übermittlung weitgehend unbeachtet.

Konsequenzen

Durch eine Reduzierung des Erfassungsaufwandes für Stammdaten erhält das Daten empfangende Unternehmen deutliche Einsparungsmöglichkeiten, insbesondere im Personaleinsatz. So werden für die reine Datenerfassung dieser Daten nicht mehr so viele Mitarbeiter benötigt. Andererseits steigt der Kontrollbedarf an, da bei sensiblen Daten eine logische Prüfung vorgenommen werden muß. So ist etwa bei empfangenen Konditionsdaten auf die Korrektheit zu achten, da im Rahmen der Disposition und des Bestellwesens die Konditionen die Selektionsentscheidungen stark beeinflussen.

Bei der automatisierten Übergabe von Preisdaten zwischen Unternehmen ist weiterhin eine deutlich verringerte Quote von Preisdifferenzen zwischen Lieferant und Kunde zu erwarten. Dies äußert sich heute - fällt es nicht bereits bei der Bestellung oder der Bestell-/ Auftragsbestätigung auf - häufig erst bei der im zeitlichen Ablauf sehr späten Funktion der Rechnungsprüfung. Läßt sich die Fehlerrate der eingehenden Rechnungen wegen Preisdifferenzen erheblich reduzieren, so bedeutet das für das empfangende Unternehmen neben einer deutlichen Verringerung des Personals, das z.Z. zur Kontrolle der in den Rechnungen enthaltenen Preise und Konditionen eingesetzt werden muß, auch eine Reduzierung der Reklamationsquote und eine qualitative Verbesserung der Planungsgrundlage für die Finanzdisposition.

Der Vorteil eines automatisierten, unternehmensübergreifend organisierten Preisdatenaustauschs ist um so größer, je häufiger der Bestellwiederholungsgrad und der Standardisierungsgrad der Artikel ist. Einmal-Artikel bzw. modische Ware ohne Nachbestellmöglichkeit bieten hier keine oder nur geringe Vorteile an, da diese Artikel meist erst mit der Bestellung aktiviert werden und mit dem totalen Abverkauf wieder aus dem Artikelstamm entfernt werden. Hier ist zu überlegen, ob die Einmalkonditionen nicht auf Initiierung des Abnehmers vom Lieferanten unmittelbar zusammen mit den Artikeldaten übermittelt werden können.

Der automatisierte Austausch von Preisdaten kann dazu führen, daß Unternehmen mehr als bisher aktuelle Preisdaten über Artikel bei mehreren Lieferanten anfordern und permanent führen, damit auch schneller als bisher Preisvergleiche im Rahmen der Lieferantenauswahl durchführen können. Umgekehrt kann die Übertragung von Preisdaten ohne Aufforderung durch einen Kunden zu einem marketingstrategischen Schritt des Lieferanten werden, der damit seine Lieferfähigkeit anzeigt.

Schnittstellen zum unternehmensinternen Warenwirtschaftssystem

Änderungen der Konditionen (etwa nach Verhandlungen), für einzelne Artikel oder Warengruppen führen notwendigerweise zu einer Korrektur an den Stammdaten. Sofern feste Lieferbeziehungen existieren, sind die geänderten Konditionen von einem Partner (üblicherweise dem Lieferanten) den anderen (allen oder selektiv) zur Verfügung zu stellen. Die Entscheidung über den Umfang der zu informierenden Geschäftspartner hängt ab von:

- Intensität der Geschäftsbeziehung (Bedeutung des Kunden)
- Bedeutung des Artikels
- Bedeutung eines Artikels/ einer Artikel- oder Warengruppe für einen Kunden
- Marktstrategie des Verkäufers.

Somit sind aus dem internen Stammdaten-Pflegedienst nach einer festzulegenden Verteilregelung Übertragungssätze zu generieren. Diese sind beim Empfänger (Kunde) entsprechend umzuschlüsseln und in das dortige Stammdatenpflegesystem zu überführen. Unterschiedliche Rechenregeln in den internen Systemen (etwa additive oder multiplikative Anwendung von Zu-/Abschägen), differierende Speicherungsmöglichkeiten der Systeme werfen dabei Probleme auf, je komplexer die Preisfindung ist. Dies gilt insbesondere für die Beziehung zwischen Konsumgüterindustrie und Lebensmittelhandel.

Umgekehrt muß der Empfänger einer Preisdatennachricht in der Lage sein, die ihm übertragenen Daten zu entschlüsseln und in sein System möglichst automatisiert zu übernehmen. Hierbei erscheinen manuelle Kontrollen (evtl. reichen Stichproben aus) unumgänglich.

Die Frage einer Verwaltung der aktuellen Stammdaten wird widersprüchlich diskutiert. Für den Versender der Daten bedeutet es einen erheblichen Aufwand zu kontrollieren welche Änderung welchen Geschäftspartner betrifft und ob dieser die Änderung bereits erhalten hat. Andererseits erscheint es nicht plausibel, bei nur wenigen Änderungen, den kompletten Datenbestand auszutauschen und es dem Datenempfänger zu überlassen, die geänderten Daten herauszufinden.

1.2. Disposition

Der Erfolg von Handelsunternehmen hängt wesentlich von einer leistungsfähigen Disposition ab. Zu hohe Lagerbestände verursachen hohe Lagerkosten bzw. bedeuten bei modischen Artikeln ein enormes Risiko. Präsenzlücken führen andererseits zu Fehlverkäufen. Die Bedeutung der Disposition wird häufig hervorgehoben (vgl. Schiffel, J.: Warenwirtschaftssysteme im Einzelhandel 1984, S. 119; Kirchner, J.D.; Zentes, J.: Führen mit Warenwirtschaftssystemen 1984, S. 30).

Unter Disposition wird die Entscheidung über die Wiederbeschaffung eines Artikels nach Zeitpunkt und Menge verstanden. Grundlage der Disposition ist die interne Bedarfsanalyse, d.h. die Erfassung der Bestellmengen bzw. Warenanforderungen. Im Rahmen der Wareneinkaufsplanung hat die Limitrechnung die Aufgabe, den möglichen Wareneinkauf durch das Errechnen eines "Limits", das als Rahmen nicht überschritten werden sollte, zu bestimmen. Dabei wird aufbauend auf den Ergebnissen der Vergangenheit und auf der Basis vorausschauender Überlegungen der Wareneinkauf (zu Einkaufs-, Verkaufspreisen oder Stückzahlen) begrenzt und den Einkäufern als Obergrenze (Budget) vorgegeben.

Neben die interne Bedarfsanalyse tritt die externe Beschaffungsmarktforschung.

Hier ist zu analysieren

- welche Lieferanten
- welche Waren bzw. Dienstleistungen
- in welchen Mengen
- zu welchen Konditionen
- zu welchen Zeitpunkten

anbieten (vgl. Schiffel, J.: Warenwirtschaftssysteme im Einzelhandel 1984, S. 122). Häufig wird diese Markterhebung auch zum Bestellwesen gerechnet. Daneben tritt als Aufgabe der Disposition die vollständige Erfassung und transparente Darstellung der Konditionssysteme mit:

- Auftrags-
- Zahlungs-
- Lieferanten- und
- Distributionskonditionen

als Grundlage des Bestellwesens.

Verfügt der Nachfrager über erhebliche Marktmacht, bzw. haben Lieferant und Nachfrager enge Geschäftsbeziehungen kann das Dispositionswesen erheblich präzisiert werden, indem beide Geschäftspartner teilweise oder komplette Einsicht in ihre Artikeldisposition nehmen.

Gemäß Abbildung IV.1.2.1 sind im Rahmen der Disposition folgende Informationen extern austauschbar:

- Bestandsdaten der Geschäftspartner (incl. deren Entwicklung)
- Angebotseinholung für einzelne Artikel/ Artikelgruppen
- geplante Lieferabrufe.

Von Bedeutung ist heute lediglich der Austausch von Angebotsdaten.

Bestandsdaten der Zulieferer werden in der Industrie zwar häufig gefordert aber - aus verständlichen vertriebspolitischen Gründen - nur selten zur Verfügung gestellt. Außerdem ist es fraglich, ob eine Übertragung von kompletten Sortimenten wirklich sinnvoll ist, wenn im täglichen Geschäft nur wenige Positionen nachgefragt werden müssen. Hier reicht die Übermittlung der Daten einzelner Artikel aus.

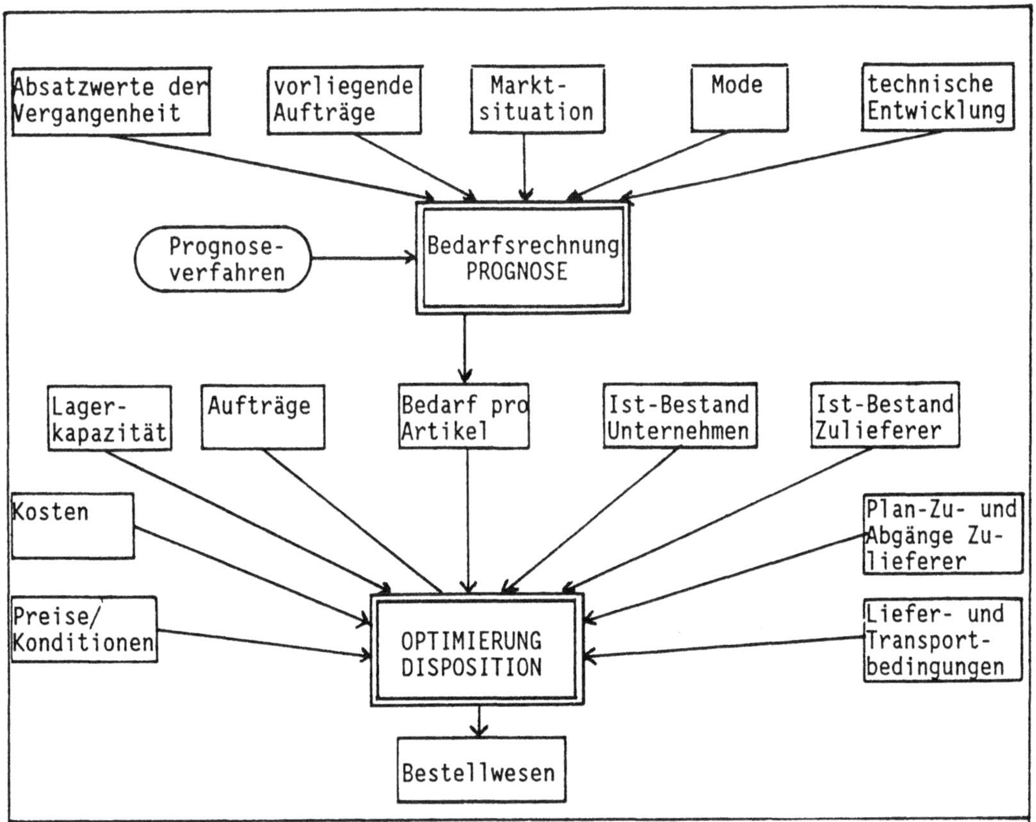

Abb. IV.1.2.1: Einflußgrößen der Disposition (in Anlehnung an: Sova, O.; Piper, J.: Computergestützte Warenwirtschaft im Handel 1985, S. 95)

Besteht zwischen Lieferant und Kunde ein enges Geschäftsverhältnis, so daß der Kunde das Lieferantenlager als erweitertes eigenes Lager betrachten kann, sind bei der Disposition hohe Ansprüche an die Lieferanten-Bestands-Daten zu stellen. Dazu muß der Kunde aber dem Lieferant als Gegenleistung die Ergebnisse seiner eigenen Disposition mitteilen, etwa in Form einer noch unverbindlichen Abrufliste oder Liefereinteilung. Der Aufbau hierzu kann weitgehend an eine Bestellung - allerdings mit einem deutlich geringeren Datenumfang - angelehnt sein. Ein solches Vorgehen greift bereits weit in die eigentliche Bestellabwicklung (insb. die Lieferantenauswahl) ein.

Die Aufforderung zur Angebotsabgabe (Lieferanfrage) muß das beschaffende Unternehmen an in Frage kommende Lieferanten versenden. Bei Nutzung von Datenübertragungseinrichtungen werden prinzipiell die in Abbildung IV.1.2.2 enthaltenen Angaben benötigt.

Kopfdaten

- Dokument
  - -- Dokumentenart
  - -- lfd. Nr.
  - -- Datum
- Besteller/Anfrager
- Anbieter/ Lieferant
- Versandart
- Warenempfänger
- Gefahrenübergang
- Lieferbedingungen
- Verpackung
- Zahlungsmodalitäten
- Texte

Positionsdaten

- Position
- Artikel-Nr. Lieferant
- Artikel-Nr. Kunde
- Menge / Teilmengen
- Liefertermin pro Menge/ Teilmenge
- Beschreibung
- Haltbarkeitsanforderungen
- Texte

Abb. IV.1.2.2: Datenelemente zur Liefer-Anfrage

Der Lieferant nutzt sinnvollerweise diese Daten und übermittelt nur ergänzende Informationen an den anfragenden Kunden zurück. Die Daten der Abbildung IV.1.2.3 werden zusätzlich zur Anfrage im Angebot benötigt.

Die Kombination zwischen Angebotsanfrage und Angebotsabgabe findet sich bereits in organisatorischen Beleglösungen aus den 60er und 70er Jahren. So entwickelte der VDA einen kombinierten Vordruck Anfrage/Angebot, der es dem anfragenden Unternehmen erlaubte, auf einem Beleg mehrere (bis zu drei) Unternehmen um Angebotsabgabe anzugehen (Durchschreibtechnik). Die Angebote wurden auf dem vom Kunden eingereichten Beleg erstellt und zurückgesandt (vgl. auch VDA: Anfrage/Angebot Kombinations-Vordruck 1977).

Kopfdaten

- Bezugsdaten
- Ausschreibung / Lieferanfrage / Angebot
- Angebots-Gültigkeit (von, bis)
- Anzahlungsmodalitäten
- Mindestbestellwert
- Verzollungs-Angaben
- Verpackungsart
- Transportart

Positionsdaten

- Berechnungseinheit
- Preis je Einheit
- Positions-Betrag
- Maßeinheit
- Menge
- Beschreibung
- Artikel Nr. Lieferant
- Artikel-Nr. Kunde

Endwerte

- Angebotswert
- Bruttopreis o. MwSt
- Nettopreis
- Währungen

Texte
zur Erläuterung von Positionen und Summen

Abb. IV.1.2.3: zusätzlich zur Anfrage notwendige Datenelemente des Angebots

Schnittstelle zum internen WWS

Eingehende Angebote werden entweder - wenn das Angebot befristet ist - in einer eigenen Angebotsdatei mit Verknüpfung zum Lieferanten und zum betreffenden Artikel abgespeichert oder sie werden unmittelbar in die Stammkonditionen übernommen. Somit besitzt das Angebot große Ähnlichkeiten zur Übermittlung von Preisdaten. Umgekehrt müssen eingehende, noch unverbindliche Liefereinteilungen der Kunden sowohl im Verkaufsmodul (da es künftigen Absatz darstellt) als auch im Dispositionsmodul (wegen der notwendigen Eigendisposition) berücksichtigt werden.

Konsequenzen

Die eigentliche Kernaufgabe der Disposition - die interne Bedarfsanalyse - wird durch Verfahren der externen Integration nicht wesentlich verändert. Allerdings sind die eingehenden und ausgehenden Daten von und zu Geschäftspartnern genauer und umfangreicher. Die Disposition gewinnt damit eine neue Datenqualität. Die Bereitstellung von Entscheidungsgrundlagen für das Bestellwesen kann durch solche Verfahren (automatische Anfrage und Angebotseinholung) verbessert werden. Die Einflußfaktoren der Dispositionsentscheidung werden dadurch nicht verändert, der Entscheidungsprozeß selbst vereinfacht oder beschleunigt.

1.3 Bestellwesen

Auch wenn in der Praxis Disposition und Bestellwesen sehr eng miteinander verwoben sind (vgl. auch ähnliche Betrachtungen in der Literatur: z.B. Dreßler, P.; Rennert, H.: Automatische Disposition 1975, S. 83; vgl. auch den Begriff der Bestelldisposition bei Mertens, P.: Industrielle Datenverarbeitung, Bd. 1, 1986, Anlage 4.1./3), soll wegen der grundsätzlich unterschiedlichen Außenkontakte dieser Bereiche die Trennung beibehalten werden.

"Die Bestellung umfaßt die Auswahl des Lieferanten, die Bestellschreibung und die Bestellbestandsüberwachung" (Scheer, A.-W.: Disposition und Bestellwesen 1983, S. 1.). Häufig ist auch die Limitrechnung (insbesondere im Schuh-/ Textilbereich, z.T. auch im Non-Food-Bereich) ein elementarer Teil des Bestellwesens. Das Bestellwesen ist mit der Disposition fließend verbunden, da die abgeschlossene Disposition unter Berücksichtigung der dem Einkauf gegebenen Restriktionen in der Regel zur Bestellschreibung verwandt werden kann.

Die Lieferantenauswahl ist in der Praxis sehr unterschiedlich zu gewichten. Bei Artikeln mit nur einem Lieferanten erübrigt sie sich weitgehend; hier ist lediglich im Rahmen einer Ertragsanalyse zu ermitteln, ob diese Artikel weiterhin geführt werden sollen. Dies ist aber keine Aufgabe des Einkaufs, sondern des Managements (Informationsmodul). Zur Lieferantenauswahl müssen zuverlässige Daten über Artikel, deren Verfügbarkeit beim Lieferanten, ihre Lieferzeiten, die zugehörigen Konditionen etc. vorliegen. Daraus sowie aus der Beurteilung der Verläßlichkeit des Lieferanten ergibt sich die Selektionsentscheidung. Diese ist bis dahin eine rein interne Aufgabe, wobei auf Daten der Vergangenheit sowie vorliegende Angebote, Konditionen etc. zurückgegriffen wird. Die Lieferantenauswahl besitzt damit keine unmittelbare externe Komponente, es sei denn man rechnet die in der Disposition betrachtete Angebotseinholung zur Lieferantenauswahl.

In der Bestellschreibung ist eine hohe Eignung zum Einsatz der EI gegeben. Diese erklärt sich durch die weitgehende Übernahme von Daten aus den Bereichen der Disposition und Generierung eines Bestell-"Formulars", eines Datenträgers oder einer Datenübertragung, die beim Lieferanten weiterverarbeitet werden können. Die in den letzten Jahren generell zu beobachtende Tendenz zur Beschleunigung des Warenumschlags führt häufig zu verkürzten Reaktionszeiten für Disposition und Bestellung. Unvorhergesehenen Abverkäufen, Unterschreitungen des Mindest- oder Meldebestandes etc. kann nur bei einer lückenlosen dv-technischen Erfassung der Geschäftsvorfälle rechtzeitig entgegengetreten werden. Soll das Ziel der erhöhten Lagerumschlagsgeschwindigkeit bei niedrigen Lagerbeständen nicht durch niedrige Warenpräsenz obsolet werden, sind kurze Reaktionszeiten in der Warenaufstockung notwendig.

Lange Laufzeiten für den Bestellvorgang incl. der Belieferung schrumpfen damit immer weiter zusammen. Je nach Branche, Sortiment ... haben alleine die Übertragungszeiten der Daten (Erfassen, Prüfen, Drucken, Kuvertieren, postalische Fertigmachung, Öffnen, Lesen, Erfassen ...) erheblichen Anteil an der Gesamtzeit zwischen Bedarfsauftritt und Wareneingang. Bei Verringerung dieses Zeitraums verändern sich zahlreiche Beschaffungsparameter (u.a. Mindestbestand, Meldebestand, evtl. Kapazitätsgrenzen werden gemildert, Kostenstrukturen verändern sich durch evtl. kleinere Wareneingänge, Beschaffungspreise).

Notwendige Daten zur kommerziellen Abwicklung des Bestellverkehrs sind (vgl. AWV Bd. 2, Eschborn 1986, Abschnitt 5.2, Tabelle 1) den Abbildungen IV.1.3.1 a-c zu entnehmen.

<u>Kopfdaten</u>

- Dokument
  - Dokumentenart (Bestellung)
  - lfd. Nr.
  - Datum
- Besteller (Kunde)
- Verkäufer
- Lieferant
- Identifikationsdaten
  - Bezugsdaten
  - Ausschreibung/ Lieferanfrage/ Angebot
  - Rahmenvertrag
- Versandort
- Warenempfänger (Filiale, Niederlassung, Sonstige)
- Transportinformationen
  - Transportart
  - Versicherungswert
  - Gefahrenklasse
- Lieferbedingungen
  - Gefahrenübergang
- Rechnungsempfänger
- Verpackungsmodalitäten
  - Art der Verpackung
  - Verpackungsberechnungs-Basis
  - Verpackungsrücksendungs-Basis
- Zolldaten
  - Einfuhrgenehmigung (Nr., von, bis)
  - Ausfuhrgenehmigung (Nr., von, bis)
  - zuständige Zollstelle
  - Verzollungs-Code
  - Zolltarif-Nr.
  - Zollverfahren
- Anzahlungsmodalitäten
  - Anzahlungsdatum
  - Anzahlungsbetrag
  - MwSt-Anteil
- Zahlungsbedingungen
  - Fälligkeit
  - sonstige Konditionen

Abb. IV.1.3.1a: Kopfdatenelemente einer Bestellung

Gerade im Bestellverkehr kommt einer aktuellen und zeitnahen Übermittlungssituation zwischen Abnehmer und Lieferant hohe Bedeutung zu, anders als im Rechnungsverkehr. Zur Sicherstellung der Aktualität reicht es nicht aus, daß Kunden ihre Bestellungen permanent (im Extremfall sogar real-time nach Erkennen und Überprüfen von Bedarfen) absetzen; vielmehr müssen auch die Lieferanten diese übermittelten Bestelldaten permanent (z.B. mehrmals täglich, im Extremfall ebenfalls real-time) bearbeiten. Verlangt der Kunde eine Auftragsbestätigung, bzw. ist zum Bestellzeitpunkt nicht geklärt, ob der Lieferant die

Bestellung auch in dieser Form (bzgl. Konditionen, Lieferbarkeit ...) annehmen kann, so bedarf es einer Rückinformation vom Lieferant zum Kunden. Diese ist prinzipiell vom Dateninhalt und -aufbau ähnlich zu konzipieren wie die Bestellung. Zusätzlich notwendige Daten enthält Abbildung IV.1.3.2.

Positionsdaten

- allgemeine Positionsdaten
  - Warenposition
  - Angebotsposition
  - Bestellposition
  - Artikel-Nr. Lieferant
  - Artikel-Nr. Kunde
  - Menge/ Teilmenge
  - Liefertermin pro Menge/ Teilmenge
  - Ursprungsland
  - Endpreis je Einheit
  - Positions-Betrag (Brutto/Netto)
  - Preiseinheit
  - bestellte Menge/ Teilmenge
  - Maßeinheit
  - Beschreibung
- Beipack
  - Beipackart (Naturalrabatt, ...)
  - Wert
  - Menge
- sonstige Positionsdaten
  - Haltbarkeitsanforderungen
  - Lagerzeiten

Abb. IV.1.3.1b: Datenelemente einer Bestellposition

Endwerte

- Auftragswert
- Gesamtpreis Netto
- MwSt-Betrag
- Berlin-Anteil
- Währungen
- Bezeichnung Zu-/ Abschlag
- Betrag Zu-/ Abschläge auftragsbezogen
- Zu-/ Abschläge Prozent

Texte

-Erläuterungen zu jeder Position, des Auftragskopfes und der Endwerte

Abb. IV.1.3.1c: Datenelemente des Bestell-Fußes

- Bezug auf Kunden-Auftrags-Nr. und Bestelldatum - Auftragsbestätigungs-Nr. - voraussichtlicher/ verbindlicher Liefertermin je Position (evtl. nach Teilmengen differenziert) - Bankverbindung des Verkäufers - geänderte Konditionen (z.B. Preise, Lieferbedingungen, Zahlungsbedingungen)	
Abb. IV.1.3.2:	Zusätzliche Datenelemente der Auftragsbestätigung

Die Auftragsbestätigung ergänzt die intern gespeicherten Bestelldaten.

Bei Saisonwaren (typischerweise Modeware und saisonabhängige Artikel mit der Notwendigkeit der Vordisposition ohne oder mit eingeschränkter Möglichkeit der Nachdisposition) sowie bei erklärungsbedürftigen Teilen (etwa Sonderanfertigungen im Möbelhandel) scheitert der Einsatz standardisierter Bestelldaten häufig; technische Spezifikationen können nur sehr eingeschränkt übermittelt werden. Lösungen sind zur Zeit lediglich branchenbezogen in Aussicht; z.T. können Geometriedaten in einem allgemein verständlichen Austauschformat übermittelt werden (vgl. etwa die aus der Industrie bekannte IGES-Schnittstelle). Die Übermittlung solcher technischer Informationen vom Händler zum Lieferanten (evtl. Produzenten) sind im Augenblick aber noch selten und gelten eher als Spekulation. Ein Beispiel hierzu ist die Abnahme der Körpermaße in einem Textilgeschäft, Übermittlung von Geometrie und sonstigen Designwünschen des Kunden an einen entfernten Lieferanten (z.B. in Asien), unmittelbare Einschleusung in den dortigen Produktionsablauf, Auslieferung und Bereitstellung für den Kunden innerhalb einer Frist, die der Frist zur Änderung von Kleidungsteilen entspricht oder sie gar unterschreitet (vgl. Tietz, B.: Wege in die Informationsgesellschaft 1987, S. 150).

Besondere Bedeutung besitzt in zahlreichen Unternehmen die Funktion der <u>Bestellüberwachung</u>. Periodisch werden die anstehenden Bestellungen auf Fälligkeiten analysiert und im Verzugsfall beim Lieferant angemahnt bzw. erinnert. Teillieferungen werden gleichfalls in der Bestellüberwachung berücksichtigt. Diese Funktion hat zunächst einen internen Charakter. Eine Automatisierung der Anmahnung ist evtl. nicht wünschenswert, da hier der Ausnahmefall auch dokumentiert werden soll. Das bedeutet nicht, daß hier kein Rationalisierungspotential liegt. Mahnungen können durch vorhandene Terminüberwachungs-Systeme über Electronic-Mail-Systeme (vgl. Kapitel VI.1. CCITT X.410-Standard) zum

Lieferanten geleitet werden.

Neben der internen Kontrollfunktion der Bestellüberwachung läßt sich auch eine externe Komponente feststellen, die in der Praxis allerdings noch kaum angedacht wurde. So ist es vorstellbar, daß der Lieferant den Auftraggeber permanent über Produktions- und Auslieferungsfortschritte (Statusmeldungen) informiert. Daraus kann der Auftraggeber entnehmen, ob der gewünschte Liefertermin eingehalten werden kann. Gleichfalls vorstellbar ist, daß beteiligte Transportunternehmen den Status der Auslieferung der Bestellung übermitteln. Die Bestellüberwachung hat damit Schnittstellen zum Vertriebssystem oder gar Fertigungssystem des Zulieferers und zum Transportbereich (vgl. IV.3.2 Schnittstelle Transporteur-Empfänger), da avisierte und bestätigte Termine für die Warenanlieferung hier festgehalten werden. Die innere Verknüpfung zum Bereich des Wareneingangs wird deutlich.

<u>Schnittstellen zum internen Warenwirtschaftssystem</u>

Die für Externe benötigten Daten der Bestellung müssen aus dem internen Bestellmodul generiert werden und entsprechen weitgehend dem Inhalt eines traditionellen Bestellformulars. Für das Unternehmen stellt die inhaltliche Datengenerierung i.a. keine Probleme dar.
Die eingehenden Statusmeldungen sind den entsprechenden Bestell-Aufträgen in der Bestell-Überwachung zuzusteuern. Bei drohenden Verzögerungen oder Nichtbelieferungen ist parallel eine Warnung an den Einkauf zu erzeugen, die vom Sachbearbeiter bearbeitet werden muß.

<u>Konsequenzen</u>

Eine deutliche Reduzierung von Erfassungstätigkeiten kann durch Einsatz der EI im Bestellwesen nicht erzielt werden. Das Bestellwesen ist vielmehr Datenlieferant für andere Unternehmen. Auftragsbestätigungen und Statusmeldungen können als von Lieferanten und Spediteuren eingehende Daten betrachtet werden und bewirken in Verbindung mit internen Abwicklungssystemen eine geringe Personaleinsparung bei zeitnaher Bestellüberwachung.

Vorteile einer automatisierten Bestellabwicklung sind zunächst nur in der beschleunigten Weiterleitung und der verbesserten Bearbeitungsmöglichkeiten des Lieferanten gegeben. Diese Beschleunigung hat Rückwirkungen auf die Gesamt-Lieferzeiten. Die reinen Informationsübertragungszeiten werden drastisch reduziert, so daß die Transportzeiten und die Lieferfähigkeit in den Vordergrund rücken. Wegen der niedrigeren Beschaffungszeit wird der Mindest- oder Meldebestand niedriger werden. Die Bedeutung der internen Disposition wird stark ansteigen.

1.4 Logistik

Häufig wird auch der Logistik-Bereich als Teil eines Warenwirtschafts-Systems betrachtet. Damit sind dann i.e.S. alle Warenprozesse, die sich innerhalb eines Unternehmens abspielen (insbesondere Lagerverwaltung und innerbetrieblicher Transport) gemeint. Der Bereich Logistik besitzt dann keine Schnittstellen zu externen Unternehmen, ausgenommen Speditionen, die im Werkverkehr Dienstleistungen (Umlagerungen) erbringen (vgl. Fall 7 in Abb. IV.3.2.1). Dies ist aber ein Unterfall einer allgemeinen Beziehung zwischen Unternehmen und Spedition und wird in der sektoralen Analyse des Kapitels IV.3.2 analysiert.

1.5 Wareneingang

Der Wareneingang steht in engem Zusammenhang mit dem Bestellwesen, der Rechnungsprüfung und dem Logistikbereich. Hauptaufgabe ist die qualitative Kontrolle, die artikelgenaue Erfassung der Wareneingänge, der Vergleich mit der Bestellung und die Zuordnung von Lagerressourcen.

Somit steht der Wareneingang nicht nur in Kontakt mit unternehmensinternen Stellen, sondern auch mit externen Unternehmen:

-1- die Lieferung der Ware wird von extern erzeugten Informationen (Lieferscheine, Frachtpapiere) begleitet,

-2- mit dem Lieferanten, bzw. dem Spediteur sind Anlieferungstermine unter Berücksichtigung der Rampen-, innerbetrieblichen Transport-, Personal- und Lagerkapazitäten abzustimmen,

-3- evtl. Reklamationen der Lieferungen müssen dem Lieferanten mitgeteilt werden.

Mit Auslieferung der Ware hat der Lieferant einen <u>Lieferschein</u> und diverse Transportbelege zu erstellen. Die Übermittlung des Lieferscheins <u>vorab</u> auf elektronischem Wege an den Abnehmer ist sinnvoll, damit der Warenempfänger sich auf das Mengenvolumen, die Entladungszeiten, den Lagerbedarf etc. einstellen kann. Basierend auf diesen Informationen vermag das Unternehmen:

- Anlieferungstermine mit Spediteuren und Lieferanten zu vereinbaren
- Vorab-Abgleich zwischen Bestellung und Lieferung vorzunehmen
  Bei Nichtbelieferung überfälliger Artikel bzw. Überlieferungsmengen erfolgt bereits eine frühzeitige Meldung an den Einkaufsbereich, der evtl. notwendige Aktivitäten veranlassen kann.
- Nicht bestellte, aber gelieferte Mengen frühzeitig zu klassifizieren
  In der Bestellung nicht enthaltene Artikel oder zu hohe Liefermengen können bereits als Ersatzlieferung, sinnvolle Ergänzungslieferung etc. mitgeteilt werden.

Dies führt dazu, daß zahlreiche an der Rampe unter Entladebedingungen zeitkritische Entscheidungen bereits im Vorfeld geklärt werden können (vgl. Raumer, L.: Informationsbeziehungen 1983, S. 16 ff.).

Die vom Lieferanten im Lieferschein anzugebenden Daten sind im wesentlichen identisch mit den Daten der Bestellung. Entfallen können allerdings sämtliche Preise und Wertangaben (Ausnahme: Versicherungswert; dieser entspricht dem Gesamtnettowarenwert der Bestellung). Zusätzliche Angaben des Lieferscheins betreffen:

- Spediteur
- Gewicht
  - -- je Position
  - -- Gesamt
- Colli-Anzahl

Abb. IV.1.5.1: Zusätzliche Datenelemente des Lieferscheins gegenüber der Bestellung

Sinnvoll ist die Lieferschein-Übermittlung jedoch nur dann, wenn die Daten rechtzeitig <u>vor</u> der Ware beim Abnehmer sind, damit dieser sich noch intern mit diesen Informationen befassen kann. Eine nachträgliche Übermittlung der Lieferscheindaten und sonstiger Frachtpapiere bringt gegenüber den beleggebundenen Verfahren nur geringe Vorteile, da die internen Daten auf dem Stand der Bestellung (aus dem internen WWS) bereits eine gewisse Hilfestellung bieten.

Umgekehrt ist es sinnvoll, Reklamationen der Warenannahme (<u>Lieferschein-Differenz-Anzeige</u>) ebenfalls automatisiert dem Lieferanten zukommen zu lassen. Gründe für Reklamationen können sein:

- Vorabreklamationen, die sich schon vor Anlieferung der Ware erkennen lassen, etwa fehlende Mengen, falsche Artikel, nicht akzeptable Ersatzlieferungen, nicht beachtete Konditionen etc.
- Reklamationen nach physischer Kontrolle, wenn beim Auspacken der Ware Differenzen oder Mängel festgestellt werden.

Diese sind unter Bezug auf die Lieferung, die Lieferscheinnummer und die davon betroffenen Positionen sowie den Reklamationsgrund genauso aufzubauen wie eine Lieferscheinnachricht.

Schnittstellen zum internen Warenwirtschaftssystem

Die übermittelten Lieferscheindaten werden in das interne Warenwirtschaftssystem übernommen, entweder unmittelbar in die Datei der offenen Bestellungen als zusätzliche Information oder in eine eigene Datei Lieferscheindaten. Hieraus ist dann eine Abweichungsanalyse erstellbar.

Konsequenzen

Ein erheblicher Vorteil einer automatisierten Vorab-Übertragung von Lieferscheindaten liegt in der bedarfsgerechten Aufbereitung des Datenmaterials für die unterschiedlichen Zwecke von Warenannahme (nach Verpackungseinheiten, z.B. Container, Paletten), Einkauf (nach Bestellpositionen) und später auch Rechnungsprüfung (nach Rechnungspositionen). Wie auch in anderen Stufen entfällt der Datenerfassungsaufwand im Wareneingang weitgehend und reduziert sich auf die Korrektur von physischen Fehlmengen, Differenzen, Mängeln, Schäden etc.

Die Reklamation von Fehlmengen oder Falschlieferungen kann u.U. noch vor Warenanlieferung erfolgen, bzw. Ersatzbeschaffungsmöglichkeiten können kurzfristig noch eingeleitet werden.

Im logistischen Bereich ermöglicht sich u.U. eine bessere Nutzung der Lager- und Personalkapazitäten.

1.6 Rechnungsprüfung

Basierend auf den vom Wareneingang anerkannten Mengen des Lieferscheins und Anwendung der im Stammdatenbereich bzw. der bei Disposition und Bestellung gespeicherten Konditionen, ist das Unternehmen in der Lage, interne Pro-Forma-Rechnungen zu erstellen.

Basis der Rechnungsprüfung ist die vom Lieferanten zugestellte Rechnung, in Verbindung mit Bestellung und Lieferschein. Alleine durch Anwendung unternehmensintern integrierter (nach Zentes: geschlossener) Warenwirtschaftssysteme ergeben sich durch Automatisierung dieses Bereichs enorme Einsparungsmöglichkeiten (vgl. Kirchner, J.D.; Zentes, J.: Führen mit Warenwirtschaftssystemen 1984, S. 23; hier wird ausgeführt, daß in Einzelhandelsbetrieben rund 15 % der eingehenden Rechnungen falsch, meist überhöht, ausgestellt waren).

Selbst bei guter unternehmensinterner Organisation bleibt in diesem Bereich - ohne EI - erhebliches Rationalisierungspotential. So ist bei Rechnungsunstimmigkeiten stets die Fehlerursache zu ermitteln. Diese kann basieren auf:

- Mengendifferenzen
  - Lieferschein-Menge bei Warenannahme korrigiert
  - Bestellmenge fakturiert
- Preisdifferenzen
  - -- Preise Lieferant falsch
  - -- Preise Bestellung falsch
- Laufzeitfehlern
  - -- Konditionsabgrenzung (von, bis) nicht eindeutig festgelegt
- Summarischen Fehlern
  - -- Rechnungshöherabatte, Rechnungssummenrabatte
  - -- Bonus/Skontifähiger Umsatz
- Sonstigen Fehlern
  - -- z.B. Kondition erst nach Bestellung eingepflegt.

Das bedeutet, daß Rechnungen des Lieferanten, die innerhalb eines bestimmten Toleranzwertes (z.B. 5 DM) liegen, als richtig anerkannt werden, andere aber umfangreich manuell nachbearbeitet werden müssen.

Bei EI werden Rechnungsdaten mit allen notwendigen Daten vom Lieferanten an den Warenempfänger bzw. dessen Regulierungsstelle (Rechnungsempfänger) übermittelt. Durch den EDV-gestützten Vergleich von Rechnungsdaten mit Bestell- und Lieferscheindaten auf der Ebene der einzelnen bearbeiteten Positionen bietet sich die Möglichkeit, die Rechnungsprüfung inhaltlich deutlich auszuweiten. Traditionelle Rechnungsprüfung (auch in fortschrittlichen Warenwirtschaftssystemen) basiert auf dem Vergleich einer Rechnungs-Totalen, wie sie vom Lieferanten kommt, mit einer Pro-forma-Rechnungs-Totalen, die im betrachteten Unternehmen selbst erstellt wird. Ergeben sich gravierende Abweichungen innerhalb der Positionen und gleichen diese sich in der Kontrollrechnung gerade aus, so wird die Positionsdifferenz nicht festgestellt.

Die auf der Rechnung - gegenüber der Bestellung - zusätzlich notwendigen Datenelemente sind in Abbildung IV.1.6.1 enthalten.

Bis heute ist noch kaum daran gedacht worden, die von der Rechnungsprüfung reklamierten Rechnungen (<u>Rechnungs-Differenz-Anzeige</u>) zu automatisieren. Dies beinhaltet zwei Aufgaben: unternehmensintern eine möglichst automatisierte Fehlererkennung und -analyse, unternehmensübergreifend die Erstellung einer dazugehörigen Rechnungsreklamation.

Während die erste Aufgabe in den Bereich des internen Warenwirtschaftssystems gehört (auch hier ist wie im Einkauf ein integriertes Expertensystem vorstellbar), ist die zweite Aufgabe geeignet für den Einsatz unternehmensübergreifender Verfahren. Die Meldung an den Rechnungsaussteller und die zugehörigen Daten gleichen dem Aufbau der Rechnung (vgl. Abb. IV.1.6.1), ergänzt um die Merkmale der Abbildung IV.1.6.2.

<u>Konsequenzen</u>

Mit dem Einsatz der EI, d.h. der Übermittlung nicht nur von Rechnungstotalen, sondern auch von Rechnungseinzelpositionen, bietet sich die Möglichkeit, detaillierte Prüfungen auf der Rechnungspositions-Ebene anzustellen. Die Anzahl der damit entdeckten Differenzen wird ansteigen. Ob damit eine Verbesserung der Wirtschaftlichkeit der Administration verbunden ist, läßt sich isoliert nicht beantworten. Insbesondere wenn Differenzen umfangreiche manuelle Nachbearbeitung verlangen (z.B. manuelle Fehlersuche und Reklamationsschreibung), wird dies nicht gegeben sein.

<u>Kopfdaten</u>

- Dokument
    - Dokumentenart (Rechnung)
    - lfd. Nr. (Rehnungs-Nr.)
    - Rechnungs-Datum
- Bezug zu Lieferschein
    - Lieferschein-Nr.
    - Versanddatum
- Bezug zu Bestellung/ Auftragsbestätigung
    - Bestell- oder Auftragsbestätigungs-Nr.
    - Zeichen des Lieferers

<u>Positionsdaten</u>

- allgemeine Positionsdaten
    - Lieferscheinpositions-Nr.
    - gelieferte Menge
    - (evtl.) Artikel-Nr. des Zulieferers
- Preiszusatzdaten je Position
    - Preisart/ Preistyp
    - Berlin-Vergünstigung
    - Zu-/ Abschlagsart
    - Zu-/ Abschlags Prozentsatz
    - Zu-/ Abschlags-Betrag
    - Gebühr/ Gebühr-Nachlaß Art
    - Gebühr/ Gebühr-Nachlaß Betrag
    - MwSt-Prozent
    - MwSt-Betrag

Abb. IV.1.6.1: zusätzliche Datenelemente der Rechnung gegenüber der Bestellung

- betroffene Rechnung
- betroffene Position
- Reklamationsgrund (kodiert und Text)
- evtl. Verweis auf Lieferschein-Nr. und -Position
- Verweis auf Lieferschein-Differenz-Anzeige
- Verweis auf Bestell-Nr. und -Position

Abb. IV.1.6.2: zusätzliche Datenelemente der Rechnungs-Differenz-Anzeige

Umgekehrt sind aber die im Rahmen der EI vorgelagerten Aktivitäten

- des automatisierten Preisdatenaustauschs
- der Bestelldatenübermittlung
- der Übermittlung von Auftragsbestätigungen
- der Lieferscheinübermittlung
- der Wareneingangsreklamations-Übermittlung

dazu geeignet, die Fehlerraten der Rechnungskontrolle deutlich zu senken. Umgekehrt kann auch gelten, daß mit verstärktem Einsatz der Datenverarbeitung die Konditionenvielfalt - insbesondere im Lebensmittelbereich - durch solche Systeme reduziert wird, da die mögliche Fehlerquote in Rechnungsstellung und Prüfung manuelle Bearbeitungskosten nach sich zieht, die der Intention der zusätzlichen Konditionen nicht entsprechen.

Die Vorteile einer Datenübermittlung von Rechnungsdaten vom Lieferanten zum Abnehmer sind aus mehreren Gründen gegeben (vgl. auch VDA: Datenfernübertragung von Rechnungen 1984, S. 2):

- Die Rechnung des Lieferanten ist das zentrale Element der Rechnungsprüfung beim Empfänger. Bei intern integrierten Systemen seitens des Empfängers werden Bestellinformationen, Lieferdaten etc. herangezogen, um eine Vergleichsrechnung anstellen zu können. Die heute übliche dv-gestützte Rechnungsprüfung funktioniert nach dem Totalprinzip: Lieferantenrechnungen, die insgesamt mit der von der eigenen DV ermittelten Pro-Forma-Rechnungs-Summe nicht differieren, bzw. nur innerhalb von vorgegebenen Toleranzgrenzen liegen, werden nicht weiter analysiert. Treten trotzdem Differenzen auf, müssen die Einzelpositionen meist aufwendig manuell analysiert werden. Im Gegensatz dazu bietet sich bei Einsatz von Datenübertragungsverfahren die Möglichkeit, eine positionsgenaue Rechnungsprüfung vorzunehmen.
- Bei automatischer Datenübernahme können zeitaufwendige und kostspielige Rechnungserfassungsvorgänge beim Empfänger entfallen.
- Zugleich sinkt damit auch die durch manuelle Übernahme bedingte Fehlerrate.
- Der Lieferant kann weitgehend auf den Ausdruck der Rechnung auf teure Mehrfach-Formularsätze verzichten. Für die gesetzlichen Dokumentationspflichten reicht ein normaler Ausdruck auf Endlos-Papier bzw. Mikroverfilmung.
- Bei Nutzung von DFÜ erfolgt eine schnellere Übermittlung von Rechnungsdaten vom Lieferanten zum Kunden. Verringert sich damit auch die Zahlungsfrist, kann von einer verbesserten Liquiditätssituation des Lieferanten gesprochen werden. Hierin liegt allerdings auch ein Problem, da viele Abnehmer ihre Warengeschäfte teilweise oder überwiegend mit Lieferantenkrediten finanzieren.

1.7 Warenausgang/Verkauf

Das Verkaufsmodul gängiger Warenwirtschaftssysteme weist erhebliche funktionale Unterschiede auf, in Abhängigkeit der Betriebsform (vgl. Schulte, K.; Steckenborn, I.; Blasberg, L.: Systeme der Warenwirtschaft im Handel 1981, S. 154):

- stationärer Einzelhandel
- Versandhandel
- Großhandel.

Verkaufstransaktionen im stationären Einzelhandel werden überwiegend durch "Geld gegen Ware"-Geschäfte abgewickelt. Damit gewinnen leistungsfähige Kassensysteme (mit Scanningeinrichtung, Etikettendrucker, Scheckdruck, POS-Banking etc.) an Bedeutung. Die Vernetzung der technischen Subsysteme wurde in Kapitel II angerissen, POS-Banking wird in Kapitel IV.3.1 beschrieben.

Dem Versandhandel mit Endverbrauchern bieten sich kaum Möglichkeiten einer EI im Verkaufsbereich, da die Kunden in der Regel über keine EDV-Systeme verfügen, sieht man von Ansätzen mit Bildschirmtext ab. Das Verkaufsmodul ist gegenüber dem stationären Einzelhandel mit Fakturaschreibung, Übergabe der Fakturen an die Debitorenbuchhaltung und einer umfangreichen Adressenverwaltung deutlich umfangreicher.

Bei gewerblichen Lieferant-Abnehmer-Beziehungen, wie sie im Verkaufsbereich typischerweise im Großhandel vorgefunden werden, bieten sich Lieferschein und Rechnung sowie die unmittelbar damit zusammenhängenden weiteren Belege (Reklamation ...) zur EI an. Funktionen der Versandlogistik - wie sie sowohl im Versandhandel als auch im Großhandel auftreten können - und ihre Schnittstellen zum Verkaufsmodul werden in Kapitel IV.3.2 (Beziehung Handel-Transportwesen) analysiert.

Neben Lieferschein- und Rechnungsdaten sind bei mehrstufigen Abnehmerorganisationen (etwa im Streckengeschäft) auch Liefernachweis- und Abstimmlisten notwendig, evtl. sogar eigene Rechnungslisten. Umgekehrt benötigt der Lieferant die internen Weiterbelastungspreise der Abnehmerzentrale, soll er als Vorleistung für den Abnehmer interne Verrechnungspreise ausweisen. Solche Mehrstufigkeitsprobleme werden in Kapitel IV.1.9 analysiert.

Die wichtigsten im Geschäftsverkehr vom Unternehmen erzeugten Dokumente des

Verkaufsmoduls sind Rechnungen und Lieferscheine. Angebote werden entweder auf Aufforderung des Kunden hin erstellt oder - etwa zur Absatzförderung - selbst initiiert. Statusmeldungen informieren Kunden über aktuelle Auftrags-Daten, wie voraussichtliche Lieferzeit, Rückstandsmenge, Produktionsphase etc. Auftragsbestätigungen ergänzen die eingegangenen Bestellungen. Die wichtigsten eingehenden Informationen des Verkaufsmoduls sind Lieferanfragen, Bestellungen sowie Anfragen der Kunden aus deren Bestellüberwachungssystemen. Dateninhalte und Bedeutung dieser Dokumente wurden bereits dargestellt.
Evtl. Sammel-Rechnungen und Nachweislisten stellen lediglich eine Zusammenfassung dar, die - sofern DV-Systeme eingesetzt werden - i.a. mit einfachen Mitteln auch vom Abnehmer erstellt werden kann. Sammelrechnungen und Nachweislisten werden daher zunächst nicht betrachtet.

Konsequenzen

Die Vorteile einer Übertragung von Rechnungs- und Lieferscheindaten liegen überwiegend beim Empfänger. Der Lieferant kann seine Handlingskosten im Papier- und Postversand-Bereich reduzieren. Evtl. Einsparungen in der Gewährung von Krediten sind möglich durch verkürzte Laufzeiten zwischen Warenausgang beim Lieferanten und Rechnungszustellung beim Empfänger.

Der Verzicht auf gedruckte Lieferscheine wird wegen der Empfangsquittierung für den Lieferanten erst dann möglich sein, wenn auch die Rückmeldung (Quittierung) elektronisch möglich sein wird. Trotzdem werden Lieferscheine weiterhin existieren, insbesondere im grenzüberschreitenden Verkehr.
Da Rechnungen im Vergleich zu Lieferscheinen eine hohe steuerrechtliche Bedeutung zukommt, müssen sie bestimmten gesetzlichen Auflagen genügen. (vgl. §§ 45-47a HGB (Vorlegung im Prozeß) sowie die im § 14 Umsatzsteuergesetz, Bundessteuerblatt 1979 I, S. 654, in der ab 1.1.1980 gültigen Fassung "Ausstellen der Rechnungen" geforderten Auflagen. Mindestbedingungen sind: Name und Anschrift des Rechnungserstellers, Name und Anschrift des Rechnungsempfängers, Menge und handelsübliche Bezeichnung, das Lieferdatum, das Entgelt für die Lieferung, den auf das Entgelt anfallenden Steuerbetrag). Z.Zt. existieren erste Erlasse des Bundesfinanzministeriums (BMF) in Verbindung mit den Oberfinanzdirektionen, die elektronisch übermittelte Rechnungen für die unternehmensinterne Bearbeitung zulassen. Einem kompletten Verzicht von Belegen stimmte das BMF allerdings nicht zu. So müssen zur externen Rechnungslegung Sammelrechnungen geführt werden, die - etwa einmal monatlich erstellt - unterschrieben werden.

Anders stellt sich die Situation bei der Bearbeitung von eingehenden Anfragen und Kundenaufträgen dar. Hier können bei EI die eingehenden Daten mit weniger Personal schneller und zuverlässiger bearbeitet und zurückübertragen werden. Bei eiligen Anfragen/ Kundenaufträgen steigt damit der Kundenservice.

1.8 Austausch von Daten aus dem Informations-Modul

Hauptaufgaben des warenwirtschaftlichen Bereichs Informationswesen sind die Aufbereitung und Darstellung der vom Wareneingang bis zum Verkauf erfaßten Informationen. Im Bereich der Warendaten kann man drei Informationsebenen unterscheiden: unverdichtete Einzeldaten, gruppierte Daten und Gesamtdaten. Neben den warenbezogenen Informationen werden häufig noch genannt (vgl. Kirchner, D.; Zentes, J.: Führen mit Warenwirtschaftssystemen 1984, S. 34-47):

- kassenorientierte Informationen
- verkäuferorientierte Informationen
- kundenorientierte Informationen
- lieferantenorientierte Informationen.

Abb. IV.1.8.1 zeigt eine Systematik wichtiger Informationen für Einzelhandelsgeschäfte (vgl. Böcker, F.: Größenbedingte Vor- und Nachteile in der Informationswirtschaft 1981, S. 195; vgl. auch Schminke, L.: Die Informationspolitik von Handelsbetrieben 1981, S. 112).

Der Austausch von komprimierten Daten wird traditionell in Form von Betriebsvergleichen vorgenommen (vgl. Tietz, B.: Der Handelsbetrieb, München 1985, S. 982 ff.). Für kleine und mittlere Betriebe sowie für standardisierte Filialen großer Unternehmen bietet der Betriebsvergleich wichtige Anregungen.
Als Steuerungsmittel innerhalb von Unternehmen ist der Betriebsvergleich weit verbreitet. Auch Dienstleistungsrechenzentren, die für kleinere Unternehmen Abrechnungen erstellen, bieten häufig Betriebsvergleiche an.

Die externe Integration des Informationsmoduls mit fremden Systemen ist nur gering verbreitet. Interessierte Gruppen hieran sind v.a. die Marketingabteilungen der Markenhersteller, die an Handelsunternehmen herantreten und an deren Abverkaufszahlen Interesse bekunden (vgl. auch IV.3.4 Kommunikation mit Marktforschungsunternehmen). Eine ähnlich hohe Standardisierung wie bei den bisher vorgestellten Ansätzen, ist in diesem Bereich nicht erzielbar. Andererseits kann es für ein Handelsunternehmen eine bedeutsame Rolle spielen, sich in der Branchen oder im Produktspektrum zu vergleichen. Daten des eigenen Informationsmoduls können dann z.B. mit extern gewonnenen Daten - etwa aus Datenbankrecherchen oder von Marktforschungsinstituten - zusammengeführt werden und wertvolle inhaltliche Aussagen liefern.

Informationen aus betriebsinternen Quellen ◄—►		Informationen aus betriebsexternen Quellen	
Informationen für die Warenwirtschaft	Informationen für sonstige Planungsbereiche	Informationen für die Warenwirtschaft	Informationen für sonstige Planungsbereiche
• aus dem betrieblichen Rechnungswesen: – Umsatz – Warenkosten – Deckungsbeitrag – Lagerbestand } je Artikel/Artikelgruppe und je Zeiteinheit – Zahl der Kunden } je Zeiteinheit • aus sonstigen Aufzeichnungen: – Raumeinsatz – Personaleinsatz } je Artikel/Artikelgruppe und je Zeiteinheit	• aus dem betrieblichen Rechnungswesen: – Debitorenbestände – Kreditorenbestände – Finanzmittelbestände – Nicht-Warenkosten (Handlungskosten) – Neutrale Aufwendungen und Erträge } je Zeiteinheit • aus sonstigen Aufzeichnungen: – Kundenfrequenzen	• aus überbetrieblichen Betriebsvergleichen: – Umsatz/Beschäftigter – Umsatz/Kunde – Umsatz/qm² – Handelsspanne – Umsatz/Lagervolumen } je Artikel/Artikelgruppe und je Zeiteinheit • aus anderen sekundärstatistischen Quellen: – Bevölkerungsverteilung nach Raum/Alter/Einkommen/... – allgemeine wirtschaftliche Entwicklung • aus primärstatistischen Ermittlungen: – Beschaffungsquellen – Konkurrenzsituation – Abnehmerverhalten z. B. bei Variation des Preises und der Sortimentszusammensetzung	• aus überbetrieblichen Betriebsvergleichen: – Warenkostenanteile – Bilanzstrukturkennzahlen • aus anderen sekundärstatistischen Quellen: – Arbeitsmarktsituation – allgemeine wirtschaftliche Entwicklung • aus primärstatistischen Ermittlungen: – Image des Handelsunternehmens – Informationen über den Kundenstrom im Einzelhandelsbetrieb – Arbeitsmarktinformationen – Beschaffungsmarktinformationen – Konkurrenzsituation

Abb. IV.1.8.1: Systematik einiger wichtiger Informationen

Anmerkung: Böcker legt eine andere Abgrenzung Unternehmen und Betrieb zugrunde, als diese Arbeit (vgl. S. 16 f.)

1.9 Ausgewählte Informationsflüsse bei verzweigten Unternehmen

Die bisher gemachten Ausführungen zu den Einsatzmöglichkeiten der externen Integration der Datenverarbeitung galten immer für den bilateralen Austausch von Daten zwischen zwei Unternehmen mit klar definierten Ansprechebenen (etwa Zentrale zu Zentrale oder beide Unternehmen mit nur einem Standort). Die vorhandene Struktur der Handelsunternehmen und der Lieferanten hat jedoch häufig eine komplexe mehrstufige Struktur (vgl. Abb. I.5.13.1), die auch komplexere Datenaustauschbeziehung nach sich ziehen als bisher dargestellt.

Stammdaten

Solange der Austausch von Stammdaten bilateral erfolgt und beide Partner keine vertikale Struktur besitzen bzw. beim Austausch von Daten diese nicht berücksichtigen, treten keine besonderen Probleme auf (vgl. Abb. IV.1.9.1):

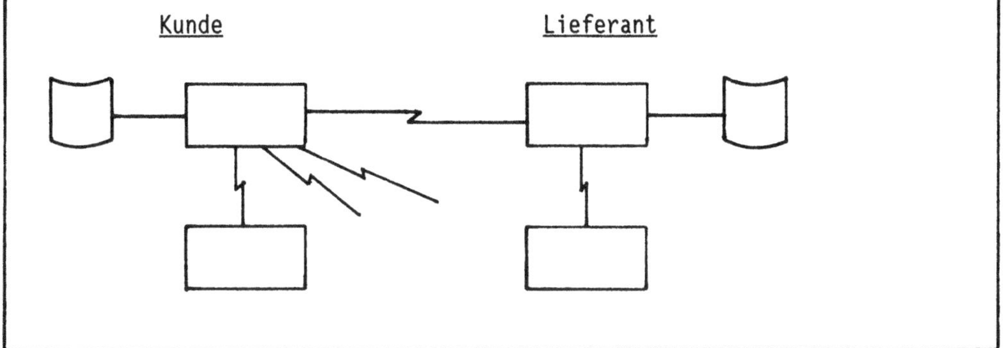

Abb. IV.1.9.1: Zentraler Datenaustausch

Sofern untergeordnete Betriebe (wie Großhandlungen, SB-Warenhaus-Betriebe, große Filialen) nicht ausschließlich die Daten der hierarchisch übergeordneten Ebenen übernehmen, sie vielmehr ergänzen, modifizieren oder gar völlig umgehen können, sind komplexere Beziehungen möglich. Gründe für solche Beziehungen können sein:

- räumliche Nähe: bei Frischwaren, lokale Nachfragerpräferenzen
- Wettbewerbssituationen: regionale Modifizierung der Verkaufs-Konditionen.

Es reicht dann nicht aus, die Stammdaten von der Zentrale den nachgeordneten Betrieben zu übergeben. Muß das zentrale Sortiment um lokal nachgefragte Artikel erweitert werden, kann dieser Betrieb einen nur für ihn relevanten Artikel oder ein Artikelspektrum, das für das Gesamtunternehmen uninteressant ist, in unmittelbarem Kontakt mit dem Lieferant abstimmen.

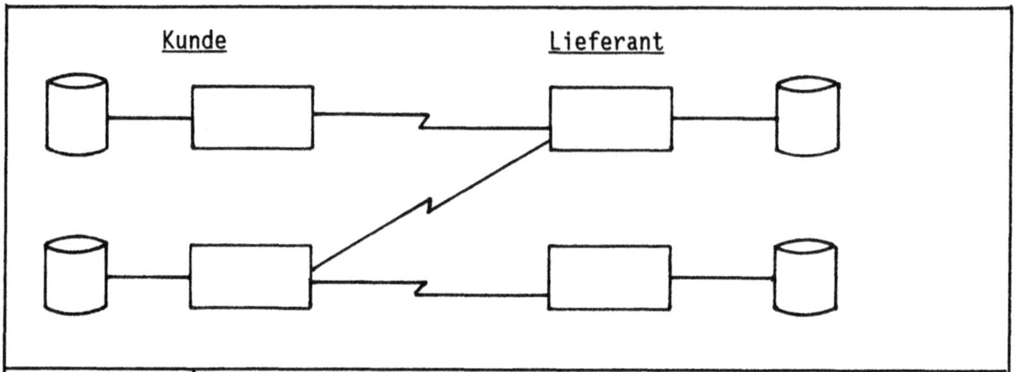

Abb. IV.1.9.2: Datenaustausch mit mehreren Stufen

Aktivitäten wie Disposition, Bestellung etc. können dann von der untergeordneten Einheit mit dem entsprechenden Hersteller selbst vorgenommen werden. Dabei kann es vorkommen, daß ein Lieferant von mehreren Abnehmerstufen einer Gruppe zugleich kontaktiert wird (Abb. IV.1.9.2). Die Effekte und der Aufwand eines solchen Vorgehens werden an dieser Stelle nicht weiter untersucht.

Soll ein solches Vorgehen vermieden werden, so können in einem zentral geführten Warenwirtschaftssystem filialbezogene Konditionen geführt werden (vgl. Abbildung IV.1.9.3).

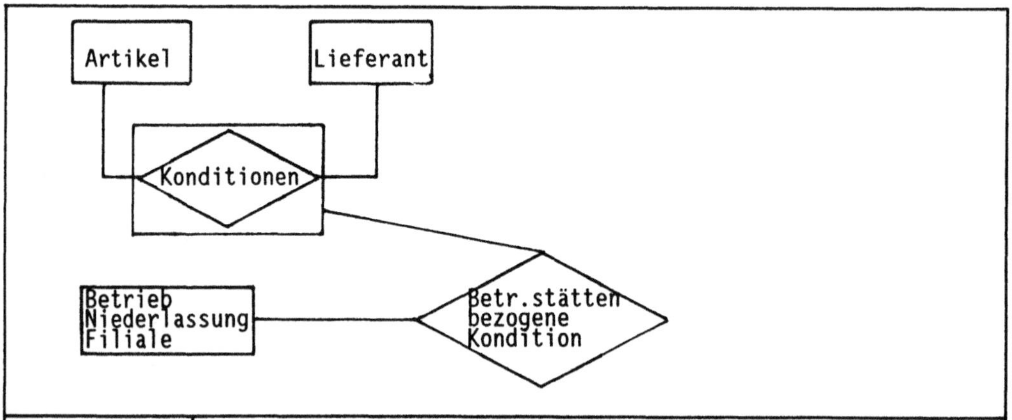

Abb. IV.1.9.3: Datenstruktur (ERM) zur Speicherung von betriebsstättenbezogenen Konditionen in zentral-orientierten Warenwirtschaftssystemen

Die in den dezentralen Einheiten benötigten Stammdaten werden dann automatisch als Kopie der zentral geführten Daten erzeugt.

Abbildung IV.1.9.3 zeigt eine mögliche Datenstrukturierung in der Form eines Entity-Relationship-Modells (ERM, zu den Grundlagen des ERM vgl. Scheer, A.-W.: Wirtschaftsinformatik 1988, S. 20 ff. und die dort zitierte Literatur).

Noch komplexere Situationen sind anzutreffen, wenn sowohl Lieferant als auch Kunde dezentrale Organisationen besitzen (vgl. Kapitel I.5.13 Hierarchisierung). Führt der Lieferant regional begrenzte Aktionen durch (Werbemaßnahmen, Artikel-Neueinführungen) und wirkt sich dies in den Funktionen Sortimentsaufnahme, Einkaufspreis-Pflege, Disposition, Bestellung etc. aus, so sind im Warenwirtschaftssystem beider Seiten lieferstellenbezogene Konditionen vorzusehen.

Bei automatisiertem Datenaustausch von Konditionsdaten müssen somit neben der Festlegung des Datenaustauschs auch organisatorisch betriebswirtschaftliche Fragen geklärt werden (vgl. auch Abbildung IV.1.9.4):

- welche Unternehmensebene versendet die Daten?
- welche Unternehmensebene beim Partnerunternehmen empfängt die Daten?
- wie werden solche Daten innerhalb der Unternehmen weitergereicht?

Bei filialisierenden Abnehmergruppen mit zentralisierter Rechnungsprüfung und entsprechendem Finanzwesen (ohne komplette EI der Eingangsrechnungsdaten) wurden in der Vergangenheit die <u>Belastungspreise</u> (als Verrechnungspreise der Filialen) der Abnehmerzentrale an den Lieferanten mitgeteilt (Talonlösung, vgl. Tietz, B.: Der Handelsbetrieb, S. 525-527). Der Lieferant verpflichtet sich dann bei Erstellung von Liefernachweisen und Abstimmlisten, die Belastungspreise auf den entsprechenden Formularen mit anzuzeigen. Zur Meldung von Belastungspreisen vom Abnehmer an den Lieferanten sind die in Abbildung IV.1.9.5 enthaltenen Informationen notwendig (vgl. CCG: Abrechnungstechnik im Streckengeschäft 1980, S. 20).

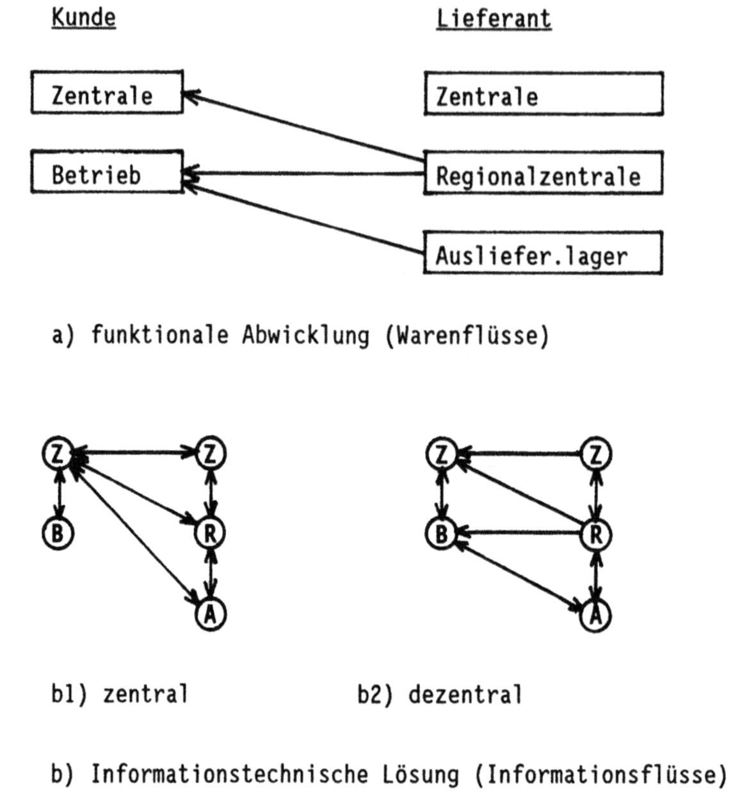

Abb. IV.1.9.4:	Waren- und Informationsflüsse im Geschäftsverkehr von mehrstufigen Organisationen

- Lieferant
- Kunde
- Lieferstelle, wenn je Filiale unterschiedliche Belastungspreise angesetzt werden
- Datum der Meldung
- Artikel-Nr. (z.B. EAN)
- Belastungspreis (z.B. Standard- oder Aktionspreis der Zentrale in DM oder Spannenauf-/-abschlag auf den Lieferanten-Listenpreis bzw. Verbraucherpreis)
- Datum, von dem an der Preis gelten soll
- Datum, bis zu dem der Preis gelten soll (bei Aktionspreisen)

Abb. IV.1.9.5:	Datenelemente zur Abrechnung im Streckengeschäft

Bei weitgehender externer Integration zwischen Lieferant und Abnehmer - also auch Einbeziehung der Rechnungs-Daten in die EI - kann die Führung von Belastungspreisen beim Lieferanten entfallen, da der Abnehmer grundsätzlich selbst in der Lage ist, aus den übermittelten Rechnungs- und Lieferscheindaten positionsweise Filial-Belastungsdaten zu ermitteln. Diese Art der unternehmensübergreifenden Kooperation im Stammdatenbereich wird durch die externe Integration deutlich zurückgedrängt werden.

Mehrstufigkeit bei Wareneingang

Ist die Warenannahme nicht am Ort der Bestellung und der Rechnungsprüfung, so sind zwei Alternativen einer externen Integration des Funktionalbereichs Warenannahme in das WWS gegeben:

-1- Wie im einfachen zentralen Fall übergibt der Lieferant sämtliche Lieferscheindaten mit Angabe des Lieferortes (Filiale, Betrieb, Zentrallager) an die Unternehmenszentrale vorab. Die Unternehmenszentrale klärt evtl. auftretende Differenzen zu Bestellungen, Rückständen, Überlieferungen etc. ebenfalls vor Anlieferung. Die Filialen erhalten von der Zentrale ihrerseits eine vorgeklärte Information der zu erwartenden Wareneingänge mit Handlungsanweisungen übermittelt. Die Filialen bearbeiten dann nur noch die Abweichungen zwischen Information und Ware, handeln nach Anweisung der Zentrale und geben ihre Informationen an die Unternehmenszentrale zurück. Eine evtl. notwendige Informationsrückübermittlung zum Lieferanten wird dann von der Zentrale initiiert. Die Filiale ist somit bzgl. der externen Integration voll im Unternehmens-WWS integriert. Sie besitzt keine unmittelbaren Schnittstellen zu Dritten (vgl. Abbildung IV.1.9.4 b1). Der übermittelte Lieferschein wird dabei von zwei Stellen im Unternehmen bearbeitet: vorab von der Zentrale zwecks Klärung von Differenzen zwischen Bestellung und Lieferung; später von der Filiale hinsichtlich der physischen Existenz und Qualität der angegebenen Ware.

-2- Vom Einkauf erhält die Filiale ständig aktuelle Informationen zur Abwicklung des Wareneingangs bereitgestellt. Der Lieferant übermittelt seine Lieferscheindaten nicht mehr der Zentrale, sondern unmittelbar an die Filiale, die nun auftretende Differenzen zu Bestellungen und Warensendungen eigenverantwortlich klären muß. Die Filialen bearbeiten den Vorgang komplett, übertragen evtl. Reklamationen zurück an den Lieferanten und melden dem unternehmenseigenen Warenwirtschaftssystem die fertiggestellten Daten des Wareneingangs (analog Abb. IV.1.9.4 b2).

Der Fall, daß eine weitgehende Dezentralisation der kompletten warenwirtschaftlichen Funktionen Disposition, Bestellung und Wareneingang im Verantwortungsbereich der Niederlassungen/ Filialen vorliegt, kann für die vorliegende Problemstellung wie eine rein zentrale Aufgabenabwicklung angesehen werden. In diesem Fall ist lediglich sicherzustellen, daß die notwendigen Stammdaten in den Niederlassungen/ Filialen zur Verfügung stehen.

Besondere Probleme sind in beiden Fällen nicht gegeben. Die Integration der Daten in das übergeordnete Warenwirtschaftssystem ist im Fall 1 von sich aus gegeben, im Fall 2 gemäß Abb. II.1.2.4.4 sicherzustellen.

Warenausgang/Verkauf

Bei mehrstufiger Abnehmerseite sind je nach Betriebsform, rechtlicher Ausgestaltung, Belieferungsform und Organisation der Logistik der Abnehmer erhebliche Anpassungen des Lieferanten notwendig. Als Besonderheiten können genannt werden:

- Strecken- und Lagergeschäft
- zentrale/ dezentrale Rechnungsstellung
- Nachweis- und Abstimminformationen
- Boni-Regelungen
- Verwendung von Belastungspreisen.

Beim Streckengeschäft liefert ein Lieferant Ware unmittelbar an Betriebsstätten (Einzelhandelsgeschäfte, Filialen, Großverbraucher, Nebenbetriebe u.a.) (vgl. CCG: Abrechnungstechnik im Streckengeschäft 1980, S. 13).

"Hinsichtlich der Abrechnung ist beim Warengeschäft zwischen Eigen- und Agenturgeschäft zu unterscheiden. Beim Eigengeschäft rechnet der Lieferant den vollen Rechnungsbetrag zum Lieferanten-Abgabepreis mit dem Großhändler ab, dieser belastet dann zum großhandelsindividuellen Preis die Einzelhandelsverkaufsstelle unmittelbar; der Großhandel erhält also die volle Handelsspanne (Weiterberechnung). Dagegen belastet beim Agenturgeschäft der Lieferant die Einzelhandelsverkaufsstelle unmittelbar; der Großhandel erhält die Provision (direkte Berechnung). ... Der Unterschied ist nur von Bedeutung, wenn Groß- und Einzelhandelsbetrieb nicht demselben Eigentümer gehören." (CCG: Abrechnungstechnik im Streckengeschäft 1980, S. 9; vgl. auch: RGH: Das Streckengeschäft im Lebensmittelhandel 1974).

Als Vorschlag einer Regelung des Rechnungsverkehrs hat die CCG Vorschläge zum Waren- und Belegfluß beim Streckengeschäft mit und ohne Bundeszentrale erarbeitet (CCG: Abrechnungstechnik im Streckengeschäft 1980, S. 13 und 14).

Diese Vorschläge basieren auf einer gewissen organisatorischen Vereinheitlichung und sollen beteiligten Unternehmen der Konsumgüterindustrie und des Handels als Leitlinie zur Gestaltung ihrer Geschäftsabwicklung dienen. Im Folgenden werden diese Regelungen als Beispiele von Informationsströmen vorgestellt.

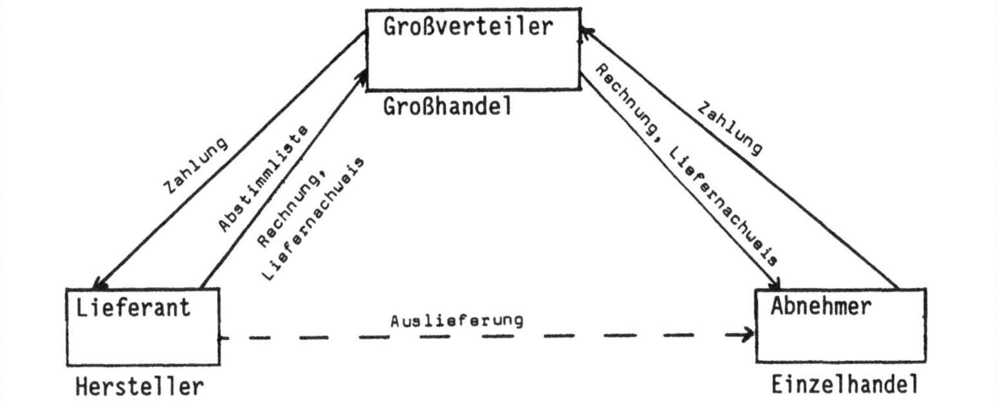

Abb. IV.1.9.5a:	Waren- und Belegfluß beim Streckengeschäft ohne Bundeszentrale (CCG: Standardregelungen 1980, S. 13)

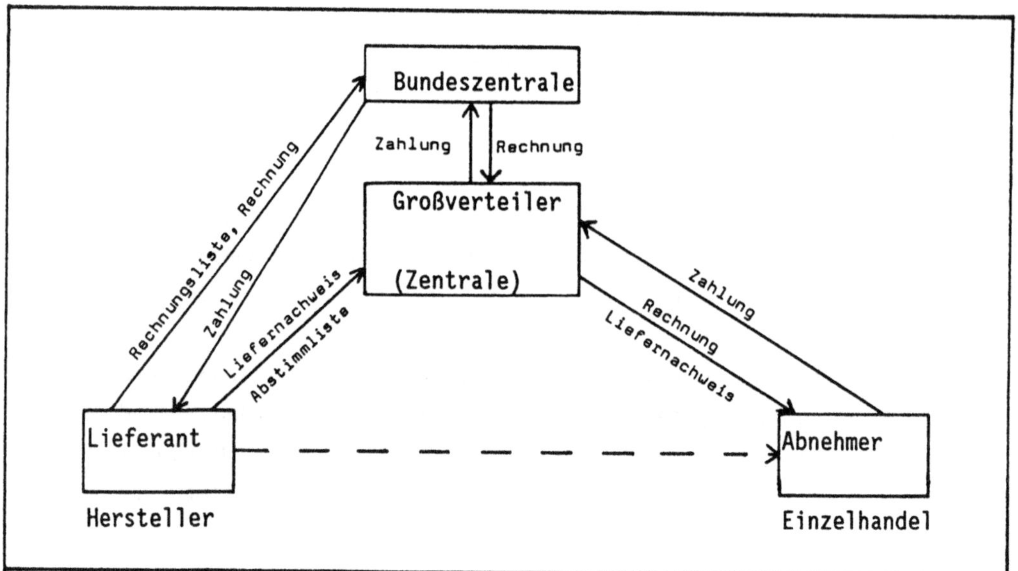

Abb. IV.1.9.5b:	Waren- und Belegfluß beim Streckengeschäft mit Bundeszentrale (CCG: Standardregelungen 1980, S. 14)

Die dabei zu berücksichtigenden Listen sind:

"Der Lieferschein ist eine Aufstellung der mit der Lieferung an eine Betriebsstätte gelieferten Ware nach Art und Menge. Er wird mit der Ware der belieferten Betriebsstätte ausgeliefert. Die Betriebsstätte quittiert den Empfang auf dem Lieferschein des Lieferanten." (CCG: Abrechnungstechnik im Streckengeschäft 1980, S. 16).

"Der Liefernachweis ist eine ... Aufstellung für die Zentrale der mit der Lieferung an eine Betriebsstätte gelieferten Waren nach Art, Mengen, Preisen und Werten. Der Liefernachweis enthält Platz für die vom Handel vorgegebenen Belastungspreise, die nach gegenseitiger Absprache ausgedruckt werden können." (CCG: Abrechnungstechnik im Streckengeschäft 1980, S. 16).

"Die Abstimmliste ist eine Betriebsstätten-Sammelaufstellung für die Zentrale, in der pro Betriebsstätte je ein Gesamtwert zu Abgabepreisen und zu Belastungspreisen ausgewiesen wird." (CCG: Abrechnungstechnik im Streckengeschäft 1980, S. 16).

"Mit der Streckenrechnung belastet der Lieferant die Zentrale für den Wert der Waren, die in einer Abrechnungsperiode an Betriebsstätten, die über diese Zentrale abrechnen, geliefert wurden." (CCG: Abrechnungstechnik im Streckengeschäft 1980, S. 17).

"Die Rechnungsliste ist eine Zusammenstellung aller Rechnungen einer Abrechnungsperiode über die Lieferungen an die Kunden einer Handelszentrale. Sie enthält die für die Zentrale zur Erfassung wichtigen Daten in zusammengefaßter Form." (CCG: Abrechnungstechnik im Streckengeschäft 1980, S. 17).

Bei filialisierenden Systemen mit einheitlicher Lenkung und Abrechnung vereinfacht sich die Problematik des Waren- und Belegflusses wie folgt:

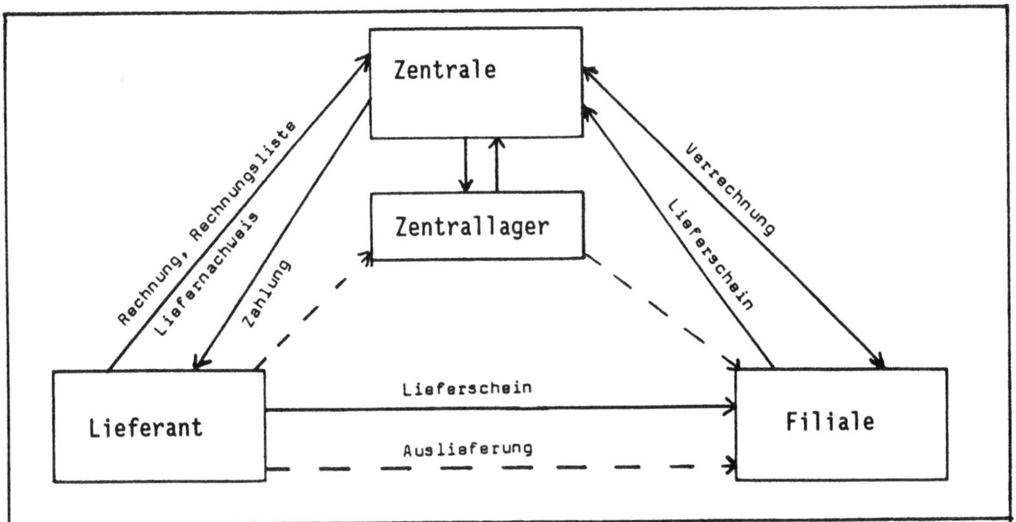

Abb. IV.1.9.5c:	Waren- und Belegfluß bei filialisierenden Systemen mit einheitlicher Lenkung

Im Lagergeschäft stellt sich der Waren- und Belegfluß gemäß dem CCG-Vorschlag (mit Bundeszentrale) wie folgt dar:

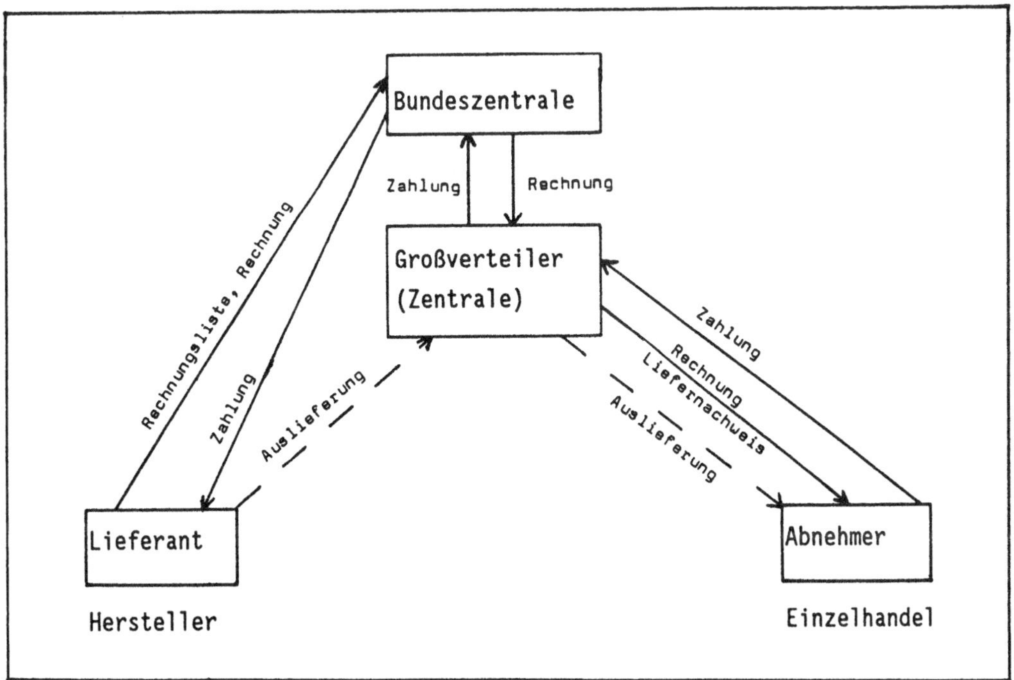

Abb. IV.1.9.5d:	Waren- und Belegfluß im Lagergeschäft

Sämtliche in IV.1.9.5a-d dargestellten Fälle zeigen den Aufwand einer beleggebundenen Organisation. Abb. IV.1.9.4 stellte dagegen eine von den Beschränkungen physischer Belege (örtliche und zeitliche Bearbeitungsrestriktionen) freie organisatorische Gestaltung vor. Dort können die Informationen allen interessierten internen und externen Stellen unmittelbar zugeführt werden.

Die hier vorgestellten Vorschläge der CCG basieren primär auf einer beleggebundenen Organisation. Es wird davon ausgegangen, daß der Lieferant über dv-gestützte Verfahren verfügt, da er in die Vordrucke auch Zusatzinformationen, wie z.B. Verrechnungspreise, aufnimmt. Beim Empfänger wird dies nicht in gleicher Weise unterstellt, da er zahlreiche Abstimmlisten erhält.

Im Zuge der breiten Durchdringung des Handels mit Warenwirtschaftssystemen können zahlreiche der reinen Informationslisten (z.B. reine Aufsummierung nach Betriebsstätten) entfallen. Durch den weitergehenden Einsatz geeigneter Verfahren zum unternehmensübergreifenden Datenaustausch können fast alle der o.g. Belege entfallen und damit dazu beitragen, den Verwaltungs-Aufwand zu reduzieren. Entfallen können:

- Rechnungsliste: Bei Übertragung der Rechnungsdaten kann eine Bundeszentrale selbst entscheiden, ob und wie sie diese Informationen aufbereitet. Wird die Rechnung an die Bundeszentrale übermittelt, kann diese die Daten elektronisch weiter an den Rechnungsempfänger weitergeben. Erhält der Rechnungsempfänger (und nicht die Bundeszentrale) selbst die Rechnung, können die Daten trotzdem auf einem gleichen Weg der Bundeszentrale zur Verfügung gestellt werden.
- Liefernachweis: Bei Übermittlung des Lieferscheins (unabhängig davon, ob dieser an die Betriebsstätte oder die abrechnende Zentrale geht) ist bei unternehmensübergreifend integrierten Informationsflüssen das empfangende Unternehmen nicht auf diese Informationen angewiesen, da es sie aus den Lieferscheinen und den Rückmeldungen des Wareneingangs der Betriebsstätte selbst ableiten kann.
- Abstimmliste: Diese Betriebsstätten-Sammelaufstellung kann ebenfalls entfallen, da sie aus den Informationen des Unternehmens-Warenwirtschaftssystems ableitbar ist. Die im CCG-Vorschlag enthaltenen Verrechnungspreise brauchen prinzipiell nicht geführt zu werden, da die Verrechnung durch das unternehmenseigene Warenwirtschaftssystem erfolgen sollte. Evtl. Einblicke der Lieferanten in Kostenstrukturen des Unternehmens (zentrale Kosten) sind damit ausgeschlossen.

Durch den Einsatz neuer technischer Konzepte - wie EI - wird der organisatorische belegorientierte Informationsfluß weitgehend auf Lieferschein- und Rechnungsdaten reduziert. Selbst diese werden nicht für die eigentlichen Abwicklungsaufgaben benötigt, sondern nur für die externe Rechnungslegung. Im Sinne einer Grundrechnung können sämtliche Daten des Geschäftsverkehrs gespeichert werden und stehen damit für Auswertungen und interne Kontrollrechnungen zur Verfügung. Auf den Austausch von zusätzlichen kumulierten Daten zwischen den Geschäftspartnern kann damit verzichtet werden.

1.10 Konsequenzen der EI auf die Warenwirtschaftssysteme

In der warenwirtschaftlichen Betrachtung von der Stammdatenpflege über die Rechnungsprüfung und Übergabe von Daten an das Rechnungswesen bis hin zum Verkauf sind zahlreiche Informationsaustausche mit Externen denkbar und z.T. auch schon realisiert. Je intensiver sich Unternehmen mit dem Thema auseinandersetzen, desto eher wird auch seitens der beteiligten Marktpartner eine breite Akzeptanz auftreten.

Die heute am intensivsten diskutierten Bereiche des Rechnungsdatenaustauschs und Bestelldatenverkehrs orientieren sich am Mengenvolumen, dem dabei einzusparenden Erfassungsaufwand und an der Geschwindigkeit der Übermittlung und vergleichen diese mit traditionellen beleggebundenen Techniken.

In Zukunft wird aber den ersten Stufen Stammdatenpflege und Disposition (wegen der aktuellen Angebotseinholung) des warenwirtschaftlichen Kreislaufs als Basis der EI höhere Bedeutung zukommen. Dies liegt zum einen daran, daß unternehmensübergreifende, einheitlich gepflegte, alle betroffene Seiten interessierende Stammdatenbestände - wie sie grundsätzlich durch die EI erreichbar sind - nachhaltiger die Wirtschaftlichkeit beeinflussen als eine reine Einsparung von Erfassungsvorgängen. Zum anderen vermag die EI mehr als ein operatives Instrument zu sein und kann vielmehr die Funktion eines marketingpolitischen Instrumentariums übernehmen.

Ähnlich wie heute die Lieferanten dem Einzelhandel die Regalpflege abnehmen, kann der Handel in Zukunft auf einer Stammdatenpflege seines Informationssystems/ Warenwirtschaftssystems durch den Lieferanten bestehen, soweit es sich um allgemein anerkannte Einzeldaten (Artikel-Nr., EAN, Bezeichnung, ...) und zwischen den Geschäftspartnern abgestimmte Vorgänge (Preise, Angebote, ...) handelt.

Das in verzweigten Organisationen noch dominierende sequentielle Belegflußdenken ist ersetzbar durch eine parallele Abarbeitung und Bearbeitung von Geschäftsvorfällen.

2. Weitere Funktionalbereiche von Handelsunternehmen

2.1 Das Personalwesen

Wesentliche Aufgaben des Personalwesens sind:

- Personalbetreuung
- Vergütung/ Entlohnung
- Sozialwesen
- Personalsteuerung.

Diese Aufgaben werden heute, sofern sie unternehmensinterne Fragestellungen betreffen, zumindest teilweise durch Standardsoftware-Lösungen abgedeckt. Insbesondere die Abrechnungsfunktionen (Vergütung/Entlohnung) und die Ermittlung von Sozialversicherungsbeiträgen besitzen bereits eine hohe DV-Durchdringung. Probleme existieren lediglich im Bereich der Personalsteuerung, da hier branchen- und wettbewerbsspezifische Gegebenheiten vorliegen, die nicht ohne weiteres standardisierbar sind. Die Personalbetreuung eignet sich in nur geringem Maß für die DV-Unterstützung.

Im Gegensatz zur betriebswirtschaftlichen Theorie besitzt in der Praxis die administrative Abwicklung einen hohen Stellenwert (vgl. Scheer 1988, S. 449). Bezüglich der EI im Personalbereich wird in dieser Arbeit zwischen Aufgaben im Zusammenhang mit der Lohn- und Gehaltsabrechnung und sonstigen Aufgaben unterschieden.

2.1.1 Lohn- und Gehaltsabrechnung

Bei der Lohn- und Gehaltsabrechnung fallen zahlreiche gleichartige Daten an, die aus unterschiedlichen Gründen an verschiedene Adressaten weiterzuleiten sind. Die Partner und Inhalte dieser Übermittlung sind:

Partner	Inhalt
Sozialversicherung	Arbeitslosen-, Kranken-, Rentenversicherung (Nachweise, An- und Abmeldungen)
Finanzämter	(Lohn-) Steuer (Monatsmeldungen)
Banken	Überweisungen

a) Datenaustausch mit den Sozialversicherungsträgern

Der Arbeitgeber ist verpflichtet, den Sozialversicherungsträgern einen Nachweis der für jeden Arbeitnehmer berechneten und abgerechneten Beiträge zu übermitteln. Diese Datenübermittlung erfolgte durch Ausfüllen sogenannter Jahreseinzelnachweise, den Vordrucken des SVN- (Sozialversicherungsnehmer-) Heftes, durch den Arbeitgeber und anschließende Bearbeitung durch die Sozialversicherungsträger.

Durch die Bestimmungen der zweiten DEVO/DÜVO (Datenerfassungsverordnung/ Datenübertragungsverordnung) vom 27. August 1980 sind die Möglichkeiten der Übermittlung von Nachweisen, An- und Abmeldungen mittels EDV geregelt. Danach kann das automatische Meldeverfahren für die Erstattung aller vorkommenden Meldearten benutzt werden. Dies sind Anmeldungen, Abmeldungen, Jahresmeldungen, Meldungen aus sonstigem Anlaß, Meldungen von Änderungen, Berichtigungen und Stornierungen. Meldungen können z.Z. nur über Datenträgeraustausch vorgenommen werden. Eine leitungsgebundene Übertragung ist nach den Richtlinien der DEVO/DÜVO nicht vorgesehen, jedoch soll nach Aussagen der AOK diese Möglichkeit realisiert werden.

Die im Zusammenhang mit der automatisierten Übermittlung wichtigsten Aktivitäten sind:

- Anmeldung
- Namensänderung
- Anforderung neuer Versicherungsnachweise
- Anschriftenänderung
- Abmeldung/Jahresmeldung
- Änderung Staatsangehörigkeit
- Berichtigung/ Stornierung von:
    - -- Anmeldung
    - -- Abmeldung/ Jahresmeldung.

Abbildung IV.2.1.1.1 zeigt am Beispiel einer Abmeldung/Jahresmeldung die wichtigsten meldepflichtigen Daten (vgl. AOK: Automatisiertes Meldeverfahren 1985, S. 42).

- Versicherungsnummer
- Kennzeichen Rentenversicherungsträger
- Zeitraum von bis
- Entgelt in DM
- Grund der Meldung
- Betriebsnummer/Arbeitsstätte
- Tätigkeit
- Kennzeichen Familienstand
- Anzahl Kinder
- Kennzeichen Mehrfachbeschäftigter
- Name des Beschäftigten

Abb. IV.2.1.1.1: Datenelemente einer DEVO/DÜVO-Jahresmeldung

Die nachfolgende Abb. IV.2.1.1.2 gibt einen Überblick über die zugelassenen Datenträger (vgl. AOK: Automatisiertes Meldeverfahren 1985, S. 50).

Datenträger	Zeichen	Code
1. Magnetband, 9 Spuren	8-Bit Kombination	EBCDIC ungepackt
2. Disketten	z.B. 1D 128 Bytes	(Einzelfallregelung)
3. Magnetband, 9 Spuren	7-Bit Kombination	DIN 66003 (Code-Tabelle 2)
4. Magnetband, 7 Spuren	6-Bit Kombination	BCD
5. Lochkarten 80 Spalten	8-Bit Kombination	Standard DIN 66204
6. Magnetbandkassette	8-Bit Kombination	EBCDIC ungepackt
7. Magnetbandkassette	7-Bit Kombination	DIN 66003 (Code-Tabelle 2)

Anmerkung: Ziffer 1 und 6 galten nur bis 31.12.1987

Abb. IV.2.1.1.2: Zulässige Datenträger für DEVO/DÜVO

Der Zugang der Unternehmen zur EI im Sozialwesen läßt sich als offenes System bezeichnen. Es ist jedem Unternehmen unter Einhaltung der entsprechenden Vorschriften möglich, als Partner (Sender) der Datenübertragung zu fungieren.

Dies wird durch mehrere Gesichtspunkte ermöglicht:

1. Die Zulässigkeit der Datenübertragung ist durch öffentliche Verordnungen reglementiert. Dies bedeutet, daß die Reglementierung die Funktion ei-

ner genormten Schnittstelle übernimmt. Von dieser Regelung werden sowohl die Zulässigkeit der eingesetzten Hardware (wegen des geringen Integrationsgrades tauchen hier allerdings kaum Probleme auf) als auch die Inhalte der zu übermittelnden Datensätze und deren Aufbau erfaßt.

2. Durch die Reglementierung bzw. die Besonderheit des Kommunikationspartners "Sozialversicherungsträger" bestehen für das Unternehmen keine rechtlichen Probleme bzgl. des Datenschutzes.
3. Die Ortskrankenkassen bzw. der VdAK (Verband der Angestellten-Krankenkassen) als Meldestellen leiten die Daten an Rentenversicherungsträger, Arbeitslosenversicherung etc. weiter.

Bezüglich der Realisierung entsprechender Systeme ergibt sich, daß eine Vielzahl von Software-Anbietern die DEVO/DÜVO-Anforderungen erfüllen kann, meist in Form eines Zusatzpaketes.

b) Datenaustausch mit den Finanzämtern

Die Situation zwischen Unternehmen und Finanzämtern ist, soweit es die Personalabrechnung (Lohnsteuer, vermögenswirksame Leistungen) anbelangt, von anderer Beschaffenheit als die gegenüber Trägern der Sozialversicherung. Dies liegt in erster Linie daran, daß gegenüber den Sozialversicherungsträgern Einzelnachweise, d.h. personenbezogene Nachweise, zu erstellen und Beschäftigungsbeginn und -ende anzuzeigen sind, während gegenüber dem Finanzamt lediglich mit Summen gearbeitet wird. Dies betrifft sowohl die Steuern als auch die vermögenswirksamen Leistungen.

Dadurch reduziert sich die auszutauschende Datenmenge zunächst erheblich, sodaß kaum noch ein geeigneter Rahmen für die EI mittels EDV vorhanden ist.

Demgemäß wird weder von Finanzämtern noch von Unternehmen ein Einsatz angestrebt, zumal die Finanzämter auf absehbare Zeit nicht bereit sind, ihre Außenprüfungen, die zur Feststellung der ordnungsgemäßen Steuerberechnung bzw. Abführung der einbehaltenen Lohnsteuer vorgenommen werden, zugunsten eines vom Unternehmen vorgenommenen Einzelnachweises einzustellen bzw. zu reduzieren.

c) Datenaustausch mit Banken

Bei der Lohn- und Gehaltsabrechnung entsteht eine weitere Menge gleichartiger

Daten, die Auszahlungen. Dabei handelt es sich um die direkten Nettolohn-Überweisungen an die Arbeitnehmer, evtl. Pfändungen an Berechtigte, Direktabzüge vom Gehalt des Arbeitnehmers an Versicherungen, Vereine etc. Auch hier findet die EI mittels EDV einen Anwendungsbereich. Kommunikationspartner des Datenaustausches sind in diesem Fall die bezogene Bank des Unternehmens sowie das beauftragende Unternehmen. Eine vertiefende Betrachtung der Beziehungen Bank-Unternehmen findet in Kapitel IV.3.1 statt.

2.1.2 Sonstige Aufgaben im Personalwesen

a) Personalbeschaffung

Bei der Suche nach qualifiziertem Personal muß die Problematik des personenbezogenen Datenschutzes beachtet werden. Dieser kann eine absolute Grenze hinsichtlich der Integrationsbemühungen darstellen. Wie weit man dabei gehen kann, wird sich erst im Laufe der Zeit in der Praxis erweisen. Die Entwicklung in diesem Bereich ist noch wenig fortgeschritten, so daß die nachfolgenden Äußerungen rein theoretischen Charakter haben.

Als Kommunikationspartner der Unternehmen ist nach der gegenwärtigen Rechtslage ausschließlich die Bundesanstalt für Arbeit (BA) zuständig, da private Arbeitsvermittlungen und Personalkarteien zwecks Personalbeschaffung nicht zulässig sind. Es ist denkbar, daß ein suchendes Unternehmen Informationen über stellensuchende Arbeitnehmer entsprechend seiner Anforderungskriterien per Datenübertragung zur Verfügung gestellt bekäme.

Allerdings sind auch innerhalb der BA die dazu notwendigen Instrumente (insbesondere Software) erst in den Anfängen (COSIMA - Computersysteme im Arbeitsamt, CoArb - Computerunterstützte Arbeitsvermittlung und COMPAS - Computerunterstützte Ausbildungsvermittlung vgl.: Schaper, H.-H.: Computer für die Arbeitsverwaltung 1987, S. 20-21 ; Decker, A.: Auf dem Weg zum Arbeitsamt 2000, 1986, S. 233-237). Vorstellbar wäre, daß Unternehmen nach einer noch zu entwickelnden Klassifikation freie Stellen auf diese Weise unmittelbar der Arbeitsverwaltung melden und umgekehrt geeignete Bewerber zumindest mit Namen (d.h. zunächst ohne weitere Daten) gemeldet bekommen.

b) Personalinformation

Personalinformationssyysteme (vgl. Domsch, M.: Systemgestützte Personalarbeit, Wiesbaden 1980) werden meist mit dem Ziel eingesetzt, die Informationsgrundlagen der Personalwirtschaft zu verbessern. Typische Fragestellungen oder Kennziffern zu Personalstruktur, Fehlzeiten, Fluktuation etc. können Entscheidungsgrundlage für Verbesserungen sein. Allerdings benötigen diese Aussagen einer Interpretation, zu denen ein nicht filialisierendes Unternehmen oft gar nicht in der Lage ist.

Hier sehen einige Rechenzentren (etwa Datev und die angeschlossenen Steuerberater) auch heute noch gute Chancen, mit branchentypischen Vergleichen den Unternehmen eine sonst nur schwer erhältliche Dienstleistung zu bieten und damit Kunden zu halten bzw. zu gewinnen.

Weitere Beziehungen des Bereichs Personalinformation zu externen Unternehmen sind in gleicher Form zu sehen wie der Austausch von statistischen Daten zwischen Unternehmen (vgl. IV.1.8).

2.2 Das Rechnungswesen

Das Rechnungswesen läßt sich funktional in Kostenrechnung, Finanzbuchhaltung (Personen - und Hauptbuchhaltung) sowie die Anlagenbuchhaltung unterteilen.

In der Anlagenbuchhaltung ist eine unmittelbare externe Integration nur dann sinnvoll, wenn ein Unternehmen regelmäßig Anlagen erwirbt oder verkauft.

- Anlagenklassifikation
- Anlagenbezeichnung
- Verkaufswert
- Versicherungswert
- erstmaliger Beschaffungszeitpunkt
- Restlaufzeit steuerlich
- Laufzeit kalkulatorisch
- bisherige Abschreibungsdaten

Abb. IV.2.2.1: Datenelemente bei Austausch von Anlagegütern

Sinnvoll erscheint in der Anlagenbuchhaltung die jährliche Übernahme von Anpassungsdaten für die Versicherungswerte (Wiederbeschaffungswerte), etwa für die Ermittlung kalkulatorischer Abschreibungen auf der Basis von Wiederbeschaffungswerten. Diese von den Versicherungen an das Unternehmen zu übermittelnden Daten betreffen nur Preissteigerungsdaten nach Anlageklassen.

In der Hauptbuchhaltung ist ein externer Datenaustausch nicht sinnvoll erkennbar.

Bei der Führung von Personenkonten (Debitoren- und Kreditorenkonten) sind die Verbindungen zum Beschaffungs- und Absatzbereich deutlich. Hier ist ein Austausch von Daten hinsichtlich

- Beschaffungsvorgängen
- offenen Posten
- Saldenbestätigungen

realisierbar.

Beschaffungsvorgänge, die nicht das Warengeschäft betreffen (Kostenrechnungen), können von den jeweiligen Lieferanten genauso übergeben werden wie Warenrechnungen und dann unmittelbar Eingang in die Buchhaltung finden.

Wichtige Daten zum Austausch von Saldenbestätigungen und offenen Posten enthält Abbildung IV.2.2.2. Damit lassen sich Differenzen zwischen den Buchhaltungssystemen der Geschäftspartner rasch erkennen. Hier greift auch die Datenschutzproblematik. Jeder Geschäftspartner darf nur seine Daten erhalten.

- betroffenes Unternehmen - KZ Debitor/Kreditor - Brutto-Forderung/Verbindlichkeit - Netto-Forderung/Verbindlichkeit - MWSt-Forderung/Verbindlichkeit - Stand (Datum)	Daten der Saldenbestätigung

- Positionsdaten
  - Buchungsvorgang
    -- Buchungsart
    -- Datum
  - Bruttowert
  - Nettowert
  - MWSt-Anteil
  - Zahlungskonditionen
    -- Anzahlung
    -- bezahlter Wert
    -- bezahlt am (Datum)
    -- offener Restbetrag
	Daten des einzelnen offenen Posten

Abb. IV.2.2.2: Datenelemente der Saldenbestätigung und der offenen Posten

In der Kostenrechnung ist eine externe Integration nicht unmittelbar erkennbar.

3. Sektorale Analyse

Die bisher analysierten Funktionalbereiche des Handelsunternehmens mit ihren externen Schnittstellen werden in den Kapiteln VI und VII nochmals vertiefend betrachtet. Dort werden auch entsprechende Systeme der EI vorgestellt. Kapitel IV.3. greift zur Abrundung die sektorale Beziehungen des Handelsunternehmens mit Außenstehenden auf.

3.1 Die Integration mit Banken

Die Kommunikation Unternehmen-Bank ist grundsätzlich bilateraler Art. In den meisten Fällen sind die abgewickelten Aktivitäten durch die Geschäftsbeziehungen (Einkauf, Verkauf) veranlaßt. Eine mengenmäßig geringere, zur Unternehmenssteuerung jedoch bedeutsame, Rolle spielen Aktivitäten zur Liquiditätssicherung bei gleichzeitig optimaler Geldverwendung.

Bereits frühzeitig hat insbesondere auf Seite der Banken die Bestrebung eingesetzt, eine Automation des Zahlungsverkehrs der Banken untereinander als auch mit Unternehmen zu erreichen.

Das Ziel einer externen Integration der Datenverarbeitung im Interbankenbereich ist heute weitgehend realisiert. Stellvertretend stehen dafür Systeme wie S.W.I.F.T. (Society for Worldwide International Funds Transfer) als weltweit eingesetztes System, CHIPS (Clearing House Interbank Payment System) in USA und zahlreiche weitere. In Deutschland wird der Interbanken-Zahlungsverkehr durch verschiedene Clearingnetze bzw. durch die Bundesbank und die Landeszentralbanken sichergestellt.

Der erste Schritt in Richtung einer Integration der Nichtbanken (Unternehmen) war, Dokumente für den Zahlungsverkehr weitgehend maschinenlesbar zu machen. "Zu diesem Zweck wurde die OCR-Codierungszeile auf den Zahlungsverkehrsdokumenten genormt" (Mertens, P.: Zwischenbetriebliche Integration 1985, S. 86). Bereits seit Mitte der siebziger Jahre besteht darüber hinaus für Unternehmen die Möglichkeit des Datenaustausches mittels Datenträgern in Form von Magnetbändern und Disketten. In jüngster Zeit besteht auch die Möglichkeit den Zahlungsverkehr über Datenfernübertragung, z.B. durch Btx, abzuwickeln.

Die entsprechenden Normen sind seitens der Kreditinstitute festgelegt. Darin sind sowohl die technischen Spezifikationen, wie auch der Inhalt der Datenpakete geregelt.

Die unternehmensübergreifende Kommunikation mit Banken wird im folgenden dargestellt. Dabei wird zunächst auf die Funktionen des traditionellen Zahlungsverkehrs und der dort möglichen Unterstützung, dann auf komplexere Beziehungen zwischen Unternehmen und Banken eingegangen. Ein aus der Sicht des Einzelhandels wichtiges Thema, das POS-Banking und seine Grundlagen, wird anschließend behandelt.

3.1.1 Traditioneller Zahlungsverkehr

Zum traditionellen Zahlungsverkehr zählen die Vorgänge:

- Scheckverkehr
- Überweisungen
- Lastschriften.

Diese können gemäß den "Bedingungen für die Beteiligung von Kunden am automatisierten Zahlungsverkehr durch beleglosen Datenträgeraustausch" der Kreditinstitute (vgl.: Bundesverband Deutscher Banken: Bedingungen ... 1985) über den Austausch von Datenträgern zwischen Unternehmen und Bank abgewickelt werden. Dabei sind beide Übertragungsrichtungen möglich:

Unternehmen--> Bank:	Überweisung Lastschrift
Bank--> Unternehmen:	Einzahlungen/Überweisungen auf vorgedruckten Belegen, Scheckrücklauf-Kontrolle.

Insbesondere Versandunternehmen, Versicherer und Energieversorger mit vielen Debitoren nutzen den Leseservice mit Datenübernahme von der Bank.

Der Aufbau der fest vorgegebenen Datei DTAUS zum bundeseinheitlichen Datenaustausch stellt sich wie folgt dar:

- Datenträger-Vorlaufsatz (Datensatz A) mit Angaben über den Bandabsender und -empfänger; er ist je Datei nur einmal vorhanden
- Zahlungsaustauschsatz (Datensatz C); dieser besteht aus einem konstanten und einem variablen Teil; der konstante Teil enthält Einzelheiten über die auszuführenden Aufträge, der variable Teil Textinformationen
- Datenträger-Nachsatz (Datensatz E) dient zur Abstimmung; er ist je Datei nur einmal vorhanden.

Der konstante Teil des Datensatzes C (Zahlungsaustauschsatz) hat den in Abbildung IV.3.1.1.1 dargestellten Aufbau.

Feld	Länge in Bytes	Format	Inhalt	Beschreibung
1	4	b	Satzlänge	
2	1	a	Satzart	Konstante "C"
3	5	np	BLZ	erstbeteiligtes Institut
4	5	np	BLZ	endbegünstigtes Institut
5	6	np	Konto-Nr.	Konto-Empfänger, max.10 Stellen
6a	6	np	Nullen	bankinternes Feld
6b	7	np	Nullen	bankinternes Feld
7a	1	np	Textschlüssel	Kennzeichnung der Zahlungsart
7b	2	np	Textschlüsselergänzung	
8	1	a	leer	bankinternes Feld
9	6	np	Betrag	
10	5	np	BLZ	erste Inkassostelle
11	6	np	Konto-Nr.	Auftraggeber/ Zahlungsempfänger
12	6	np	interne Nr.	
13	3	a	leer	bankinternes Feld
14	27	a	Name	Überweisungsempfänger/Zahlungspflichtiger
15	27	a	Name	Auftraggeber/Zahlungsempfänger
16	27	a	Verwendungszweck	
17	3	a	leer	
18	2	np	Erweiterungskennzeichen	

a = alpha-numerische Daten
b = binär verschlüsselte Daten
np = numerisch gepackte Daten

Abb. IV.3.1.1.1: Datenelemente eines Zahlungsverkehrssatzes

3.1.2 Nutzung von Datenfernübertragungseinrichtungen

Der traditionelle Zahlungsverkehr der Unternehmen mit Banken läuft bei Einsatz von Datenträgern wie in Abbildung IV.3.1.2.1 dargestellt.

Diese Zahlungsdaten werden über das Bankennetz an einen Zahlungsempfänger versandt. Hat dieser mit den Banken nicht einen automatisierten Leseservice vereinbart bzw. sind die von seiner Bank übermittelten Daten nicht aussagekräftig genug (was heute die Regel ist), so ist anhand der Kontoauszüge oder der elektronischen Zugriffsmöglichkeiten (vgl. Cash-Management-Systeme) beim Zahlungsempfänger ein erheblicher manueller Abgleich der offenen Posten insbesondere im Debitoren-Bereich vorzunehmen.

administrative Anwendung auf Unternehmensrechner

⇓

Ausführung zahlungswirksamer Geschäftsvorfälle

⇓

Generieren von Zahlungsverkehrsdaten

⇓

Überstellen der Daten an die Bank(en)

Abb. IV.3.1.2.1: Abwicklung bei der Erstellung von Zahlungsverkehrsdaten

a) Einsatz von Bildschirmtext

Das von der Deutschen Bundespost betriebene Bildschirmtext-System hat auch neue Konzeptionen in der Zusammenarbeit Unternehmen-Bank ermöglicht. Sieht man von den Konzepten der Verbraucherbank oder des Postgiros einmal ab, wo der Benutzer lediglich die Erfassung in vorformatierte Datenfelder vornimmt (keine eigentliche EI), so bleibt nur der Einsatz von professionellen Workstations oder PCs an das BTX-Netz, um eine Doppelarbeit zu vermeiden (vgl. Einhoff, U.: Datenpaketvermittlung und Bildschirmtext 1979, S. 37-41; Steiner, H.: Kunden und Banken S. 39; von Rottenburg, F.: ZKA: Btx-Benutzung 1984, S. 255-259).

Verglichen mit der Abbildung IV.3.1.2.1 hat sich nur wenig geändert. Der logische Ablauf wird lediglich beschleunigt (durch den Einsatz einer leitungsgebundenen Übermittlungstechnik) und die Steuerungsmöglichkeiten (etwa kurzfristige Zahlungsanweisungen) werden etwas verbessert.

Von einer durchgängigen EI kann aber in diesem Bereich solange noch nicht gesprochen werden, wie nur der Versender (Auftraggeber) seine Kommunikation mit der Bank weitgehend automatisieren kann.

Im Zusammenhang mit der EI Unternehmen-Bank haben sich bei Bearbeitung über Btx zahlreiche Sicherungsverfahren eingestellt. Beispielsweise müssen vom Anwender zum Aufrufen bestimmter Aktionen (z.B. Überweisungen) sog. Transaktionsnummern außerhalb des Systems verwaltet werden. Dies ist - gerade auch im Zusammenhang mit der zusätzlichen PIN (Persönliche Identifikationsnummer = Kennwort) sehr aufwendig. Eine geringe Automatisierungsmöglichkeit bietet sich bei der Verwaltung der Transaktionsnummern durch einen Rechner an. Der damit gewonnene Vorteil rechtfertigt jedoch nicht den Aufwand einer solchen Lösung. Darum sind vom BIK (Betriebswirtschaftliches Institut der deutschen Kreditgenossenschaften in Frankfurt) andere Verfahren analysiert worden.

Das AIDA (Apparat zur Identifikation und Autorisierung)-System besteht aus folgenden Hardware-Komponenten:

1. der AIDA-Box, ein für den Kunden mit Spezialfunktionstasten ausgestatter Taschenrechner und ein Spezial-Chip
2. dem AIDA-Modul; es wird bei der Bank installiert. Es ist ein Doppelprozessorsystem, über das die eingehenden Legitimationsdaten in der AIDA Box des Kunden dynamisch verschlüsselt werden.

Das AIDA System arbeitet als End-to-End Sicherung, d.h. die gesamte Strecke der Übertragung, also vom Kunden bis zum Rechner, wird vom System abgesichert. Dafür enthält der Chip der AIDA-Box beim Kunden ein Verschlüsselungsverfahren und ein automatisiertes Key-Management; ferner mindestens einen Persönlichkeitswert, der nur für einen Kundenanschluß zutrifft. Das AIDA-Modul der Bank überprüft die Zulässigkeit und Korrektheit der verschlüsselten Informationen (vgl. Eisele, R.: AIDA 1984, S. 13 ff.).

AIDA zeigt, welchen Stellenwert die Banken einer hohen Sicherheit der Übertragungswege zumessen.

Abgesehen von den Sicherungsprozeduren ist der Zugang zu Banksystemen grundsätzlich allen Firmenkunden freigestellt. Hierzu wird oft ein PC eingesetzt. Zur Kommunikation stellen die Banken spezielle Software-Produkte zur Verfügung.

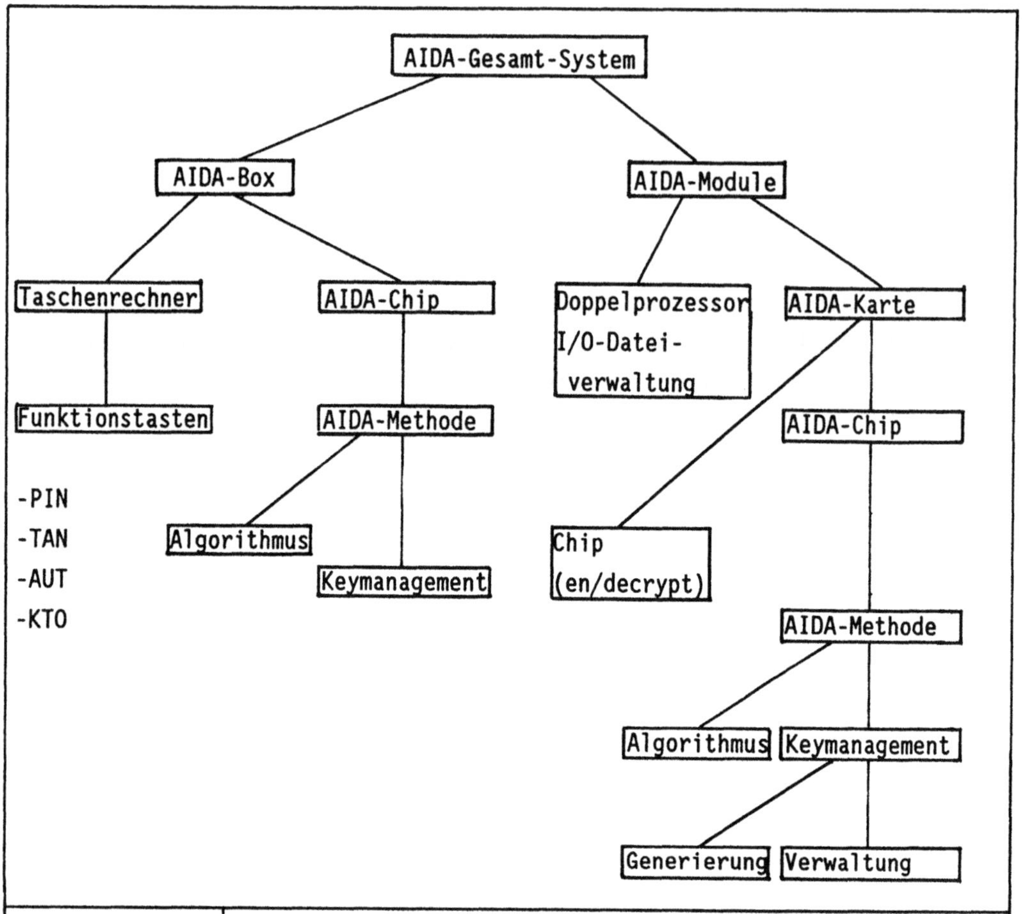

Abb. IV.3.1.2.2: Sicherungselemente von AIDA

b) Datenfernübertragung mit Datex- und Telefon-Leitungen

Der z.T. recht umständliche Umweg über Btx führte einzelne Kreditinstitute dazu, mit ihren Kunden auch Datenaustausch von Zahlungsverkehrsdaten per Datex- oder Telefonleitungen zu vereinbaren. Um eine unkoordinierte Entwicklung in diesem Bereich im Interesse der Banken und Kunden zu verhindern, erarbeiteten die Spitzenverbände des Kreditgewerbes im ZKA (Zentrale Kreditausschuß) ein einheitliches Verfahren für die Datenfernübertragung vom Kunden zur Bank (vgl. Bundesverband Deutscher Banken: Datenfernübertragung von Zahlungsverkehrsdaten 1986).

Die von einem Systemhaus erarbeitete Konzeption geht von dem Einsatz eines PC's beim Kunden aus. Kunden können ihre Zahlungsverkehrs-Daten entweder manuell am PC erfassen oder sie aus operativen Systemen auf einem zentralen Rechner (z.B. Finanz- und Rechnungswesen, Vertriebsabwicklung) heraus erzeugen und anschließend auf den PC übertragen. Anschließend können die Daten täglich an die Bank(en) per DFÜ im bereits erwähnten Fomat der Datei DTAUS übertragen werden. Je nach Datenvolumen sollen dabei Telefon- bzw. Datex-P-Leitungen benutzt werden (vgl. OMIKRON: Datenfernübertragung der Zahlungsverkehrsdaten 1986). Umgekehrte Übertragungswege, etwa Schecküberwachung, Überweisungseingänge und Wertstellungstermine sind darin nicht vorgesehen. Besonderes Gewicht wurde in der Studie und den in Auftrag gegebenen Software-Entwicklungen der Datensicherheit gegeben.

Auch hier zeigt sich aus der Sicht der Unternehmen die mangelnde Integrationsmöglichkeit der eingehenden Zahlungsströme. Solange Unternehmen ihre Zahlungseingänge nicht exakt offenen Posten, Kunden und Geschäftsvorfällen zuordnen können, bleibt hier eine Lücke im automatisierten Informationsfluß. Betroffen sind davon nicht die Banken, sondern ausschließlich die Nichtbanken. Voraussetzung zu einer solchen weitgehenden Integration ist die automatische Identifizierung des Auftraggebers beim Zahlungsempfänger, dessen Bezug-Referenzierung (z.B. Rechnungs-Nr.) und evtl. Änderungen bei der Zahlung (z.B. Anzahlung, Skonto-Abzug).

Die angesprochenen Verfahren auf der Basis der Datenfernübertragung betreffen nur den klassischen Massen-Zahlungsverkehr. Der steuernde Zahlungsverkehr - etwa zur Sicherung von Liquidität, Nutzung von kurzfristigen Geldanlagemöglichkeiten - spielt sich nicht in solchen Systemen ab, sondern innerhalb der Cash-Management-Systeme der Banken.

3.1.3 Cash-Management-Systeme (CMS)

Trotz der vielfältigen Angebote ist das Grundprinzip sämtlicher Cash-Management Systeme identisch: Der Finanzmanager ist, wie in Abb. IV.3.1.3.2 dargestellt, mit seinem Terminal elektronisch über ein computergestütztes Kommunikationssystem mit seiner Bank beziehungsweise seinen Banken verbunden. Das Kommunikationssystem, das der Datenverarbeitung und der -übertragung dient, kann, wie bei einigen amerikanischen Großbanken (vgl. Abbildung IV.3.1.3.1), ein bankeigenes System sein oder ein neutrales Netz (Third Party Concept), das von mehreren Teilnehmern gleichzeitig benutzt wird.

Das Mark III Netz von General Electric, das weltweit von ca. 80 Prozent aller CMS-Anbieter genutzt wird, die kein eigenes Netz betreiben (auch die drei deutschen Großbanken nutzen dieses Netz), umfaßt mehr als 500 Computer. Der besondere Vorteil eines solchen weltumspannenden Netzwerk tritt insbesondere bei einer internationalen Zusammenarbeit zwischen Bank und Kunde auf.

Die angebotenen Cash Management Systeme erheben den Anspruch, dem Finanzmanager zahlreiche Vorteile zu eröffnen; alleine die Zinsgewinne sollen - so die Versprechungen der Betreiber - die Nutzungskosten der Systeme deutlich übersteigen. Dennoch ist in der Praxis eine gewisse Skepsis gegenüber den Fähigkeiten der Systeme anzutreffen.

	Deutsche Bank	Dresdner Bank	Commerz-bank	Citi-bank	Chase Bank	Bank of America	Morgan Guaranty	Manu-facturers Hanover
Bezeichnung	db-direkt	drecam	COBRA	Citibanking	InfoCash/ Chase Global Micro Station	Bamtrac/ MINT	MARS	Transend/ Interplex
Eigenentwicklung oder Lizenz	General Electric	NDC, CAM	Chemical Bank	Eigen-entwicklung	Eigen-entwicklung	Eigen-entwicklung	Eigen-entwicklung	Eigen-entwicklung
Kommunikations-system	General Electric Mark III	General Electric Mark III	General Electric Mark III	Bankeigenes System	Bankeigenes System	Bankeigenes System	General Electric Mark III	Bankeigenes System
Art der Daten-verarbeitung und -bereitstellung	Batch	Batch	Batch	Real Time	in der BRD: Batch, sonst: Real Time	in der BRD: Batch, sonst: Real Time	Batch	Batch
Generation des Systems	2	je nach Produkt 1, 2 und 3	1	je nach Produkt 1 und 2	je nach Produkt 1, 2 und 3	je nach Produkt 1, 2 und 3	je nach Produkt 1, 2 und 3	je nach Produkt 1, 2 und 3
Anzahl der ange-schlossenen Laender	36	36	26	94	> 50	ca. 70	23	22

Abb. IV.3.1.3.1: In der Bundesrepublik angebotene Cash-Management-Systeme (vgl. Glaum, M.: Internationale Cash-Management-Systeme 1987, S. 15)

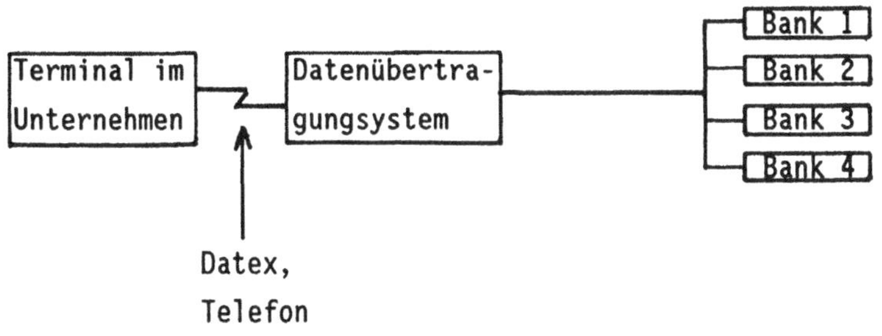

Abb. IV.3.1.3.2:	Die technische Funktionsweise von CMS (vgl. Glaum, M.: Internationale Cash-Management-Systeme 1987, S. 16)

Abb. IV.3.1.3.2 zeigt die übliche Zusammenarbeit von Kunde und Bank. Die Banken stellen dem zwischengeschalteten System die für das Unternehmen relevanten Daten zur Verfügung. Aus Sicherheitsgründen wird den Kunden der Zugriff auf die bankeigenen operativen Daten nicht gestattet, es wird in jedem Fall eine Rechnereinheit dazwischengeschaltet. Dabei kann man unterscheiden zwischen Systemen, die dem Kunden den gleichen Aktualitätsstand geben und solchen, bei denen der Datenbestand lediglich in bestimmten Abständen von den Banken aktualisiert wird. Angesichts der Tatsache, daß die Banken - zumindest in Deutschland - nur einen täglichen Buchungslauf vornehmen, kommt dieser Differenzierung zunächst keine große Bedeutung zu.

Bei den am Markt angebotenen Systemen lassen sich bisher drei Generationen voneinander abgrenzen:

1.) Systeme der ersten Generation sind reine Informationssysteme. Der Firmenanwender kann über ein "dummes" Terminal Informationen abfragen (z.B. Kontenstände), bleibt aber ansonsten passiv.

2.) Im nächsten Schritt wurden diese Systeme dahingehend erweitert, daß der Kunde über sein existierendes "dummes" Terminal selbst Transaktionen (z.B. Überweisungsaufträge) initiieren kann.

Systeme der ersten beiden Generationen sind also reine Time-Sharing-Systeme.

3.) In der dritten Generation wurden "intelligente" Terminals (Mikrocomputer, aber auch Minicomputer mit weiterer Peripherie) seitens der Unternehmen angeschlossen. Durch die Kombination der aufbereiteten Daten aus dem Banksystem mit Daten aus dem unternehmenseigenen Rechner können erhebliche Zusatzfunktionen in den Unternehmen realisiert werden. Diese sogenannten "Treasury Workstations" unterscheiden sich insbesondere durch den Leistungsumfang der auf ihnen ablauffähigen Software-Produkte. Diese werden ebenfalls als Bankdienstleistung angeboten.

Entsprechend der drei Entwicklungsstufen sind auch Leistungsstufen zu unterscheiden:

1. <u>Informationsleistungen</u>
Eine der ersten und wichtigsten Dienstleistung war die Bereitstellung von Konteninformationen (**Balance Reporting**). Dazu sammelt die Bank die Daten der bei ihr unterhaltenen Konten eines Kunden, u.U. weltweit. Die Daten des Kunden bei anderen Banken können ebenfalls in dieses Informationssystemn eingehen, wenn diese Banken dazu bereit sind. Allgemein scheint dies heute keine Probleme mehr zu bereiten; als Standard-Format wird üblicherweise ein modifizierter S.W.I.F.T.-Satz benutzt.

Bezüglich der Leistungen in diesem Bereich unterscheiden sich die CMS nur geringfügig: Kontoauszüge aller Konten, diverse Details zu Kontenbewegungen, Totalübersichten über Konten und Währungen, aufbereitet nach Buch- oder Valutasalden, sind Standard.

Etliche Institute reichern ihr Informationsangebot durch allgemeine Marktinformationen, Devisen- und Börsen-Daten, Entwicklung von Zinssätzen etc. an. Dies geschieht allerdings nicht unbedingt im Rahmen des CMS, sondern häufig als eigenständige Dienstleistung.

2. <u>Transaktionsmöglichkeiten</u>
Fast alle CMS bieten dem Finanzmanager die Möglichkeit, Zahlungsaufträge über sein Terminal direkt an die ausführende Bank abzusenden. Üblicherweise können damit auch Auslandszahlungen in Fremdwährung initiiert oder Daueraufträge eingerichtet werden. Der Meldepflicht an die Landeszentralbanken, etwa bei be-

stimmten Auslandszahlungen, wird automatisch nachgekommen. Für das Massengeschäft sind diese Transaktionsmöglichkeiten nicht gedacht, sondern lediglich zur eingreifenden Steuerung der Finanzabteilung des Firmenkunden. Die im Massengeschäft anzutreffenden Verfahren Datenträgeraustausch und DFÜ sollen hierdurch nicht ersetzt werden.

3. Zusatzleistungen

In diesem Bereich zeigen sich erhebliche Unterschiede. Beispielsweise gibt es Systeme, die den Finanzdisponenten bei der Liquiditätsplanung unterstützen und automatisch täglich die valutarischen Salden der einzelnen Konten abfragen, mit der Planung vergleichen und den Disponenten bei der Entscheidung unterstützen. Im Anschluß an evtl. getroffene Transaktionen wird automatisch die Liquiditätsplanung der folgenden Perioden fortgeschrieben.

Weitere bekannte Leistungen sind im Bereich des Währungsmanagements anzutreffen.

Teilweise auch unabhängig von den Verfahren der Cash-Management-Systeme werden automatische Kontenübertragungsverfahren (Pooling oder Umsatzübertragungsverfahren) angeboten. Gerade dieser Service ist für verzweigte Unternehmen sehr interessant, ermöglicht er doch eine automatische Sammlung von Guthaben auf wenigen Konnten, läßt aber auch dezentralen Stellen die Möglichkeit einen eingeschränkten Zahlungskreis zu benutzen. Allerdings sind die Kosten für das Umsatzübertragungsverfahren mit bis zu 50.-- DM pro Tag und Konto recht hoch.

Weitere Aspekte

Ein immerwiederkehrendes Ärgernis für größere Unternehmen stellt die Inkompatibilität der verschiedenen Cash-Management-Systeme dar. Solche Unternehmen waren häufig gezwungen:

- das System einer Bank zu nutzen und die übrigen Banken dazu zu bewegen, ihre Daten in dieses System abzuliefern, oder
- mehrere CMS parallel zu betreiben oder gar
- ein eigenes hausindividuelles CMS zu erstellen (z.B. Ruhrgas, vgl. Arntz, K.: Cash Management 1983 S. 39-44) oder
- auf den Einsatz solcher Systeme zu verzichten.

Auch wenn sich die Banken noch nicht auf ein einheitliches Datenformat ihrer Informations- und Transaktionssysteme einigen können, ergibt sich durch neuere Entwicklungen auf dem PC zumindest die Möglichkeit, automatisch Daten von mehreren Banken abzurufen, auf ein einheitliches Format umzusetzen und damit einen im Unternehmen selbst erzeugten Überblick zu erhalten.

Die Banken haben die Kritik an ihren inkompatiblen Systemen aufgegriffen und arbeiten an einer einheitlichen Schnittstelle zum Kunden hin (vgl. den Ansatz Worldcash der Commerzbank, Bayerische Vereinsbank, BHF-Bank und einiger anderer Banken).

Die Datensicherheit scheint kein Problem darzustellen, da alle Anbieter von CMS ihre Nachrichten verschlüsseln, Paßwörter und Identifikationsnummern überprüfen. Die Zugangsberechtigungen - bis hin zur Differenzierung der Rechte von Mitarbeitern aus einem Unternehmen - sind auf mehrere hierarchische Ebenen und Aufgabenzuordnungen exakt eingrenzbar.

3.1.4 POS-Banking

POS-Banking betrifft die Zahlungsabwicklung auf elektronischem Wege im stationären Einzelhandel sowie bei Dienstleistungsunternehmen. Wird eine Registrierkasse (Point of Sale - POS) mit einem System zum Einlesen von Kundendaten (Identifikationssystem) verbunden und ermöglicht diese Identifikation den Kunden unmittelbar bzw. später zu belasten, so spricht man von POS-Systemen. Wichtige Komponenten eines POS-Systems sind somit:

- Lesegerät an der Kasse beim Händler zur Aufnahme der Kundendaten
- Legitimationskarte des Kunden
- Leitungsnetz bei online-Legitimationsprüfung
- Datenaufzeichnungsgeräte bei offline Aufzeichnung
- Rechenzentrum zur Verrechnung der Forderungen und Verbindlichkeiten

(vgl. Hildebrand, H.: Zahlen mit elektronischem Geld 1987, S. 78; Rumpeltes, G.: Elektronisches Geld 1983, S. 420).

Nach einem in München durchgeführten ersten Feldversuch im Jahre 1983, gefolgt von einem weiteren in München und Berlin seit Ende 1984, konnten sich die Spitzenverbände von Banken und Handel bis heute nicht auf eine Gesamtlösung einigen. Zwar sind die technischen Voraussetzungen seitens der Kassen- und Hardware-Hersteller längst gegeben. In der Frage der organisatorischen Ausgestaltung existieren große Unsicherheiten. Zur Diskussion stehen:

- Debit- vs. Kreditkarten
- Magnet- vs. Chipkarten
- Online- vs. Offline-Lösung
- bundesweites Clearingnetz oder regionale/bankbezogene Clearingsysteme.

Darüber hinaus behindern Schnittstellen- und Kompatibilitätsprobleme sowie fehlende internationale Standardisierungen sowohl bei den Karten als auch bei der Authorisierung den Diffusionsprozeß.

Eine von Nixdorf in den USA beim Kaufhausunternehmen WARD Montgomery entwickelte Lösung sieht - unter Anerkennung der amerikanischen Verhältnisse - eine POS-Lösung vor, bei der unterschiedliche Kreditkarten (alle auf Magnetkartenbasis) verwandt werden können. Die eingesetzten POS-Kartenlesegeräte sind in der Lage, unterschiedliche Codes zu erkennen. Diese Daten werden über den Warenhausrechner an die Zentrale übertragen. Dort existieren Anwendungssysteme, die in der Lage sind, die eintreffenden Karten-Transaktionen bzgl. ihrer Bank zu erkennen, entsprechende Übertragungsformate zu generieren und eine Kommunikation zum entsprechenden Bankrechner aufzubauen. Bei vorhandener Kundenbonität bzgl. des gewünschten Betrages erhält die Unternehmenszentrale einen o.k.-Status mit einer Authorisierungsnr. Die Anerkennung der Karte wird an die Kasse zurückgemeldet. Der Kassiervorgang kann dann wie gewohnt abgeschlossen werden (Informationen entstammen einem Gespräch des Verfassers mit Mitarbeitern der NCAG auf der Hannover Messe am 4.3.1987).

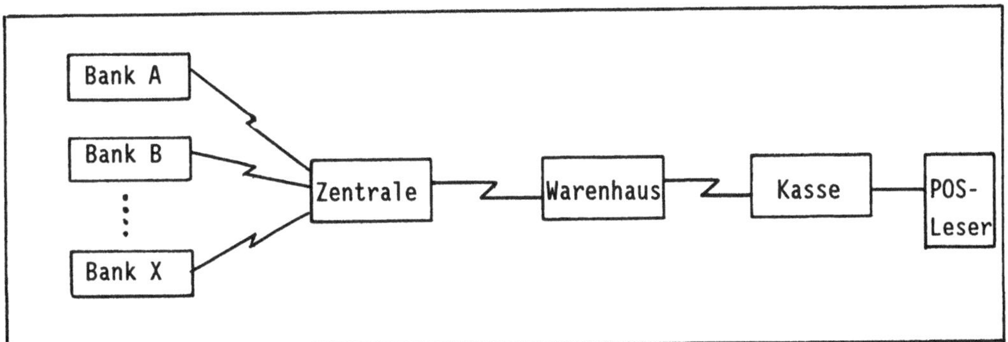

Abb. IV.3.1.4.1: POS-Grundkonzeption der WARD Montgomery

Als mögliche Vorteile der EI durch den Einsatz von POS-Systemen werden genannt (vgl. Dambmann, W.: Überlegungen zu POS-Systemen 1985, S. 6):

1. Beschleunigung des Kassiervorgangs und, dadurch bedingt, eine Reduzierung der benötigten Kassenplätze
2. höhere Sicherheit: das Kassierpersonal wird von komplizierten Bargeldmanipulationen oder von einer zeitaufwendigen Schecktransaktion entlastet.

3. Reduzierung des Überfalls- und Diebstahlrisikos
4. Reduzierung von Float-Verlusten bei Scheckzahlungen, da dem Händler der Rechnungsbetrag schneller als bei Scheckzahlung auf dem Konto gutgeschrieben wird
5. Reduzierung des Fehlers- und Betrugsrisikos durch eigene Angestellte.

Einigkeit herrscht zwischen Banken und Einzelhandel in den folgenden Punkten:

- Freiwilligkeit der Teilnahme
- POS-Geldkarten gleichrangig neben Barzahlung, Scheck und Kreditkarten
- technisch möglichst einheitliche Systeme
- Warenwirtschaft und Banken-POS müssen leicht zu verbinden sein
- Sicherheit der Handhabung muß sehr hoch sein
- mittelfristig wird ein Übergang von Magnet- zu Chipkarten stattfinden, bis dahin werden noch Hybridkarten eingesetzt

(vgl. Hoch, P.: Strategie und Technik am Point of Sale aus der Sicht der Kreditwirtschaft 1986, S. 5).

Neben diesen Vorteilen und den Gemeinsamkeiten beider Seiten (Einzelhandel und Kreditwirtschaft) ist dagegen die Verteilung der variablen Kosten zwischen Verbrauchern, Banken und Handel strittig (vgl. Tietz, B.: POS-Banking 1985, S. 275-284; Zellekens, H.-J.: Geldkarten-Systeme 1985, S. 58-76). Umstritten sind auch die Nutzen der am elektronischen Zahlungsverkehr beteiligten Partner. Übereinstimmend sind aus Sicht der Handelsunternehmen kaum Rationalisierungsvorteile zu erkennen, da elektronische Systeme nicht an die Stelle konventioneller Systeme (Bargeld, Euroscheck, Kreditkarten u.ä.) treten, sondern als weitere Variante mit einem zunächst marginalen Anteil am Transaktionsvolumen hinzukommen. "So sind auch Aussagen über Produktivitätssteigerungen am Check-Out fragwürdig . Hier drängen sich Parallelen zu den Aussagen der Hardware-Lieferanten im Zusammenhang mit Scanning auf, die sich in Europa nicht bewahrheitet haben." (Zentes, J.: Strategie und Technik am Point of Sale aus der Sicht des Handels 1986, S. 10).

Die Kostendiskussion zu POS-Banking zeigt erhebliche Differenzen in der Beurteilung auf. Modellberechnungen von RGH und GZS zeigen am Beispiel von SB-Warenhäusern folgende Situation auf (vgl.: Zellekens, H.-J., Fontaine, J.: Zahlungsart Geldkarte 1985, S. 194 ff.; Hoch, P.: Strategie und Technik 1986, S. 6f):

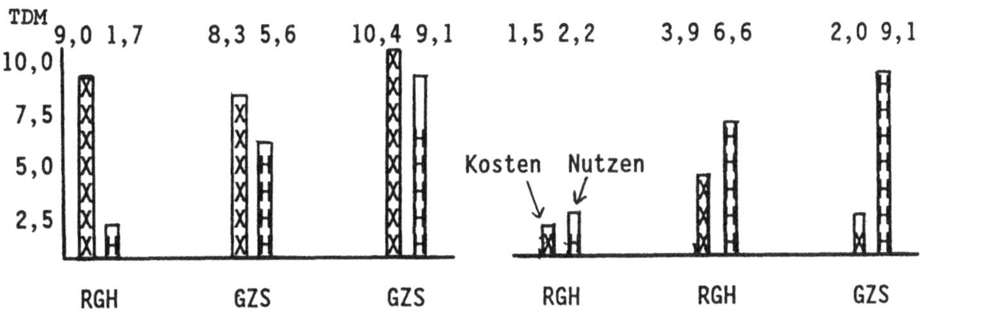

a. POS-Banking mit Magnetkarten

b. POS-Banking mit Chip-Karte

Die Grundannahmen sind: SB-Warenhaus, 80 Mio. DM Jahresumsatz, 20 Kassen mit Terminals, 4.500 Kunden/Tag, 4,6 % Scheckanteil mit einem durchschnittlichen Betrag von DM 123,00 sowie 22,6 % Barzahlungen mit einem Betrag von über 50 DM

Abb. IV.3.1.4.2:	POS-Banking Modellrechnungen am Beispiel SB-Warenhaus

Da die Modellrechnungen weitgehend auf gleichen Grundannahmen basieren, jedoch deutliche Unterschiede bzgl. der Verbreitung der POS-Geldkarten machen, ist zu schließen, daß die Größenordnung der Differenzen ein Indiz für die noch unsichere Entwicklungssituation in diesem Bereich ist.

Die Einbindung eines POS-Banking-Systems in das Warenwirtschaftssystem eines Einzelhandelsunternehmens wird in Abbildung IV.3.1.4.3 dargestellt.

Die auf der Karte enthaltenen Daten - für das Handelsunternehmen nicht unmittelbar personifizierbar - zeigt Abbildung IV.3.1.4.4.

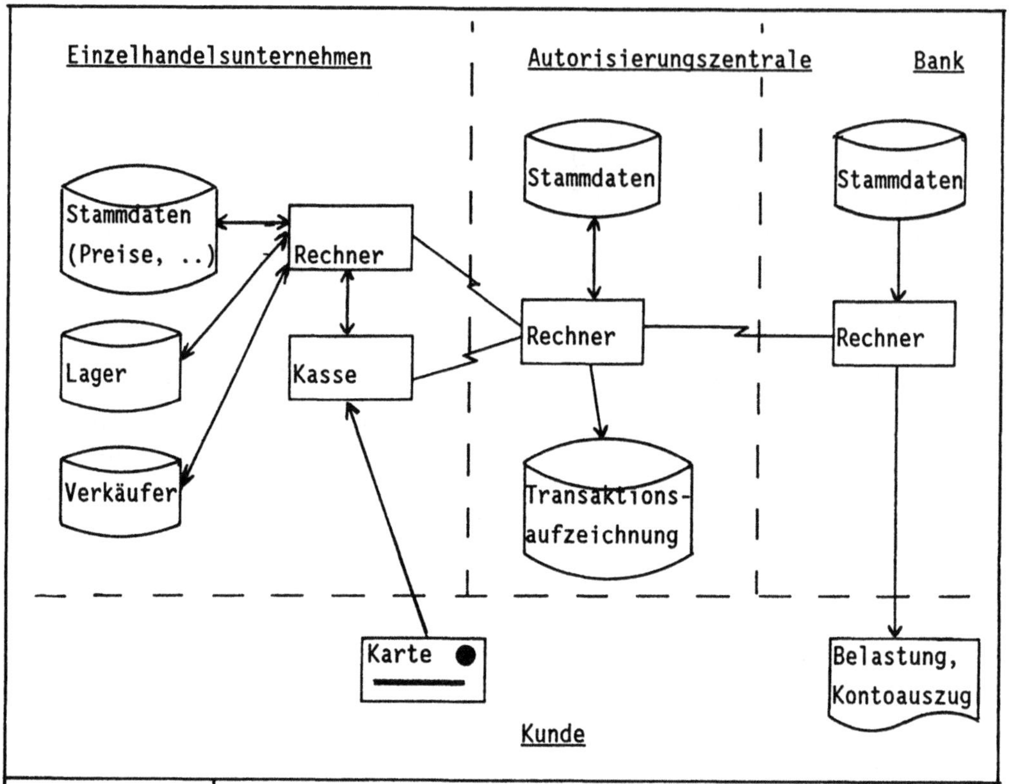

Abb. IV.3.1.4.3: Integration eines POS-Systems in ein Warenwirtschaftssystem

- Kartenbetreiber
- Kreditinstitut
- Kartennr.
- PIN (persönliche Identifikations-Nr.)
- technische Daten
    -- letzter Gebrauch
    -- max. Einzelbetrag
    -- Restguthaben (bei Debitkarten).

Abb. IV.3.1.4.4: Daten einer POS-fähigen Karte

Sofern diese Daten mit dem gewünschten Einkaufsbetrag harmonieren, der Kunde seine PIN korrekt an der Kasse erfaßt und damit keine ersten Abweisungsgründe vorliegen, werden die Daten entweder unmittelbar oder über einen zwischengeschalteten Rechner festgehalten und anschließend zur Autorisierungszentrale übermittelt. Die hierzu notwendigen Daten sind:

- Unternehmen (Betriebsstätten-Nr.) - Vorgangs-Nr. - Kartenbetreiber - Kreditinstitut - Kartennr. - gewünschter Betrag (Einkaufsbetrag) - Prüfdaten	
Abb. IV.3.1.4.5:	Datenelemente bei Überprüfungs-Anfrage

Die erhaltenen Transaktionen werden von der Autorisierungszentrale protokolliert, gegen Sperr- und Fehlmeldungen der angeschlossenen Banken überprüft und eine entsprechende Freigabe- oder Ablehnungsmeldung an den Absender zurückgeschickt. Diese umfaßt die Datenelemente der Abbildung IV.3.1.4.6.

- Unternehmen - Vorgangs-Nr. - Status (o.k., teilweise, Ablehnung) - max. Freigabebetrag - Autorisierungsnr	
Abb. IV.3.1.4.6:	Datenelemente einer Überprüfungs-Rückmeldung

Die erhaltenen Daten werden gleichfalls protokolliert und führen zum Ausführen der entsprechenden Aktionen am POS.

Grundsätzlich ergeben sich erweiterte Möglichkeiten, das Kundenkaufverhalten <u>im</u> Betrieb zu analysieren, evtl. auch über längere Zeiträume. Diese Möglichkeiten sind prinzipiell im Scheckgeschäft ebenfalls möglich, würden die Kassiererinnen die Scheckdaten (BLZ, Konto-Nr., Scheck-Karten-Nr.) erfassen. Dies wird als sehr zeitaufwendig beurteilt.

Die Einführung umfassender elektronischer Zahlungssysteme stößt aber auf erheblichen Widerstand seitens zahlreicher Wirtschaftsgruppen, insbesondere im Einzelhandel und im Dienstleistungsbereich, da sie befürchten, in einem weitgehend von Banken dominierten Zahlungssystem langfristig nicht nur zusätzliche Kosten tragen zu müssen, sondern sich auch zusätzliche Abhängigkeiten ergeben könnten. So haben beispielsweise in der Schweiz verschiedene Einzelhandelskreise den Grundsatzentscheid getroffen, sich in einer Arbeitsgemeinschaft zusammenzuschließen. Gegenüber den Banken soll eine einheitliche Strategie entwickelt werden. Empfohlen wurde allen Dienstleistungsbereichen, die sich für den Anschluß an ein solches Zahlungssystem interessieren, vorerst von Vertragsabschlüssen Abstand zu nehmen (vgl.: o.V.: Der "transparente Konsument" als Schreckensbild der Datenschützer 1987).

3.2 Die Integration zum Transportwesen

Beim Transport vom Versender (i.a. Lieferant) zum eigentlichen Empfänger (Kunde, Niederlassung, Außenstelle, Lager etc.) sind häufig mehrere Unternehmen eingeschaltet. Ausdruck dieser Vielzahl von beteiligten Unternehmen gibt das HGB in §§ 407, 408 und 415. "Spediteur ist, wer es gewerbsmäßig übernimmt, Güterversendungen durch Frachtführer oder durch Verfrachter von Seeschiffen für Rechnung eines anderen (des Versenders) in eigenem Namen zu besorgen." (§ 407 (1) HGB).
"Der Spediteur hat die Versendung, insbesondere die Wahl der Frachtführer, Verfrachter und Zwischenspediteure ... auszuführen." (§ 408 (1) HGB).

Damit ist zum Ausdruck gebracht, daß der Spediteur selbst nur Frachtvermittler ist, ohne mit den Gütern in Berührung zu kommen. Ein Spediteur kann jedoch zugleich auch Frachtführer sein. Unter Umständen kooperieren mehrere Spediteure bei einem Transport, d.h. der vom Versender beauftragte Versandspediteur beauftragt seinerseits einen "Empfangsspediteur", die Güter zum Empfänger zu transportieren bzw. den Transport dorthin zu organisieren. Häufig sind auch mehrere Frachtführer nacheinander beteiligt, etwa im grenzüberschreitenden Verkehr oder beim Wechsel von Transportmitteln (Bahn, LKW, Flugzeug, Schiff). Somit zeigt sich, daß bei einem Transport vom Versender zum Empfänger zahlreiche Stellen eingeschaltet sein können. Man spricht von "Transportketten". Im Folgenden umfaßt der Begriff Transporteur alle Spediteure und Frachtführer.

Abb. IV.3.2.1 (vgl. Städtler, M.: Zwischenbetriebliche Integration im Güterverkehr, S. 22) zeigt eine Transportkette für einen Fall mit Versandspediteur, Zwischenspediteur, Empfangsspediteur und mehreren Frachtführern; weiterhin werden Unterfälle dargestellt.

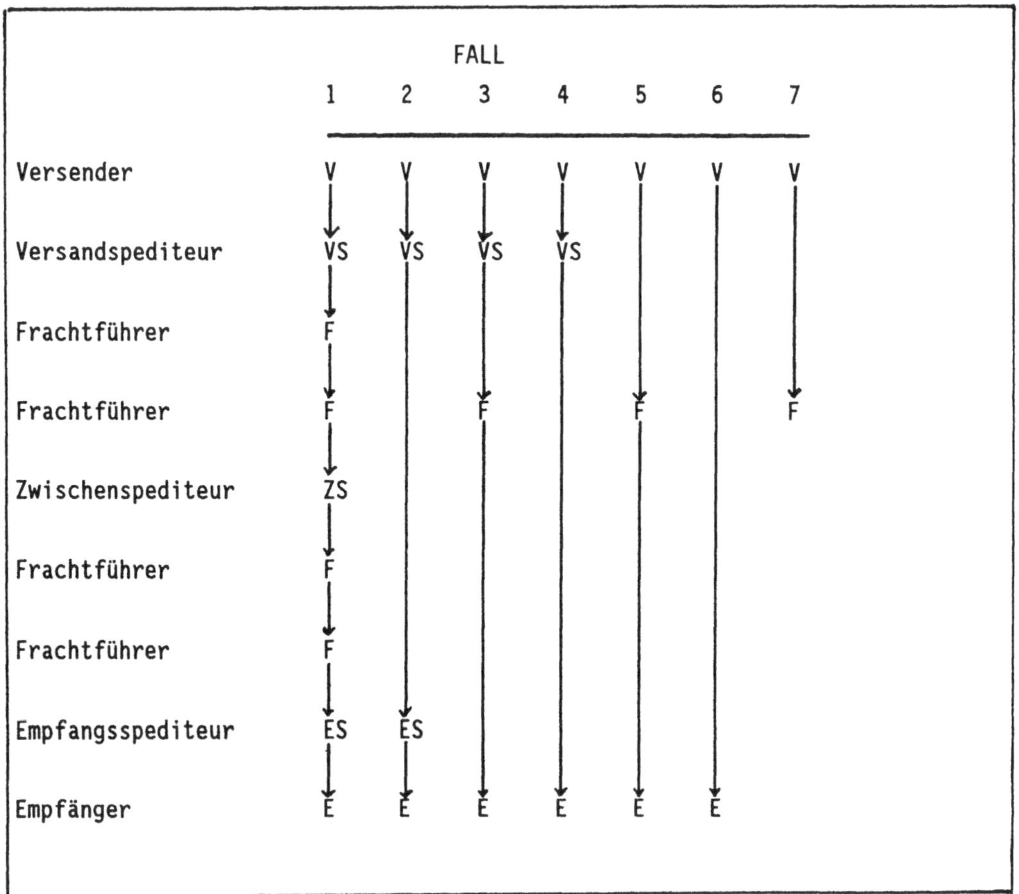

Abb. IV.3.2.1: Transportketten

Einen vereinfachten Überblick der Informationsbeziehungen in der Transportkette gibt Abb. IV.3.2.2 (vgl. Raumer, L.: Informationsbeziehungen 1983, S. 16). Dabei geht er nicht auf die organisatorisch zwischengeschalteten Spediteure ein. Dies entspricht dem Fall 5 in Abb. IV.3.2.1.

Eine komplexere Darstellung der Möglichkeiten des externen Informationsaustauschs gemäß Abb. IV.3.2.1 zeigt die Abbildung IV.3.2.3.

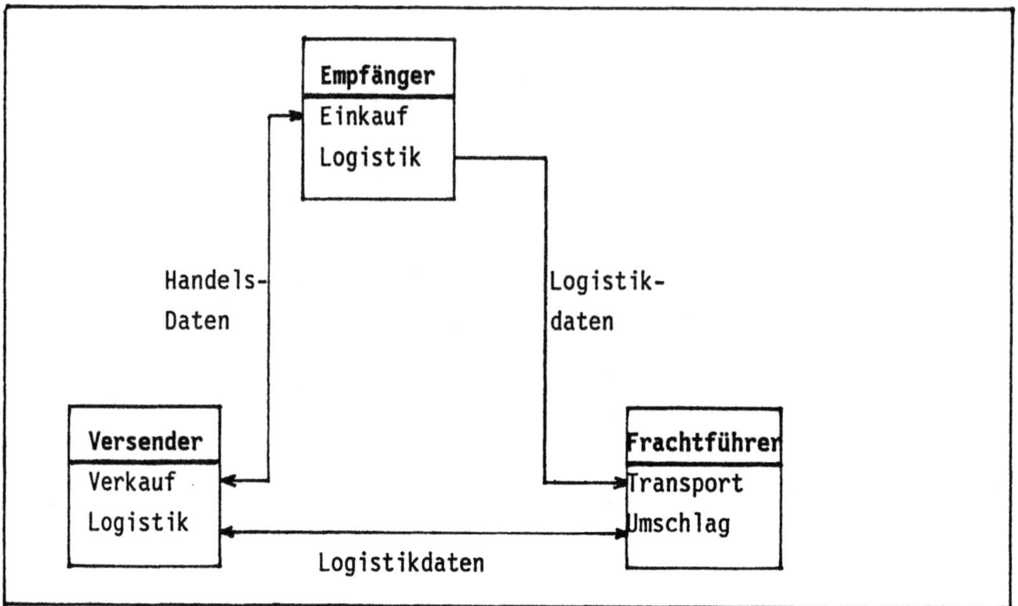

Abb. IV.3.2.2: Datenbeziehungen für einen einfachen logistischen Fall

Der Transport von Gütern entlang der Transportkette benötigt zahlreiche Informationen, deren Ausfluß die bekannten zahlreichen Begleitpapiere (Lieferschein, Rollschein, Wareneingangsavis, Wareneingangsschein, Speditionsübergabeschein, Ladehilfsmittel-Begleitschein, Leergutschein und weitere) sind. Ziel von Transporteur, Versender und Empfänger ist es die Waren

- zum richtigen Zeitpunkt
- am richtigen Ort
- in korrektem Zustand
- in der bestellten Menge
- auf dem wirtschaftlichsten Weg

bereitzustellen.

Allerdings weisen die heutigen Transportketten - selbst unter Einbeziehung der externen Integration - erhebliche Mängel auf (vgl. zu den folgenden Ausführungen: Raumer, L.: Informationsbeziehungen 1983, S. 16-22).

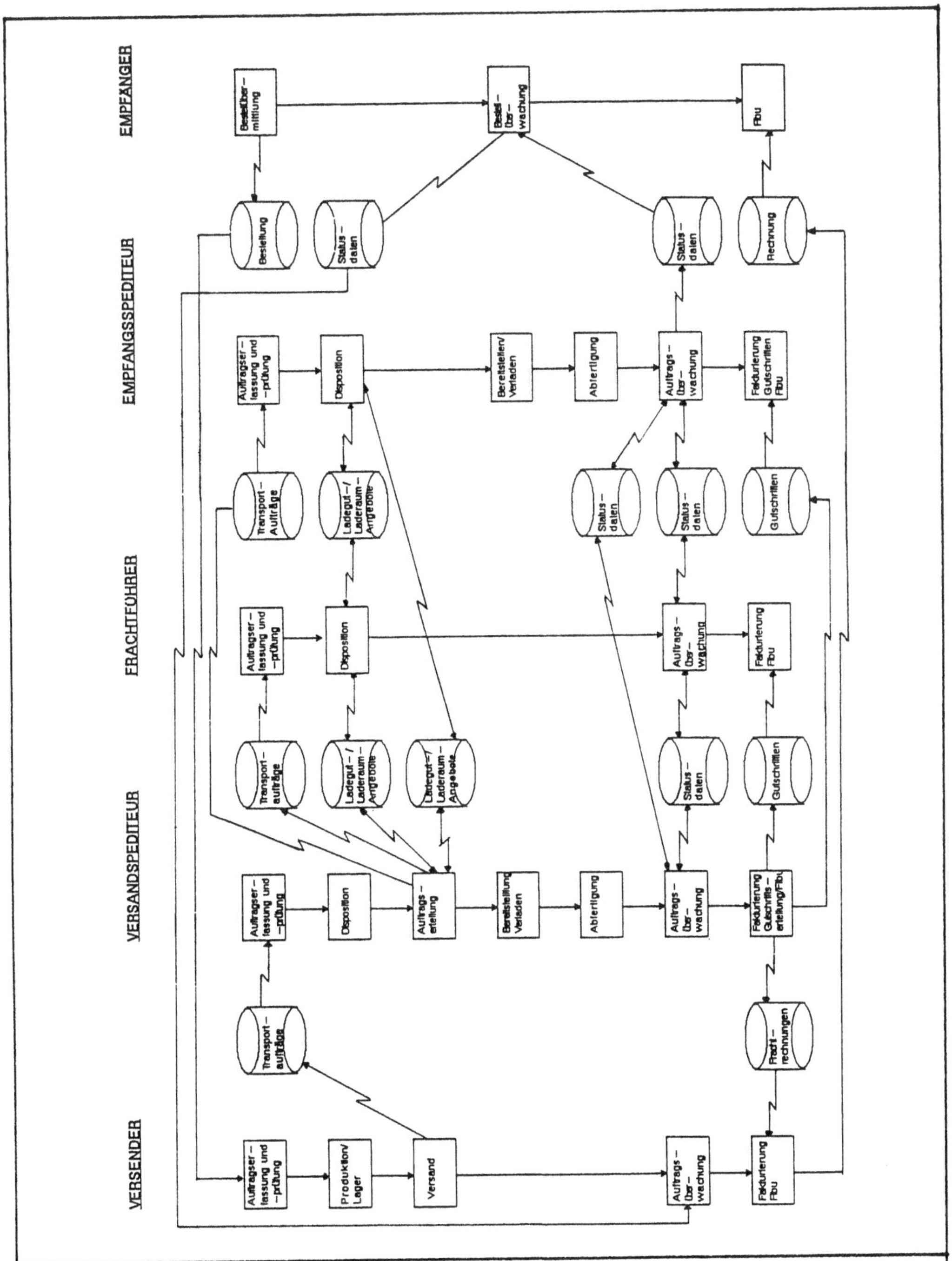

Abb. IV.3.2.3: Datenfluß in der Transportkette
vgl. Städtler, M.: Zwischenbetriebliche Integration im Güterverkehr 1984, S. 45

Warenempfänger

Der Einkäufer in seiner warenbezogenen Funktion ist sich nicht bewußt, daß er erheblich in logistische Prozesse eingreift, wenn er Liefertermine (etwa auf Wochenbasis) vereinbart, die ausschließlich auf Warenverfügbarkeit (etwa zu Aktionen) abzielt. Die Verfügbarkeit von geeignetem Lagerraum und Abfertigungskapazität an der Rampe ist häufig unbekannt. Weiterhin ist die Entscheidung des Einkäufers über Zentrallager-Belieferung oder Streckengeschäft in vielen Fällen ein logistischer Eingriff, dessen Konsequenzen Einkaufsvorteile u.U. zunichte machen.

Die Spezifikation eines exakten Anlieferungstermins (enger Zeitraum, z.B. zwischen 9.00 und 9.30 Uhr, innerhalb des grob vereinbarten Liefertermins) wird häufig vom Einkauf wahrgenommen, ohne aktuelle Probleme im Empfangsbereich zu kennen.

Warenversender

Ziel des Warenversenders ist es, fertig produzierte Ware schnellstmöglich zum Kunden zu bringen. Dafür sprechen die verringerte Beanspruchung von Lagerkapazität und die vorgezogene Rechnungsstellung. U.U. werden Liefertermine nicht beachtet bzw. wird auf die spezielle Vereinbarung eines dem Empfänger genehmen Anlieferungstermins verzichtet.

Frachtführer/Spediteur

Der Frachtführer legt seine Touren eigenverantwortlich nach folgenden Kriterien fest:

- Minimierung der Wegstrecke
- Auslastung der Lastzüge/ Fahrzeuge
- Energieeinsatz
- gesetzliche Auflagen für das Fahrpersonal
- Tarifsystem der Spediteure
- Anlieferungszeiten beim Kunden
- Be-/ Entladungszeiten.

Er kann nicht verhindern, daß neben ihm zahlreiche weitere Spediteure gleiche Überlegungen anstellen. Damit entstehen Stoßzeiten, zu denen alle beliefern wollen. Zwar sehen Empfehlungen des RGH (RGH, Rationalisierungsbrief Nr.2, "Lieferbedingungen") und der CCG (SELOS) vor, daß Fahrzeuge mit einer festen Anlieferungszusage bevorzugt abgefertigt werden, andere sich in die Warteschlange derer einordnen, die keine Termine abgesprochen haben. Dennoch zeigt sich nach Untersuchungen der Versenderseite, daß 80% der bestätigten Anliefertermine nicht eingehalten werden und zwar ohne Information. Die daraus zu erwartenden Unzuträglichkeiten sind für beide Seiten unbefriedigend.

Eine Lösung dieser Probleme verlangt eine logistische Planung, die mit Beginn des Verkaufs-/Einkaufsvorgangs einsetzt. Versender und Empfänger nutzen die ihnen bekannten Termine, die bei Bedarf aktualisiert werden, zu einer vorläufigen Grobplanung für Personaleinsatz, Raumverfügbarkeit und zur internen Abstimmung mit anderen Bereichen. Zu einer exakten Terminierung (Bestimmung Anlieferungstermin) mit der Einplanung der Ressourcen kommen Versender und Empfänger einige Tage vor dem Versand. Diese Termine sind Grundlage für die Raumbereitstellungsplanung des Versenders, das Einholen von Transportangeboten und die Vergabe von Transportaufträgen (vgl. auch Abb. IV.3.2.4.1: Planungsstufen in der Transportkette).

Die Schnittstellen in der Transportkette verdienen eine besonders umfangreiche Betrachtung, da sie über mehrere Unternehmen hinweg gehen.

3.2.1 Schnittstellen zwischen Transporteur und Versender

Die Schnittstellen zwischen Versender und Transporteur sind:

-1- Auswahl eines Transporteurs (genauer Versandspediteur)
-2- Übermittlung der Transportaufträge vom Versender zum Transporteur
-3- Statuskontrollen über Auslieferungsfortschritte
-4- Übermittlung Frachtrechnung vom Transporteur zum Versender (und umgekehrt).

1. Sieht man von gewachsenen Strukturen bzw. von vertraglichen Vereinbarungen zwischen Versender und Spediteuren ab (z.B. hohe gegenseitige Abhängigkeit bei der Form der Abfertigungsspedition), so kann der Versender für jeden Auftrag oder jedes Auftragsbündel einen geeigneten Versandspediteur auswählen. Wichtigstes Auswahlkriterium wird dafür die Preiswürdigkeit und Zuverlässigkeit der Spediteure sein.
Zur Entwicklung eines Konzeptes zur externen Integration ist es notwendig, daß der Versender Transportanfragen generiert und einer Anzahl von Speditionen, die bestimmten Randbedingungen genügen, zuleitet. Dazu muß er vorab eine Frachtraumbereitstellungsplanung realisiert haben. Analog dem Vorgehen einer Anfrage im Handelsbereich bieten die Transporteure ihre Leistungen an. Zwar

sind die Transportunternehmen in der Bundesrepublik an feste Preise gehalten; dennoch besitzen sie zahlreiche Möglichkeiten durch Kombination von Sendungen günstigere Angebote zu erstellen. Der Versender ermittelt aus den eingehenden Transportangeboten eine zeitlich passende, zuverlässige und preisgünstige Alternative und beauftragt die entsprechenden Spediteure.

Je länger der Versender seine Aufträge im voraus mitteilen kann, desto erfolgreicher vermag der Transporteur preisgünstige Alternativen anzubieten. Gleichfalls ist der Versender selbst in der Lage, vorab eine Voroptimierung des Laderaumbedarfs durchzuführen.

Die Daten einer Transportanfrage und des Transportangebotes sind im wesentlichen identisch mit denen eines festen Transport-Auftrags (vgl. dazu auch: the Finnish Foreign Trade Association: Transport Information 1986, S. 17 sowie S. 20). Sie sind in Abb. IV.3.2.1.1 dargestellt.

2. Einen vergleichsweise einfachen Vorgang stellt die Übermittlung von festen Transportaufträgen vom Versender zum Transporteur dar. Analog einem Bestellauftrag zwischen Handelspartnern muß der Transportauftrag folgende Daten umfassen:

- Versender
- Empfänger
  - -- Rechnungsempfänger
  - -- Auslieferungsstelle(n)
- Transporteur
  - -- Empfangsspediteur
  - -- Frachtführer
- Transport-Auftrags-Nr.
- Auslieferungs-Bedingungen
- Versicherungs-Bedingungen
- Sendung (Anzahl, Volumen, Gewicht ...)
- Termine (Abholung, Anlieferung)
- Zahlungskonditionen zur Fakturierung
- Statusinformationen
- Transportdaten (Gefahrenklassen-Nr., Gefahrengut, Handlings-Daten Transportart und -weg)
- Zolldaten (Ein-, Ausfuhrgenehmigung, Zollstelle, Verzollungs-Code, Zolltarif, Zollverfahren).

Abb. IV.3.2.1.1: Datenelemente des Transportauftrags

Parallel zur Übersendung des Transportauftrags zum Transporteur erfolgt sinnvollerweise eine Mitteilung an den Warenempfänger, damit dieser seine Statusinformationen über die Bestellung und den voraussichtlichen Wareneingang aktualisieren kann.

3. In der Transportkette kann der Versandspediteur (vgl Abb. IV.3.2.1, Fall 1) weitere Unternehmen beauftragen. Diese melden ihm den jeweiligen Transportzustand (vgl. unten) zurück, damit der Versandspediteur Versender und Empfänger über den Fortschritt unterrichten kann. Diese Daten bilden eine Untermenge der Datenelemente aus Abb. IV.3.2.1.1. So können u.U. Daten über die Versicherungsbedingungen, Rechnungsempfänger, Zolldaten, Auslieferungsdaten wegfallen.

4. Bei der Ermittlung der Frachtrechnung bieten sich drei Möglichkeiten an:
 - Rechnungsverfahren
 - Gutschriftsverfahren
 - Clearingstelle.

Üblicherweise werden in der Transportkette anfallende Kosten vom Versandspediteur gesammelt. Die dabei auftretenden Probleme der EI zwischen Versandspediteur, Empfangsspediteur und Frachtführer werden hier nicht weiter behandelt. Beim Rechnungsverfahren ermittelt der Versandspediteur anhand der vom Versender erhaltenen Aufträge mit Versand- und Empfangsort, vereinbarten Konditionen und den gültigen Frachtberechnungsgrundlagen (vgl. Städtler, M.: Zwischenbetriebliche Integration im Güterverkehr 1984, S. 121 ff.) den in Rechnung zu stellenden Betrag und übermittelt diesen zusammen mit Auftragsnr. und Rechnungsnr. an den Versender. Dieser überprüft im Rahmen der Rechnungsprüfung diese Angaben, evtl. durch einen gleichartigen Rechenalgorithmus und überweist - sofern keine nennenswerten Differenzen auftreten - den Rechnungsbetrag an die Spedition.

Beim Gutschriftsverfahren ermittelt der Versender selbst die Rechnung und überträgt diese Daten parallel zur Geldüberweisung an den Versandspediteur. Die Vorteile für den Versender liegen in der vereinfachten organisatorischen Abwicklung (Rechnungsprüfung kann weitgehend entfallen, Frachtkosten können zu exakten Ist-Kosten den Auslieferungen zugerechnet werden), für den Versandspediteur in der beschleunigten Zahlung durch den Versender . Allerdings muß die Rechnungsprüfung jetzt vom Versandspediteur vorgenommen werden.

In beiden Fällen können Differenzen zwischen Versender und Versandspediteur bei der Berechnung der Frachtkosten auftreten. Ein umfassendes System zur EI muß auch diese Randbedingungen umfassen (Reklamations-Vorgänge). Evtl. auftretende Differenzen müssen somit incl. ihrer Ursachen zwischen den Geschäftspartnern ausgetauscht werden, ebenso korrigierte Rechnungen.

Das dritte Verfahren benutzt eine Clearingstelle (etwa DVRZ - Deutsches Verkehrs-Rechenzentrum in Darmstadt). Versender oder Versandspediteur übergeben die zur Berechnung benötigten Daten an die Clearingstelle (vgl. Auftrag). Diese führt die Frachtberechnungen durch und übermittelt die Ergebnisse an beide Geschäftspartner. Diese können dann entsprechend dem Gutschrifts- bzw. Rechnungsverfahren weiter vorgehen. Vorteil einer solchen Lösung ist für den Versender, daß viele Transporteure dieses System anerkennen und damit auch in der Lage sind, mit einer solchen Clearingstelle zu arbeiten. Dies trifft gerade für kleinere Transporteure zu. Gerade bei einer großen Zahl von möglichen Spediteuren kann eine Clearingstelle für den Versender Vorteile bieten, da er es hier nur mit einer einzigen Schnittstelle zu tun hat. Ansonsten muß er sich an wechselnde Systeme der Spediteure anpassen. Analog gilt diese Aussage auch umgekehrt für die Transporteure, die bei einer Clearingstelle sichergestellt haben, daß die Versender die Schnittstellen des Clearingzentrums weitgehend anerkennen.

Dieses Beispiel zeigt deutlich die Notwendigkeit allgemein anerkannter Standards für den Datenaustausch (vgl. Kapitel VI.1.).

3.2.2 Schnittstellen zwischen Transporteur und Empfänger

Zwischen Transporteur und Empfänger existieren folgende Schnittstellen:

-1- Bestellüberwachung/Statusmeldungen

-2- Übermittlung Frachtberechnung von Transporteur an Empfänger

1. Aufgrund der vom Warenempfänger dem Versender (Hersteller, Großhändler, Importeur, ...) übermittelten Bestellung führt der Empfänger eine kontinuierliche Bestellüberwachung (vgl. IV.1.4) durch. Für eine genaue Disposition der Ware ist der Lieferzeitraum häufig zu knapp. Aussagen des Lieferanten, daß die Ware versandt wurde, genügen bei einer zeitkritischen Abwicklung nicht. Daher erhält der Empfänger von den beteiligten Transporteuren (Versand-, Empfangsspediteur und Frachtführern) Zwischeninformationen, an welcher Stelle im Transportprozeß seine Lieferung sich befindet. Diese Informationen kann er dann mit den dem Versender übermittelten Konditionen und den eigenen Daten

vergleichen. Bei drohenden Verzögerungen sind damit noch Eingriffe möglich. Evtl. terminliche Verschiebungen können auf die interne Lagerraumkapazität und die Rampenkapazität abgestimmt werden. Ersatz- oder Notbeschaffungen bzw. Umlagerungen können u.U. noch veranlaßt werden.

- Empfänger
  - -- Rechnungsempfänger
  - -- Auslieferungsstelle(n)
- Transporteur
  - -- Frachtführer
- Transport-Auftrags-Nr.
- Sendung (Anzahl, Volumen, Gewicht ...)
- Statusinformationen
  - -- aktuelle Termine
  - -- derzeitige Position

Abb. IV.3.2.2.1: Datenelemente einer Transport-Status-Meldung

2. Ähnlich einer Warenrechnung können Transportrechnungen an den Empfänger gehen. Die heute übliche Abwicklung sammelt zwar die Kosten beim Versandspediteur, dieser übermittelt sie dem Versender, der wiederum berechnet sie - sofern nicht eine Lieferung frei Haus vereinbart wurde - dem Empfänger. Da Warenrechnungen meist versandt werden, bevor die Transportrechnungen vorliegen, behelfen sich Unternehmen häufig mit kalkulatorischen Transportkosten - insbesondere auch in der Ertragsrechnung.

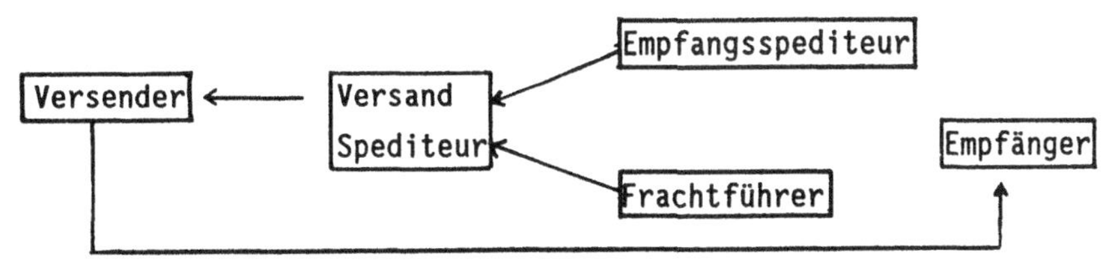

Abb. IV.3.2.2.2: Traditionelle Rechnungsstellung Transportkosten

Grundsätzlich ist es möglich, die Rechnungsstellung - wenn der Empfänger die Transportkosten zu tragen hat - unmittelbar vom Versandspediteur an den Warenempfänger zu richten. Die Schnittstellenprobleme bzw. die Alternativen sind analog der 4.Schnittstelle (Rechnungs- Gutschrifts- oder Clearingverfahren) Versender-Versandspediteur lösbar.

3.2.3 Schnittstellen zwischen Spediteuren und Frachtführern

In ähnlicher Weise existieren auch zwischen Spediteuren und Frachtführern erhebliche Schnittstellen. Diese sind am weitesten automatisiert (vgl. Antz, H.: Transport-Disposition mit Bildschirmtext 1986).

Die für den Frachtführer notwendigen Daten stellen eine Teilmenge der vom Versender an den Versandspediteur übermittelten Daten dar, evtl. abgeändert auf die spezielle Teilstrecke des jeweiligen Frachtführers und sollen hier nicht untersucht werden

3.2.4 Konsequenzen der externen Integration auf die Transportplanung

Die grundsätzliche Konzeption einer verbesserten Planung und Information zwischen Lieferant, Spediteur und Kunde (Warenempfänger) ist in Abb. IV.3.2.4.1. dargestellt.

Dabei sind weitere Planungsstufen innerhalb der Transportkette nicht dargestellt. Diese können noch deutlich komplexer sein, etwa wenn verschiedene Frachtführer unterschiedliche Transportwege (Wasser, Schiene, Straße, Flug) nutzen und mehrere nationale Bestimmungen zu beachten sind.

Mit einem derartigen Ansatz wird die Transportkette deutlich verbessert. Andererseits ist nicht sichergestellt, daß alle Unternehmen in gleicher Weise Vorteile daraus ziehen:

- Gelingt es dem Abnehmer stärker als bisher exakte Anlieferungszeiten vorzugeben (entsprechend seinen Bedarfen und Logistikvorstellungen) und durchzusetzen, bedeutet dies für den Versender einen Teilverlust seines Handlungsspielraums. Traditionell wird die Ware zum frühest möglichen Zeitpunkt ausgeliefert (aus Lagerhaltungsgründen) und fakturiert. Insbesondere bei industriellen Erzeugern mit geringer Fertigungsflexibilität wird dies zu einer vermehrten Kapitalbindung (Lageraufbau) führen, wenn nicht mittelfristig andere Produktionskonzepte entwickelt werden.
- Die Logistik greift u.U. stark in die Finanzdisposition ein. Sofort mit Warenerhalt fällige Rechnungen (evtl. mit Abbuchungserlaubnis für Lieferanten) führen zu der Situation, daß aus Lagergesichtspunkten kurzfristige Finanzierungsspitzen anders ausfallen als bei Kenntnis des Zusammenhangs.

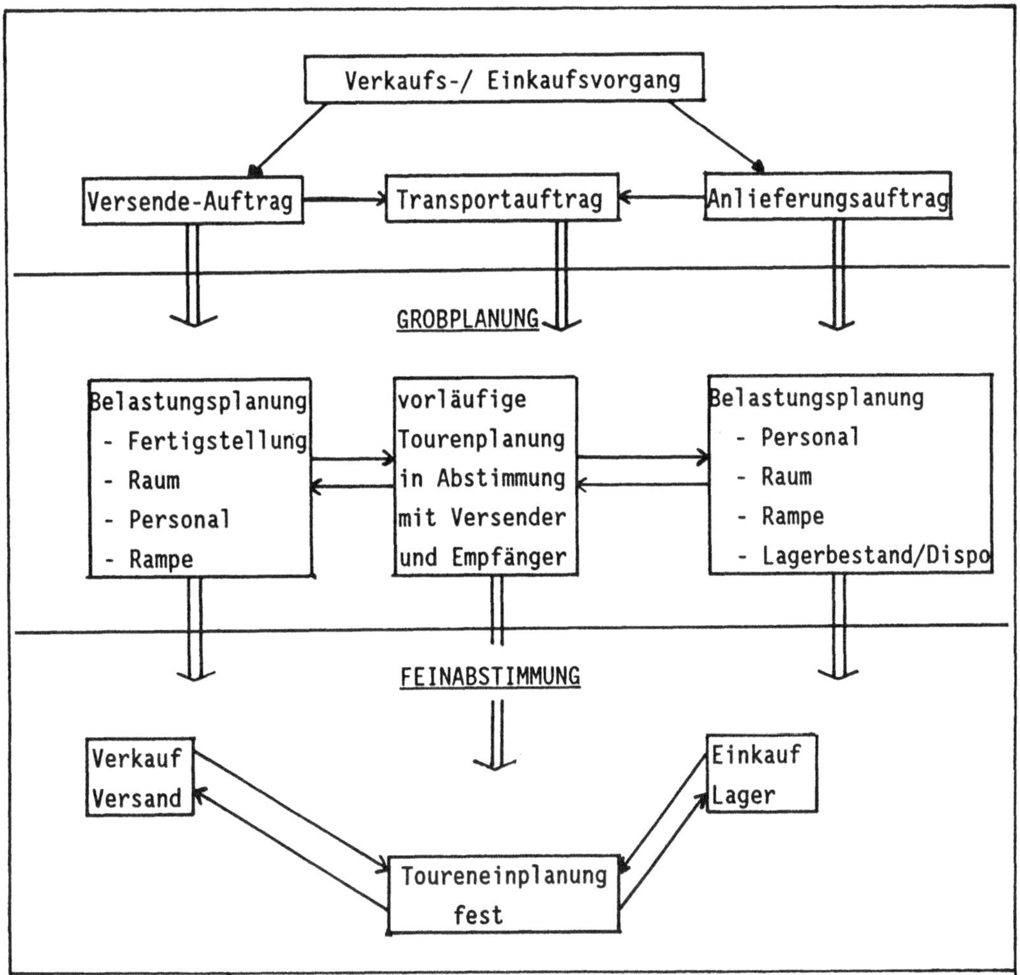

Abb. IV.3.2.4.1:	Planungsstufen der Abstimmung in der Transportkette

Die Bedeutung einer gleichgewichtigen Rampenauslastung und ihre Beachtung in den Transportketten wird bei Raumer (vgl. Raumer, L.: Informationsbeziehungen 1983, S. 22) dargestellt.

IV.3.3 Die Integration mit Versicherungen

Im Zusammenhang mit dem Warengeschäft und der zur Aufgabendurchführung des Unternehmens notwendigen Hilfsmittel fallen zahlreiche Risiken an (Nichtzahlung, Beschädigung, Diebstahl, Vernichtung, Verlust). Diese können an unterschiedlichen Objekten des Unternehmens auftreten:

- Warenbestände
- Außenstände (Debitoren)
- Immobilien
- Einrichtungen (Laden, Lager, Maschinen, sonstige Anlagen).

Neben diesen materiellen Werten können auch immaterielle Werte wie Betriebsverfügbarkeit und Lieferbereitschaft versichert werden.

Für die Betrachtung einer EI zwischen Handelsunternehmen und Versicherungen kommen folgende Bereiche in Betracht:

- Sachversicherungen
  - -- stationäre Sachversicherung für die o.g. Objekte
  - -- Transportversicherung
- Vermögenswertversicherungen
  - -- Kreditversicherungen
  - -- Betriebsunterbrechungsversicherungen.

Z.Z. sind derartige Kommunikationsbeziehungen ausschließlich papier- oder beleggebunden realisiert. Lediglich mit einigen großen Unternehmen werden einmal jährlich Daten DV-gerecht ausgetauscht, hier überwiegend zur Kontrolle der Entwicklung der Versicherungswerte.

Für die stationäre Sachversicherung wäre denkbar, daß die Versicherungen dem Versicherungsnehmer eine 100%-Deckung seiner Warenbestände und sonstigen Immobilien- und Einrichtungswerte garantieren, von ihm aber nicht einen permanent zu hohen Versicherungswert verlangen. Vielmehr richtet sich der Versicherungswert nach einem Durchschnitt, der sich aus regelmäßigen Meldungen des Versicherungsnehmers über Bestandsveränderungen nach Struktur und Wert ergibt. Hier sind zwei Datenquellen nutzbar:

- Lagerbestände bewertet zu EK- und VK-Preisen aus dem Warenwirtschaftssystem
- Anlagegüter aus der Anlagebuchhaltung bewertet mit Versicherungswerten.

Transportversicherungen sind üblicherweise auf den Warenwert, die Entfernung, die Transportart etc. abzuschließende Verträge. Sofern es sich nicht um Speditionen handelt, die selbst versichert sein müssen (§ 39 a) ADSp), sondern um Auftraggeber, die einzelne Zusatzrisiken versichern wollen, so ist es denkbar, diese Versicherungsart bei häufigerem Auftreten zwischen Versicherungsunternehmen (Anbieter) und Nachfragern zu automatisieren.

Bei Kreditversicherungen ist vorstellbar, daß ein Unternehmen seiner Versicherung neue Geschäftsverbindungen (Kunden) elektronisch mitteilt und daß die Versicherung dem Unternehmen daraufhin den maximal versicherten Betrag bzw. die dabei entstehenden Kosten meldet. Der versicherte Betrag wird anschließend der Debitorenbuchhaltung übergeben und dient dort der Kreditüberwachung wie auch zugleich dem Vertriebssystem als Kunden-Kreditlimit.

Weitere Versicherungsformen sind nicht unmittelbar aus den dv-gestützten Funktionsbereichen ableitbar und damit nicht unterstützbar.

Ansätze für eine Integration ergeben sich aus den Versicherungsrechnungen, die ebenso wie Warenrechnungen genau spezifizierte Angaben enthalten. Für die Anlagenbuchhaltung ist es vorstellbar, die Preisindices differenziert nach Anlagenklassen jährlich dv-gerecht von der Versicherung an die Versicherungsnehmer zu übermitteln.

Ansonsten weist dieser Bereich - bzgl. Datenvolumen und seiner Bedeutung hinsichtlich des operativen Aufwands in der Abwicklung und der geringen Wiederholfrequenz - nur ein geringes Potential zum Einsatz der EI auf.

3.4 Die Integration mit Marktforschungsunternehmen

3.4.1 Überblick

Die warenwirtschaftlichen Informationsprozesse zwischen Handelsunternehmen und ihren Zulieferern bzw. der Industrie beinhalten auch die Kommunikation von Marktdaten (vgl. Zentes, J.: Konzeption und Aufbau integrierter Warenwirtschaftssysteme 1982). Da die derzeitigen Marktdatenerhebungen, die in die Konsumenten- und die Handelspanels eingeteilt werden, sehr aufwendig und zudem oftmals fehlerbelastet sind, liegt es nahe, mit den artikelgenau ermittelten

Abverkaufsdaten der Scannertechnologie im Einzelhandelsbereich Marktforschung zu betreiben.

Die im Einzelhandel (hier insbesondere Lebensmittel-Einzelhandel) vorhandenen Warenwirtschaftssysteme sind somit in Verbindung mit Scannerinstallationen die Grundlage einer artikelgenauen und zeitnahen Marktdaten-Kommunikation. In anderen Märkten muß diese Information nicht unbedingt aus der Endverbraucherstufe stammen, sondern hier kann es auch ausreichend sein, die Warenwirtschaftssysteme der Großhandelsstufe zu nutzen. Dies gilt immer dann, wenn der Großhandel zeitnah Dienstleistungen für eine große Anzahl von Betriebsstätten erbringt, die nicht oder mit nur unmäßigem Aufwand qualitativ gleichwertige Artikeldaten liefern könnten (etwa im Pharma- oder im Tabakwarenbereich).

In der Bundesrepublik laufen derzeit mehrere Projekte zur Nutzung von Scannerdaten des Einzelhandels (vgl. Zentes, J.: Neuere Entwicklungen in der Marktforschung 1987), S. 37):

- MADAKOM der CCG
- ERIM-Panel der GfK
- Scan-Track von A.C. Nielsen

sowie die Testmarktsysteme

- GfK Behaviourscan und
- Nielsen Telerim.

Diese Systeme basieren alle auf einem multilateralen Datenaustausch über eine Clearingzentrale (vgl. MADAKOM-Darstellung in Kapitel IV.3.4.2).

Im Gegensatz dazu haben sich bilaterale Datenaustausche zwischen einzelnen Marktpartnern in der Vergangenheit schon fest etabliert. So sind z.B. in einer Branche oder in einer Region führende Großhandelsunternehmen in der Lage, Vergleichsdaten der Absatzmengen und -werte zu liefern, an denen die Marketingabteilungen der Hersteller großes Interesse besitzen.

Auf diese bilateralen Formen soll nicht näher eingegangen werden. Statt dessen wird das MADAKOM-Konzept der CCG vorgestellt.

3.4.2 Das MADAKOM-Konzept

MADAKOM (Marktdaten-Kommunikation) ist ein System der Datenbeschaffung und -bereitstellung zwischen Industrie und Handel, wobei bislang ausschließlich Scanner-Artikeldaten aus ausgewählten Verkaufsstellen erhoben wurden (o.V.: 20.000.000 Scannerdaten abrufbereit 1987, S. 26). Nach erfolgreich abgeschlossenem Test startete im Juli 1987 die Pilotphase, die mindestens bis Ende 1988 dauern soll (o.V.: MADAKOM-Test bestanden 1987, S. 21). Derzeit liefern ca. 20 Handelsorganisationen aus 100 Verkaufsstellen wöchentlich artikelbezogene Daten über Verkaufsmenge und -wert.

Die Datenströme und ihre jeweilige Übertragungsart sind in Abbildung 3.4.2.1 dargestellt (aus Hagen, K.H., Schulte, K.: Marktdatenkommunikation jetzt realisieren 1983, S. 18).

Die artikelbezogenen Rohdaten werden von den Scannerkassen der Verkaufsstellen direkt oder über ihre zuständige Handelsorganisationen an einen neutralen Datenpool geliefert, der z.Z. im Auftrag der CCG von der GfK betreut wird.

Online-Verbindungen zwischen Scannerkassen und Datenabnehmern sind aus Wirtschaftlichkeitsgründen nicht vorgesehen (vgl. Spitzlay, H.: Madakom-Test vor dem Start 1986, S. 25). Die Daten sollen in folgenden Rhythmen abgeliefert werden (vgl. Spitzlay, H.: Madakom-Test gestartet 1986, S. 36): 6 Wochentage, 6 Wochen, 6 Monate sowie jährlich.

In der letzten Ausbaustufe sollen bis zu 1000 Verkaufsstellen Daten zur Verfügung stellen, um eine ausreichende Repräsentanz der Auswertungsergebnisse zu gewährleisten (o.V.: 20.000.000 Scannerdaten abrufbereit 1987, S. 27).

Die dem Datenpool zur Verfügung gestellten Daten zeigt Abbildung IV.3.4.2.2 (o.V. 20.000.000 ... 1987, S. 25; o.V.: MADAKOM-Test gestartet 1986, S. 36). Diese Daten sind differenziert nach Artikeln und Tagen. Feinere Differenzierungen sind möglich, etwa nach Tageszeiten.

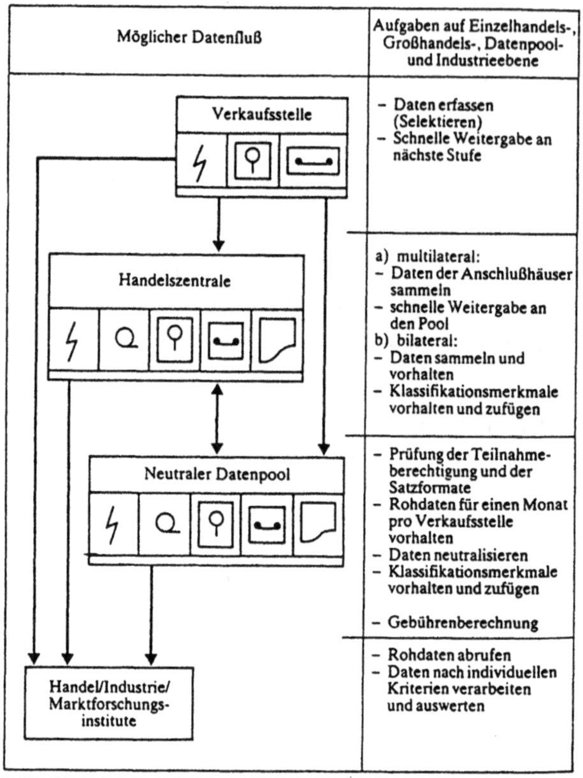

Abb. IV.3.4.2.1: Der Datenfluß im MADAKOM-System

- Betriebsstättennummerierung (bbn)
- EAN (Artikelnummer)
- Artikelkurztext
- Verkaufseinheit
- CCG-Klassifikation
- Mehrstückmultiplikator
- Menge der verkauften EAN-Einheiten
- Verkaufspreis
- Aktionssymbole

Abb. IV.3.4.2.2: Auswertbare Daten in Madakom

Der Datenpool hat die Aufgabe einer Anonymisierung der eingehenden Daten. Hierbei hat insbesondere die Umsetzung der Betriebsstättennummerierung eine hohe Priorität. Im Datenpool erfolgen Ergänzungen der vorliegenden Daten, etwa nach Standort, Wirtschaftsraum, Vertriebskanal, Verkaufsstellen-Typologie etc.

Diese Daten können von Interessenten wiederum angefordert werden. Dazu wurde gleichfalls ein austauschbarer Auftrags-Satz entwickelt, der die Selektions-Parameter enthält. Als Ergebnis werden die anonymisierten Daten zur Verfügung gestellt (Magnetband) oder auch in Listenform aufbereitet. Rückschlüsse auf einzelne Verkaufsstellen sind nicht möglich.

Kriterium	Traditionelles Haushaltspanel	Scanner-Haushaltspanel
Kosten	hoch	niedrig
Erhebungsmodus	erinnerte Käufe und Preise	tatsächliche Käufe und Preise
Belastung für Haushalt	sehr hoch	sehr gering
Berichtszeitraum	1 Monat	1 Woche oder 1 Monat
Informations-umfang	Informationen nur über gekaufte Alternativen	Informationen über alle verfügbaren Alternativen
Reliabilität	wahrscheinlich gering	abhängig von Vorzeigen der Karte, Marktabdeckung etc., sicher höher
Interne Validität	wahrscheinlich gering	abhängig von Vorzeigen der Karte, Marktabdeckung etc., sicher höher
Externe Validität	hohe Verweigerungsquote, Paneleffekt reaktive Messung	niedrige Verweigerungsquote, Paneleffekt verschwindet, nicht reaktive Messung, Gefahr atypischen Einkaufs wegen Umsatzbonus
Kosten	sehr hoch (Porto, Rekrutierung, Datenerfassung)	in nahezu allen Positionen weitaus geringer

Abb. IV.3.4.3.1: Ein qualitativer Vergleich von traditionellem und Scanner-Haushaltspanel

3.4.3 Auswirkungen auf die Marktforschung

Die skizzierten Wege zur Datengewinnung und -verarbeitung werden bei den Marktforschungsinstituten erhebliche Auswirkungen zeigen. So wird den traditionellen Untersuchungen zur Datengewinnung eine geringere Rolle zukommen. Die Funktion der Datenerhebung wird verstärkt auf den Handel übergehen.

Die Aufgabe der Marktforschungsinstitute wird vielmehr in der vertieften Analyse und Aufbereitung solcher Daten bzw. in der Betreibung von Datenpools liegen.

Selbst wenn die vom Handel zur Verfügung gestellten Daten keine Rückschlüsse auf die einzelne Verkaufsstelle erlauben dürfen, so besitzen Scanner-Panels gegenüber traditionellen Verfahren deutliche Vorteile (vgl. Abb. IV.3.4.3.1 aus: Simon, H.; Kucher, E.; Sebastian, K.-H.: Scannerdaten in Marktforschung und Marketingentscheidungen 1982, S. 563).

Integrierte Datenbeziehungen zwischen den verschiedenen Branchen (Handel, Marktforschung, Industrie) verändern somit die bisherige Marktforschung. Bezüglich der Wirkungen bei den Hauptabnehmergruppen der MADAKOM-Daten kann unterschieden werden in:

<u>Wirkungen beim Marketing der Hersteller</u> (vgl. Lebensmittelzeitung vom 8.Juni 1982, S. F12)

- verbesserte Preisresponseanalysen
- Preisoptimierung hinsichtlich Umsatz- oder Ertragsmaximierung
- bessere Differenzierung der Preise nach Verkaufsgebieten
- verbesserte Analyse der
  - -- Werbewirkung von Anzeigen
  - -- Werbeabnutzung
  - -- Mediaselektion
- erweiterte Möglichkeit zur Marktsegmentierung durch
  - -- verfeinerte Differenzierungsmöglichkeit der potentiellen Zielgruppen
  - -- bessere Kontrolle segmentspezifischer Strategien
- verbesserte Abstimmung in der Sortimentspolitik
- Unterstützung der Produktpolitik durch schnellere, kostengünstigere Neuprodukttests; gezieltere Produktpositionierung
- vereinfachte und beschleunigte Konkurrenzanalyse
  - -- beschleunigte Reaktion auf Preis- und Produktpolitik der Mitbewerber

Wirkungen für die Marktforschungsinstitute (vgl. Zentes, J.: Von der Datenflut zur Aktion 1982)
- stärkere Bedeutung von Kausalanalysen (z.B. Untersuchungen über die Beziehungen Preis-Marktanteile, Wirkung von Sonderaktionen, ...)
- übliche Statusberichte (reine Marktanteile, Preisgefüge) verlieren an Bedeutung
- Aufbau komplexer Kennzahlensysteme anstelle einfacher Marktdaten.

3.5 Die Integration externer Datenbankanbieter

Die Beschaffung von Fachinformationen besitzt heute erhebliche Bedeutung bei der Bewältigung fachlicher Aufgaben, sei es im technischen oder im betriebswirtschaftlichen Bereich, für Planungs- oder Absatzzwecke. So können Informationen über verfügbare Produkte, über Kunden oder Lieferanten sowie bestimmte Spezialprobleme durch Datenbankrecherchen in vielen Fällen rasch erhalten werden. Dies kann zu einem beschleunigtem know-how-Transfer zu geringen Kosten beitragen. Trotz leistungsfähiger Hard- und Software zur Kommunikation mit Datenbanken und trotz vorhandener Datenübertragungsnetze wird das Angebot von Informationsdatenbanken in der Bundesrepublik von kleinen und mittleren Unternehmen nur gering genutzt, obwohl durch Nutzung von Datenbanken ein effizienter und schneller Wissens- und Technologietransfer möglich ist (vgl. o.V.: Einkaufen auf dem Info-Markt 1985, S. 24-27). Die traditionelle Beschaffung von Informationen gestaltet sich sehr schwierig, da Informationen häufig nur in gedruckter Form vorliegen und mit erheblichem Aufwand zu beschaffen sind.

In diese Lücke sind die Datenbankanbieter vorgestoßen. Weltweit existieren zur Zeit über 3000 Datenbanken (vgl. o.V.: Informationswirtschaft 1985, S. 1), in denen Informationen aus Wirtschaft, Wissenschaft, Technik, Medizin, Recht und anderen Bereichen gespeichert sind. Dabei ist zu bedenken, daß oft eine Datenbank von mehreren Anbietern zur Verfügung gestellt wird.

Die bekanntesten Datenbankanbieter sind zur Zeit Genios, Data-Star, Dialog, Wefa (Cisi-Wharton) und Chase Econometrics (inzwischen Tochter der Wefa).

Angeboten werden (vgl. Bundesministerium für Forschung und Technologie: Fachinformationsprogramm 1985-88 1985, S. 9):

- Volltextdatenbanken (z.B. Geschäftsberichte, Zeitungsartikel, Bücher usw.)
- Faktendatenbanken (Zeitreihen, Meßdaten u.ä.)
- Hinweisdatenbanken (Literatur-, Expertenhinweise).

Neben dem reinen Informationsangebot liefern die Datenbankanbieter oft noch weitere Leistungen an, wie z.B.:
- Programme zur Datenmanipulation (statistische Analysen, Simulationsmodelle)
- Beschaffung von Originalliteratur bei Literaturdatenbanken
- Kundenberatung zum Umgang mit Hard- und Software.

Der Ablauf von Datenbankrecherchen zeigt in vielen Teilen noch den Charakter von Insellösungen. Vor der eigentlichen Recherche sind mehrere Fragen zu klären:

(1) In welchen Datenbanken soll recherchiert werden? Hier werden Kenntnisse des Informationsangebotes, der Benutzerfreundlichkeit, des Retrievals und der Kostenstruktur benötigt.

(2) Welche Abfragekriterien lassen die ausgewählten Datenbanken zu? Welche Datenmanipulationen sind möglich (bei Faktendatenbanken)?

(3) Wie detailliert müssen Datenbankabfragen formuliert werden?

(4) Welchen Anforderungen soll das Ergebnis genügen?

Der Verbindungsaufbau mit einem Datenbankanbieter kann von einem einfachen Terminal mit Modem, von einem Personal Computer, in seltenen Fällen auch über einen Großrechner erfolgen (vgl. Bertelsmann Datenbankdienste: Datenbanken 1986, S. 6). Nach Leitungsaufbau und Abschließen der Logon-Prozedur kann die eigentliche Datenbankrecherche beginnen.

In qualitativen Datenbanken (Volltext- und Hinweisdatenbanken) können vorwiegend textliche Informationen gesucht werden. In diesen Datenbanken sind vor allem Auszüge aus Büchern, Zeitschriftenaufsätzen, Gerichtsurteilen, Geschäftsberichten usw. gespeichert, auf die bei der Suche nach bestimmten Kriterien zugegriffen werden kann. Neben der Suche nach bestimmten genau spezifizierten Kriterien (z.B. genaue Angabe des Autors) sind auch Maskierungen von Suchbegriffen (Suche nach Wortstämmen oder gleichlautenden Begriffen), Kombinationen von Kriterien und die Suche nach bestimmten Sachbegriffen ("Freitextsuche") möglich.

In quantitativen Datenbanken liegen die Informationen in Form von Zahlen, also Tabellen oder Zeitreihen vor. Die gespeicherten Daten können mit Hilfe bestimmter Codes, z.B. Länder- oder Produktcodes abgerufen und nach Wunsch ausgegeben bzw. manipuliert werden. Hier setzen verschiedene Möglichkeiten der Anbieter zur Aufbereitung und Auswertung über eine zur Datenbank passende Software an (vgl. Hennemann-Böckels, B.: Umgang mit Datenbanken 1984, S. 12; Löcher, W.; Schumacher, F.: Nutzung von Datenbanken 1985).

Der Nutzung von externen Datenbanken und Überführung der gewonnenen Erkenntnisse in unternehmensinterne Daten stehen vor allem drei Problemkreise entgegen.

1.Hardware-technische Probleme

Die eingesetzten Rechner in den Unternehmen sind häufig andere als die der Datenbankanbieter. Probleme treten dadurch auf, daß Mitarbeiter sich an ihren Arbeitsplatz häufig ein eigenes Terminal oder einen PC für Abfragen stellen müssen, um die Recherchen durchführen zu können.
Die Übertragung größerer Datenmengen scheitert häufig an den Kosten.

2.Software-Probleme

In den Unternehmen gibt es kaum Anwendungssoftware, die eine direkte Verbindung mit der Datenbanksoftware unterstützt. Heute übliche Formen der Nutzung sehen wie folgt aus:

a) online Datenbankrecherche mit manueller Übernahme der gewonnenen Daten in eine innerbetriebliche Anwendung (z.B. Planungsmodell auf PC oder Großrechner), dort werden die Daten weiter verarbeitet.
b) online Datenbankrecherche mit einem PC; Übertragen der Ergebnisse in den PC (Download); Umsetzen der Datenstrukturen in ein gewünschtes Zielformat (Spreadsheet, Datenbank), Einbinden der Daten in Anwendungen; evtl. Weitergabe der Daten an einen Großrechner.
c) offline Definition einer Datenbankrecherche; Ausgabe der Zieldaten auf einen universell austauschbaren Datenträger (Band, Diskette); Versand an Empfänger; Einspielen der Daten auf eigenes System; Umsetzen der Daten auf das gewünschte Format; Einbinden der Daten in die betrieblichen Anwendungen.

3.Organisatorische Probleme

Typische Nutzer von externen Datenbanken sind Planungsabteilungen, Stäbe usw., deren Analysen und Aufgaben häufig variieren. Das führt dazu, daß die interessierenden Informationen häufig über eine Vielzahl verschiedener Anbieter verstreut ist. Stellt bereits das Zusammentragen Probleme auf, so ist auch nicht sicher, daß die benutzten Quellen homogene Informationen enthalten. Die Unterschiede bzgl. Sprachstil, Informationsdarstellung und Zugang sind häufig so eklatant, daß auf den Zugriff in externen Datenbanken verzichtet wird (vgl. Asche, W.: Datenbanken wenig zugriffsfreundlich 1986, S. 2).

Diese Zusammenstellung macht deutlich, daß das häufig beklagte Überangebot an Informationen, aus denen die relevanten nicht mehr herausgefiltert werden können, z.T. durch falsche Arbeitstechniken bedingt ist. Es wird viel Zeit auf die Suche und Bereitstellung von Informationen verwandt, aber kaum über Rationalisierungen der Gewinnung, Einbindung und Bereitstellung dieser Informationen nachgedacht.

Neben den Datenbankanbietern etablieren sich neuerdings auch Recherche-Berater oder Informations-Vermittler (Informations-Broker, vgl.: Zelewski, S.: Informations-Broker 1987). Sie unterstützen Unternehmen bei der Gestaltung ihrer Anfragen, nutzen dabei die vorhandenen Datenbank-Systeme oder weitere Quellen. Von einer dv-technischen Integration kann nur dann die Rede sein, wenn die vom Kunden nachgefragten Daten vom Informationsvermittler entsprechend aufbereitet werden (vgl. dazu etwa das Angebot der Deutschen Bank: db-data 1987).

3.6 Die Integration mit öffentlichen Verwaltungen

3.6.1 Sozialversicherungen

Die Sozialversicherungsträger (Krankenversicherungen, Renten- und Arbeitslosenversicherungen) erhalten einen beachtlichen Teil ihrer Informationen aus den Lohn- und Gehaltsabrechnungen der Unternehmen. Gemäß dem in IV.2.1.1 skizzierten Verfahren erhalten die Allgemeinen Ortskrankenkassen (AOK) Daten gemäß DEVO/DÜVO und leiten sie an die übrigen Träger weiter.

3.6.2 Zollverwaltungen

Unternehmen mit internationalen Beziehungen können die im EG-Markt bzw. international vorgeschriebenen Zollformalitäten häufig nur durch personalintensive, manuelle Abwicklung erledigen. Meist wird diese Aktivität an die darauf spezialisierten Speditionen abgegeben, sowohl für Import- wie Exportaktivitäten. Einen Überblick der im Außenhandel üblichen Dokumente enthält das "Dokumenten-Verzeichnis" des AWV (vgl. AWV: Dokumentenverzeichnis 1985, S. 9ff.).

Nimmt ein Unternehmen selbst die Verzollung vor, so sind die Import- oder Exportdaten im internen Bestellwesen bzw. im Auftragssystem größtenteils enthalten. Die notwendigen Daten zur Zollanmeldung zeigt Abb. IV.3.6.2.1.

Unternehmen --> Zollverwaltung:	Anmeldedaten - allg. Daten (Abrechnender, Zeitraum ...) - Warenbezeichnung - Gewicht - Zollwert - Herkunftsland - Einkaufsland - zugehörige Belege
Zollverwaltung --> Unternehmen	Abrechnungsdaten - allg. Daten (Abrechnungszeitraum) - Zahlungsempfänger (Zollstelle) - Fälligkeitstermin - Bemessungsgrundlage - Abgabensatz - Abgabenbetrag

Abb. IV.3.6.2.1: Datenelemente der Kommunikation mit der Zollverwaltung

Unmittelbare Vorteile für das betroffene Unternehmen sind in einem solchen Fall nur dann zu sehen, wenn viele Bearbeitungsvorgänge mit der Zollverwaltung abgewickelt werden und das Unternehmen eine Integration der Ergebnisse der Zollberechnungen in sein Rechnungswesen vornehmen kann.

3.6.3 Statistische Ämter

In regelmäßigen Abständen sind von den Unternehmen Erhebungsbögen für die statistischen Landesämter zu bearbeiten. Diese umfassen Erhebungen der Beschäftigten, der Betriebsfläche und je nach Branche zahlreiche weitere. Insbesondere von Seiten der statistischen Ämter ist ein großes Interesse vorhanden, diese Daten automatisiert zu erhalten, um damit den Erfassungsaufwand auf die Unternehmen bzw. zwischengeschalteten Dienststellen (Zollverwaltung, Finanzbehörden, Arbeitsverwaltung etc.) zu verlagern.

V. ORGANISATION DER EXTERNEN INTEGRATION

1. Einführungskonzeption

Die Einführung der externen Integration zwischen Geschäftspartnern ist ein Organisationsprojekt, das sowohl im Unternehmen als auch zwischen Unternehmen zu planen, zu vereinbaren und einzurichten ist. Es erscheint unumgänglich hierfür

- eine unternehmensinterne Arbeitsgruppe und
- eine unternehmensübergreifende Gruppe

zur Vorbereitung, Abstimmung und bei positivem Ergebnis auch zur Durchführung der Aufgaben einzurichten.

Dabei kann zunächst unterschieden werden, ob ein Unternehmen oder eine Gruppe von Unternehmen sich vorhandener Standards zur Lösung der zwischen Unternehmen auszutauschenden Informationen bedienen kann oder ob die Anforderungen so speziell sind, daß nur eine Neuentwicklung in Frage kommt.

Abbildung V.1. zeigt überblickartig Vorgehensweisen bei der Realisierung der externen Integration. Dabei zeigt es sich, daß drei Entwicklungslinien unterschieden werden können:

-1- <u>Nutzung von Standardisierungsansätzen</u>
Das Unternehmen oder die Gruppe von Unternehmen können zur Realisierung der externen Integration auf standardisierte Lösungen/Ansätze zurückgreifen (vgl. hierzu Kapitel VI).

-2- <u>Konzeption einer offenen Lösung</u>
Es existieren keine Standards; das zu lösende Problem ist jedoch branchen- oder funktionstypisch für zahlreiche Unternehmen, so daß sich eine geschlossene, d.h. von vorneherein auf eine bestimmte Zielgruppe begrenzte Lösung nicht anbietet.

-3- <u>Konzeption einer geschlossenen Lösung</u>
Die zwischen zwei oder mehreren Geschäftspartnern auszutauschenden Daten sind so individuell, daß vorhandene Standards nicht genutzt werden können bzw. nicht vorliegen und es auch nicht zu erwarten ist, daß weitere Unternehmen an einer solchen Lösung interessiert sind (bzw. aus Wettbewerbsgründen ausgeschlossen werden sollen).

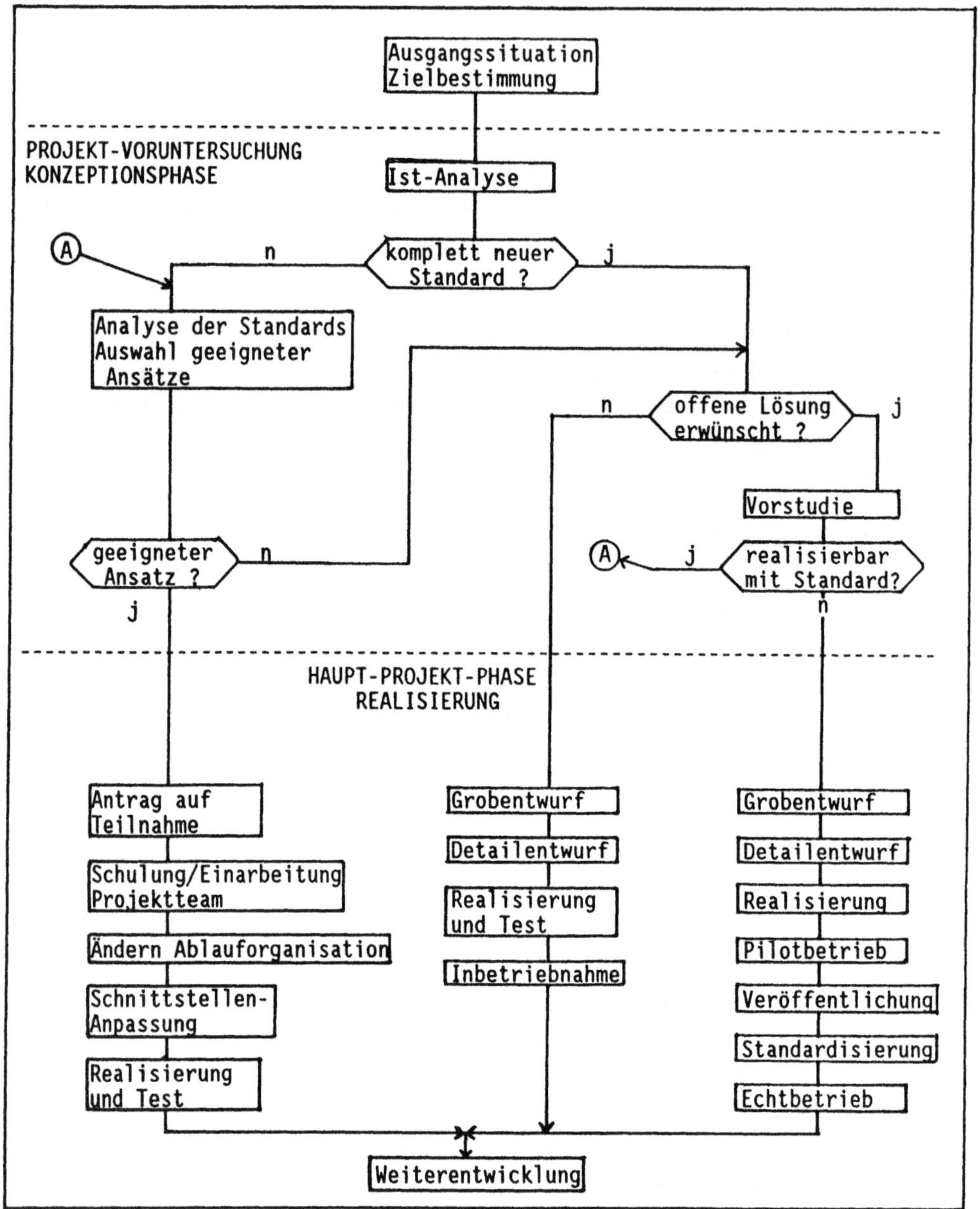

Abb. V.1: Vorgehensweise bei EI-Projekten

In allen Fällen handelt es sich um umfangreiche Entwicklungsprojekte, die nur mittels einer Stufenkonzeption (Phasenkonzeption) realisiert werden können. In der Literatur werden zu der traditionellen Systemanalyse und den dabei vorgenommen Arbeitsschritten zahlreiche Konzepte, Methoden und Tools genannt (u.a. Balzert, H.: Die Entwicklung von Software-Systemen 1982, Gewald, K.; Haake, G.; Pfadler, W.: Software-Engineering 1985; End, W.; Gotthardt, H; Winkelmann,R.: Softwareentwicklung 1986; Seibt, D.: Phasenkonzept). Das in Abb. V.1 vorgestellte Vorgehensmodell ist wegen der besonderen Problematik einer i.d.R. verteilten Systementwicklung nicht als traditionelles Phasenmodell zu verstehen, sondern integriert die Phasen in das Vorgehensmodell.

1.1 Analyse der Ausgangssituation / Zielbestimmung

Ausgangspunkt jeder Entscheidung über ein EI-Projekt ist das Erkennen der grundsätzlichen Möglichkeiten dieses Ansatzes und die Erkenntnis, daß solche Verfahren für ein Unternehmen, eine Gruppe von Unternehmen oder einen ganzen Wirtschaftsbereich positive Wirkungen erzielen. Dies kann durch eine problembehaftete Ausgangssituation noch verstärkt werden.

Die Phase der Zielbestimmung schließt häufig mit dem Beschluß über die Einsetzung einer Projektgruppe zur Analyse der Einsatzmöglichkeiten von EI-Verfahren. Aufgabe dieser Projektgruppe ist dann die Herausarbeitung der für die betrachteten Wirtschaftseinheiten wichtigen Ziele, Anforderungen und Randbedingungen sowie die Findung einer geeigneten Vorgehensweise in den weiteren Projekt-Phasen.

Mögliche Ziele können sein (vgl. Kapitel I.2.2):

- Zeiteinsparung in der Datenübermittlung und -bearbeitung
- Reduzierung des Verwaltungsaufwandes
- Anbindung von Geschäftspartnern.

Weiterhin können auch die in Kapitel VIII. erarbeiteten Nutzeffekte als Zielvorgabe eines EI-Projektes herangezogen werden.

Diese Ziele sind auf die konkrete Situation des/der Unternehmen zu spezifizieren und, sofern möglich, auch grob zu bewerten.

1.2 Konzeptionsphase / Projekt-Voruntersuchung

In dieser Phase ist der Stand der Datenübermittlung, d.h. die den Außenverkehr der Unternehmen betreffenden Datenflüsse (Vorgänge und Abläufe) sowie deren Schnittstellen zu den unternehmensinternen Abläufen auf die vorhandene Unterstützung (EDV, manuell) hin zu untersuchen.

Die Ergebnisse sind darzustellen und in geeigneter Form in eine Arbeitshypothese für die Realisierungsphase zu übergeben. Die Konzeptionsphase unterteilt sich in die Ist-Analyse (mit Aufzeigen von Lösungswegen) und (je nach Verfügbarkeit von geeigneten Standards) in die Analyse vorhandener Standards bzw. Systeme oder eine Vorstudie zur Entwicklung von Standards bzw. Systemen.

1.2.1 Ist-Analyse

Bei der Analyse des Ist-Zustandes müssen folgende Tatbestände untersucht werden:

- Datenflüsse (Abläufe, Vorgänge)
    - -- Frequenz / Häufigkeit / Regelmäßigkeit
    - -- Bearbeitungsschritte (extern, intern, wo)
        - --- Zeiten (Bearbeitungs-, Transport-, Liegezeiten)
    - -- Dateninhalt
    - -- Verwendung der Daten
        - --- Folgeaktivitäten
        - --- Beurteilung der Datenqualität
    - -- technische Hilfsmittel
    - -- Nutzung weiterer Informationsquellen
    - -- Art der Datenweitergabe/ des Datenempfangs
- Bewertung des Ist-Zustandes
    - -- einzelne Funktionen isoliert
    - -- Gesamtbeurteilung
- Aufzeigen von Lösungswegen.

Die Ist-Analyse ist dabei sinnvollerweise auf die von der Aufgabenstellung betroffenen Unternehmensbereiche zu beschränken. Erst wenn sich abzeichnet, daß durch dieses Projekt andere Unternehmensbereiche tangiert werden, sind diese einzubeziehen, dann allerdings in einer möglichst frühen Phase, um kostspielige Fehlentwicklungen zu vermeiden.

Da die Nutzung der Informationstechnik zur Steuerung und Kontrolle des Waren- und Leistungsprozesses unternehmensintern meist vorausgesetzt werden kann, sind die dort anzutreffenden Systeme gleichfalls in die Untersuchung einzubeziehen.

Um diese Arbeit für Außenstehende transparent zu machen und als Basis weiterer Entwicklungen nutzen zu können, sind geeignete Darstellungsmittel zu verwenden (etwa Vorgangskettendiagramme, vgl. Scheer, A.-W.: EDV-orientierte Betriebswirtschaftslehre 1987, S. 234). Besondere Bedeutung besitzt die Darstellung der existierenden Verknüpfungen innerhalb des Untersuchungsobjektes, aber auch des Untersuchungsobjektes zu anderen Funktionen (Schnittstellen-Betrachtungen); damit soll vermieden werden, daß Insellösungen entstehen, die später mit erheblichem Aufwand in eine Systemumgebung eingepaßt werden müssen.

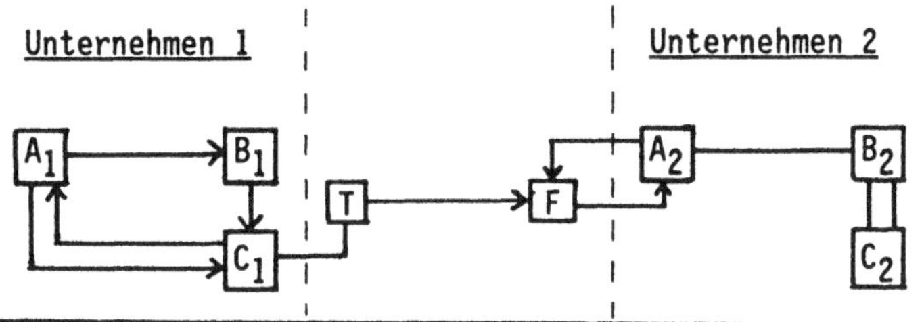

Abb. V.1.2.1: Darstellung der integrativen Beziehungen

Zu erhebende und aus der Kenntnis der Mitarbeiter aufzunehmende Randbedingungen für eine Aufgabenabwicklung sind:

- gesetzliche Bestimmungen
- Datenschutzmaßnahmen
- objektive Datensicherheitsbedürfnisse
- vertragliche Bestimmungen (etwa im bilateralen Bereich)
- Richtlinien
    - allgemeine Geschäftsrichtlinien
    - Berichtswesen
    - Revisionsbestimmungen
- technische Gegebenheiten
    - vorhandene Hardware
    - vorhandene Software.

Durch einen Vergleich der Zielvorstellungen mit dem Ist-Zustand können vorhandene Schwachstellen aufgedeckt bzw. bekannte Probleme transparent gemacht werden. Schwachstellen unternehmensübergreifender Systeme können sein:

- Datenredundanz oder fehlende Daten
- Medienbrüche
- Doppel- und Mehrfacharbeiten
    - -- Erfassung
    - -- Abstimmung
    - -- Nachprüfen
- hohe Durchlaufzeiten / Bearbeitungszeiten.

Neben diesen eher streng am Ablauf orientierten Schwachstellen können auch aufbau-organisatorische und technische Schwachstellen vorliegen:

- <u>Schwachstellen im organisatorischen Bereich</u>
    - Abteilungsorganisation, Aufgabenverteilung, Personalausstattung, Sachmittelausstattung
    - Richtlinien, Vorschriften
    - Berichtswesen
    - Soll-Schnittstellen zu anderen Bereichen (interne und externe)
        - -- z.B. Rechnungswesen (intern)
        - -- z.B. Speditionen (extern)

- <u>Schwachstellen im EDV-technischen Bereich</u>
    - Hardware-Ausstattung
    - Software
    - Personal, Ausbildungsstand.

Ausgehend von den Zielen einer externen Integration und der vorgefundenen Situation (eigentliche Ist-Analyse) sind Lösungswege zu erarbeiten. Dies kann aus der Sicht des Projektes zunächst isoliert erfolgen; eine Einbeziehung von ersten Informationen über existierende EI-Lösungen, Branchenansätze, Standardisierungs-Bemühungen oder gar vorhandene adaptierbare Software-Produkte erscheint sinnvoll, um die Ist-Situation mit anderen Systemen vergleichen zu können.

Somit sind zum Ende der Ist-Erhebungsphase Aktivitäten bzgl.

- Übersicht der zu realisierenden externen Ein-/Ausgabe-Schnittstellen
- Beschreibung der internen Schnittstellen
- Darstellung der Leistungskriterien
    - -- Funktionalitäten
    - -- anfallende Mengen
    - -- geforderte Geschwindigkeiten (organisatorisch und technisch),

andererseits parallele Aktivitäten zur Informationseinholung bei Verbänden, Standardisierungsgremien (vgl. Kapitel VI.) und Software-Anbietern notwendig. Beide Aktivitäten beeinflussen sich gegenseitig.

1.2.2 Entscheidung: Nutzung von Standard-Lösungen

Die am Ende der Ist-Erhebungsphase entwickelten groben Lösungswege sind - sofern Standard-Lösungen überhaupt existieren - daraufhin zu überprüfen, ob geeignete Standards bereits vorhanden sind. Ist dies zu bejahen, kann man aus weitgehend ähnlichen Gründen wie beim Einsatz von Standardsoftware eine Standard-Lösung vorziehen (vgl. Stahlknecht, P.: Standardsoftware 1987, S. 315; vgl. auch: Horvath, P.; Petsch, M.; Weihe, M.: Standard-Anwendungssoftware 1985, S. 7; Scheer, A.-W.: EDV-orientierte Betriebswirtschaftslehre, 1987, S. 122 ff.):

- Kosteneinsparung gegenüber Eigenentwicklung
- verkürzte Einführungszeit für neue Anwendungsbereiche
- Verzicht auf eigene Programmierer
- Gewährleistung der Wartung und Weiterentwicklung
- bereits vorhandene Akzeptanz von Marktteilnehmern (System bereits bekannt)
- Nutzung einer bereits vorhandenen großen Teilnehmerzahl gegenüber einer Eigenentwicklung.

Funktionale und DV-technische Kriterien existieren zu diesem Zeitpunkt erst in Ansätzen und sind noch nicht völlig bekannt. Dennoch bietet sich der Weg einer detaillierten Analyse von entsprechenden Standard-Lösungen wegen der o.g. Vorteile an. Sollte sich herausstellen, daß wesentliche Faktoren nicht erfüllt werden können, so kann bei Nicht-Findung geeigneter Standard-Lösungen immer noch eine bi- oder multilaterale Individuallösung entwickelt werden (vgl. Entscheidungsverzweigung auf der linken Seite von Abb. V.1).

Gründe, die bereits sehr früh in dieser Phase gegen die Nutzung einer Standard-Lösung bzw. eines Standard-Ansatzes sprechen, können sein:

- Nutzung der externen Integration als strategisches Produkt (vgl. Mertens, P.; Plattfaut, E.: Strategische Waffe 1986, S. 6 ff.)
- Nichtverfügbarkeit geeigneter Standard-Systeme
  - -- überhaupt keine Systeme verfügbar
  - -- offensichtliche Diskrepanzen zwischen Anforderungen und Funktionen.

1.2.3 Nutzung vorhandener Standards - Auswahlprozeß

Kommt die Vorstudie und Ist-Analyse zu dem Ergebnis, daß zu der gegebenen Problematik bereits Standardansätze vorhanden sind, die grundsätzlich benutzt werden können, so müssen diese auf ihre Eignung hin überprüft werden. Dazu sind geeignete Auswahlkriterien zu finden, die der Zielsetzung des konkreten EI-Projektes entsprechen. Selbst wenn frühzeitig offensichtlich wird, daß nur eine einzige Alternative zur Verfügung steht, ist die Aufstellung umfangreicher eigener Kriterien in Zusammenarbeit mit den betroffenen Partnern und Abteilungen sinnvoll, da fehlende Funktionsbereiche frühzeitig erkannt, notwendige Anpassungsarbeiten vom Funktionsumfang her deutlich und eine hohe Akzeptanz der betroffenen Fachabteilungen sichergestellt werden können.

In Anlehnung an die Vorgehensweise bei der Auswahl von Standardsoftware können die Kriterien für eine konkrete Auswahlentscheidung aus den Vor- und Nachteilen der Standardlösung gegenüber der Eigenentwicklung abgeleitet (s.o. Kapitel V.1.2.2) und differenziert werden nach (Stahlknecht, P.: Standardsoftware 1987, S. 315 f.; Stahlknecht, P., Nordhauß, R.: Methodik der Hardware- und Software-Auswahl 1981):

- allg. Kriterien des Standards
    - Qualifikation der Ersteller
    - Referenzen (Anzahl der Einsätze)
- betriebswirtschaftliche Auswahlkriterien
    - Leistungsumfang
    - Schnittstellen
- Auswahlkriterien zur Implementierung und Wartung
    - Anpassungsaufwand
    - Schulung
    - Test, Wartung
    - Dokumentation
- Auswahlkriterien zur Beschaffung
    - Wartungskonditionen
    - Vertragliche Regelungen
- Anwendungen
    - existieren fertige Softwareprodukte
- softwaretechnische Auswahlkriterien
    - Benutzerfreundlichkeit
    - Effizienz
    - Zuverlässigkeit.

Zahlreiche dieser Kriterien sind nicht quantifizierbar. Die qualitativen Unterschiede der in einer engeren Wahl stehenden Systeme sind häufig gering, so daß es sich empfiehlt, einen formalisierten Auswahlprozeß mit den Stufen:

- Entwicklung eines detaillierten Kriterienkatalogs (Zielvorgabe)
- Abstimmung des Kriterienkatalogs (Gewichtung)
- Beurteilung der Leistungen der betrachteten Systeme (verbal)
- formale Bewertung der einzelnen Kriterien (etwa nach Punkten) (z.B.: Nutzwertanalyse)
- Zusammenfassen des Auswahlergebnisses

durchzuführen.

Die einzelnen Auswahlkriterien dürfen nicht gleichgewichtig nebeneinander gestellt werden. So ist den betriebswirtschaftlichen Kriterien (Leistungsumfang, Schnittstellen, verwendbare Daten) ein größeres Gewicht beizumessen als den rein monetären Größen Anschaffungspreis und Wartungskosten eines geeigneten Software-Produktes oder Nutzungskosten eines Standards, da fehlende Funktionalitäten zunächst zwar wirtschaftlich erscheinen, sich aber im Laufe der Jahre durch teure Nachbesserungen in ihr Gegenteil verkehren können.

Zeigt das Ergebnis des Auswahlprozesses einen hohen Grad von Übereinstimmung zwischen den gewünschten Leistungen und den Systemleistungen auf, so kann davon ausgegangen werden, daß eine sinnvolle Einsatzmöglichkeit für einen Standardansatz vorliegt. Das bedeutet nicht, daß dieser alle gewünschten Bereiche abdeckt und unmittelbar eingesetzt werden kann. Im Rahmen des Haupt-Projektes sind hier noch erhebliche Arbeiten zu leisten (vgl. V.1.3.).

Stellt sich im Gegenteil jedoch heraus, daß die Diskrepanzen zwischen gewünschter Funktionalität und angebotenen Systemleistungen zu groß sind und mit wirtschaftlich vertretbarem Aufwand keine Vorteile gegenüber einer Eigenentwicklung auftreten, so ist vom Einsatz der Standardlösung abzusehen. Die bis dahin angefallenen Arbeiten in der Analyse geeigneter Systeme sind die Wissensbasis der späteren Eigenentwicklung. Kann ein Standardansatz nicht genutzt werden, so verzweigt der Ablauf aus dem linken Ast in Abb. V.1. zur rechten Seite (eigene Entwicklungen werden nötig).

1.2.4 Offene versus geschlossene Lösung

Sind keine Standards vorhanden bzw. sollen neue Lösungen entwickelt werden, stellt sich die Frage, ob die künftige Gestaltung eine offene oder eine geschlossene Lösung vorsieht. Wie bereits erwähnt, wird bei strategischen DV-Systemen eine geschlossene Lösung entstehen. Andere Gründe, die für eine geschlossene Lösung sprechen, sind z.B. gesetzliche Vorschriften bzgl. Sicherheit und Datenschutz oder eigene Anforderungen (vgl. die Interbanken-Systeme).

1.3 Haupt-Projekt-Phase

Auf den Ergebnissen der Voruntersuchung werden Teilprojekte (vgl. V.1.4) etabliert, die ihre Aufgaben gegeneinander abgrenzen müssen.

In der Hauptprojektphase ist eine Vorgehensweise gemäß den Ergebnissen des Software-Engineering angebracht. Diese Phasen sind im wesentlichen in Abb. V.1. enthalten (vgl. Kimm, R.; Koch, W.; Simonsmeier, W.; Tontsch, F.: Einführung in Software-Engineering 1979).

Können existierende Standards nicht verwandt werden, müssen im Rahmen des Grob- und Detailentwurfs die Anwendungen hinsichtlich des künftigen Ablaufs, der notwendigen internen und externen Datenstrukturen sowie der Schittstellen zu bestehenden Systemen konzipiert werden. Ergebnis des Detailentwurfs ist ein Pflichtenheft, das als Vorgabe der eigentlichen Programmierung (Realisierung) dient. Nach erfolgreichem Test des Systems kann die Inbetriebnahme erfolgen.

Bei offenen Systemen stellt sich die Vorgehensweise weitgehend identisch dar. Hier wird jedoch vor einer allgemeinen Inbetriebnahme zunächst eine Pilotanwendung betrieben, die das Verhalten des Systems unter Echtbedingungen untersucht. Bei positivem Ergebnis werden die Ergebnisse veröffentlicht und zur Standardisierung oder gar Normung vorgeschlagen. Erst nach dieser Phase des allgemeinen Konsens erfolgt ein flächendeckender Echtbetrieb.

Ist es hingegen möglich, existierende Standards von vorneherein zu nutzen, ist nach einer evtl. notwendigen Antragsphase die Schulung und Einarbeitung der Projektmitarbeiter in die Systematik des benutzten Standards vorzunehmen. Mit diesem Wissen und der Kenntnis um die in der Ist-Analyse festgestellten Problembereiche werden neue ablauforganisatorische Lösungen erarbeitet und abgestimmt. Die Anpassung der Schnittstellen und ihre Realisierung umfaßt dabei sowohl die dv-technische Seite (Grob-, Detailentwurf, DV-Realisierung) als auch die Einarbeitung der betroffenen Mitarbeiter der Fachabteilungen in die neuen Abläufe.

1.4 Die Projektarbeit

Der Einsetzung einer Projektgruppe fällt bei der Realisierung von Vorhaben der EI besondere Bedeutung zu, da neben den fachlichen Problemen die besonderen Kommunikationsschwierigkeiten einer verteilten Entwicklung sichtbar werden (vgl. o.V.: Mercator o.J., Kapitel 6.5, o.S.). Diese betreffen die Koordination divergierender Entwicklungen und Vorstellungen unter den Partnern, den steuernden Zugriff auf Software-Entwickler, den Zugriff auf sonstige nicht unmittelbar weisungsgebundene Man-Power, Interessenkonflikte zwischen Projektaufgaben und unternehmensinternen Aufgaben.

Deshalb ist es unumgänglich, einen breiten Konsens der beteiligten Unternehmen herzustellen, allen die Möglichkeit zur Einflußnahme auf die Entwicklung zu gewährleisten, andererseits aber sicherzustellen, daß die eigentlichen Projektgruppen, in denen die praktische Arbeit erbracht wird, nicht zu groß werden. Dies kann dadurch erreicht werden, daß die beteiligten Unternehmen je einen Vertreter in ein Plenum entsenden, in dem regelmäßig Projektergebnisse der Teilprojekte vorgestellt und verabschiedet werden.

In der Konzeptionsphase ist es völlig ausreichend, eine Arbeitsgruppe einzusetzen, die sich mit den genannten Fragestellungen befaßt und die Ergebnisse zwecks weiterer Vorgehensweise für die Hauptphase vor dem Plenum erläutert. Dazu gehört auch eine Vorstellung über die Projektorganisation.

In der Hauptphase wird die eigentliche Projektarbeit von Teilprojekten erbracht, in denen möglichst interdisziplinär Mitarbeiter unterschiedlicher Unternehmen vertreten sind. Aufgabe der Projektleitung ist die Koordinierung der Teilprojekte hinsichtlich zeitlicher Abfolge, Übernahme von Arbeitsergebnissen zwischen den Projekten etc.

Die Teilprojekte müssen nicht während des gesamten Projektes aktiv sein. Einzelne Teilprojekte können die Basis für andere Teilprojekte bilden (z.B. die

Software-Konzeption für das Pilotvorhaben in Abbildung V.1.4.1); Teilprojekte können auch weitgehend losgelöst von anderen agieren (z.B. Fragen zur rechtlichen Situation in Abbildung V.1.4.1).

Eine mögliche Projektorganisation ist in Abbildung V.1.4.1. dargestellt. Sie zeigt die zu bildenden Teilprojekte und den Einbezug der Unternehmen sowohl im Plenum als auch in den Teilprojekten.

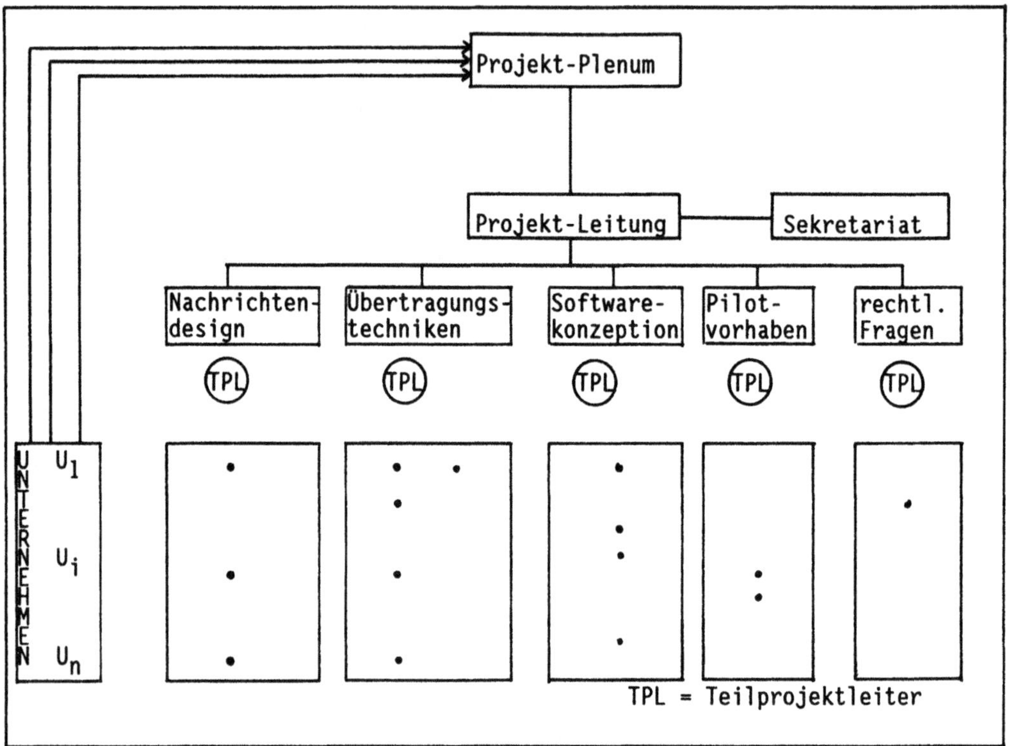

Abb. V.1.4.1: Projektorganisation

In allen bisherigen Projekten zur EI standen rechtliche Fragen bedeutsam neben der Entwicklungstätigkeit. Diese rechtlichen Fragen werden daher im Anschluß detailliert untersucht.

2. Datenschutz und Datensicherheit

Der Wechsel von traditionellen papiergebundenen Techniken hin zu elektronischen Datenaustauschprozeduren zieht Fragen bzgl. Sicherheit, Zuverlässigkeit, Schutzbedürftigkeit und evtl. Haftung nach sich. Diese rechtlichen Fragen sollen zwar nicht im Mittelpunkt dieser Arbeit stehen, haben aber bei den an EI-Projekten beteiligten Unternehmen stets für ein gewisses Unbehagen gesorgt. Selbst wenn Datenübertragungs- und Kommunikationstechniken seit geraumer Zeit zuverlässig im Einsatz sind, handelte es sich dabei überwiegend um interne bzw. enge Einsatzbereiche meist bilateraler Art bzw. standardisierte Anwendungen mit bilateralem Zusatzabkommen (vgl. dazu etwa die Realisierungscheckliste des VDA: Datenfernübertragung von Rechnungen 1984, S. 5-6; hier wird zusätzlich zu DÜ-Standards zwischen den Unternehmen bilateral die Rahmenorganisation festgelegt).

Mit dem zunehmenden Einsatz der EI in privatwirtschaftlichen und öffentlichen Bereichen werden rechtliche Fragen drängender. Ausdruck findet dies in der Tatsache, daß die meisten Organisationen oder Gruppierungen, die sich mit EI befassen, jeweils einen eigenen Arbeitskreis zur Analyse solcher Fragestellungen gegründet haben.

Der Gesamtkomplex muß unter folgenden Randbedingungen gesehen werden:

(1) gesetzliche Bestimmungen (z.B. das BDSG), aber auch Eigeninteressen der DV-Betreiber, zwingen zu einer verstärkten Berücksichtigung des Datenschutzes und der Datensicherung.

(2) Der Trend zur Vernetzung bestehender separater DV-Systeme und die Neuentwicklung großer verteilter Systeme (intern und extern) und die damit erweiterten funktionalen Möglichkeiten, aber auch Gefahren des Mißbrauchs, lassen es notwendig erscheinen, Forderungen des Datenschutzes und der Datensicherheit mit hoher Priorität zu berücksichtigen.

(3) Untersuchungen an praktisch allen kommerziellen Systemen haben gezeigt, daß erhebliche Sicherheitsschwachstellen der Standardsystemsoftware bei den Sicherheitsüberlegungen mit berücksichtigt werden müssen.

Bei der Bewertung der Schutz- und Sicherheitsaspekte an verteilten Systemen muß also erkannt werden, daß die Verteilung von Daten oder Funktionen auf verschiedene DV-Systeme an sich keinen Schutz bedeutet (außer diese sind unverbunden), sondern daß Systeme mit einem Daten- und/oder Funktionsverbund zusätzliche Überlegungen gegenüber zentralen Ein-Standort-Systemen ohne Vernetzung notwendig machen.

Der Aufgabenbereich der Datensicherung bedingt notwendigerweise eine Reihe von Systemleistungen, ohne die auch Anforderungen des Datenschutzes nicht erfüllt werden können:

- sichere Identifikation der Nutzer
- Autorisation (auch abgestufte Befugnisse)
- Zugriffskontrolle
- Protokollierung (für Datenschutz- und Datensicherungszwecke (recovery))
- Überwachung und Auswertung.

Dabei muß gewährleistet sein, daß die Sicherungsmaßnahmen korrekt und nicht abschaltbar bzw. umgehbar sind.

Probleme aufgrund offener Systemarchitekturen

Stellen diese Anforderungen bereits Probleme bei verteilten unternehmensinternen Systemen dar, so sind diese bei nach außen "offenen" Systemen einsichtigerweise größer. Lassen sich bei internen Systemen Protokollierungsmechanismen und Zugriffsbeschränkungen gezielt vornehmen (was auch durch die verteilten Datenbanksysteme unterstützt werden soll), so erscheint das bei den "offenen" Systemen zum heutigen Stand unmöglich. Bei vorheriger exakter bilateraler Abstimmung zwischen den Partnern bzgl. Identifikation und Erteilung von Zugriffsrechten können diese Probleme teilweise wieder begrenzt werden, allerdings um den Preis eines Abweichens von dem offenen Konzept.

Die lokalen Sicherungsmaßnahmen sind also in extern offenen und verteilten Systemen von besonderer Bedeutung. Da hier - aus Gründen der Informationsbeschleunigung, Wirtschaftlichkeit und Wettbewerbssituation (vgl. Kapitel I.2.2) - in einem Teilsystem auf den Verarbeitungs- und Kontrollergebnissen eines anderen unter fremder Regie betriebenen Teilsystems aufgebaut werden muß, ist die Gefahr der Täuschung und Umgehung besonders groß. Da diese Teilsysteme i.a. bezüglich ihrer Sicherungsmaßnahmen einschließlich eventueller organisatorischer Maßnahmen ein sehr verschiedenes Maß an Vertrauen rechtfertigen, muß in solchen offenen Systemen jedes Teilsystem selbst für den Schutz seiner Daten sorgen.

Das bedeutet, daß in offenen Systemen Identifikation, Autorisation und Zugriffskontrolle jeweils in dem System durchzuführen sind, in dem der Zugriff auf die Daten erfolgt. Dies beinhaltet, daß sowohl die Identifikations-Informationen als auch die Berechtigungen der Systembenutzer verwaltet werden müssen, was zu einem erheblichen Overhead führen kann, wenn es sich um Systeme mit einer großen Teilnehmerzahl handelt.

Eng verknüpft mit der Art der möglichen und notwendigen Realisierung der Identifikation, Autorisation und Zugriffskontrolle und deren Überwachug ist die Art der notwendigen Protokollierung. Im allgemeinen wird eine individuelle Protokollierung in allen betroffenen Systemen ausreichen, sofern die einzelnen Datenbestände weitgehend entkoppelt sind.

3. Rechtliche Probleme

3.1 Allgemeine rechtliche Probleme

Angesichts der raschen technologischen Entwicklung überrascht es nicht, daß die gesetzliche Entwicklung ihr bei weitem nicht folgen kann. So besitzen die Unternehmen bei einer Vielzahl der Aktivitäten zur EI weitgehend freie Hand in der Ausgestaltung, ohne daß rechtliche Regelungen greifen (z.B.: Angebotseinholung, Bestellung, Zahlungsavisierung etc.).

Handelsgesetz und Abgabenordnung

Anders sieht dies bei der internen und externen Rechnungslegung aus. Hier greifen die gültigen Regelungen des Handelsrechtes (§ 38 HGB), der Abgabenordnung und des Umsatzsteuergesetzes (vgl. Kapitel IV.1.7 sowie o.V.: SEDAS-Datenträgeraustausch in Zukunft papierlos? 1987, S. 24).

Gravierender als diese Formvorschriften, die heute auf jeder maschinell erstellten Rechnung beachtet werden und deren Daten auch in den Standardisierungsansätzen beachtet werden, ist jedoch die Aussage des Absatzes 4 in § 14 UStG, wo gefordert wird, daß die Rechnung eine Urkunde ist. Damit müssen parallel zu den zwischen Unternehmen benutzten Datenträgern oder Datenfernübertragungen Papierbelege erstellt werden, die von allen beteiligten Seiten gehandhabt werden müssen. Der Rechnungsersteller muß Papier bedrucken, sortieren, versenden, der Rechnungsempfänger muß dieses entgegennehmen, manuell umsortieren und evtl. zusammen mit weiteren Daten einer Abrechnungseinheit (z.B. ein Mitgliedsunternehmen eines Einkaufsverbandes, Kontors) zusenden. Damit ist zunächst eine Zweigleisigkeit der Bearbeitung vorgezeichnet.

Daneben existieren noch weitere rechtliche Probleme der externen Integration:

- Haftungsfragen
  Die Auswirkungen von Fehlern/Unterlassungen, Diebstahl, Systemausfällen bzgl. der Verantwortung und der Haftung sind nicht geklärt.
- Prozeßgültigkeit
  Es ist strittig, inwieweit elektronische Daten Prozeßgültigkeit erlangen können.
- elektronische Unterschrift
  Die Frage einer rechtsverbindlichen elektronischen Unterschrift ist bis heute nicht geklärt.
- Wettbewerbsrecht
  Die wettbewerbs- und kartellrechtliche Beurteilung von Verfahren der externen Integration steht noch aus.
  Durch die Verbindung rechtlich sonst unabhängiger Unternehmen zum Zwecke des Datenaustauschs - evtl. verbunden mit gemeinsamen Marktzielen - in bestimmten Funktionsbereichen könnten "Quasiverbindungen" entstehen, die mit den Bestimmungen des Wettbewerbsrecht nicht vereinbar sind. Gleiches gilt für Konditionsabsprachen zwischen den Marktpartnern (§ 15 GWB), wenn durch den Einsatz der EI Nebenkonditionen gültig werden, die eine Beeinträchtigung des Wettbewerbs zu erkennen geben.

Die Internationale Handelskammer in Paris hat Verhaltensregeln zur Vereinfachung des elektronischen Datenaustauschs aufgestellt, die im Geschäftsverkehr einen Mindestkonsens herstellen sollen. Diese Regeln betreffen (International Chamber of Commerce: Uniform Rules of Conduct 1987b):

- Aufforderung an die Geschäftspartner, sicherzustellen, daß ihre Datenübertragung korrekt, vollständig und sicher ist, und daß jeder in der Lage ist, die Daten zu empfangen.
- Geschäftspartner sollen gegenseitig Sender und Empfänger identifizieren. Die formale Vollständigkeit von Übertragungen soll sofort bei der Übertragung geprüft werden.

- Wahlweise kann der Sender die Bestätigung über den Eingang der Nachrichten verlangen. Es sollen Regeln zur Fehlerbehandlung existieren.
- Die übertragenen Daten sind zu protokollieren.

3.2 Vertragsgestaltung in Teilnehmersystemen

Auch in offenen Systemen zur externen Integration, wie etwa dem VDA-Standard, der grundsätzlich allen Unternehmen zur Verfügung steht, wird empfohlen, den Datenaustausch zwischen Unternehmen in Vereinbarungen zu reglementieren. Rechenzentren oder Clearing-Centers, die für eine Vielzahl von Unternehmen als Mittler der EI agieren, sichern sich in der Regel derart ab.

Die Entscheidung, VDA-Vereinbarungen einzusetzen, wird bilateral zwischen Abnehmer und Lieferant geschlossen und umfaßt (vgl. VDA: DFÜ-Vereinbarungen zum Datenaustausch 1986) die in Abbildung V.3.2 enthaltenen Punkte.

-1-	Teilnehmer / Geschäftspartner
-2-	Anwendungsbereiche (Funktionalbereiche)
-3-	Anwendungsgrundlage
-4-	Verbindlichkeit der übermittelten Daten
-5-	Übertragungstermine
-6-	Behandlung von Hardware-/Software-Änderungen
-7-	Maßnahmen für eine korrekte Übertragung
-8-	Not-Organisation
-9-	Behandlung von Verfahrensänderungen
-10-	Vereinbarungsdauer
-11-	Sonstiges
-12-	Unterschriften
-13-	Anlage: Checkliste Übertragungsverfahren
-14-	Anlage: Ansprechpartner

Abb. V.3.2: Begleitende Vereinbarungen zur Datenübertragung

VI. STAND DER NORMUNGS- UND STANDARDISIERUNGSVORHABEN

Die zahlreichen Vordrucke und Verwaltungsvorschriften im nationalen wie internationalen Handel beeinträchtigen den Waren- und Informationsaustausch immer stärker (vgl. Bangemann, M.: Vorwort 1986, o.S.). Aus der Erkenntnis des damit verbundenen Zeit- und Kostenaufwandes bei allen beteiligten Unternehmen und den öffentlichen Verwaltungen (Zoll- und Steuerverwaltungen) entstanden in zahlreichen Industriestaaten und bei nationalen und internationalen Organisationen Projektgruppen zur Erarbeitung von Vereinfachungsvorschlägen. Diese umfassen Vordrucke und Verfahren. Im Rahmen dieser Arbeit werden ausschließlich die Tätigkeiten bzgl. der DV-Verfahren untersucht.

Ziel dieses Kapitels ist es, die Notwendigkeit von Standardisierungsmaßnahmen, die Träger der Vereinheitlichungstendenzen und ihre Zusammenarbeit sowie vorhandene Ansätze oder gar Lösungen zur standardisierten externen Integration der Datenverarbeitung aufzuzeigen.

In Kapitel IV. sind zahlreiche Funktionen der externen Integration dargestellt worden, die heute noch nicht oder nur in Teilbereichen verfügbar sind. Dies hat unterschiedliche Gründe:

- keine oder nur partielle interne DV-Unterstützung für den betroffenen Funktionsbereich
- keine geeigneten technischen Kommunikationseinrichtungen
- Software zur EI noch nicht entwickelt.

Die ersten beiden Punkte sind vergleichsweise einfach behebbar. Durch Anschaffung geeigneter Standardsoftware können viele unternehmensinterne Funktionsbereiche abgedeckt werden, durch Kommunikations-Hardware die technischen Voraussetzungen zur EI geschaffen werden. Im folgenden werden deshalb aktuelle Trends und Entwicklungen der EI aufgezeigt, die Einfluß auf die künftige Software-Entwicklung nehmen können.

Besondere Aufmerksamkeit wird den EDIFACT-Entwicklungen entgegengebracht, da sie die Basis der EI in den kommenden Jahren bilden werden.

1. Die Notwendigkeit von Normen für die EI

Die Entwicklungen in der Telekommunikation haben in den letzten Jahren erhebliche Fortschritte gemacht. Dies betrifft zum einen die technische Seite mit wesentlichen Leistungsverbesserungen (höhere Geschwindigkeiten, hohe Ausfallsicherheit ...), zum anderen auch die Art der möglichen Anwendungen (Zusammenwachsen von Büro-, Telekommunikations- und Datenverarbeitungsfunktionen, vgl. den Begriff des "Office of the Future").

Neben den rein technischen Leistungsmerkmalen ist auch die Entwicklung des ISO/OSI-Referenzmodells für offene Systeme (vgl. Abb. VI.1.1) Grundlage vieler Entwicklungen (vgl. Görgen, K. u.a.: Kommunikationstechnologie 1985, S. 26 ff.).

7 Anwendung	Application Layer
6 Datendarstellung	Presentation Layer
5 Kommunikationssteuerung	Session Layer
4 Ende-zu-Ende	Transport Layer
3 Netzwerk	Network Layer
2 Datenübermittlung	Link Layer
1 Bitübertragung	Physical Layer

Abb. VI.1.1: ISO/OSI Referenzmodell

Die bisher vorgestellten und diskutierten Schnittstellen (vgl. Kapitel IV) zwischen Unternehmen wie auch zwischen Unternehmen und öffentlichem Sektor beziehen sich ausschließlich auf die Gestaltung der Anwendungsebene, also auf Ebene 7 des ISO/OSI-Referenzmodells.

Zwar sind in den Ebenen 4-6 des ISO-Modells bereits zahlreiche Normen entstanden (vgl. Abb. VI.1.2). Diese beziehen sich größtenteils auf die optimale Gestaltung von Büro-Diensten, also die Realisierung von Electronic Mail, wo z. B. mit CCITT X.410 bereits eine Norm auf Ebene 7 vorliegt und zahlreiche Anbieter erste Produkte auf den Markt gebracht haben. Im Bereich der traditionellen DV-Anwendungen existieren lediglich erste Ansätze einer Normung auf Ebene 7 mit den File-Transfer Regelungen nach ISO DIS 8571. Regelungen für einen echten Job-Transfer oder Anwendung-Anwendung-Kommunikation existieren nur in Ansätzen. Auch die darunter liegende Ebene 6 ist noch nicht endgültig festgelegt.

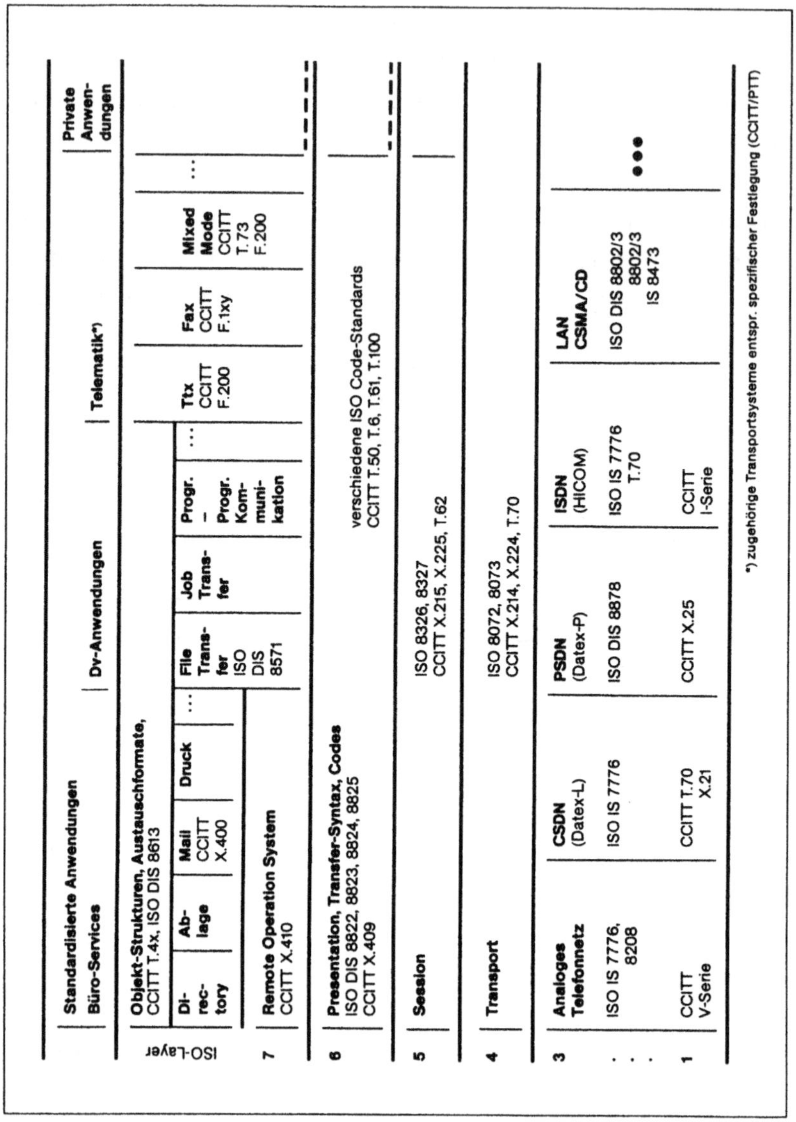

Abb. VI.1.2:	Normungsaktivitäten auf den Ebenen 1-7 des ISO-Referenzmodells (aus Siemens: SBA o.J., S. 5)

Solange nicht geklärt ist, welche Aufgaben in welchen Schichten exakt vorgenommen werden sollen - andererseits die Anwender sich durch die technische Machbarkeit nicht abhalten lassen, erste Schritte in Richtung einer individuellen Datenübermittlung mit Geschäftspartnern zu gehen - besteht die Gefahr der Bildung von Insellösungen. Der individuelle Ansatz bedeutet mittel- bis langfristig aber erhebliche Nachteile, da die Unternehmen es schließlich mit vielen Insellösungen zu tun haben werden. Bei Unternehmen mit Aktivitäten in verschiedenen Branchen oder Anwendungsbereichen kann diese Zersplitterung zu erheblichen Unwirtschaftlichkeiten führen. Gleiches gilt bei völligem Fehlen von Standards.

Die kurzfristige Realisierbarkeit des Datenaustausches mit Geschäftspartnern darf nicht darüber hinweg täuschen, daß nachträgliche Änderungen, evtl. zu einem dann spezifizierten Standard, einen wesentlich höheren Aufwand bedeuten als Standards, die rechtzeitig bekannt sind und bei der Gestaltung der jeweiligen Systeme beachtet werden können.

Das bedeutet allerdings nicht, daß allein durch die Verfügbarkeit von geeigneten Normen sich alle Probleme im unternehmensübergreifenden Datenaustausch von selbst erübrigen. Die im Rahmen der Normung bzw. Standardisierung zu lösenden Probleme sind derart vielschichtig, daß eine schnelle Verfügbarkeit bzw. Durchsetzung nicht zu erwarten ist.

Zum einen sind die festzulegenden Normen durch zahlreiche Gremien zu entwickeln, abzustimmen, zu überarbeiten und letzlich auch zu verabschieden und zu veröffentlichen. Die dabei gültigen Einspruchsfristen sind zu beachten. Insbesondere bei international gültigen Normen können hierfür viele Jahre vergehen.

Zum anderen ist nicht von vorneherein sichergestellt, daß entwickelte Normen sich auch durchsetzen. Dies kann unterschiedliche Gründe haben (vgl. Städtler, M.: Zwischenbetriebliche Integration im Güterverkehr 1984, S. 150-151):

- keine ausreichende Beteiligung der Betroffenen
  Werden die betroffenen Unternehmen oder Organisationen nicht in genügendem Umfang an den Normungsarbeiten beteiligt, besteht die Gefahr einer Fehlentwicklung bzw. Nichtakzeptanz der Normung bzw. Standardisierung.
- Existenz von de-facto-Standards
  Grundsätzlich kann eine Normungs- oder Standardisierungsinstitution kei-

ne rechtlich verbindlichen Regeln aufstellen. D.h., alle an der EI Beteiligten oder Interessierten sind frei, diese Norm oder einen anderen Standard zu übernehmen. Insbesondere, wenn Unternehmen frühzeitig einen Markt bearbeiten oder alleine durch ihre Marktstellung in der Lage sind, Standards durchzusetzen, können Normen (nationale oder internationale) zurückgedrängt werden bzw. sich erst gar nicht durchsetzen.

- Wettbewerbsinteressen
  Die Nutzung eines weitverbreiteten Standards oder einer Norm kann die Wirtschaftlichkeit einer EI-Lösung unter Umständen erst sichern. Umgekehrt kann ein Unternehmen oder eine Gruppe von Unternehmen auch ein Interesse daran besitzen, Wettbewerbsvorteile durch Einsatz ihres individuellen Systems zu erzielen und Markteintrittsschranken zu errichten. Solche Unternehmen werden versuchen, die Entwicklung von Normen, die ihren Interessen zuwiderlaufen, zu verzögern.

2. Die Normungs- und Standardisierungsträger

"Normung ist die planmäßige, durch die interessierten Kreise gemeinschaftlich durchgeführte Vereinheitlichung von materiellen und immateriellen Gegenständen zum Nutzen der Allgemeinheit. Sie darf nicht zu einem wirtschaftlichen Sondervorteil einzelner führen. Sie fördert die Rationalisierung und Qualitätssicherung in Wirtschaft, Technik, Wissenschft und Verwaltung. ... Sie dient außerdem einer sinnvollen Ordnung und der Information auf dem jeweiligen Normungsgebiet. Die Normungsarbeit wird auf nationaler, regionaler und internationaler Ebene durchgeführt. Grundsätze für die Normungsarbeit und die Erledigung der Aufgaben sind:

- Freiwilligkeit
- Öffentlichkeit
- Sachbezogenheit
- Beteiligung der interessierten Kreise
- Ausrichtung am allgemeinen Nutzen."

(Groenke, L.: Der Normenausschuß Informationssysteme (NI) 1985, S. 244).

2.1 Staatliche und überstaatliche Normungs- und Standardisierungs-Institutionen

2.1.1 Organisationen der Vereinten Nationen (U.N.)

Die Vereinten Nationen haben (vgl. Organigramm in Abb. VI.2.1.1) u.a. zwei bedeutsame Institutionen, die sich mit Fragen des elektronischen Datenaustauschs befassen:

- das Economic and Social Council und
- die UNCTAD (UN Conference on Trade and Developments).

Beim Economic and Social Council sind Regionalkommissionen zugeordnet. Für Handelsfragen in Europa ist dabei die ECE (Economic Commission for Europe) zuständig. Parallel dazu existiert bei der UNCTAD eine Kommission "Information Services on Facilitation of International Trade Procedures" (ISFAL).

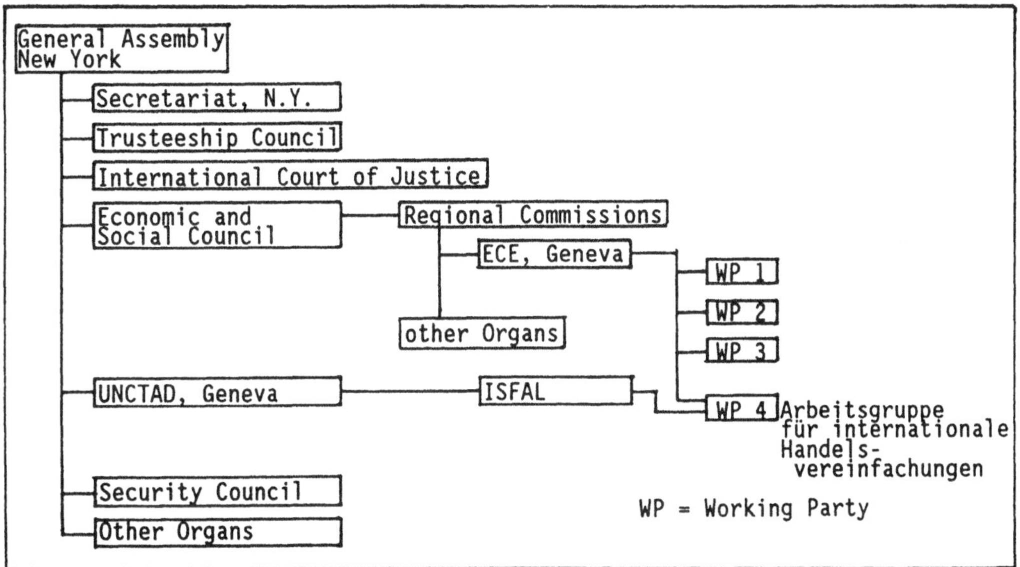

Abb. VI.2.1.1:	Relevante Organisationen der UN bzgl. der externen Integration

Aufgabe der WP 4 ist es, in Zusammenarbeit mit nationalen Standardisierungsgremien sowie Verbänden und Brancheninstitutionen (vgl. Abb. VI.3.1.1), das Ziel einer vereinfachten Handelsabwicklung (auch unabhängig von Zollfragen) zu unterstützen.

2.1.2 International Standards Organization (ISO)

Die ISO ist ein von nationalen Normungsausschüssen gegründete Institution mit Sitz in Genf. Mitglieder der ISO sind die nationalen Normungsverbände, in Deutschland also das DIN. Die in den sogenannten Technical Commissions geleistete Arbeit bestand zunächst lediglich in der Herausgabe von ISO-Empfehlungen, die in die nationalen Normenwerke der einzelnen Länder übernommen werden konnten. Seit 1971 werden auch weltweit gültige Normen (internationale Norm ISO) herausgegeben (vgl. Brinkmann, W.: Überbetriebliche Normung 1976, S. 96, 97).

Die ISO hat an den Entwicklungen von Standards zur EI zwar mitgearbeitet, aber keine Federführung übernommen.

2.1.3 Deutsches Institut für Normung e.V. (DIN)

Die Satzung des DIN legt u.a. auch die Aufgaben und Strukturen fest. Demnach verfolgt das DIN ausschließlich und unmittelbar gemeinnützige Zwecke, indem es durch Zusammenarbeit mit interessierten Kreisen, zum Nutzen der Allgemeinheit, Normen und Arbeitsergebnisse aufstellt und veröffentlicht, die der Rationalisierung, Qualitätssicherug, Sicherheit und Verständigung dienen. Die Arbeit des DIN wird von Normenausschüssen (NA) durchgeführt. Dabei arbeiten die Normenausschüsse weitgehend selbständig und eigenverantwortlich an Normungen auf dem ihnen zugewiesenen Teil eines Fachgebietes.

Ein Normenausschuß ist der Normenausschuß Informationsverarbeitung (NI). "Die Aufgabe des NI ist die Normung auf dem Gebiet der Informationsverarbeitung im Hinblick auf die Kommunikation zwischen Mensch und Maschine, zwischen den Maschinen und zwischen den Menschen" (Groenke,L.: Der Normenausschuß Informationssysteme 1985, S. 246).

Daneben existiert beim DIN ein Normenausschuß für Bürowesen (NBü), der sich überwiegend mit Standardisierung von Belegen, von Büro-Mobiliar etc. beschäftigt, daneben aber auch mit der Standardisierung der Datenübertragung und der Ausgestaltung von Nachrichtentypen (hier insbesondere NBü 11.2) befaßt ist. Der NBü war auch an der Entwicklung von EDIFACT (vgl. VI.3.1) beteiligt.

Die DIN-Normen stellen lediglich Empfehlungen dar, für deren korrekte Anwendung die Nutzer selbst Sorge tragen müssen. Verbindlich werden die Normen erst, wenn sie zwischen zwei Geschäftspartnern vertraglich vereinbart oder per Gesetz festgelegt werden.

Die bisherigen Entwicklungen in Richtung eines universellen Daten-Austauschs sind vom DIN weitgehend von ISO bzw. übernationalen Arbeitskreisen übernommen worden.

2.1.4 DEUPRO beim Bundeswirtschaftsministerium

Bei den meisten nationalen Wirtschaftsministerien existieren Abteilungen zur Vereinfachungen der Handelsbeziehungen. Dazu zählen insbesondere Maßnahmen zur Harmonisierung von Verfahrensvorschriften im internationalen Handel. Aufgabe des DEUPRO (Ausschuß für die Vereinfachung internationaler Handelsverfahren) innerhalb der Bundesrepublik ist die Förderung von Entwicklungen zur Handelserleichterung. Dazu zählt die Finanzierung und Mitarbeit in Gremien, die sich mit der Umsetzung und Weiterentwicklung von internationalen Empfehlungen bzw. Normen befassen. In den letzten Jahren hat DEUPRO z.B. an der Entwicklung eines einheitlichen UN-Layout-Schlüssels für Datenelemente (vgl. UN ECE: Trade Data Elements Directory 1987), der Angleichung der Handels-, Zoll- und Transportdokumente (vgl. dazu AWV: Dokumentenverzeichnis 1985) mitgearbeitet.

2.2 Verbände und Interessengemeinschaften

Neben den staatlichen Institutionen wird Normung auch von Verbänden (etwa AWV-Arbeitsgemeinschaft für wirtschaftliche Verwaltung), Brancheninstitutionen oder eigens dafür ins Leben gerufenen Vereinigungen von Unternehmen betrieben. Sofern von solchen Organisationen Ansätze zur externen Integration existieren, werden sie in Kapitel VI.3.2 bis 3.8 vorgestellt.

Daneben wird die Normung bzw. Standardisierung auch von größeren (etwa marktbeherrschenden) Anwendern oder von EDV-Herstellern vorangetrieben.

3. Vorliegende Systeme und Ansätze

3.1 UN-EDI/ EDIFACT - Einheitliche Richtlinien für den Handelsdatenaustausch

Nach mehreren Jahren Entwicklungsarbeit wurde 1986 ein System vorgestellt, das als Basis eines generalisierten betriebswirtschaftlichen Datenaustauschs mit internationaler Ausrichtung dienen kann. Das bisher in den USA angewandte Regelwerk (EDI- Electronic Data Interchange, ANSI X.12 - Arbeitsgruppe) wich von dem in verschiedenen europäischen Ländern in Pilotanwendungen benutzten TDI (Trade Data Interchange) -System ab. Da die EG und die USA aus Gründen der Handelserleichterung an einem einheitlichen System interessiert sind, das den Datenaustausch untereinander ermöglicht, fanden Gespräche zwischen Vertretern beider Systeme (1985, Anfang 1986) statt. Bei dem Vergleich der amerikanischen Norm (ANSI X.12 EDI) mit den entsprechenden ECE (Economic Commission for Europe) - Standards für die Handelsdatenelemente (TDED - Trade Data Elements Directory, vgl. UNECE/UNCTAD: Trade Data Elements Directory 1987) und für die elektronische Datenübermittlung (GTDI - Guideluines for Trade Data Interchange) wurde ein hoher Grad an Übereinstimmung festgestellt (vgl. O.V.: Elektronischer Datenaustausch 1986, S. 2).

Das TDED (bzw. UN-TDED), das international gebräuchliche Handels- und Transportdatenelemente mit vierstelligen numerischen Codes enthält (vgl. Anlage 2), wurde bereits 1981 von der ECE verabschiedet und von der ISO genormt (vgl. O.V.: Weltweite EDV-Sprache für Übermittlung von Handelsdokumenten 1986, S. 1). Das TDED ist im November 1985 vom DIN als Norm-Entwurf veröffentlicht worden DIN-ISO 7372). Verantwortlich für das Ergebnis und die noch weiterführenden internationalen Arbeiten und Abstimmungen ist nun das UN-JEDI-Coordinating Committee (Joint Electronic Data Interchange), dem Vertreter Europas (darunter auch der Bundesrepublik) und der USA angehören.

Neben den Datenelementen existiert eine international abgestimmte Syntax zur Strukturierung der für den elektronischen Datenaustausch vorgesehenen Nachrichteninhalte: EDIFACT (Electronic Data Interchange for Administration, Commerce and Transport/ Trade). Ziel des Systems ist es die Daten unabhängig von elektronischen Übermittlungsmethoden, Protokollen und Hardware-Systemen auszutauschen. Die Syntax ist so ausgelegt, daß Nachrichten in komprimierter Form aufgebaut werden können, um eine kostengünstige Übertragung in öffentlichen Netzen zu erreichen.

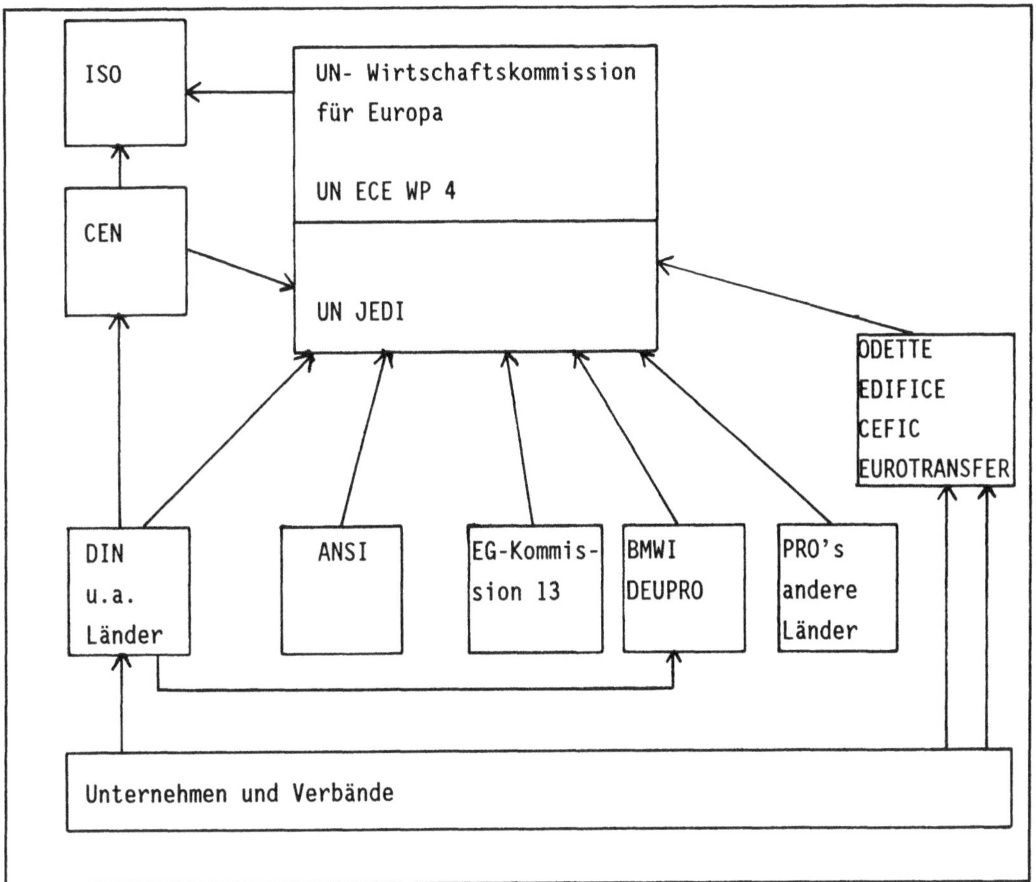

Abb. VI.3.1.1:	UN JEDI: Zusammenwirken der verschiedenen Normungsträger (aus: Thomas, H.E.: Unternehmensübergreifende Kommunikation 1987, S. 16)

Grundsätzlich ist die Syntax unabhängig von den Daten. Zum heutigen Stand läßt sich aber konstatieren, daß EDIFACT vor allem in Anlehnung an das TDED entwickelt wurde. Die reinen Syntaxregeln sind davon zwar nicht betroffen, wohl aber die Ausgestaltung realer Nachrichtentypen.

In einem von der EG-Kommission geförderten Projekt MERCATOR (o.V.: Mercator 1984) konnte die Brauchbarkeit von TDED und GTDI (als Vorgänger von EDIFACT) auch bei Einsatz unterschiedlicher Rechnersysteme nachgewiesen werden (vgl. auch: AWV - Arbeitsgemeinschaft für wirtschaftliche Verwaltung e.V.: Automatisierter Datenaustausch, Teil 2, 1986, Kapitel 1, S. 2 und Kapitel 13, S. 1-4).

Das Mercator Project

Anhand der von der UN-ECE empfohlenen, damals verfügbaren Syntax Regelungen (GTDI) und der empfohlenen Datenelemente (TDED) wurde in der Zeit von Februar 1983 bis November 1984 der Datenaustausch nach standardisierten Regeln zwischen verschiedenen Firmen und Behörden vorgenommen. Das Projekt wurde von der EG gefördert. Insgesamt waren 14 Unternehmen bzw. Behörden in Belgien, der Bundesrepublik Deutschland und Großbritannien daran beteiligt. Im wesentlichen wurden folgende Daten ausgetauscht:

- Lieferscheine
- Transportdaten an die betroffenen Transportunternehmen
- Rechnungsdaten
- Statistische Daten.

Wichtigste Ergebnisse waren:

- die Bestätigung, daß mit den vorgegebenen Datenelementen und der Syntax die gewünschte Realisierung möglich ist
- die Empfehlung GTDI und TDED weiter auszubauen
- die Empfehlung GTDI unter interaktiven Umgebungsbedingungen zu erforschen.

Die Syntax des EDIFACT Systems ist grundsätzlich völlig unabhängig von den auszutauschenden Daten, Datennormen, und Anwendungsbereichen (Handel, öffentliche Verwaltung ...), Telekommunikationsprotokollen, Hardware-Systemen etc. Die Syntax von EDIFACT beinhaltet lediglich die Anordnung der Benutzerdaten in einer Übertragung (Strukturregeln). Der grundsätzliche Aufbau von EDIFACT ist aus Abb. VI.3.1.2 (Syntax-Struktur) zu entnehmen (vgl. GLI: EDIFACT 1987, S. 6-2).

Eine Verbindung kann eine oder mehrere Übertragungen umfassen. Die technischen Protokolle zum Aufbau, der Wartung und der Beendigung usw. sind nicht Bestandteil dieser Norm.

Im Rahmen dieser Empfehlung besteht eine Übertragung aus einer oder mehreren Nachrichten, die aus Segmenten bestehen, welche wiederum aus Datenelementen aufgebaut sind.

Ein Datenelement kann aus einem einzelnen Dateninhalt bestehen, z.B. dem "Lieferdatum" oder es kann aus mehreren Inhalten zusammengesetzt sein, z.B. das Datenelement "Absender". Im ersten Fall spricht man von einem einfachen, anderenfalls von einem zusammengesetzten Datenelement. Daneben existieren Dienstleistungs-Datenelemente, welche zur Strukturierung der Übertragung erforderlich sind (vgl. GLI: EDIFACT 1987, S. 5-1).

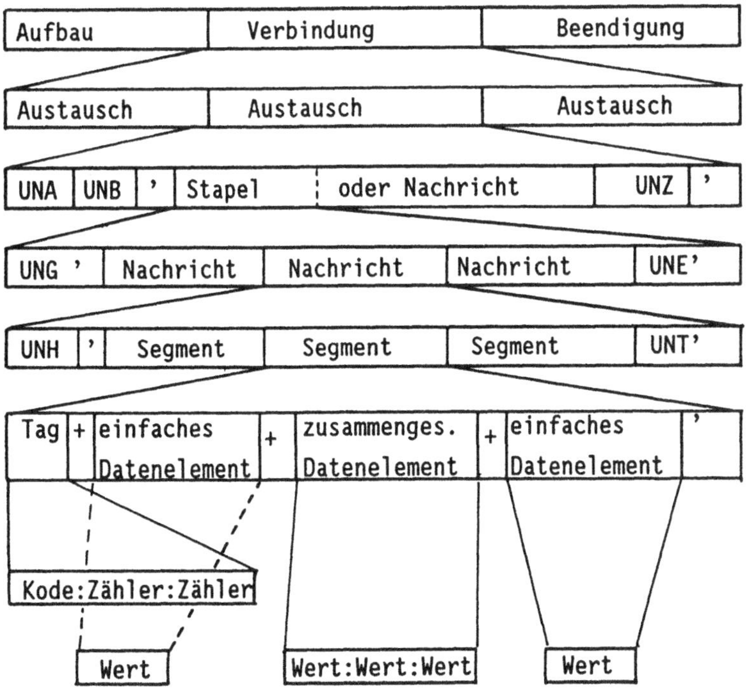

Abb. VI.3.1.2:	Struktur von EDIFACT

Datenelemente werden durch einen 4-stelligen (alphanumerischen) Datenelementbezeichner identifiziert.

Ähnlich wie bei den Datenelementen lassen sich bei den Segmenten Datensegmente und Dienstleistungssegmente unterscheiden.
Dienstleistungssegmente enthalten Dienstleistungsdatenelemente oder spezifische Daten, welche für die Übermittlung notwendig sind, jedoch nicht in den Datensegmenten enthalten sind (z.B. Übermittlungsdatum, Prioritätskennziffern).
Datensegmente enthalten Datenelemente wie Mengen, Werte, Namen, Orte oder sonstige zu übermittelnde und für Unternehmenszwecke unmittelbar nutzbare Daten.
Weitere Segmente sind Syntax- (mit Angaben zur Strukturierung der Daten), Text-, Fehlerkorrektur- und Steuersegmente.

Segmente werden jeweils durch einen 3-stelligen alphabetischen Segmentbezeichner gekennzeichnet. Dieser steht am Anfang des Segmentes. Das Segmentende wird durch ein Segment-Ende-Zeichen ("'") deutlich gemacht.

Eine Nachricht besteht aus einer Reihe von Segmenten, die entsprechend der Syntax-Regeln strukturiert sind. Sie muß mit einem Dienstleistungs-Segment "Nachrichten-Kopf-Segment" (UNH) beginnen und mit einem Dienstleistungs-Segment "Nachrichten-Ende-Segment" (UNT) enden. Datennachrichten enthalten außer den Beginn- und Ende-Segmenten ausschließlich Datensegmente.
Nachrichten werden durch eine eindeutige Nachrichten-Kennung identifiziert: die Nachrichtenart durch einen 6-stelligen alphabetischen Code, der zur Angabe der Nachricht dient, und eine 3-stellige Versionsnummer, die im Zusammenhang mit Veränderungen der Nachrichtenspezifikation benutzt wird.

Am Beispiel einer Rechnungsnachricht (vgl. Abb. VI.3.1.3a und 3b) soll der Aufbau von Nachrichten gemäß EDIFACT dargestellt werden (vgl. DIN Normenausschuß Bürowesen NBü: Specification for UN-ECE Standard Electronic Commercial Invoice Message, Version No. 3, NBü Mitteilung 05-88).

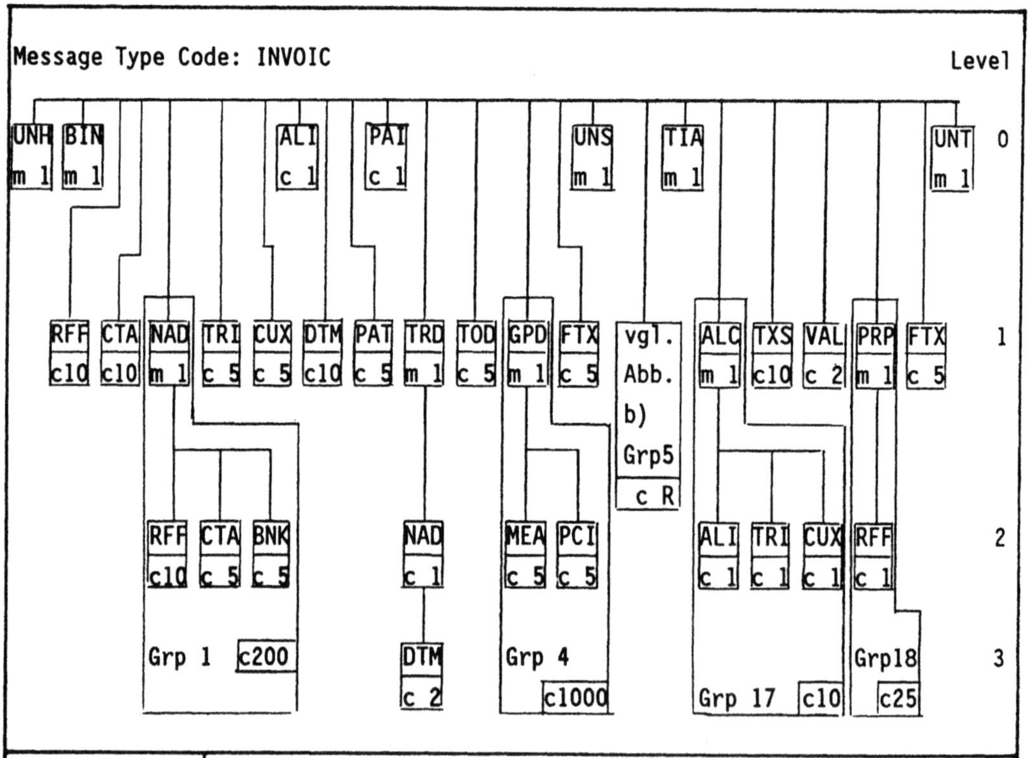

Abb. VI.3.1.3a:	Struktur einer Rechnungsnachricht gemäß EDIFACT (1. Teil)

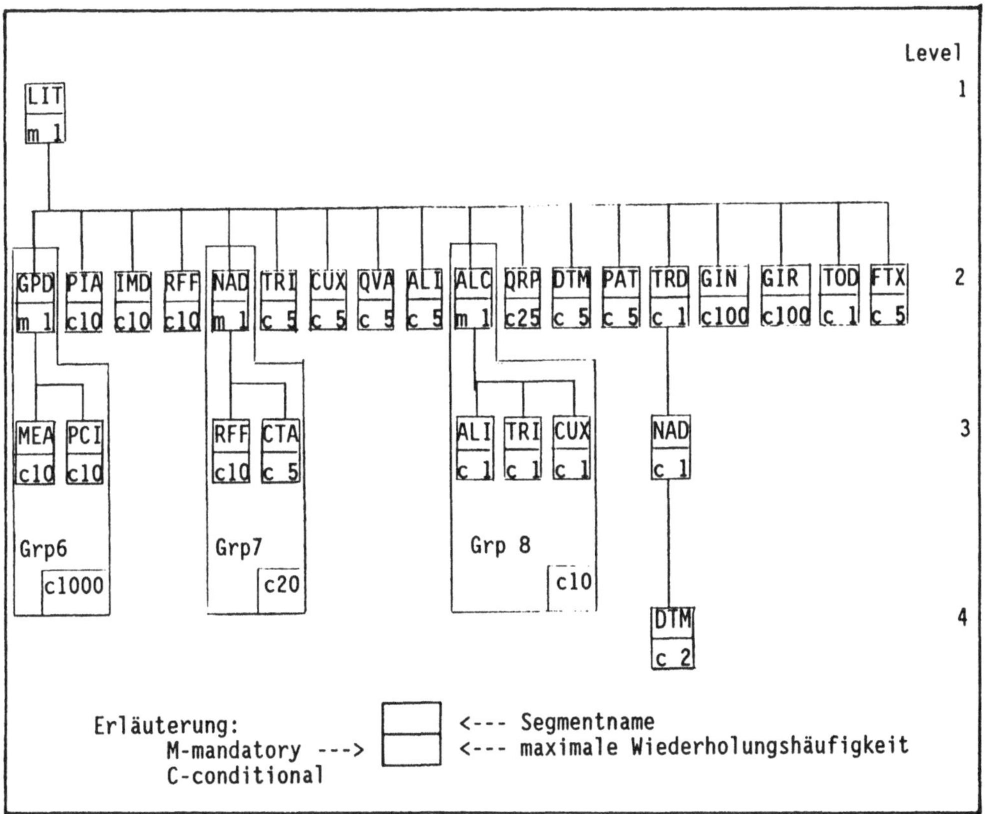

Abb. VI.3.1.3b: Struktur einer Rechnungsnachricht gemäß EDIFACT (2. Teil)

ALC Allowances and charges
ALI Additional line information
BIN Beginning segment for invoice
BNK Bankers information
CTA Contact segment
CUX Currencies
DTM Date/time reference
FTX Free text
GIN Goods identity number
GIR Goods identification related numbers
GPD Goods physical description
IMD Item description
LIT Line item
MEA Measurements
NAD Name and address
PAI Payment instructions
PAT Payments terms basic
PCI Package Identification
PIA Additional Product id
PRP Pre payment
QRP Quantity related pricing information
QVA Quantity variances
RFF References
SID Sub-line item detail
TIA Invoice amount total
TOD Terms of delivery
TRD Transport details
TRI Tax related information
TXS Tax subtotals
UNH Message Header
UNS Section control
UNT Message trailer
VAL Valuation

Abb. VI.3.1.3c: Segment-Bezeichner der Nachricht INVOIC

Wie aus der Rechnungsnachricht (Invoice Message) hervorgeht, sind die Segmente auf verschiedenen Levels angeordnet. Dies dient zum Aufzeigen hierarchischer Abhängigkeiten. Der Aufbau einer Nachricht (Message) ist immer so, daß in Ebene 0 nur solche Segmente auftreten, die über keine Untersegmente verfügen. In Ebene 1 und den folgenden Ebenen können Wiederholungssegmente aufgebaut werden. Die Struktur aller Segmente ist in Abb. VI.3.1.4 dargestellt.

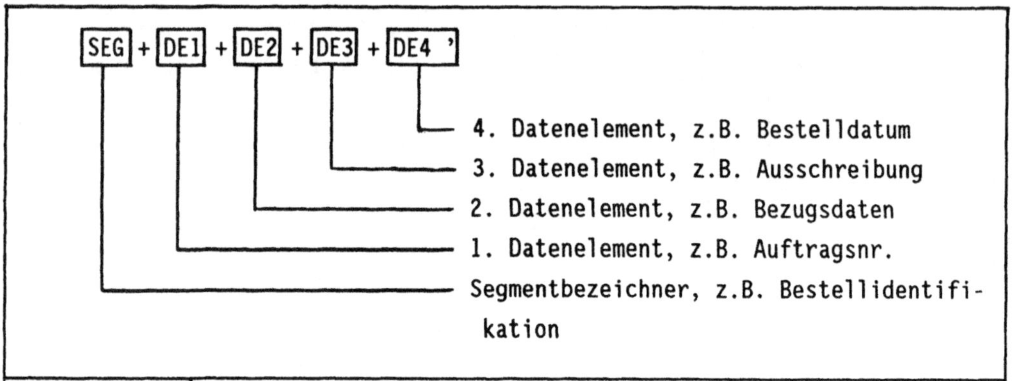

Abb. VI.3.1.4: Segmentstruktur

SEG steht dabei für den Segmentbezeichner, in der Rechnungsnachricht also UNH, BIN, ... Die Datenelemente sind im TDED definiert bezüglich Ausprägung und Charakteristik.

Die Datenelemente werden durch "+"-Zeichen voneinander getrennt. Zusammengesetzte Datenelemente, wie z.B. Lieferant/ Verkäufer, die aus mehreren Unterelementen bestehen (Straße, PLZ, Ort, ...), werden innerhalb des Datenelementes durch ":"-Zeichen getrennt.

Folgende Segmentanordnungen innerhalb einer Nachricht sind möglich:

1. einfaches Segment

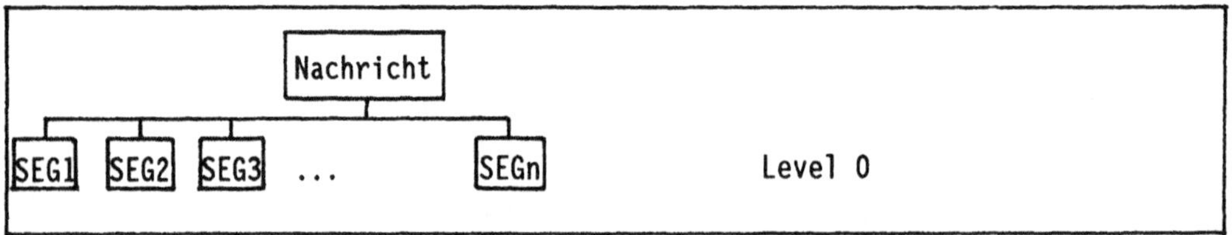

Abb. VI.3.1.5: einfache Segmentanordnung

Kann-Segmente (conditional segments) können - sofern sie bei der Informationsübertragung nicht benötigt werden - weggelassen werden. Nicht benötigte fehlende Datenelemente innerhalb eines Segmentes müssen allerdings kenntlich gemacht werden. Gemäß obigem Beispiel würde eine Übertragung mit 4 Datenelementen, von denen nur das 2. und 4. Datenelement benötigt werden, folgendes Aussehen haben:

SEG + + DE2 + + DE4

Das gleiche gilt auch für zusammengesetzte Datenelemente, wenn nur ein Teil der Unterelemente vorhanden ist (Trennung durch ":").

2. Wiederholungssegment

Bei vielen Nachrichtentypen müssen einzelne Segmente wiederholt werden:

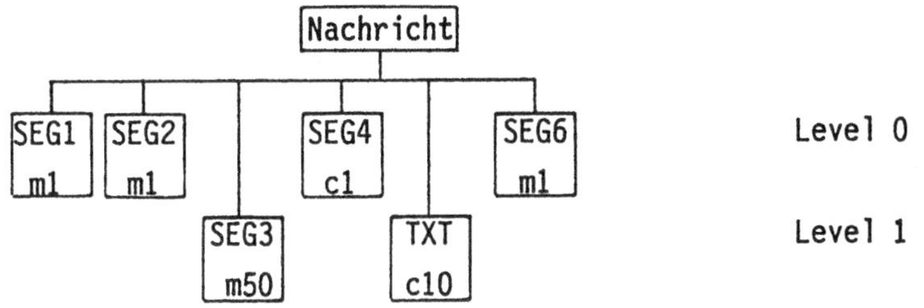

Abb. VI.3.1.6: Anordnung von Wiederholungssegmenten

Die Segmente 1, 2 und 6 sind obligatorische Segmente und müssen einmal je Nachricht vorkommen. Das dritte Segment ist ein Wiederholungssegment des Levels 1 und muß mindestens einmal, darf aber höchstens 50-mal auftreten. TXT ist ein Wiederholungssegment des Levels 1, das weggelassen werden kann, wenn keine Daten dafür vorhanden sind. Anderenfalls kann es bis zu 10 mal wiederholt auftreten.

Die Nachrichtenübermittlung sieht dann wie folgt aus:

SEG1 + ... Daten ... '
SEG2 + ... Daten ... '
    SEG3 + ... Daten ... '
    SEG3 + ... Daten ... '
SEG6 + ... Daten ... '

SEG4 und TXT haben in diesem Beispiel keine Daten und können daher entfallen

3. vertikale Verschachtelung von Wiederholungssegmenten

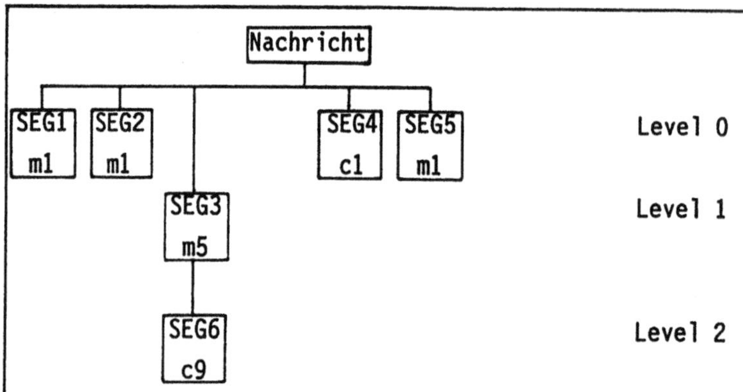

Abb. VI.3.1.7: Anordnung von Wiederholungssegmenten (vertikale Verschachtelung)

SEG3 ist ein Wiederholungselement (muß vorhanden sein) der Ebene 1. Darin verschachtelt ist ein konditionales Wiederholungselement.

```
SEG1 + ... Daten ...    '
SEG2 + ... Daten ...    '
     SEG3 + ... Daten ...    '
          SEG6 + ... Daten ...    '
          SEG6 + ... Daten ...    '
          SEG6 + ... Daten ...    '
     SEG3 + ... Daten ...    '
     SEG3 + ... Daten ...    '
          SEG6 + ... Daten ...    '
SEG4 + ... Daten ...    '
SEG5 + ... Daten ...    '
```

4. Konditionale Gruppen

Im Rahmen des Nachrichtendesigns kann sich eine Situation ergeben, die das Auftreten ganzer Gruppen von Segmenten konditional oder optional verlangt, während innerhalb der Gruppe ein oder mehrere optionale Segmente existieren (vgl. dazu Gruppe 1 in der Rechnungsnachricht). Auch können innerhalb einer Gruppe selbst wiederum konditionale Gruppen existieren (vgl. Gruppe 6 in Gruppe 5 der Rechnungsnachricht).

Dadurch sind mit der Syntax recht komplexe Verschachtelungsstrukturen verbunden. Ob es allerdings sinnvoll ist, Nachrichten dergestalt komplex zu strukturieren, muß gegen die Kosten des höheren Entwicklungsaufwandes und die notwendige Wartung abgewogen werden. Der Vorteil einer komplexen und umfassenden Syntax ist die erreichbare hohe Akzeptanz weiter Anwenderkreise, da jetzt auch branchen- oder unternehmensbezogene Sonderfälle durch eine Standardregelung abgedeckt werden können.

Kritisch anzumerken bleibt, daß diese Standardisierung bereits sehr weitgehend ist im Hinblick auf die kommerzielle Aufgabenabwicklung. Technische Spezifikationen, sofern sie mit der Angebotseinholung, der Bestellung etc. verbunden sind, fehlen z.Z. noch. Eine Erweiterung dieses Standardisierungsansatzes mit systemimmanenten Mitteln ist jedoch möglich.

Mertens (Mertens: Zwischenbetriebliche Integration, 1985) schlägt eine Erweiterung wie in Abb. VI.3.1.8 dargestellt vor.

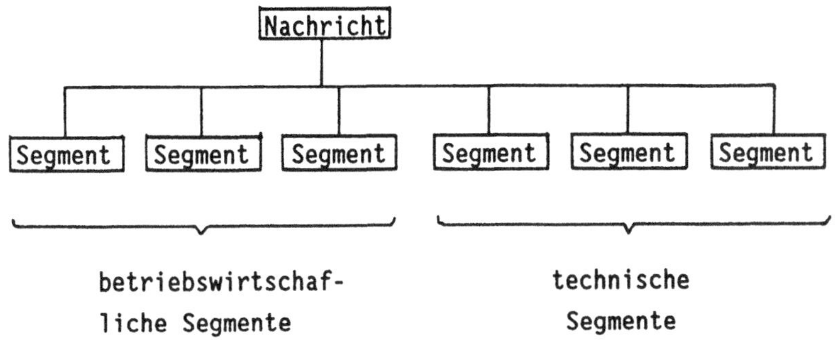

Abb. VI.3.1.8: Erweiterung der betriebswirtschaftlichen Nachrichten um technische Spezifikationen

Im technischen Bereich lassen sich diese Nachrichten dann verwenden, wenn branchentypische Absprachen und Klassifizierungen existieren.

3.2 VDA (Verband der Automobilindustrie e.V.)

Die VDA-Richtlinien zum Datenaustausch wurden primär für die EI zwischen Herstellern (BMW, Ford, Mercedes, Opel, Porsche, VW) und Zulieferern, die selbst unmittelbar herstellen, entwickelt. Der Verbreitungsgrad dieser Richtlinien in der Automobilindustrie ist sehr hoch und auch in vielen Software-Systemen der Anwender und Zulieferer realisiert. Hintergrund dieser Entwicklung ist der Druck vieler Hersteller auf ihre Zulieferer solche Systeme einzuführen. Die VDA-Richtlinien können auch als Basis der Kommunikation zwischen Zulieferer und Sub-Zulieferer dienen (vgl. Meyer, B.E.: Direktverbund, 1987, S. 46).

In der Automobilindustrie wird heute eine zeitgenaue Steuerung der Zulieferer über Zukaufsmaterialien bis zur stunden- und minutengenauen Anlieferung praktiziert. Der schnellere Warenfluß erfordert damit einen noch schnelleren Austausch der Daten zwischen den Geschäftspartnern. Um die benötigten Liefereinteilungen, Angebote, Preise, Liefer- und Rechnungsdaten schnell übermitteln zu können, verstärkt sich der Trend zur automatischen Datenübermittlung.

Durch die Tendenz der großen Automobilhersteller ihre Bestände zu reduzieren (vgl.: Zeilinger, P.: Just-in-Time 1986, S. 9.), um damit einen geringeren Bedarf an Lagerflächen und innerbetrieblichen Transporteinrichtungen zu erhalten, verkürzen sich die Planungsintervalle. Es bedarf deshalb erheblicher Anstrengungen der Zulieferer ihre Produktion auf diese Situation einzustellen. Alleine durch die dv-gerechte automatische Verknüpfung der Disposition zwischen Hersteller und Lieferant entsteht für den Zulieferer wieder ein Zeitgewinn von fünf bis acht Arbeitstagen (Meyer, B.E.: Direktverbund 1987, S. 44).

Ähnliche Standards existieren in den USA. Hier hat der AIAG (Automotive Industry Action Group) Datensatzempfehlungen für den beleglosen Datenaustausch entwickelt. Einige große Automobilunternehmen führen daneben noch einen eigenen "Standard" (z.B. General Motors, vgl. Hesse, M.; Ullemeyer, M.: Datenfernübertragung bei der Adam Opel AG, 1986) zur Kommunikation mit Zulieferern.

Die DFÜ-Empfehlungen des VDA umfassen folgende Daten, bzw. Datenflüsse:

Lieferabruf	4905		--->	
Rechnung	4906	H	<---	Z
Zahlungsavis	4907	E	<---	U
Anfrage	4909	R	--->	L
Angebot	4910	S	<---	I
Preisdaten	4911	T	<---	E
Lieferschein/Transport	4913	E	<---	F
Feinabruf	4915	L	--->	E
Warenanhänger mit Barcode	4908	L	<---	R
Transportdaten	4920	E	--->	E
		R		R
File-Transfer-Protokoll	4914		<-->	
Stock-Status-Einteilungen	in Planung			
Produktionsdaten	in Planung			

Abb. VI.3.2.1: VDA-Empfehlungen zum Datenaustausch

Der Datenaustausch gemäß den VDA-Normen erfolgt grundsätzlich in einer Batchverarbeitung. Zwar können die einzelnen Daten bei den teilnehmenden Unternehmen aus existierenden unternehmensinternen Anwendungssystemen online entstehen; sie werden aber zunächst in einer unternehmensspezifischen Weise gesammelt, bereitgestellt und erst mit einiger Verzögerung übertragen. Teilweise werden die Daten nur bereitgestellt und der Geschäftspartner ruft sie selbst ab (etwa bei Opel). Beim Empfänger werden die Daten zunächst zwischengespeichert, geprüft und gelistet. Erst dann folgen weitere Bearbeitungsschritte (etwa Einplanung in die Fertigung). Einen Überblick der zwischen der Adam Opel AG, Rüsselsheim und der Max Kammerer GmbH, Oberursel/Ts., durchgeführten DFÜ für Lieferabrufe zeigt der in Abb. VI.3.2.2 dargestellte Bearbeitungsablauf (vgl. Rudolf, P.: FORS-DFÜ bei der Fa. Kammerer 1986, S. 11).

Das von VDA entwickelte DFÜ-Konzept sieht im Interesse einfacher Handhabbarkeit lediglich Muß-Felder bei festen Satzlängen, mit genau zugeordneten Feldpositionen vor. Daneben existieren weitere Detailinformationen zwischen Geschäftspartnern (etwa Fortschrittszahlen zur exakteren Steuerung), die manuell vom Datenempfänger zugegeben werden müssen. Dabei müssen weitere Informationsquellen (etwa DV-Listen, Schriftverkehr) herangezogen werden, wenn die Daten nicht im Übertragungstextsatz enthalten sind (vgl. Hesse, M.; Ullemeyer, M.: Datenfernübertragung bei der Adam Opel AG 1986, Kapitel 3.2).

	Uhrzeit	Tätigkeit	Dauer in Minuten
Bildschirm-arbeitsplatz 1:	7.00	Anwahl durch AWD (automatischer Wähldienst	
		Übertragung der Datensätze (ca. 200 Abrufe)	20-30
2:		Umwandeln der IBM gepackten Sätze	20-30
		Protokollaufbereitung und Ausdruck	40-60
		Protokoll prüfen	60
	ab 10.00	-/-	
	bis 12.30	-/-	
	ab 12.30	Automatisches Einplanen (während der Mittagszeit, da hierdurch das normale Tagesgeschäft blockiert wird) für Fertigung	30
	13.00	manuelle Bearbeitung fehlerhafte Abrufe (ca. 15 Abrufe ≙ 7%)	60
	14.00	Freigabe der Abrufe	30
	ab 14.30	Ausdruck der Listen zur Produktionssteuerung	120

Abb. VI.3.2.2: Lieferabruf-Abwicklung nach VDA bei einem Zulieferer

3.3 ODETTE (Organisation pour les Donnees echangees par Teletransmission en Europe - Organization for Data Exchange by Teletransmission in Europe)

Für Unternehmen der Automobilbranche mit grenzüberschreitenden Kontakten (Lieferanten wie Abnehmer) stellt sich zwangsläufig die Frage nach einem internationalen Gegenstück zum VDA-Standard. Es zeigt sich, daß die großen Automobilzulieferer noch weitere Abnehmergruppen besitzen und langfristig nicht willens sind, eine Entwicklung für jede Branche oder jedes Land zu unterstützen.

Ende 1983 initialisierte der englische Automobilverband SMMT (Society of Motor Manufacturers and Traders) ein europäisches Datenaustauschprojekt für die Automobilindustrie. Ziel des Projektes ist es u.a., auf die japanische Herausforderung durch verbesserte logistische Maßnahmen reagieren zu können. Wichtige Basis dafür ist eine europaweite Empfehlung für den beleglosen Datenaustausch nach einheitlichen Richtlinien. Dabei wird weitgehend auf die Empfehlungen der UN zurückgegriffen. Generell werden EDIFACT und TDED benutzt; es zeigte sich jedoch, daß einige Änderungen notwendig wurden (insb. in Arbeitskreis 7 wurde eine Eigenentwicklung betrieben).

In neun Arbeitskreisen arbeiten Vertreter aus zahlreichen europäischen Ländern an diesem Konzept (vgl. ODETTE Secretariat: Project ODETTE 1986, S. 7):

-1- Datenelemente
-2- Nachrichten- und Übertragungsformate (Protokoll-Design)
-3- Syntax-Regeln
-4- Telekommunikation (physikalische Übertragungsmethoden)
-5- Praxistests
-6- Rechtliche Probleme
-7- Verschlüsselung der Nachrichten
-8- Produkt- und Transportidentifikation (vehicle identification number, Barcodes)
-9- Software-Empfehlungen (Entwicklung und Vertragsverhandlungen).

Die Gruppen 3,4,7 und 9 haben ihre Arbeit weitgehend beendet (vgl. Shepherd, A.: Standardisierungsaktivitäten 1987, o.S.).

Erste Versuche mit ODETTE sind angelaufen. Beteiligte Unternehmen waren bis September 1986:

Volkswagenwerk	Wolfsburg	Umsetzen und Senden im ODETTE-Format
Opel AG/ EDS	Rüsselsheim	Umsetzen und Senden im ODETTE-Format
Philips	Eindhoven	Testen mit COPS
Valeo	Paris	Test mit Interbridge
Glaverbel	Brüssel	Test mit COPS
Sekurit/Vegla	Aachen	Programmierung MVS/SP, CICS
SKF	Schweinfurt	Test mit COPS
Autoliv	Elmshorn	Eigenprogrammierung mit IBM /38
Happich	Wuppertal	Test mit Atrium (Siemens)
Hella	Lippstadt	Eigenprogrammierung MVS/XA, IMS

Abb. VI.3.3.1: Erste Teilnehmer an ODETTE (aus: Hansen, R.: ODETTE 1986, o.S.).

Der wesentliche Unterschied zwischen dem VDA-Konzept und dem ODETTE-Ansatz liegt in der Abkehr von festen Satzlängen mit Zwangsfeldern, wie sie in den VDA-Empfehlungen noch enthalten sind.

ODETTE nutzt zwar die Syntaxregeln von EDIFACT, hat aber seine Nachrichten weitgehend unabhängig von den übrigen Standardisierungsbemühungen (etwa des DIN NBü) etabliert. Die unabhängig von übergreifenden internationalen Standardisierungsgremien in kleinen Gruppen durchgeführte rasche Entwicklung führte dazu, daß bis Mitte 1988 fast 30 Nachrichtentypen vorliegen.

Anwender, die bereits erhebliche Investitionen in die Anpassung der Schnittstellen zwischen unternehmensinternen Systemen und der externen Datenübergabe nach VDA getätigt haben, können ihre bestehenden Ansätze zunächst dadurch weiternutzen, daß sie aus VDA-Daten ODETTE-Daten erzeugen und umgekehrt. Dies ist in vielen Fällen einfacher als der direkte Weg vom unternehmensinternen System zur neuen ODETTE-Norm. Allerdings bringt diese Form der Anpassung erhebliche Einschränkungen des ODETTE Funktionsumfanges mit sich. Erst in einem zweiten Schritt sollen die direkten Schnittstellen zwischen ODETTE und den hauseigenen Systemen hergestellt werden (vgl. Abbildung VI.3.3.2).

Selbst wenn diese Konzeption z.Z. nur für Automobilhersteller und ihre Zulieferer diskutiert wird, so ist doch abzusehen, daß es sich für den Automobilhandel (etwa Ersatzteilhandel, OEM-Vertriebsgesellschaften, Vertragsunternehmen ...) durchsetzen wird. Erste Ansätze dazu zeigt das vom SMMT zusammen mit GEISCO (General Electric Information Services Company) in England entwickelte MOTORNET, bei dem zahlreiche Teilnehmer - entweder mit Rechnern oder lediglich mit einem Terminal - Daten auf elektronischem Wege über ein Clearing-Centre austauschen (vgl. SMMT: Motornet o.J.).

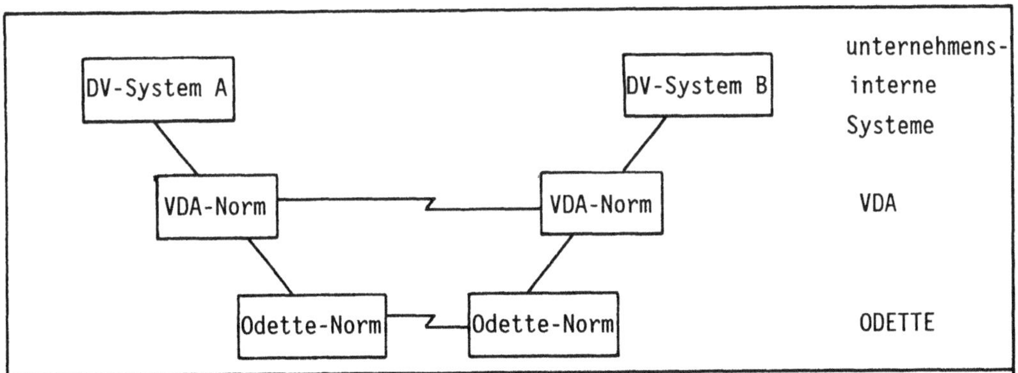

Abb. VI.3.3.2: Konvertierung ODETTE-VDA

3.4 Centrale für Coorganisation (CCG)

Die Centrale für Coorganisation wurde ins Leben gerufen, um arbeitstechnische und organisatorische Probleme, die sich aus der Zusammenarbeit zwischen Handel und Industrie ergeben, partnerschaftlich zu lösen. Ihre Träger sind der Markenverband e.V. und die Rationalisierungsgemeinschaft des Handels m.b.H.

Die CCG in Köln befaßt sich in diesem Zusammenhang mit der Durchsetzung des EAN-Codes (CCG vergibt u.a. auch die 5-stellige bbn (Betriebsstätten-) Nummer als Teil des EAN) und Vereinfachungen der Zusammenarbeit zwischen Industrie und Handel. Mit den seit 1977 entwickelten Standardregelungen einheitlicher Datenaustauschsysteme im Rechnungsverkehr zwischen Industrie und Handel, denen weitere Regelungen folgten, war sie somit eine der ersten Gruppierungen, die allgemein anerkannte Regelungen für den beleglosen Datenaustausch - zur Integration zwischen Industrie und Handel - erarbeitete (vgl. CCG: SEDAS 1986, Vorwort von 1982.

Das SEDAS Konzept basiert auf einem Informationsfluß-Konzept zwischen Industrie und Handel.

Abb. VI.3.4.1: Informationsfluß zwischen Industrie und Handel nach CCG

Der Austausch von Marktdaten wird in einem eigenen System MADAKOM abgewickelt. Basis aller SEDAS-Regelungen ist das bereits früher von der CCG entwickelte und eingeführte EAN-Nummerierungssystem.

Die Rechnungsstellung

1977 wurden von der CCG die Standardregelungen für den Rechnungsverkehr herausgegeben. Das System wurde 1986 von 125 Industrieunternehmen und von 8 Handelszentralen bzw. Verrechnungsstellen eingesetzt (vgl. CCG: SEDAS 1986, Vorwort). Das System basiert auf einem Datenträgeraustausch mit Dateien fest vorgegebener Satzlänge (150 Bytes). Zugelassen sind grundsätzlich alle bilateral abgestimmten Datenträger, in der Praxis kommen nur Magnetbänder und 8-Zoll-Disketten vor. Der Erstellungsrhythmus ist zwischen Lieferant und Rechnungsempfänger abzustimmen. Der Aufbau der Daten innerhalb der übersandten Datei muß exakt die Vorgaben der CCG erfüllen.

SEDAS verzichtet nicht auf manuelle Belege. So sind parallel (z.T. auch unabhängig voneinander) folgende Daten zu übersenden (vgl. CCG (Hrsg.): SEDAS, S. II,2):

- Begleitschein zu Datenträger
- Liefernachweislisten
- Abstimmlisten
- Rechnungen } vgl. V.3. Belegzwang
- Rechnungslisten }

Beim traditionellen multilateralen Datenträgeraustausch zeigte sich, daß die Anzahl der umlaufenden Datenträger sehr hoch war, wobei das Belegvolumen oft nur einen geringen Teil der verfügbaren Kapazität benötigte. Deshalb richtete die CCG eine Clearingstelle ein. Als Konsequenz für die Kommunikationspartner - sofern sie diesen Dienst akzeptieren - haben sie für den Datenaustausch nur noch einen Ansprechpartner. Die Anzahl der Kommunikationswege des einzelnen Unternehmens wird dadurch drastisch reduziert.

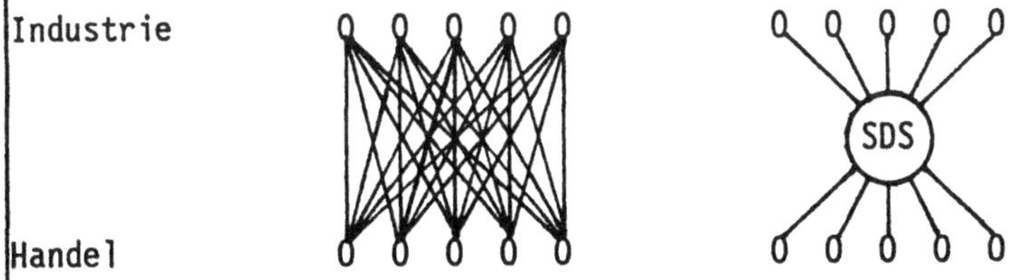

Abb. VI.3.4.2: **Kommunikationswege bei verteilter Struktur und bei Einsatz eines Clearing-Centers**

Aufgabe des Clearingcentrums (SDS = Sedas Daten Service) ist es, die von den Lieferanten eingehenden Rechnungsdaten empfängerspezifisch so umzuordnen, daß sich auf den für den Handelsbetrieb zu generierenden Datenträgern die Rechnungsdaten aller mit ihm korrespondierenden Lieferanten befinden.

Die SEDAS-Clearing-Konzeption geht davon aus, daß die Einschaltung einer weiteren Stelle keine Verzögerung bringt. Durch die zusätzlichen Postlaufzeiten (1 Bearbeitungsstelle mehr) der Datenträger wird eine Verzögerung von 1 bis 2 Tagen eintreten. Dieser Nachteil wird jedoch angesichts der Praxis der Industrie, Rechnungsdaten zu sammeln, um zu wirtschaftlichen Datenmengen zu kommen (oft bis zu einer Woche), dadurch kompensiert, daß nun eine bis zu tägliche Übertragung angesichts nur eines Adressaten möglich und sinnvoll erscheint. Den Vorteil des SDS (SEDAS Daten Service) sieht die CCG somit in der schnelleren Erreichbarkeit der wirtschaftlich größeren Datenmenge, die bei fast allen Unternehmen tagaktuell versandt werden kann, in der besseren Ausnutzung der Datenträger und in der Reduzierung der Kommunikationsadressen.

Die Weiterentwicklung der DFÜ- und Kommunikationseinrichtungen bei den beteiligten Unternehmen läßt auch die DFÜ im Rechnungsgeschäft vordringen. Z.T. haben die Anwender bilaterale Abstimmungen zum SEDAS-gerechten Datenaustausch per DFÜ getroffen. Auch der SDS hat sich dahingehend geöffnet. In Zukunft wird die Datenfernübertragung über das General Electric MARK III-Netz ermöglicht.

00			Vorsatz physische Datei	
	01		Vorsatz logische Datei	
		12	Liefernachweiskopfsatz	(Strecke)
		13	Liefernachweisartikelsatz	(Strecke)
		13	Liefernachweisartikelsatz	(Strecke)
		14	Liefernachweisfußsatz	(Strecke)
	Logische Datei	15	Rechnungskopfsatz	(Strecke)
		16	Rechnungsartikelsatz	(Strecke)
		16	Rechnungsartikelsatz	(Strecke)
		17	Rechnungsfußsatz	(Strecke)
		..	..	
		..	..	
		29	Rechnungslistensatz	
Physische Datei	98		Nachsatz logische Datei	
	01		Vorsatz logische Datei	
		25	Rechnungskopfsatz	(Lager)
		26	Rechnungsartikelsatz für normale UST	(Lager)
		26	Rechnungsartikelsatz für ermäßigte UST	(Lager)
		26	Rabattaufteilungssatz	
	Logische Datei	27	Rechnungsfußsatz für normale UST	(Lager)
		27	Rechnungsfußsatz für ermäßigte UST	(Lager)
		29	Rechnungslistensatz	
		50	Artikelsatz	
		50	Artikelsatz	
		51	bbs-Informationssatz	
	98		Nachsatz logische Datei	
99			Nachsatz physische Datei	

Abb. VI.3.4.3: Dateiaufteilung im SEDAS Rechnungsverkehr (vgl. CCG 1986, S. IV,4.)

Lfd. Feld-Nr.	von-bis	Feldinhalt	N A/N B	K M	Erläuterungen	Schlüssel
01	1-2	Satzart 16/26	N	M	Ist Steuerungsmerkmal	
02	3-9	bbn des Lieferanten	N	M	Bundeseinheitliche Betriebsnummer des Warenlieferanten	
03	10-16	bbn des Rechng.-Empf.	N	M	dto. Betriebsnummer des Rechng.-Empf.	
04/05		Beleg (Rechnung)				
04	17	KZ zu Beleg (Rechnung)	N	M		Nr. 1
05	18-24	Nummer zu Beleg (Rg.)	N	M	Inhalt wird durch KZ gesteuert	
06	25-36	EAN	N	M	EAN (ohne Prüfziffer) Bei Hilfsartikeln siehe Standardnummern	
07-09		Menge				
07	37-38	Mengenschlüssel	N	M	Gibt die Packungsart an	Nr. 5
08	39	Komma-KZ	N	M	Definiert die Stellung des Dezimalkommas	Nr. 4
09	40-46	Menge	N	M		
10-12		Grundpreis			Preis vor Abzug von Rabatten. Ausnahme: Steht im "KZ-Rabatt" eine 5, so sind die im Rabattfeld ausgewiesenen Rabatte bereits im Grundpreis abgesetzt	
10	47-48	Preisschlüssel	N	M		Nr. 7
11	49	Komma-KZ	N	M	Definiert die Stellung des Dezimalkommas	Nr. 4
12	50-55	Grundpreis	N	M		
13	56-57	VKZ	N	M	Verschiedene Kennzeichen	Nr.13
14	58-65	Artikelrabatt gesamt	N	K	DM-Betrag mit zwei Kommastellen. Es handelt sich um die Addition aller auf den Artikel gewährten Rabatte.	
15	66-74	Warenwert	N	M	Menge x Grundpreis ./. Gesamtrabatt DM-Betrag mit zwei Kommastellen	
16	75	Umsatzsteuer KZ	N	M	Gibt den Steuersatz an	Nr. 9
17	76-80	Frei	B	-		
18	81-85	Datum Rechnung	N	M	J/MM/TT	
19/20		Artikelrabatt				
19	86-87	Rabatt-KZ	N	M	Spezifizierung der einzelnen Artikelrabatte zu Feld 15	Nr.10
20	88-95	Betrag	N	K	in Abhängigkeit vom Schlüsselinhalt	
21/22	96-105	Wie Feld 19/20				
23/24	106-115	Wie Feld 19/20				
25/26	116-125	Wie Feld 19/20				
27	126-131	Positions-Nummer	N	M	Sie ist eine lückenlos aufsteigende Nr./ Datensatz innerhalb der logischen Datei	
28-30		Sonderfeld				
28	132-133	Schlüsselkennzeichen	N	M		Nr.14
29	134	Komma-KZ	N	K	Definiert die Stellung des Dezimalkommas	Nr. 4
30	135-140	Sondereintrag	N	K		
98	141-146	Frei	B	-		
99	147-150	Folge-KZ Satzverkettung	N	M		Nr.20

Abb. VI.3.4.4: Satzbeschreibung Rechnungsartikelsatz (Satzart 16/26) (vgl. CCG 1986, S. III, 12)

Die Bestellung

Ähnliche Regelungen wie für den Rechnungsverkehr hat die CCG auch für den Austausch von Bestelldaten geschaffen. Im Gegensatz zu den Rechnungsdaten ist der Bestellverkehr (insbesondere im Lebensmitteleinzelhandel) oft zeitkritisch (vgl. Buchholz, E.: Bestelldatenaustausch 1985, S. 26). Die Satz- und Feldinhalte für den SEDAS Bestelldienst wurden 1983 veröffentlicht (vgl. Schulte, K.H.: Standards 1983, S. 24; o.V.: Standardregelungen 1983, S. 35). Wurde anfangs nur auf Datenträger zurückgegriffen, so ist wegen der erwähnten zeitkritischen Situation der Bestellung heute die Datenfernübertragung dominierend.

Auch hier ist eine enge Kooperation mit General Electric die Grundlage der Zusammenarbeit. Eine direkte Bestellkommunikation zwischen Hersteller und Handel ist nicht die Regel.

Sonderfall: Die Marktdatenkommunikation

Die Marktdatenkommunikation gemäß den Vorstellungen der CCG wurde bereits in Kapitel IV.3.4.2 behandelt.

3.5 COST 306

COST (European Cooperation in the Field of Scientific and Technical Research) wird von der EG unterstützt zur Initiierung und zur Motivierung einer europäischen Zusammenarbeit in High-Tech-Bereichen (vgl. European Cooperation ...: Automated Transfer of Transport Information 1986, S. 1).

Im Herbst 1983 beschloß das COST Transport Committee den Start und die Durchführung eines Projektes zum Thema: "Elektronischer Transportdatenaustausch". Damit wurde zugleich ein Subcommittee gegründet. Dabei sollen insbesondere für den internationalen Transport folgende Ziele erreicht werden (vgl. European Cooperation...: Automated Transfer of Transport Information 1986, S. 2):

- Vereinfachung und Beschleunigung aller Arbeitsgänge in der Transportkette und damit Reduzierung der gesamten Transportkosten
- Erhöhung der Effizienz des Transportsystems zur Erhöhung des Servicegrades
- Reduzierung des in Transit befindlichen gebundenen Kapitals sowie der Lagerbestände durch zuverlässigere Transportabwicklung.

Der COST 306 Fachunterausschuß hat einen Demonstrationsleitfaden vorgelegt, der sich mit zahlreichen Faktoren auseinandersetzt, die beim Übergang zum automatischen Transfer von Transportinformationen zu berücksichtigen sind. Der Demonstrationsleitfaden umfaßt:

- anzuwendende Informationsdarstellungen
- Empfehlungen für die zu verwendenden Kommunikations-Standards
- Empfehlungen für die Durchführung von Pilotprojekten.

Während einer Testphase von 3 Jahren soll mit einem Aufwand von ca. 1,5 Mio. ECU (≙ 3 Mio. DM) die Entwicklung computergestützter Techniken zur Übertragung von Transportdaten mit Teilnehmern aus mehreren Ländern realisiert werden.
Die Studie befindet sich z.Z. in Arbeit.

3.6 **CEFIC** (Conseil Europen des Federations de l'Industrie Chimique)

CEFIC ist der Dachverband von 15 nationalen Europäischen Chemieverbänden (in Deutschland: Verband der Chemischen Industrie e.V.) und vertritt die Interessen unterschiedlichster Firmen im Chemiebereich. Ziel von CEFIC ist es, im Bereich der Datenübertragung - basierend auf den Standardisierungen internationaler und nationaler Organisationen - ein Europa-weites System der Datenübertragung zwischen der chemischen Industrie und ihren Handelspartnern aufzubauen (vgl.: o.V.: CEFIC launches the "EDI"-Project 1987, S. 16). Weitere in Frage kommende Stellen sollen gleichfalls einbezogen werden: Lieferanten, Kunden, Banken, Versicherungen, Transporteure, Zollverwaltungen. Das Projekt wurde im Januar 1987 eingesetzt und soll bis Ende 1988 unter Leitung von CEFIC erste Ergebnisse erzielen (vgl. o.V.: CEFIC strikes the Balance 1987, S. 98). Die Projektarbeit wurde in vier Gruppen geteilt:

- Nachrichten
- Netzwerke, Datentransport
- Rechtliche Probleme
- Pilotversuch,

wobei die letzte Gruppe auf der Basis der übrigen Gruppen Ende 1987 mit ihrer Arbeit begonnen hat (vgl. o.V.: CEFIC - Electronic Data Interchange Project 1987).

Ob sich die Nachrichtenstruktur und die Datenelemente in der chemischen Industrie von anderen Branchen erheblich unterscheiden werden, erscheint zum gegenwärtigen Zeitpunkt fraglich. Der kurze Realisierungszeitplan läßt darauf schließen, daß keine grundlegenden Probleme erwartet werden. Lediglich im Transport und der Zollabwicklung sind Erweiterungen vorstellbar, da hier eine besondere Klassifizierung notwendig sein wird.

3.7 EDIFICE (elektronische Industrie)

Ebenfalls noch am Anfang ihrer Aktivitäten befindet sich eine Gruppe von Unternehmen in der elektronischen Industrie. Bisher wurde hier lediglich eine Arbeitsgruppe eingerichtet, um die Marktentwicklungen zu beobachten und gegebenenfalls in Standardisierungs- und Weiterentwicklungs-Prozesse eingreifen zu können. Im Gegensatz zu ODETTE und CEFIC sieht EDIFICE sein Ziel nicht in der Entwicklung eines eigenen Standards, sondern versteht sich als Forum, um seinen Mitgliedern die Möglichkeit zu geben, Anforderungen an den elektronischen Datentransfer aufzuzeigen (EDIFICE: Memorandum of Understanding, 1986). EDIFICE will diese dann an die relevanten Stellen innerhalb der UN-JEDI-Gruppe bzw. der Standardisierungsträger weiterreichen.

Die wichtigsten Gründungsmitglieder waren: HP, Motorola, National Semiconductors, LM Ericsson, TI, Dupont (vgl. o.V.: EDIFICE - Electronic Industry Initiative 1987, S. 2).

3.8 Verfahren der Zollabwicklung/ Integration mit Finanzverwaltungen

Bereits seit Ende der 70-er Jahre hat die Bundesfinanzverwaltung zwei Verfahren zur Erleichterung der Zollabwicklung für größere Unternehmen bzw. Speditionen im Einsatz: ZADAT und ALFA. Bei dem System ZADAT (Zollanmeldung auf Datenträgern) können die Unternehmen, anstatt einen Vordruck auszufüllen, ihre Importinformationen auf Datenträgern (Magnetband, Diskette) oder per Datenfernübertragung übermitteln. Sinnvoll ist dies insbesondere, wenn aus den Bestell- und Abwicklungsdaten der internen Organisation diese nach außen gerichteten Daten weitgehend automatisiert gewonnen werden können. Z.Z. nutzen 16 Unternehmen (Stand April 1987 - weitere in Vorbereitung) diesen Service. Dabei wurden alleine 1986 rd. 1 Mrd. DM an Abgaben aus diesem Verfahren erhoben.

Zielsetzung des Verfahrens war jedoch nicht eine administrative Entlastung der teilnehmenden Unternehmen, sondern der Finanzverwaltung. Die Schwerpunkte liegen in:

- der Abrechnung der Eingangsabgaben durch das Rechenzentrum der Bundesfinanzverwaltung
- dem Ausdruck der Anmelde- und Ergebnisdaten für die Zollstellen und die beteiligten Unternehmen
- der Rückübertragung der Ergebnisdaten auf Datenträgern zur weiteren Nutzung durch die Teilnehmer sowie
- der Weiterleitung der Ergebnisse an das statistische Bundesamt und andere betroffene Bundesämter (etwa zur Überwachung von Importquoten).

Mit den zurücklaufenden Berechnungsinformationen werden die teilnehmenden Unternehmen in die Lage versetzt, ihrerseits interne Funktionalbereiche (etwa Kreditorenbuchhaltung, Kostenrechnung ...) mit Daten zu versorgen und entsprechende Transaktionen dort abzuwickeln.

Das System ALFA (Automatisiertes Luftfrachtabwicklungsverfahren) ist z.Z. an drei deutschen Flughäfen im Einsatz und unterstützt die Erfassung und Abrechnung von Luftfracht. Teilnehmende Unternehmen sind in der Regel die Fluggesellschaften, die ihre Informationen in eigens dafür bereitgestellte Terminals erfassen und somit auf etliche - von Flughafenverwaltungen sonst vorgeschriebene - manuelle Arbeiten verzichten können.
Bei beiden Verfahren kann nur von einer Integration auf einer niedrigen Stufe gesprochen werden.

ZADAT und ALFA sind Entwicklungen der Bundesfinanzverwaltung. Sie sind ausgesprochen batchorientiert mit u.U. langen Durchlaufzeiten. Diese resultieren insbesondere aus den Transport- und Wartezeiten der Informationsweitergabe und den umfangreichen belegorientierten Rückinformationen. Diese Systeme werden nur von größeren Unternehmen (ZADAT) bzw. bei ALFA ausschließlich von im Zollgeschäft tätigen Unternehmen genutzt (Ausführungen zu den Verfahren: BMF: Datenverarbeitung in der Zollverwaltung 1987; BMF: ALFA o.J.; o.V.: Die Angst der Importeure vor dem Computer 1983, S. 20; Siemens: Der Computer beim Zoll o.J.).

Auf einem völlig anderen Ansatz basiert das 1978 begonnene CADDIA-Projekt der EG. CADDIA (Co-Operation in Automation of Data & Documentation for Imports/

Exports and Agriculture) betrifft die DV-Systeme der Verwaltungen aller EG-Staaten. Neben dem Ziel, die nationalen Verfahren in Zollverwaltung, Landwirtschaftsministerien und Statistischen Ämtern zu vereinheitlichen und damit EG-weit zu vereinfachen, sollen einheitliche Schnittstellen ("Trader Interface") für die rationelle Import- und Exportabwicklung der grenzüberschreitend tätigen Unternehmen geschaffen werden. Als Basis werden hierfür die UN-Empfehlungen (EDIFACT und TDED) herangezogen.

Unter dem CADDIA-Projekt betreibt die EG das C.D. (Coordinated Development of Computerised Administrative Procedures)-Projekt. Es soll den freien Warenverkehr in Europa bis 1992 (vgl. Kommission der Europäischen Gemeinschaften: Automatisierte Verwaltungsverfahren 1985, S. 3-5) weitestgehend unterstützen. Zu den weiteren Zielen gehört die Vereinfachung der Import- und Exportverfahren durch Verknüpfung der Systeme der privatwirtschaftlichen Unternehmen mit denen der öffentlichen Verwaltung.

Alle diese europäischen Vorhaben sind derzeit erst in der Projektierungsphase. Ob sie tatsächlich realisiert werden, kann heute noch nicht beurteilt werden.

3.9 Überblick/ Zusammenfassung

Es existieren heute zahlreiche unternehmens- und branchenindividuelle Lösungen zur externen Integration; die Bereitschaft bei den Unternehmen und im öffentlichen Bereich scheint sehr hoch, sich in Zukunft einem umfassenden Standard anzupassen. Davon zeugen nicht zuletzt die zahlreichen Branchen-Lösungen, die auf dem EDIFACT-Ansatz basieren.

Der in mehreren Jahren entstandene Syntaxvorschlag EDIFACT wird zusammen mit dem TDED die Grundlage für zahlreiche weitere Entwicklungen zur externen Integration der Informationsverarbeitung bilden. EDIFACT wurde im Februar 1987 (vgl. o.V.: EDI - Handelsdaten-Syntax 1987) dem ISO-Standardisierungsgremium vorgelegt und Anfang 1988 zur internationalen Norm ISO 9735 erhoben. Die deutsche Norm trägt die Bezeichnung DIN 16556. EDIFACT wurde zugleich für zwei Jahre eingefroren, um der Industrie die Möglichkeit zu geben, diesen Standard zu erarbeiten und entsprechende Software-Produkte zu entwickeln.

Es ist damit zu rechnen, daß zunächst nur (Standard-)Software-Produkte mit eng umrissenen funktionalen Leistungsfähigkeiten entwickelt und am Markt verfügbar sein werden bzw. daß Basisprodukte zur Verfügung stehen, die eine parametergesteuerte Konvertierung der internen Daten auf das benötigte Austauschformat (und umgekehrt) vornehmen oder bei der Entwicklung dieser Aufgaben eine Unterstützung bieten (vgl. GLI: EDI File-Konverter 1986).

Für den Anwender bedeutet dies für eine Übergangszeit noch erhebliche eigene Anstrengungen in der Software-Entwicklung. Mit der weiteren Verbreitung dieses Standards werden die Software-Entwickler, der in Handel und Industrie eingesetzten Warenwirtschaftssysteme, Auftragsbearbeitungs- bzw. Einkaufssysteme, Komplettlösungen unter Einbeziehung der externen Integration liefern. Schwerpunkte werden dabei zunächst im Bestell- und Rechnungsverkehr liegen.

Die mit EDIFACT entwickelten Konzeptionen basieren auf einer batch-orientierten Übertragung (vgl. das Konzept des Stapels in Abb. VI.3.1.2). Die Daten können dabei automatisiert bearbeitet und - sofern keine Fehler auftreten - weitergeleitet werden.

Allerdings werden auf der Basis von EDIFACT-Regeln auch erste Versuche unternommen, um interaktive Anwender-Systeme dialogorientiert Nachrichten austauschen zu lassen. Als Beispiel hierfür kann das UNICORN-Projekt der großen Nordsee-Fährgesellschaften (Sealink, Townsend Thoresen, North Sea Ferries, unterstützt von START) gelten, bei dem zahlreiche Reiseaktivitäten (Anfragen, Reservierungen, Ticketdruck, Zahlungen ...) abgewickelt werden können. Im Gegensatz zu START ist UNICORN für den Dialog zwischen <u>Rechnern</u> der Reisebüros und den Reservierungszentralen der Fährgesellschaften bestimmt, nicht für den unmittelbaren Anschluß "dummer" Terminals. Angeblich sind die Antwortzeiten inzwischen auf unter 4 Sekunden gesunken (vgl. o.V.: UNICORN 1987, S. 2).

VII. EIN MODELL ZUR TRANSAKTIONSORIENTIERTEN EXTERNEN INTEGRATION

1. Kritik bestehender Ansätze

Eine Gemeinsamkeit der bisher vorgestellten und diskutierten Konzepte war die Weiterleitung von Informationen aus einem Informationssystem ohne erneuten Bedienereingriff in das Informationssystem eines anderen Unternehmens. Damit ist zwar eine isolierte Beschleunigung des Datentransportvorgangs und das Entfallen von Datenerfassungsarbeiten verbunden (vgl. Zielsetzungen der EI in I.2.2.2). Eine Aussage über die Beschleunigung oder Verbesserung der gesamten Bearbeitungskette ist damit noch nicht möglich. In einigen Anwendungsbereichen genügt eine periodische Datenübermittlung völlig (bei relativ zeitunkritischen Daten, etwa für statistische Daten), in anderen erscheint sie nicht angemessen. Zeigt sich z.B., daß bestimmte Leistungsprozesse dringend erfüllt werden müssen, mit der vorgesehenen Informationsabwicklung aber nicht entsprechend terminlich behandelt werden können, wird in vielen Fällen eine parallele manuelle - die bestehende EDV-Lösung umgehende - Organisation bestehen bleiben.

> Beispiel: Eine dringende Lieferanfrage für einen Artikel geht ein; neben der Lieferfähigkeit und dem Preis sind Auslieferungstermine, Verladetermine, Transportmöglichkeiten zu überprüfen und dem Kunden zuzustellen. Der Lieferant muß in kürzester Zeit eine Reihe von Informationen bei Dienstleistern und eigenen Zulieferern einholen.

Der im Beispiel beschriebene Fall wird durch die traditionellen Verfahren nicht gelöst, da hier noch zu sehr das Stapelprinzip - Abarbeitung eingegangener Daten zu bestimmten Zeitpunkten - aus angeblichen Wirtschaftlichkeitsgründen und technisch einfacher Lösbarkeit vorherrscht. Stellvertretend für dieses Konzept stehen auch die Electronic Mail Systeme auf der Basis von X.400, ODA, DIA, DCA etc. Diese Lösungen sind zwar für einen schnellen Datenaustausch und eine inhaltsgetreue Übermittlung ausgelegt, nicht aber für eine anwendungsorientierte Sichtweise (Anwendung-Anwendung-Kommunikation).

Die bisher entwickelten Ansätze und Konzepte entsprechen stark der bisherigen manuellen Arbeitsweise und den dabei entwickelten organisatorischen Lösungen.

Abb. VII.1.1 zeigt die Zusammensetzung der gesamten Informations-Transportkette auf.

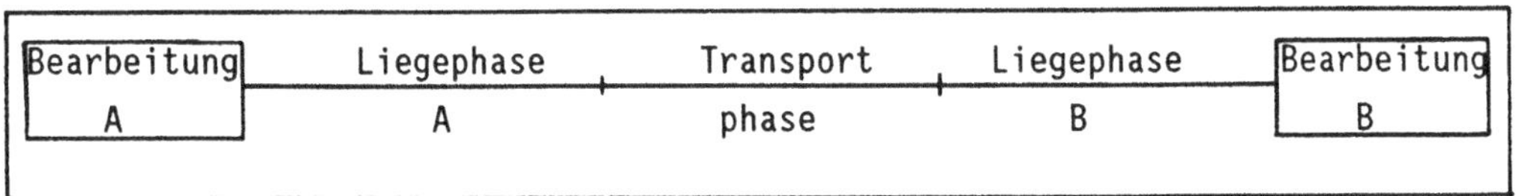

Abb. VII.1.1: Informations-Transport und die mit ihm zusammenhängenden Zeiten

Bei beiderseitig vorhandenen DV-Systemen kann die reine Bearbeitungszeit durch die externe Integration alleine schon wesentlich verringert werden. Es entfällt die erneute Bearbeitung und Erfassung von Belegen in B. Die Reduzierung der Transportphase ist eine technische Errungenschaft (elektronische vs. gelbe Post). Die Reduzierung der Liegephasen wird durch die bisher vorgestellten EI-Systeme allerdings nicht gewährleistet. Hierzu sind organisatorische Begleitmaßnahmen zu treffen, etwa mehrmalige tägliche Leerung der Eingangs-Mailbox, vertragliche Verpflichtung des Partners zu mehrmaligem täglichem Abruf etc.

Das bedeutet, daß die interne DV häufig bereits modernen Informationsverarbeitungs-Kriterien, wie:

- Zeitnähe, hohe Aktualität
- Dialogisierung
- flexible Datenbasis

genügt, im Rahmen der unternehmensübergreifenden Abwicklungen aber deren Vorteile verloren gehen.

In Abb. VII.1.2 sind die zeitlichen Konsequenzen der von einem Unternehmen A ausgehenden Aktionen, ihrer internen Verarbeitung (online, sofort) gemäß dem Net-Change- oder Ereignis-Prinzip (vgl. Scheer, A.-W.: EDV-orientierte Betriebswirtschaftslehre 1987, S. 30 ff.), dem Sammeln der Daten bis zu einem Übertragungszeitpunkt (stapelweise) und der erneuten online-Bearbeitung beim Unternehmen B dargestellt. Die dort gezeigte Situation entspricht heute gängigen Systemen der externen Integration (z.B. VDA, ODETTE, CCG ...).

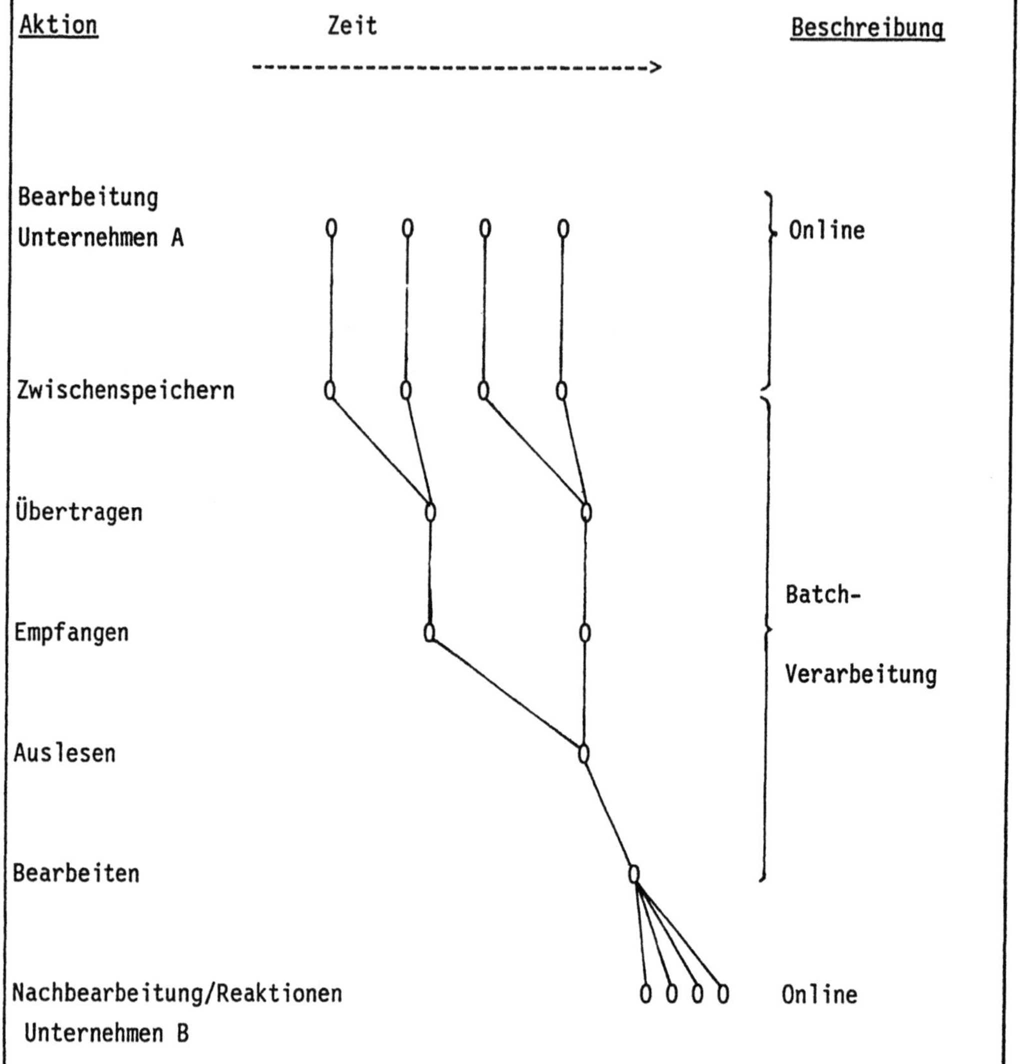

Abb. VII.1.2: übliche zeitliche Verschiebung bei externer Integration

2. Gestaltungsalternativen zur externen Integration

Ein anderer Ansatz wird in diesem Kapitel gewählt. Analog der in Kapitel I.5.2 vorgestellten Integrationsstufen 3a) bis 3e) wird hier eine auf den bisherigen Ausführungen basierende Konzeption entwickelt, die eine "Verhandlung" zwischen Rechnern ermöglicht. Dabei steht die betriebswirtschaftlich logische Abwicklung im Vordergrund, weniger die reinen systemtechnischen Komponenten einer Anwendung-Anwendung-Kopplung (etwa auf der Basis einer X.400, SNA-Kopplung oder ähnliches).

Bewirkt ein vom Unternehmen A ausgelöster Prozeß eine Datenübertragung zum Unternehmen B und benötigt A sofort eine Antwort bzw. kann B wiederum nur nach Rückfrage bei einem weiteren Unternehmen C eine Antwort an A geben, so zeigt sich, daß traditionelle EI-Verfahren nicht ausreichen. Vielmehr muß die externe Integration mit der internen Unternehmens-DV-Organisation koordiniert werden. Grundsätzlich gibt es hierzu 2 Möglichkeiten:

-1- In den wichtigsten Anwendungsgebieten einigen sich die Anwender auf die Verwendung standardisierter Datenbasen als Grundlage der auszutauschenden Daten. Datenzugriffe können - Berechtigung vorausgesetzt - beim Geschäftspartner wie auf einen privaten Datenbestand durchgeführt werden.

1a) Dieser Datenbestand kann der operative Datenbestand des Unternehmens sein. Die Gefahr eines extern initiierten Datenmißbrauchs bzw. Programmfehlers ist allerdings bei dieser Alternative sehr hoch, so daß diese Alternative von vorneherein ausgeschlossen wird.

1b) Statt eines einzigen Datenbestandes kann das Unternehmen einen speziellen Datenbestand (evtl. ist nur dieser gemäß der externen Anforderungen aufbereitet) zur Bearbeitung durch Dritte (Geschäftspartner) freigeben. Damit sind allerdings die Nachteile einer redundanten Datenhaltung (insbesondere ungleiche Aktualitätsstände) verbunden. Die internen operativen Daten werden jedoch von extern initiierten Programmsystemen und evtl. Problemen dieser Systeme nicht unmittelbar berührt.

-2- Bestehende Verfahren zur externen Integration werden dahingehend überprüft, ob sie transaktionsorientiert genutzt werden können. Eine exterre Transaktion bewirkt dann immer eine oder mehrere unmittelbare interne

Transaktionen, umgekehrt stößt eine interne Transaktion mit Außenwirkung (traditionell Erstellung eines Beleges) eine oder mehrere externe Transaktionen an.

Hierbei lassen sich wiederum zwei Fälle unterscheiden:

2a) Die unternehmensübergreifenden Verfahren sind weitgehend standardisiert und dienen damit den Systementwicklern als Grundlage ihrer unternehmensindividuellen Entwicklung. Die externen Standards und Transaktionen (Nachrichten oder Teile davon) sind Grundlage der internen Entwicklung. Eingehende Nachrichten können unmittelbar interpretiert werden.

2b) Die internen DV-Abläufe werden losgelöst von den übergreifenden Verfahren entwickelt. Lediglich im Bereich der Datenorganisation wird sichergestellt, daß sämtliche in der EI vorkommenden Datenelemente auch intern verarbeitet werden können. Die Koordination zwischen Unternehmens-DV und EI erfolgt durch geeignete Umsetzer (z.B. Hardware und Software-Konverter).

Eine noch weitergehende Gestaltung optimaler Vorgangsketten unter Nutzung der Techniken:

- verteilte Datenbanken
- verteilte Transaktionsverarbeitung

(Häussermann, F.: Verteilte Transaktionsverarbeitung und verteilte Datenhaltung 1985; Kugler, H.: Konzept der verteilten Transaktionsverarbeitung 1984; Siemens: UTM-D, UDS-D, SESAM-DCN 1985) ist unternehmens<u>intern</u> sinnvoll und erreichbar, wird aber im unternehmensübergreifenden Bereich nicht mit traditionellen Formen durchsetzbar sein. Der Aufbau einer unternehmensinternen Datenbasis ist insgesamt zu individuell auf die spezifischen Bedürfnisse des Unternehmens zugeschnitten, als daß unternehmensübergreifende Gesichtspunkte hier dominieren können (Heimbiger, D.; McLeod, D.: A federated Architecture for Information Management 1985; Ceri, S.; Pelegatti, G.: Distributed Databases 1984; Lyngbaek, P.; McLeod, D.: Object Sharing in Distributed Database-Systems 1983, S. 364 ff.). Die Nutzung unternehmensübergreifend vereinheitlichter Datenbasen für die Zwecke der externen Integration benötigt eine Regelung in folgenden Bereichen (vgl.: Litwin, A.; Abdellatif, B.: Multidatabase Interoperability 1986, S. 10 ff.):

physische Speicherung:	Datenformat
	Zugriffswege
	konkurrierende Zugriffe
	Datenelement-Definition (Data Dictionary)
logische Beziehungen:	Datenmanipulationsbefehle
	Datenmodell.

Weiterhin handelt es sich bei der Datenbasis meist um Stammdaten, die in der vollen Verantwortung des Unternehmens stehen. Da die übertragenen Daten meist den Charakter von Bewegungsdaten besitzen, ist die EI als Gestaltungsgrundlage der internen Datenbasis nur sehr begrenzt brauchbar. Damit ist Alternative 1 (Verwendung standardisierter Datenbasen) nicht sinnvoll. Weitere Gegenargumente sind: Datenredundanz, doppelte Organisation, Inaktualitäten, insgesamt zu hoher systemtechnischer Koordinationsaufwand.

Angesichts der heute in den Unternehmen vorhandenen Organisation in Form von Anwendungs-Software und der darin getätigten Investitionen ist ein Vorgehen gemäß Vorschlag 2a) nur durch eine lange Übergangszeit zu erreichen (vgl. auch die Trennung der Anwendungssysteme von der Datenbasis im Schichtenmodell in Abb. VII.4.1.1). Überlegungen, eine standardisierte Datenbankschnittstelle zu schaffen, sind zwar im Gange, betreffen aber die eher technisch orientierten Fragestellungen der Systementwickler. Hier scheint sich für relationale Datenbanken der SQL-Standard durchzusetzen.
Wie der Stand der Technik zur externen Integration in 5 bis 10 Jahren (sicherlich eine realistische Schätzung bzgl. der Umstellung etlicher Software-Systeme) aussieht, ist allerdings nicht abzusehen. Da unternehmensinterne Systeme meist eine direkte Wirtschaftlichkeit oder doch einen meßbaren Nutzen für das betroffene Unternehmen aufweisen, ist es auch nicht einsichtig, weshalb Investitionen in gut gelösten Anwendungs-Bereichen getätigt werden sollen, die wegen der Anpassungsschwierigkeiten an EI-Verfahren (völlig andere Transaktionen und andere Datenbasis) meist zum kompletten Redesign der vorhandenen Software führen müssen.

Wegen der Unsicherheit und des raschen Wandels bzgl. der weiteren EI-Entwicklung und des darin etablierten Funktions-, Transaktions- und Datenumfangs kann Alternative 2a) nur mit erheblichen Risiken realisiert werden.

Somit verbleibt mittelfristig Alternative 2b) zur Ausgestaltung der externen

Integration. Eine Trennung der internen und der externen Daten sowie der Anwendungen ist daher unausweichlich.

Dies bedeutet allerdings nicht, daß interne und externe Daten keine logische Beziehung zueinander haben. So werden die zu einer elektronischen Bestellung notwendigen externen Daten in ähnlicher, aber anders strukturierter Form bereits intern gehalten. Aufgabe eines umfassenden, auch die Außenbeziehungen berücksichtigenden, Anwendungs-Gesamt-Systems ist die Einbeziehung aller Daten unter den o.g. Problembereichen.

3. Transaktionsorientierte externe Integration

"Im Rahmen der Dialogverarbeitung ist der Begriff der Transaktion von hoher Bedeutung. Er bezeichnet eine Folge von Arbeitsschritten, die zwischen der Überführung einer Datenbank von einem konsistenten Zustand in einen anderen abgewickelt werden." (Scheer, A.-W.: EDV-orientierte Betriebswirtschaftslehre 1987, S. 228). Bei Dialogverarbeitung umfaßt z.B. eine Bestelltransaktion (auf Bestellpositionsebene) den Vorgang vom Einlesen der Artikel-Nr. und der relevanten Auftragskonditionen, das automatische Zusteuern der Stamm-Konditionen bis hin zum Abspeichern der Bestellung, evtl. sogar noch deren Druck. Setzt man diesen Gedanken auf die externe Integration um, so wird der Begriff der Transaktion erheblich umfangreicher (vgl. Abb. VII.3.1 am Beispiel einer Bestell-Positions-Transaktion).

Die Transaktion "Bestellposition" im Rechner A wartet bis die Informationen an Rechner B übermittelt worden sind und dieser konkrete Aussagen zu den Daten von A geben kann. Diese werden von B zum Rechner A zurückübertragen. Je nach Statusanzeige (lieferbar, Termin nicht möglich, andere Konditionen) kann der Benutzer am Bildschirm diese angezeigt erhalten und über Annahme und Nichtannahme entscheiden bzw. der Rechner übernimmt diese Funktion (etwa ein in den Ablauf integriertes filterndes Experten-System, vgl. dazu Krallmann, H.: EES - das Expertensystem für den Einkauf 1986).

Unabhängig von der Entscheidungsfindung muß am Ende der Transaktion sichergestellt sein, daß beiden Kommunikationspartnern die gleiche Information vorliegt und ihre Datenbestände identisch - bei Wahrung der Konsistenz - verändert wurden. Dazu wird von seiten der Anwendung ein doppelter Abgleich vorgesehen, um bei evtl. nicht übereinstimmenden Vorstellungen der Partner eine Überarbeitung vorzunehmen (vgl. unteren Teil der Abb. VII.3.1 dort links mit einem Strich gekennzeichnet). Um auch technisch sicherzugehen, daß beide Seiten mit gleichen Daten arbeiten, wird ein Zwei-Phasen-Protokoll eingesetzt.

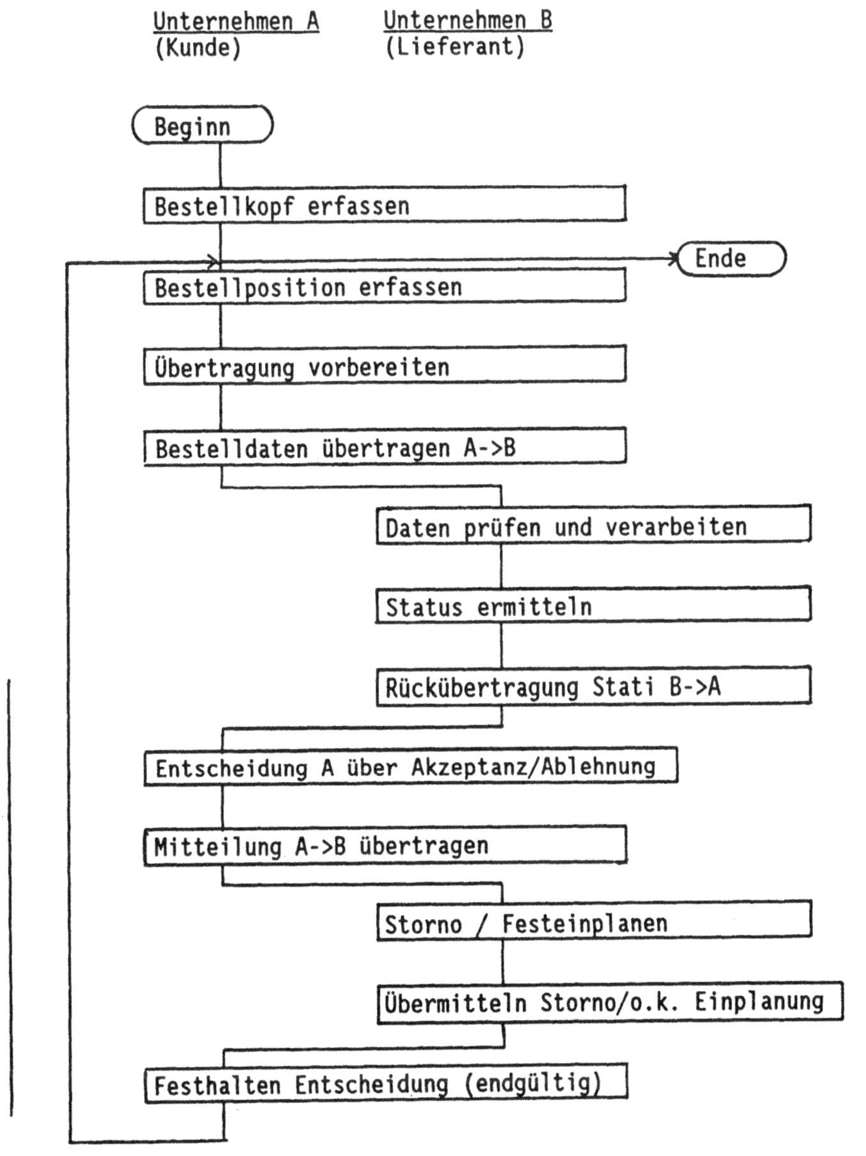

Abb. VII.3.1: Beispiel einer transaktionsorientierten externen Integration, dargestellt an der Transaktion "Bestellposition erfassen"

Hierbei wird jede Übertragung vom Zielsystem analysiert, eine komprimierte Rückmeldung geht an das ursprünglich sendende System zurück; dies wiederum ist in der Lage - sollten die zurück gesandten Daten nicht korrekt sein - die abgesandte Transaktion zu wiederrufen. Vom Ablauf gleicht dieses Verfahren der technischen Fehlerbehandlung auf Ebene 2 (Sicherungsschicht - Data Link) des ISO-Referenz-Modells.

In dem geschilderten Fall werden aus einer begonnenen aber nicht abgeschlossenen Transaktion weitere Transaktionen initiiert. Dabei laufen die Transaktionen auf unterschiedlichen Rechnern ab (vgl. Abb. VII.3.2).

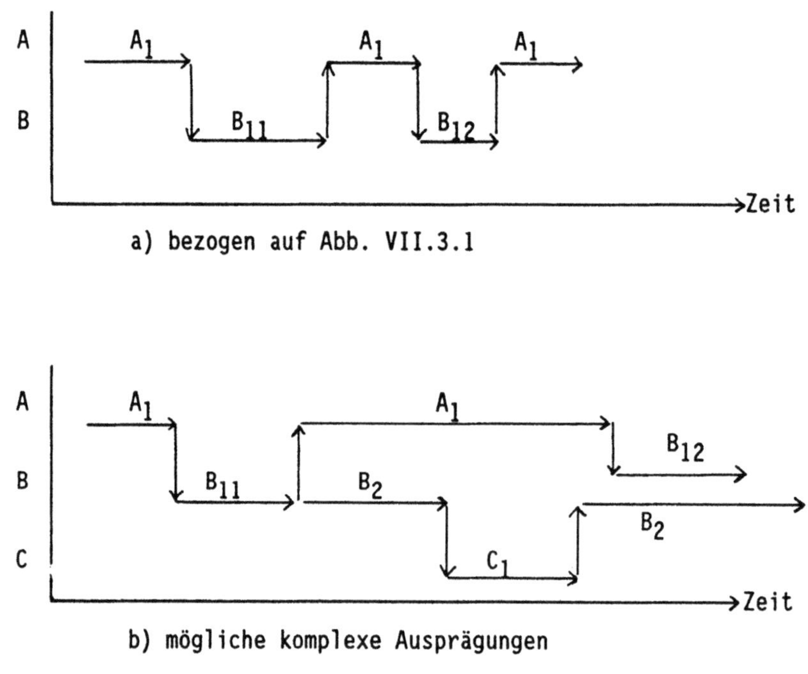

Abb. VII.3.2: Transaktionsablauf und -koordination auf verschiedenen Rechnern

Aus Abb. VII.3.2b lassen sich mehrere typische Ausprägungen von Transaktionsabläufen bei Nutzung der externen Integration entnehmen. Dies sind die aus Kapitel I.5.1 (Klassifizierungskriterien, Übertragungsrichtung) bekannten Ausprägungen (bidirektional, transitiv, parallel, rekursiv).

Dieses Verfahren der <u>verteilten Transaktionsverarbeitung</u> bedeutet die Erteilung von DV-Verarbeitungsaufträgen von lokalen Anwendungen auf entfernte An-

wendungen. Dabei wird üblicherweise dem Prinzip der "Verarbeitung am Ort der Datenhaltung" gefolgt (vgl. Häussermann, F.: Verteilte Transaktionsverarbeitung und verteilte Datenhaltung 1985; Kugler, H.: Das Konzept der verteilten Transaktionsverarbeitung 1984).
Bei der unternehmensübergreifenden Transaktionsverarbeitung geht es allerdings nicht nur um das Absenden eines Verarbeitungsauftrags und die jeweilige sofortige Bearbeitung beim Kommunikationspartner, sondern auch um die sachinhaltliche Kontrolle der von ihm rückgemeldeten Ergebnisse (vgl. Prüfung in VII.4.2.3).

Neben der im externen Informationsaustausch möglichen verteilten Transaktionsverarbeitung existiert bei unternehmensinternen Anwendungen die Möglichkeit (sofern gleichartige Hardware-Systeme und Kommunikationsprotokolle eingesetzt werden, bzw. wenn geeignete Systeme zur Vereinheitlichung der Systemumgebung vorhanden sind), diese Anwendungen auf mehrere Rechner und damit physische Datenbasen zu verteilen.

Die grundsätzlichen <u>Anforderungen</u> an die Verteilungssoftware stellen sich wie folgt dar (vgl. zu den folgenden Ausführungen auch Siemens: UTM-D, UDS-D, SESAM-DCN 1985, S. 11 ff.):

(1) Steuerbarkeit von Dialogvorgängen über mehrere Rechner

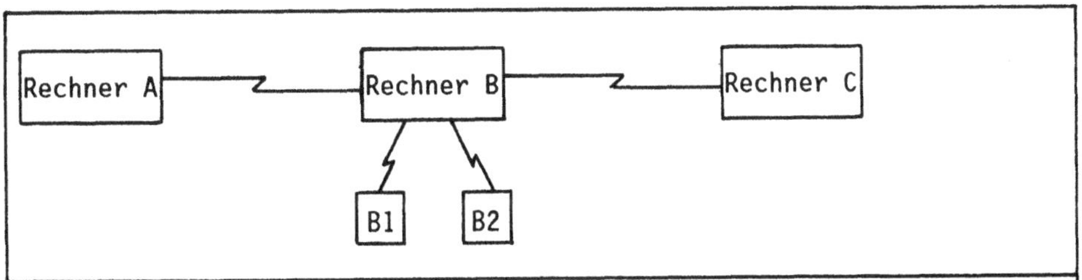

Abb. VII.3.3: Kommunikation über mehrere Rechner

Anwendungs-Transaktionen müssen über Unternehmensgrenzen auf externen Rechnersystemen oder einer Gruppe von Rechnersystemen initiiert werden. Die rückgemeldeten Ergebnisse sollen dabei für das externe Unternehmen transparent sein. D.h., bei der Gestaltung von transaktionsorientierten EI-Systemen ist das Zusammenspiel verschiedener interner Rechner- und Anwendungssysteme so zu konzipieren, daß für externe Unternehmen der Eindruck entsteht, mit nur einem einzigen System im Dialog zu arbeiten.

Für die Anwender einer internen Applikation soll die dahinter ablaufende Prozeßkette nicht offensichtlich werden, d.h. sie sollen in ihrer Arbeit davon nicht beeinträchtigt werden.

Abbildung VII.3.3 zeigt, wie ein auf dem Rechner von Unternehmen A angestoßener Prozeß (z.B. Bestellung) zum Rechner von Unternehmen B weitergeleitet wird. B analysiert zunächst die Anfrage und übergibt sie dann unternehmensintern an dezentrale Subrechner B1 und B2, da zentral keine positive Antwort zu erhalten ist. Sieht sich B außerstande, eine positive Antwort zu geben bzw. benötigt er weitere Daten, kann dieser Rechner von sich aus Kontakt mit dem Rechner von Unternehmen C aufnehmen und dort anfragen. Eine von ihm erhaltene - evtl. positive - Antwort kann Rechner B nach Überarbeitung der gültigen Konditionen an A zurückübermitteln.

(2) Rechnerübergreifendes Transaktionsmanagement
Gegenüber dem Fall, daß Daten immer am Ort der Verarbeitung verfügbar sind, ergeben sich bei verteilten Transaktionen deutlich vergrößerte Fehler- bzw. Ausfallmöglichkeiten (z.B. Leitungszusammenbruch, Datenverlust, unvorhergesehene Datenmanipulationen). Bei Fehlersituationen muß die Konsistenz der Daten in <u>allen</u> beteiligten Systemen sichergestellt sein.
In der Praxis setzt sich hier ein Zwei-Phasen-Protokoll (Übertragung-Rückübertragung) durch.

(3) Restartfähigkeit
Fällt ein am Dialog beteiligtes System aus, muß dies für die übrigen Systeme erkennbar sein. Diese müssen normal innerhalb ihrer Umgebung weiterarbeiten können. Evtl. Inkonsistenzen der Datenbestände müssen spätestens nach einem Wiederanlauf ausgeschaltet sein. Eine Maximalforderung verlangt nach einem automatischen, selbst regulierenden Mechanismus für solche Fehlerfälle noch während des laufenden Betriebs.

(4) Vermeidung von dead-lock-Situationen
Zugriffe von verschiedenen Systemen untereinander dürfen nicht zu einer Blockierung der unterschiedlichen Anwendungen führen. Die Gefahr von Dead-Locks ist insbesondere bei Update-Transaktionen gegeben (vgl. Punkt 2). Bei völlig dezentral organisierten Transaktionsaufrufen können Dead-

Locks nicht immer erkannt werden. Auch deshalb sollte eine Trennung in lesende Transaktionen mit anschließender Übergabe eines Bewegungssatzes zwecks Update im entsprechenden Zielrechner (mit lokaler Erkennung von Dead-Locks) vorgenommen werden.

(5) Einhaltung von Sicherheitsvorschriften (Datenschutz, Datensicherheit) bei gleichzeitig schnellem Leitungsaufbau
Die Realisierung dieser Anforderung bereitet heute noch große Probleme. Zum einen sind die Routinen einer echten Anwendung-Anwendung-Kommunikation incl. Leitungsaufbau, Datenübertragung, -prüfung, -bearbeitung etc. derart komplex, daß Antwortzeiten eines lokalen Anwendungssystems z.Z. kaum erreichbar sind. Andererseits benötigen Sicherheitsroutinen bei weitgehend offenen Systemen erheblichen Overhead (vgl. Kapitel V.2).

(6) Hohe Verfügbarkeit
Je fortgeschrittener und ausgefeilter die Systeme der EI sind, desto größer wird ihre Akzeptanz und ihre Einbindung in die Ablauforganisation. Solche Systeme müssen damit zur Sicherstellung der Außenkommunikation hohen Sicherheitskriterien (vgl. (5)) genügen und zumindest innerhalb der üblichen Arbeitszeiten fast zu 100 % verfügbar sein. Gerade bei Dienstleistungsunternehmen (z.B. Fluggesellschaften) ist diese Tendenz deutlich erkennbar.

Die unter 1) bis 6) genannten Anforderungen sind sowohl Arbeitshypothesen für die Entwicklung von unternehmensintern koordinierten Datenverwaltungssystemen als auch Grundlage einer Gestaltung von unternehmensübergreifenden Vorgängen über mehrere Rechner- und Anwendungssysteme hinweg.

4. Der Modellansatz

Neben den in Kapitel VII.3 genannten Anforderungen an die Technik eines EI-Systems, ist sicherzustellen, daß eine angestrebte Rechner-Rechner-Kommunikation fast beliebiger Ausprägung erreicht werden kann, daß die Anwendungen gegenseitig kompatibel sind und eine hohe Verfügbarkeit (im Idealfall 24-Stunden) aufweisen.

Damit Unternehmen den Weg in derart komplexe Gebilde zu beschreiten vermögen, bedarf es einer sinnvoll aufgebauten Architektur aus technischen und organisatorischen Komponenten. In diesem Kapitel wird ein stufenartig aufeinander aufbauendes Modell zur Einbettung der verschiedenen technischen Elemente entwickelt, auf dessen Basis dann die organisatorische Ausgestaltung erfolgen kann. Dazu wird der in Kapitel VI. vorgestellte EDIFACT-Ansatz verwandt und erweitert.

4.1 Das Schichtenmodell

Ähnlich wie die ISO durch ein 7-Schichtenmodell die Datenübertragung in verschiedene Schichten trennt, bei der jeder Schicht bestimmte Aufgaben zukommen und jede höhere Schicht auf den niedrigeren Schichten aufbaut, ist es auch in einem Unternehmen sinnvoll, den Aufbau der Informationssysteme zu strukturieren. Abb. VII.4.1.1 zeigt ein Schichtenmodell für ein Unternehmen mit einem Rechner. Dieses Modell ist angelehnt an ein von der Software AG entwickeltes Konzept (ISA Information Software Architecture, vgl. Software AG: ISA o.J.).

Die Notwendigkeit eines solchen Schichtenmodells ergibt sich fast zwangsläufig aus der rasanten technischen Entwicklung der Informationstechnik. Die betrieblichen Anwendungen stellen einen erheblichen Teil des Know-hows von Organisationen dar und können nicht in kurzen Zyklen gewechselt werden. Unternehmen, die in der Vergangenheit ihre Anwendungen ohne Datenbank- und Datenkommunikationsschnittstellen direkt auf eine systemtechnische Basis aufgesetzt haben, mußten bei Änderungen dieser Basis, die i.a. deutlich schneller erfolgt als die Anwendungs-Änderung, erhebliche Aufwendungen in die Schnittstellen ihrer Anwendungssysteme zur Systemtechnik stecken. Damit wird aber die Amortisation von Informationssystemen insgesamt in Frage gestellt.

Die Gestaltung der Datenbasis (Ebene 5) ist in diesem Modell von zentraler Bedeutung (zur Bedeutung des Entwurfs von Datenstrukturen vgl. Scheer, A.-W.: Entwurf eines Unternehmensdatenmodells 1988). Die Datenbasis ist Ausgangspunkt der Systementwicklung und damit Basis der Entwicklung und Wartbarkeit jedes Anwendungssystems. Zugleich ist der Umfang und die Erweiterbarkeit der Datenbasis aber auch entscheidend für die Anwendung selbst bzw. für die Möglichkeiten des Endbenutzers, kleinere Anwendungen eigenverantwortlich zu erstellen (Abfragesprachen).

Umgekehrt stellt eine moderne Datenbasis die Grundlage einer weitgehenden Trennung zwischen Systemtechnik und Anwendung dar. Sie enthält zahlreiche Schnittstellen zur Netzsteuerung (Kommunikation) sowie zur technischen Integration unterschiedlicher Hardware und Betriebssystem-Software.

Basierend auf einer spezifizierten Datenbasis (neuerdings immer häufiger Datenbanksysteme) werden die dort zu verwaltenden Daten in einem Data Dictionary (Ebene 6) beschrieben. Üblicherweise sind Data Dictionaries und Datenbanken eng verknüpft. Wichtige Elemente eines Data Dictionary sind:

- die Datenbeschreibungen (DB-Management-Unterstützung)
- die Beschreibung der Programme und ihrer möglichen Datenzugriffe (Cross-Reference-Analyse)
- die Beschreibung der Systemumgebung (Benutzer,Rechte) sowie
- die Lokalisierung der Daten und mögliche Zugriffsformen

(vgl. Schreier, U.: Data Dictionary 1987, S. 91; Leong-Hong, B.W., Plagman, B.K.: Data Dictionary/Directory Systems 1982).

Im Gegensatz zu traditionellen Software-Entwicklungsverfahren, bei denen zunächst die Funktionalität und vollständige Aufgabenbeschreibung im Mittelpunkt des Entwurfsprozesses stand, erfolgt neuerdings ein konsequentes Umdenken (vgl. Scheer, A.-W.: Entwurf eines Unternehmensdatenmodells 1988). Zunächst werden anwendungsbezogen grundsätzliche Datenstrukturen entworfen (Ebene Datenbasis und Data Dictionary).

Die Datenmodellierung nimmt die, zwischen den Daten einer Datenbasis existierenden, Beziehungen auf und stellt sie dar. Als Darstellungsmittel werden für die konzeptionelle Datenmodellierung das Entity-Relationship-Modell, für die Umsetzung in das konkrete Datenmodell einer Datenbank das Netzwerk- oder das Relationenmodell verwandt (vgl. Chen, P.P: Entity-Relationship 1983, S. 71 ff.; Maier, D.: The Theory of relational Databases 1983).

Daneben existieren noch zahlreiche weitere Ansätze zur Datenmodellierung, die sich allerdings noch nicht durchgesetzt haben, etwa das NF^2-Datenmodell (Non-First-Normal-Form, vgl. Schek, H.-J.; Scholl, M.H.: Die NF^2-Relationenalgebra 1983, S. 113 ff.) oder abstrakte Datentypen, wie sie in der objektorientierten Programmierung verwandt werden (Stoyan, H.; Wedekind, H.: Objektorientierte

Software- und Hardware-Architekturen 1983).

Basierend auf den Datenstrukturen entwickeln Anwender und Software-Entwickler ihre Vorstellungen hinsichtlich Maskengestaltung, Maskenfolge, Lay-Outs etc. (Ebene 8: Gestaltung der Benutzeroberflächen), die dann von der Anwendungsentwicklung (Ebene 9) in lauffähige Anwendungssysteme eingebunden und umgesetzt werden können (Ebene 10).

Umgekehrt können Endbenutzer mittels geeigneter Werkzeuge (Endbenutzersprachen, Simulationen, Zugriffe auf Data-Dictionary und Datenbank) selbst kleinere Anwendungen erstellen.

Somit sind auf den Ebenen 5 bis 10 zwei Betrachtungsrichtungen möglich:

- ad hoc Anwendungen können aus Benutzersicht durch Zugriff auf ein integriertes Datenverwaltungssystem (Datenbank und Data Dictionary) rasch zielgerecht erstellt werden
- basierend auf einer flexiblen Datenbasis können moderne Entwicklungstools (Dokumentation, ...) eingesetzt werden. Entwicklung und Wartung werden deutlich verbessert.

Im Modell der Abbildung VII.4.1.1 ist eine konsequente Trennung zwischen

- der systemtechnischen Basis
- der Kommunikationskomponente
- der Datenbasis
- der Anwendungsentwicklung und der
- eigentlichen Anwendung

erreicht. Änderungen in einer Komponente beeinflussen nicht unbedingt andere Komponenten. Damit können technische Fortschritte oder organisatorische Veränderungen in einem Bereich zumindest teilweise eingesetzt werden, ohne daß andere Teilbereiche davon unmittelbar negativ betroffen sind. Wird eine solche Konzeption nicht beachtet, so ist bei Rechner-Austausch, bei Betriebssystem-Wechsel oder bei veränderter Entwicklungs-Umgebung ständig erheblicher Aufwand in der Anpassung der Anwendungs-Software zu erbringen (vgl. auch Merkel, H.: Investitionen in Informationstechnik 1987, S. 42).

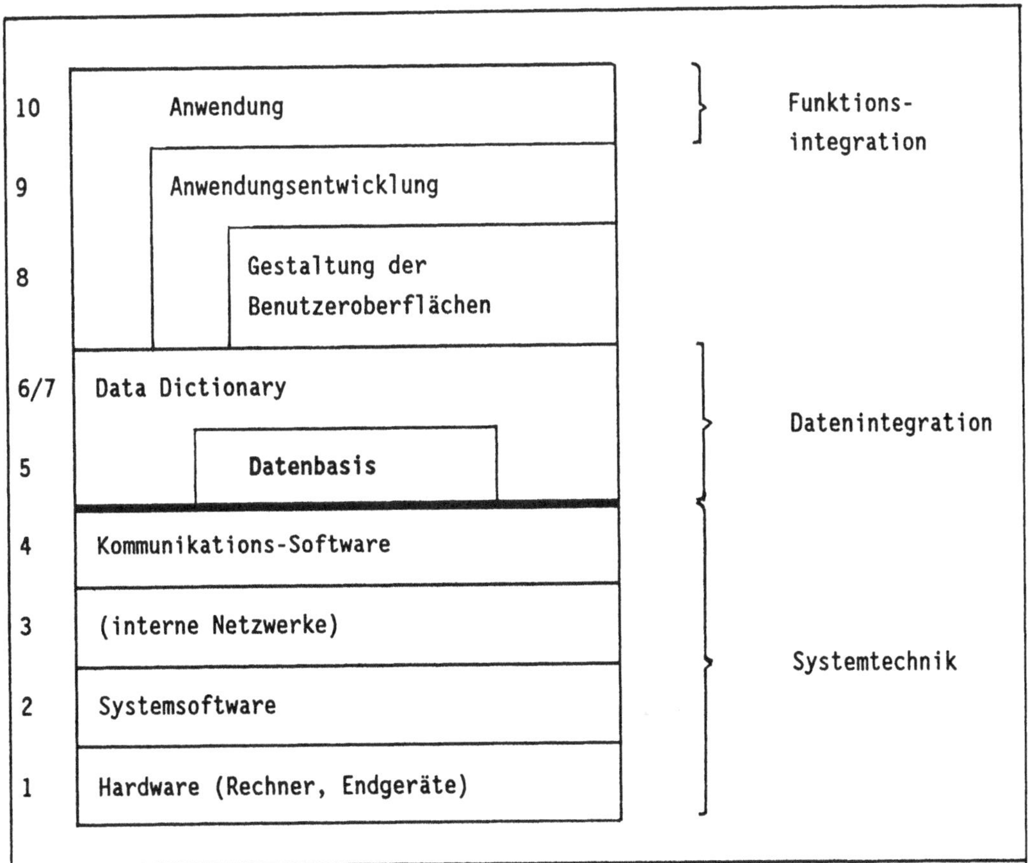

Abb. VII.4.1.1: Internes Schichtenmodell

Bei intern <u>verteilter Hardware-Struktur</u> und damit auch verteilten Systemen sieht die Grundarchitektur gleich aus. Sie läßt sich wie aus Abb. VII.4.1.2 hervorgeht entsprechend erweitern.

Im Gegensatz zu Abb. VII.4.1.1 hat die Kommunikation auf der systemtechnischen Ebene eine bedeutsamere Rolle. Um dem Ziel einer unternehmensweiten Integration lokaler und entfernter Systeme gerecht zu werden, bedarf es einer umfangreichen Netzwerksteuerung und Kommunikations-Software. Die Vernetzung alleine reicht jedoch zur wirtschaftlichen Entwicklung und Steuerung von Anwendungen nicht aus. Dazu muß die Ebene des Data-Dictionary erweitert werden. Genügt bei der Entwicklung und Steuerung von Anwendungen auf einem Rechner ohne Zugriff auf weitere Systeme die Kenntnis der Daten auf diesem Rechner, so muß bei verteilten Anwendungen und verteilten Daten zumindest an einer zentralen Stelle ein übergreifendes Data-Dictionary geführt werden.

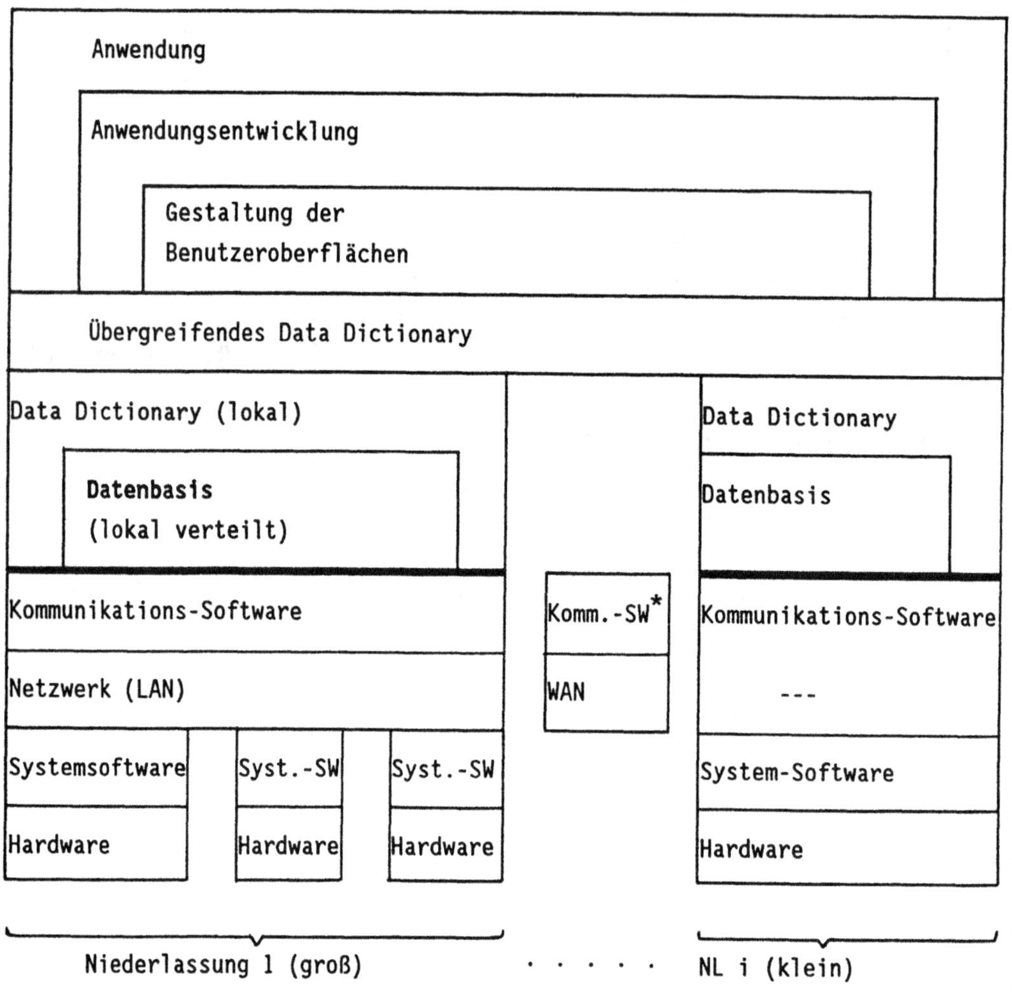

Abb. VII.4.1.2:	Erweiterung des Schichtenmodells bei intern verteilter Rechnerstruktur

* Probleme des Übergangs von LAN- in WAN-Systeme und umgekehrt vgl.: Kauffels, F.-J.: Personal-Computer und lokale Netzwerke 1986, S. 244 ff.)

Die hier für den unternehmensinternen Gebrauch vorgeschlagene Strukturierung ist auch für die externe Integration grundsätzlich verwendbar. Hierzu sind jedoch Erweiterungen insbesondere des Data Dictionary und der Anwendungsentwicklung vorzunehmen. Diese werden in Kapitel VII.4.2 näher erläutert.

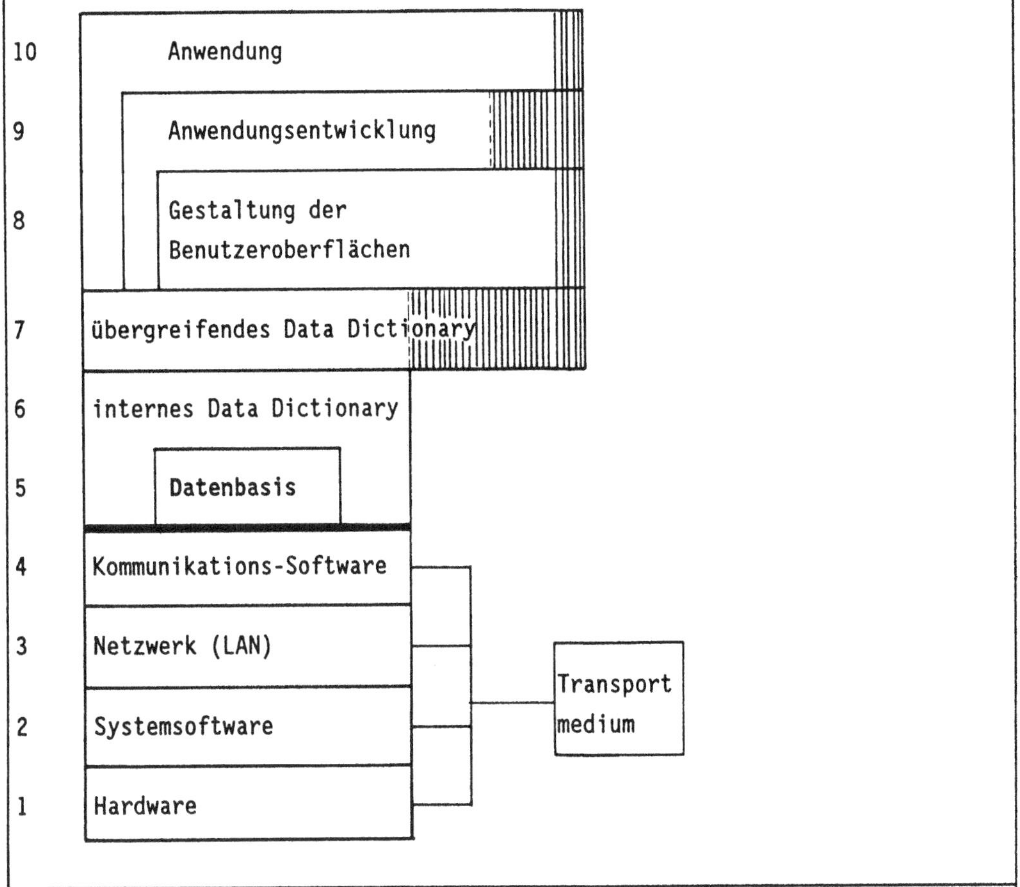

Abb. VII.4.1.3: Externes Schichtenmodell

Die Bedeutung eines solchen Schichtenmodells wird deutlich, wenn man berücksichtigt, wie vielfältig die Inkompatibilitäten auf den Ebenen 1 bis 4 sind und welche zahlreichen Schwierigkeiten hier noch überwunden werden müssen. Dies umfaßt die unterschiedlichen Hardware-Systeme, ihre differierenden Zeichensätze, unterschiedliche Kommunikationsprotokolle etc. Die technischen Basissysteme bleiben in dieser Arbeit ausgeklammert.

Im folgenden Abschnitt wird insbesondere auf die Schichten 5-7 des hier entwickelten Schichtenmodells eingegangen, da sie Grundlage der eigentlichen Anwendungsentwicklung sind. Die Anwendungsentwicklung selbst (Schicht 8 und 9) braucht bei einer weitgehend transparenten Datenbasis die Trennung in interne und externe Daten nicht unbedingt zu beachten. Das gleiche gilt auch für den Anwender, der im Idealfall gar nicht realisiert, ob es sich um eine interne, eine externe oder gar gemischt ablaufende Anwendung handelt. In Abb. VII.4.1.3 ist die Notwendigkeit von Kenntnissen über den Aufbau von externen Nachrichten und Daten durch die Breite der schraffierten Flächen gekennzeichnet.

4.2 Datenstrukturierung

Die aus der Anwendungssicht der Betriebswirtschaftslehre bisher entwickelte Datensichtweise ging ausschließlich von der Verarbeitung interner Daten aus. Eine typische Sichtweise der Datenbasis als Grundlage der Datenstrukturierung geht von der Dreiteilung in physische Datenorganisation, logische Datenstrukturen und Benutzersicht aus (vgl. Abb. VII.4.2.1.1).

4.2.1 Unternehmensinterne Datenstrukturierung

Die in Abb. VII.4.2.1.1 dargestellte Datenstrukturierung zeigt zunächst nur die Sichtweise der Daten aus der Perspektive unterschiedlicher unternehmensinterner Gruppen. Den Anwender interessiert nur der für ihn notwendige Ausschnitt der logischen Datenstruktur (Sub-Schema), der Datenbank-Organisator ist am Gesamtsystem interessiert und aus der Sicht eines System-Programmierers interessieren die physischen Zugriffsroutinen und ihre Auswirkungen auf die Performance des Gesamtsystems.

Die Ausführungen des Kapitels IV. zeigten, daß es zahlreiche Schnittstellen des Handelsunternehmens zu Marktpartnern gibt. Eine geschlossene Darstellung des Themenkomplexes verlangt damit auch eine Einordnung der Datenbestände des Unternehmens zu den Bereichen, die mit Marktpartnern kommunizieren.

In Abb. VII.4.2.1.2a wird daher ein Versuch gemacht, mit der Trennung in Stamm- und Bewegungsdaten die Grundlage für ein transparenteres Datenbankschema zu erhalten. Dazu wurden die Unternehmens-Funktionen um die Daten gruppiert und mit der für das Unternehmen relevanten Außenwelt in Verbindung gesetzt. Beispiele für die Darstellung der Datenbasis gemäß diesem Vorschlag enthalten die Abb. VII.4.2.1.3a und b. Dort sind, angelehnt an Scheer (Scheer 1988, S. 399, 357), die internen Datenbeziehungen in einem Entity-Relationship-

Diagramm (ERM) dargestellt. Dabei wurde bewußt eine Anordnung gewählt, die den Außenkontakt der Bewegungsdaten darstellt.

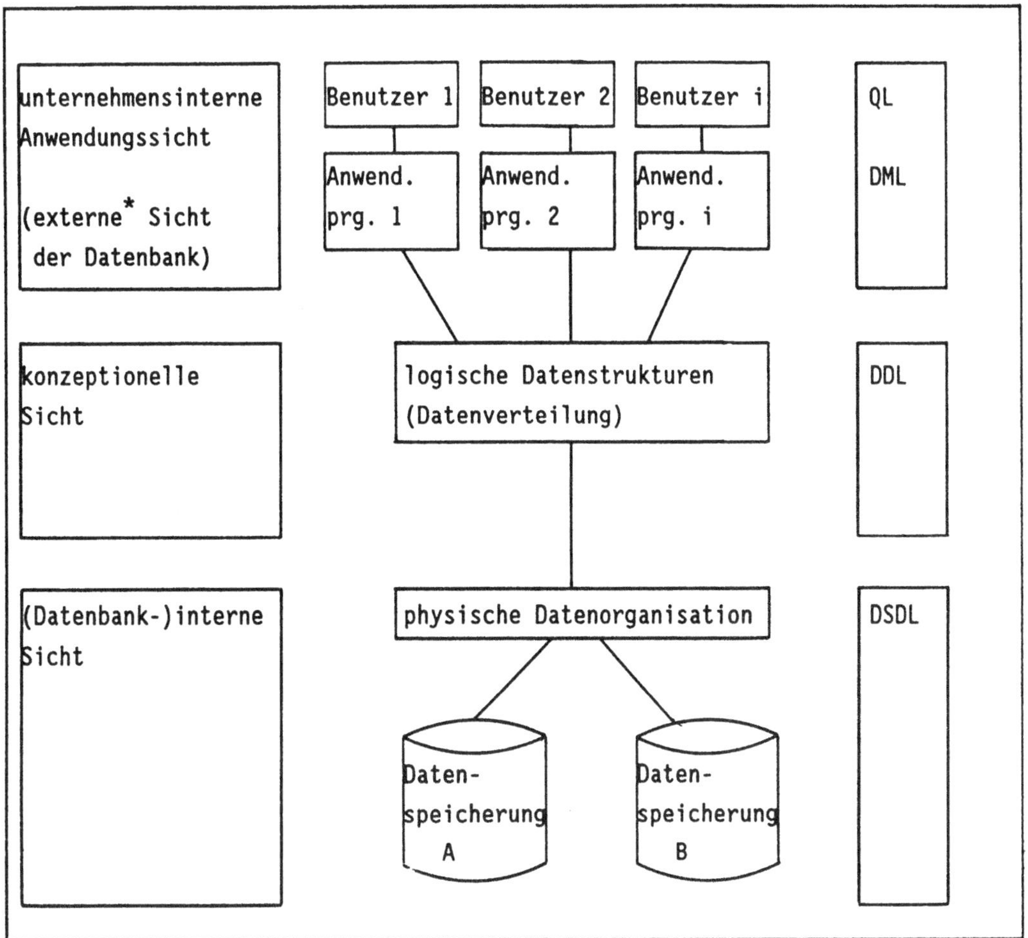

Abb. VII.4.2.1.1:	Datenstrukturierung / Aufbau eines Datenbanksystems

(in Anlehnung an: Schwarze, J.: Daten- und Datenbankorientierung in der Betriebswirtschaftslehre 1987, S. 55)

*) Anmerkung: In der Datenbankliteratur werden die Begriffe extern/intern anders verwandt, als in dieser Arbeit: die interne Sicht stellt die Ausprägung der Daten auf dem Rechner-System dar, die externe Sicht bezeichnet die außenstehende Position der Benutzer gegenüber der hardware-mäßigen Datenspeicherung. In der Notation dieser Arbeit sind beide Sichten unternehmensintern.

In Abb. VII.4.2.1.2b ist modellhaft gezeigt, wie das Zusammenwirken von externen Aufträgen (Datenaustausch) mit den internen Anwendungen vorgenommen wird. Eingehende Daten werden von einer unternehmensinternen Anwendung entgegengenommen, auf Plausibilitäten geprüft und weiter bearbeitet. Eine evtl. Rückversendung erfolgt nach durchgeführter interner Bearbeitung.

Dabei fällt auf, daß bisher lediglich die internen Daten exakt beschrieben sind. Diese Funktion kommt dem Data Dictionary zu. Die externen Daten werden in der traditionellen Sichtweise nicht dargestellt. Sie stellen eigentlich auch keine eigenständigen Daten dar, sondern lediglich "Datentelegramme", kodierte Informationen aus einem externen Rechner. D.h. diese Daten dienen üblicherweise nur zum Anstoßen einer Aktivität auf einem anderen Rechner.

4.2.2 Unternehmensexterne Datenstrukturierung

Die von Externen empfangenen Daten sind vergleichbar mit einer Eingabe am Terminal bei Dialogsystemen bzw. einer Erfassungsdatei bei Batch-Verarbeitung. Wegen der Zielsetzung einer transaktionsorientierten EI bleibt der Ansatz einer Batch-Übertragung und -Verarbeitung hier unberücksichtigt.

Wie sich oben zeigte, berücksichtigen bestehende DV-Systeme Daten, ihre Speicherung, ihre Organisation und Verwaltung nur, sofern diese sich innerhalb der internen Datenbasis befinden. Extern initiierte Daten mit oft nur kurzen Mitteilungen ("Telegramme") werden in den bestehenden Data Dictionaries nicht berücksichtigt. Wie in Abb. VII.4.1.3 gezeigt, müssen hierzu Erweiterungen der Datenverwaltung vorgenommen werden. Als Basis hierzu kann ebenfalls das Data-Dictionary dienen.

Eigenschaften der extern eingehenden und das Unternehmen verlassenden Nachrichten bei transaktionsorientierter Ausrichtung sind:

- keine klassische Dateienstruktur
- interne (klassisches Datenbanklogging) und externe (Transaktionsaufzeichnung) Protokollierung stimmen nicht überein
- Strukturierung der externen Daten kann nicht eigenverantwortlich festgelegt werden.

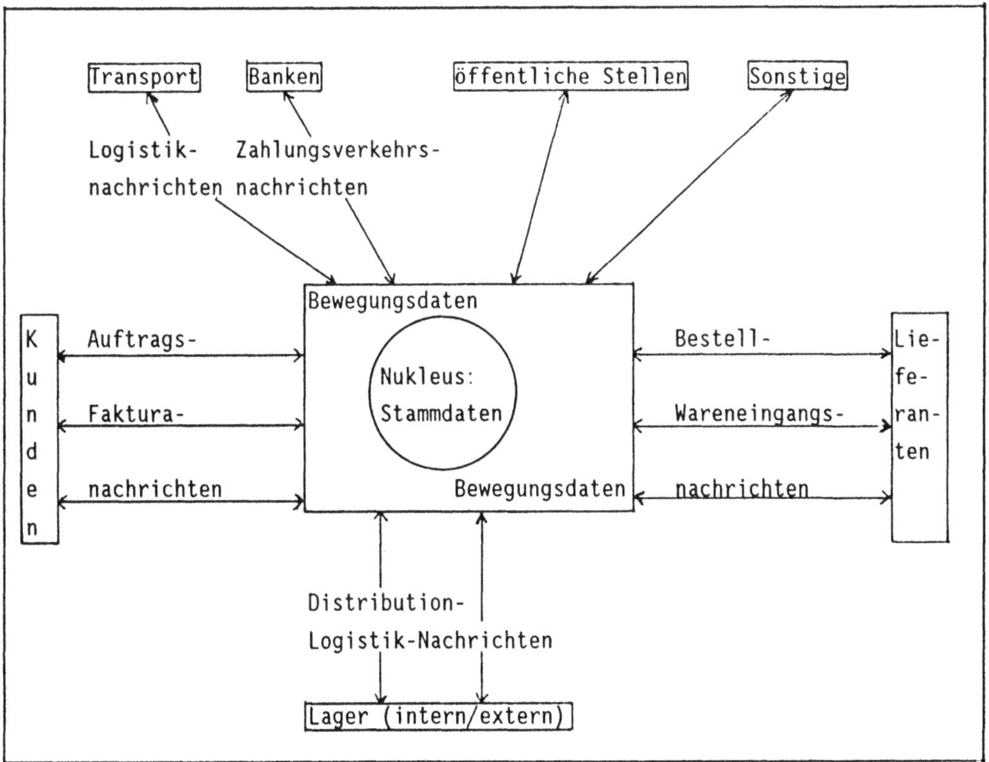

Abb. VII.4.2.1.2a: Stamm-, Bewegungs- und Nachrichtendaten

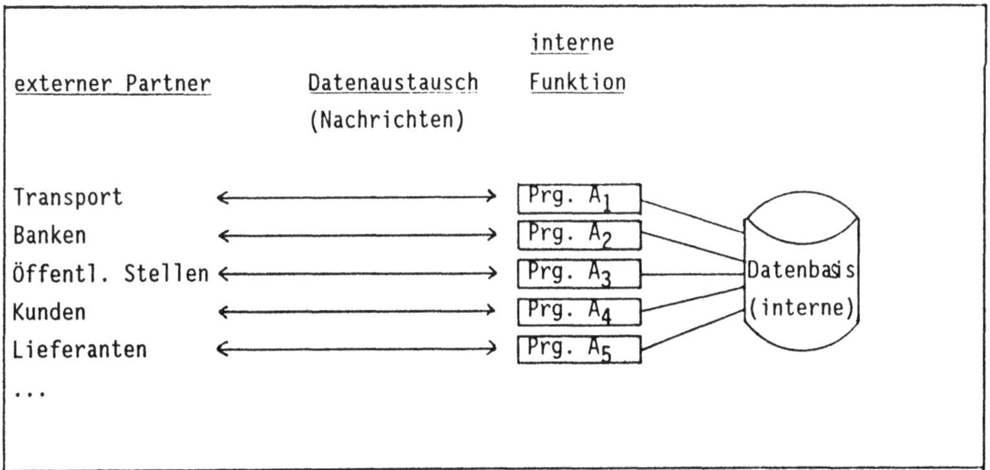

Abb. VII.4.2.1.2b: Zusammenwirken externer und interner Anwendungen

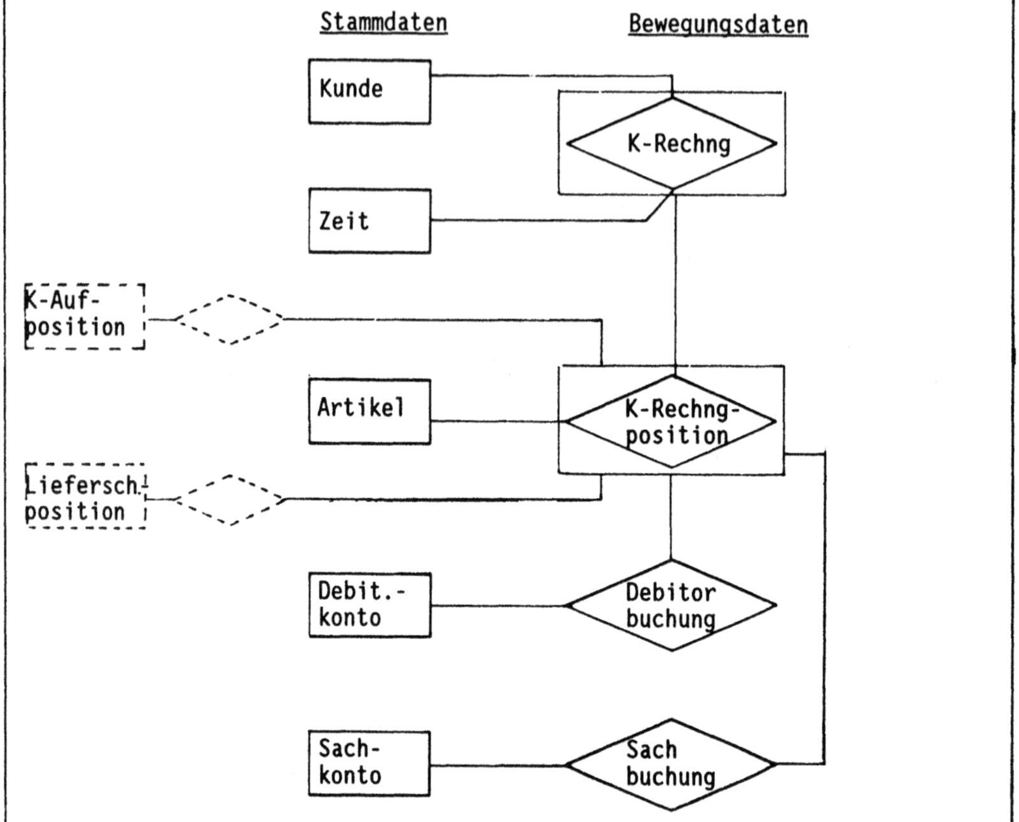

Abb. VII.4.2.1.3a:	Darstellung des Zusammenwirkens von Stamm- und Bewegungsdaten in einem Datenbankschema am Beispiel Verkaufsabwicklung/Fakturierung (unternehmensintern)

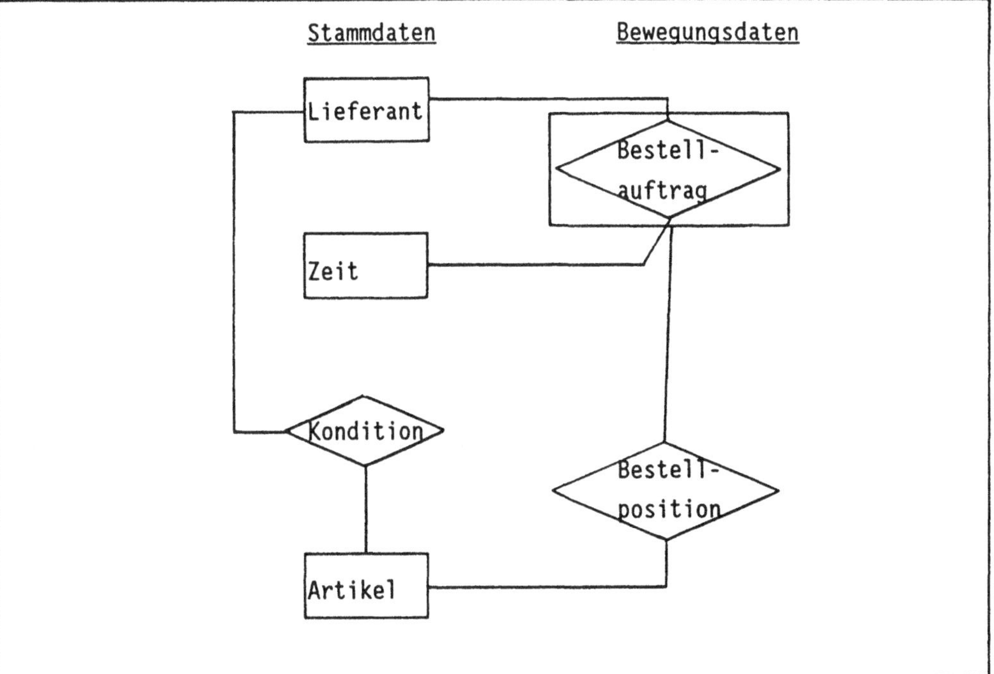

Abb. VII.4.2.1.3b:	Darstellung des Zusammenwirkens von Stamm- und Bewegungsdaten in einem Datenbankschema am Beispiel des Bestellwesens

Damit die externen Nachrichten weitgehend genauso gehandhabt werden können wie interne Daten, bedarf es einer Erweiterung der Funktionalität bestehender Data Dictionaries bzw. der zugehörigen Datenbank-Systeme. Zusätzliche Anforderungen können sein:

- Nachrichten-Telegramme müssen definierbar sein
  - -- Syntax-Regel-Verwaltung
    - --- Versionsverwaltung für unterschiedliche Stände
    - --- Komprimierung/ Dekomprimierung
    - --- Erkennen von Nachrichten anhand Steuerungs- und Kontrollsegmenten
    - --- Erkennen von online-Anfragen
    - --- Bearbeiten von online-Anfragen
    - --- Umsetzen interner Daten in externe Telegramme und umgekehrt

-- Daten-Elemente-Verwaltung
--- Nutzung standardisierter Datenelemente
--- individuelle (evtl. bilateral genutzte) Datenelemente
--- Einordnung Datenelemente zu Nachrichten

- DD übernimmt weitgehend die Klassifikation der Nachricht.

Die bestehenden betriebswirtschaftlichen Datenelemente (vgl. dazu etwa das TDED der UN-ECE) und Syntaxregeln reichen zur Gestaltung einer transaktionsorientierten EI weitgehend aus. Dabei müssen Datengruppen bzw. Syntaxelemente so umgestaltet werden, daß die bisherige Ausrichtung auf die Übertragung ganzer Nachrichten und Nachrichtengruppen in Dateien (Batch-Orientierung) durchbrochen wird zugunsten einer an Transaktionen orientierten Dialog-Verarbeitung.

Bei Nutzung vorhandener Ansätze (insbesondere EDIFACT) sind hierbei zwei Varianten grundsätzlich vorstellbar (vgl. die Notation in Kapitel VI.3.1, vgl. auch die Abb. VII.4.2.2.2 'Typischer Nachrichtenaufbau'):

-1- Die einzelnen Daten werden in eine komplette Nachricht eingebettet. Eine Nachricht ist der einzige Inhalt einer Verbindung (ausgenommen natürlich die Steuersegmente). Diese Nachricht wird dann versandt und vom Empfänger analysiert, bearbeitet und beantwortet. In diesem Fall generiert jede interne Transaktion genau eine <u>komplette</u> EDIFACT-Nachricht und -Verbindung.
Wegen der jedesmal fälligen kompletten Aufbau- und Beendigungsroutinen steigt der Datentransport deutlich an, der Organisationsaufwand zur Generierung der Nachricht hält sich in vertretbarem Rahmen.

-2- Die bestehende Syntax EDIFACT wird dahingehend erweitert, daß "Anfragedatenelemente" berücksichtigt werden. Diese Elemente - eingebettet in die Nachrichtenstruktur - bewirken die Unterbrechung der Transaktion auf einem Rechner und lösen eine Anfragetransaktion in einem zweiten Rechner (etwa beim Kunden) aus. Die bis dahin übertragenen Daten erlauben es dem zweiten System, die Anfrage zu erkennen, sie intern zu analysieren und eine Rückantwort zur Verfügung zu stellen. In Abhängigkeit der Antwort kann dann die erste, in Wartestellung befindliche, Transaktion fortgesetzt oder abgebrochen werden.

Bezüglich der Auswirkungen auf die Gestaltung der internen Programm-Organisation unterscheiden sich die beiden Ansätze wie folgt:

-1- Damit eine Entsprechung von interner Transaktion und externer Nachricht vorliegt, kann eine Nachricht in der Regel nur genau eine Position umfassen. Dies ist eine sehr restriktive Anforderung. Die Nutzung von Wiederholungsgruppen ist nur eingeschränkt möglich.
Wegen der jedesmal notwendigen kompletten Daten der Nachricht incl. der Steuersegmente entsteht ein hoher Gesamtdatentransport im Verhältnis zu den effektiven Nutzdaten. Die Datenübermittlung ist aus systemtechnischen Gründen in hohem Maße redundant.

-2- Hinsichtlich der logischen und technischen Steuerung ist dieser Fall deutlich komplexer; er kommt allerdings den betrieblichen Gegebenheiten näher und ist daher zu präferieren.

Im weiteren wird deshalb Variante 1 verworfen und mit Variante 2 gearbeitet.

Am Beispiel eines Bestellauftrags wird ein gemäß der Variante 2 ablaufendes Programm aus der Sicht eines den Auftrag entgegennehmenden Unternehmens gezeigt. Modellhafte Abläufe zu dieser Problematik werden in Kapitel VII.4.3. weiterentwickelt. Dort wird eine gemäß Abbildung VII.4.2.2.1 laufende Abwicklung unterstellt.

Betrachtet man den typischen Aufbau einer Nachricht, zeigt es sich, daß in der Syntax Kopfinformationen (Header), Positionsdaten und Summendaten (Fußdaten, Trailer) vorgesehen sind (vgl. Abb. VII.4.2.2.2).

Durch die entsprechende Erweiterung der Nachrichten um Segmente zur Steuerung der Kommunikation kann das Ziel der transaktionsorientierten EI erreicht werden. Eingebettet in die bestehende EDIFACT-Syntax ergibt dies dann folgendes Bild:
Zwischen Nachrichten und Segmenten (vgl. dazu Abb. VI.3.1.2) wird eine weitere Strukturebene "Transaktion" definiert, die dazu dient, Nachrichten in logisch zusammengehörige, dialogfähige Komponenten zu zerlegen. Diese Ebene kann durch eigene Dienstleistungssegmente "Transaktions-Beginn" (z.B. UNX) und "Transaktions-Ende" (UNY) gekennzeichnet werden.

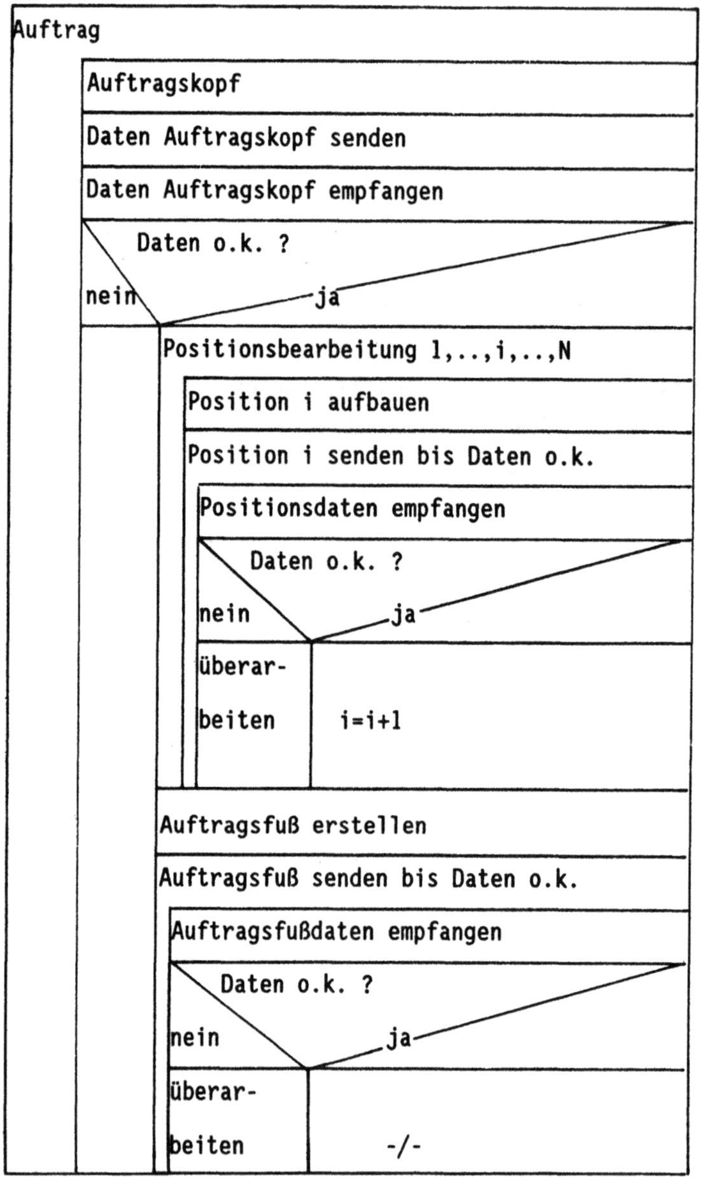

Abb. VII.4.2.2.1: Programm-Organisation interner Ablauf bei transaktionsorientierter EI am Beispiel Bestellübermittlung

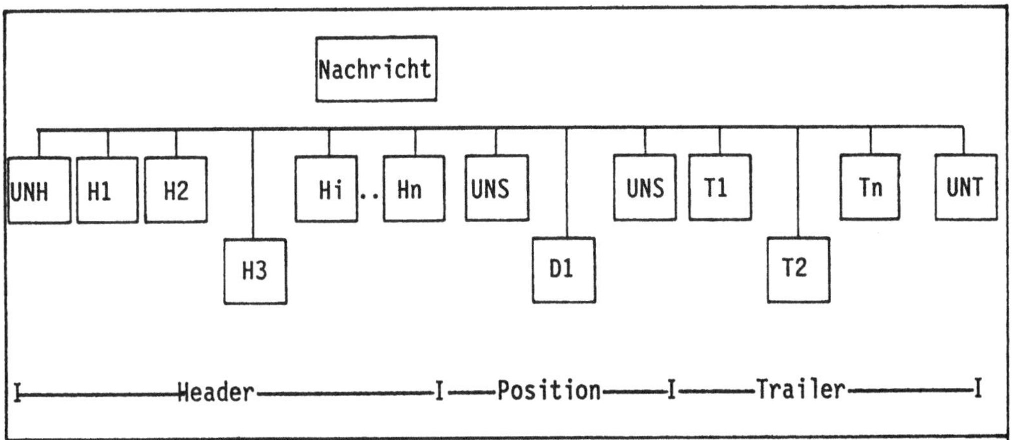

Abb. VII.4.2.2.2: Typischer Nachrichtenaufbau bei EDIFACT

Abbildung VII.4.2.2.3 zeigt ein Beispiel für die Übertragung einer Rechnung mit 5 Positionen. Hierbei ist das Rechnungs-Layout des DIN (vgl. dazu Abb. VI.3.1.3a und 3b) zugrunde gelegt. Dabei entspricht jede Zeile einer extern initiierten Transaktion, die beim Partner mindestens eine weitere Transaktion aufruft.

Die Datenstruktur der internen Daten braucht nicht modifiziert zu werden; jedoch verändert sich bei Einsatz der EI die dominierende Sichtweise hin zu den Bewegungsdaten (vgl. Abb. VII.4.2.1.2a und VII.4.2.1.3a und 3b). Wie dort beschrieben, sind die benötigten Daten und Datentypen, ihre Verwendungen, Verknüpfungen und Zugriffsrechte im Data-Dictionary festgehalten. Eingehende bzw. ausgehende (für Externe generierte) Nachrichten werden bisher durch eigene Programme erzeugt. Diese Programme haben lediglich eine Umsetzerfunktion zwischen internen und externen Daten. Damit sind bei Änderungen der internen Datenbasis bzw. der externen Nachrichten-Strukturen erhebliche Modifikationen (Programmpflege) notwendig. Sinnvoll erscheint es, existierende Data-Dictionaries funktional so zu erweitern, daß die Nachrichtenstrukturen unmittelbar abgebildet werden können und einen Bezug zu den internen Datenstrukturen aufweisen.

Verbindungsaufbau	
Header:	
	UNA,UNB,UNH,UNY
	UNX,BIN,RFF,CTA,...,FTX,UNY
Positionen:	
	UNX,LIT,GPD,RFF,NAD,ALC,...,SID,PIA,TXT,UNY
	UNX,LIT,GPD,RFF,NAD,ALC,...,SID,PIA,TXT,UNY
	UNX,LIT,GPD,RFF,NAD,ALC,FTX,UNY
	UNX,LIT,GPD,RFF,NAD,ALC,FTX,UNY
	UNX,LIT,GPD,RFF,NAD,ALC,,...,SID,PIA,TXT,UNY
Fuß:	
	UNX,TIA,ALC,TXS,PRP,FTX,UNT,UNZ
Verbindungsabbau	

Abb. VII.4.2.2.3: Rechnungstransaktionen bei gegebenem Lay-Out und online-Übertragung

Verwendet man die in Abb. VII.4.2.1.3a und 3b benutzte ERM-Darstellung auch für die externe Integration auf der Basis der EDIFACT-Regeln (vgl. auch Abb. VI.3.1.2 EDIFACT-Syntax-Struktur), läßt sich für die externen Nachrichten die Darstellung der Abbildung VII.4.2.2.4a entwickeln.

Ein genereller Nachrichtentyp (z.B. Bestellung) wird durch Verbindung mit einem konkreten betrieblichen Vorgang mit Außenkontakt zu einer unternehmensübergreifenden Nachricht. Nachrichten bestehen aus genau definierten Segmenten (ausgedrückt durch die Segmentbeziehung als Untermenge aller möglichen Segmente, die im Entitytyp Segmente gespeichert sind).

Die zwischen Unternehmen weitergereichten Daten befinden sich in einem Beziehungstyp "Datenbeziehung", der eine Verkettung zwischen den innerbetrieblichen Vorgangsdaten, der Segmentbeziehung und den Datenelementen repräsentiert.

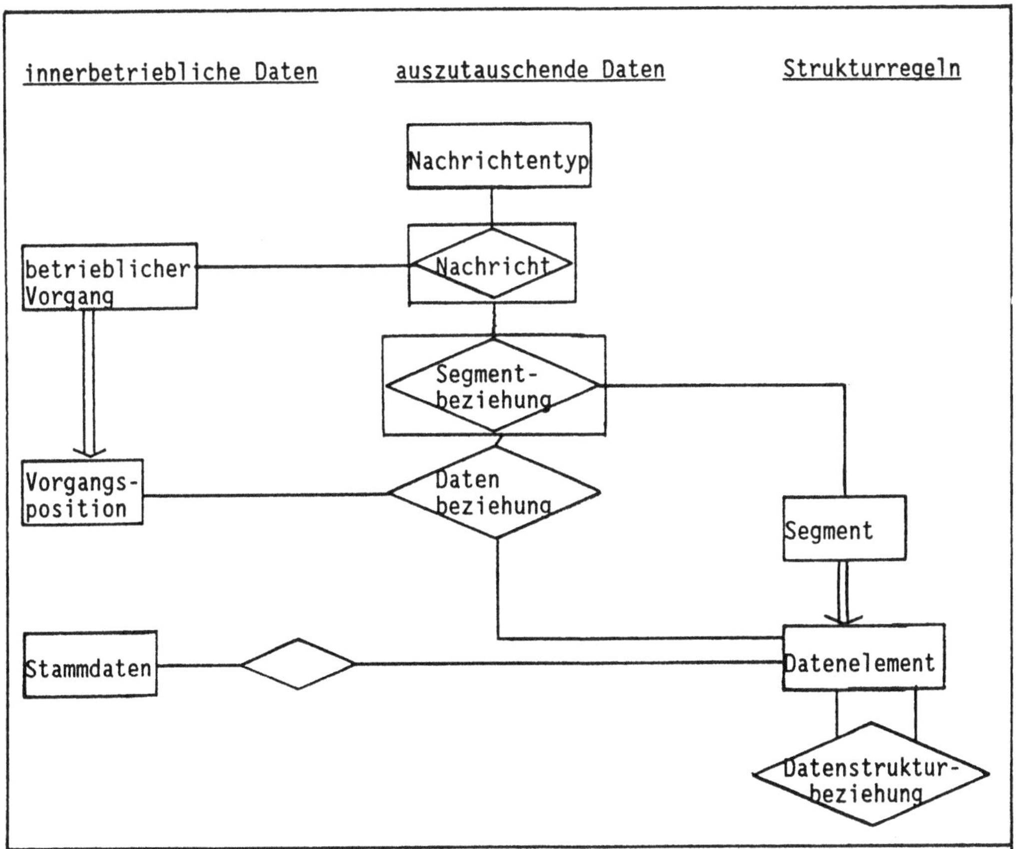

Abb. VII.4.2.2.4a: ERM zur Beziehung interner und externer Daten

Damit ist eine Darstellung des Zusammenhangs zwischen internen Daten und externen Nachrichten möglich. In Abb. VII.4.2.2.4b und 4c wird diese Darstellung für den Fall der Rechnung und der Bestellung konkretisiert.

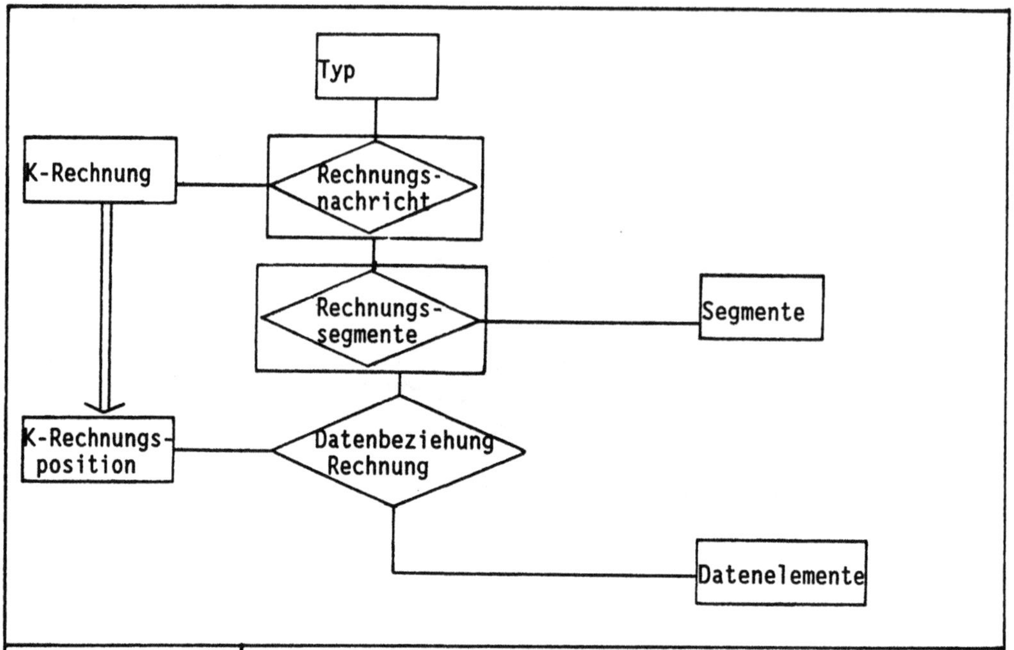

Abb. VII.4.2.2.4b: ERM zur Fakturierungsabwicklung

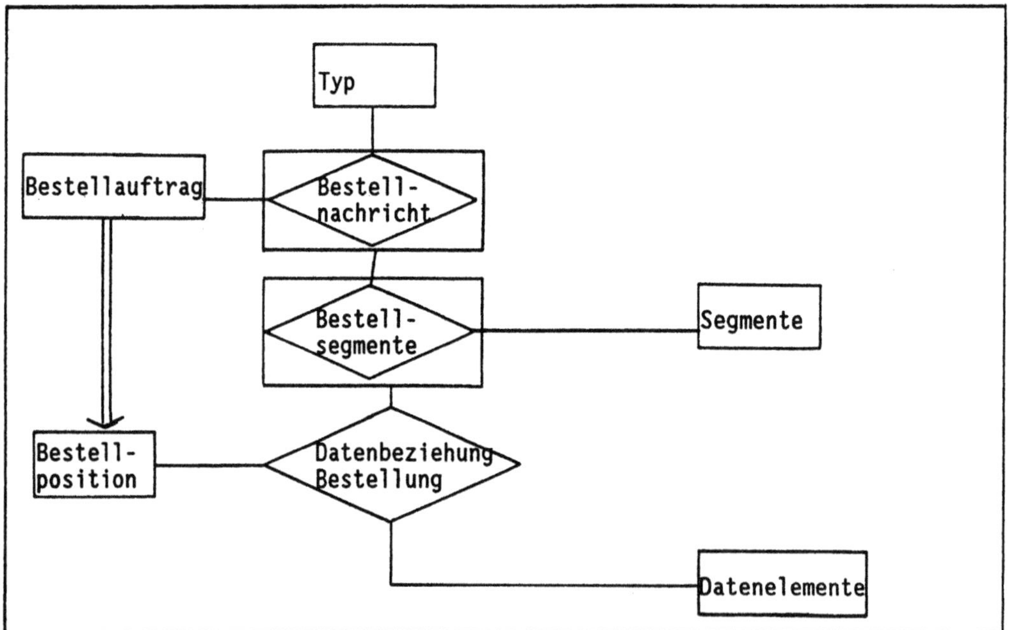

Abb. VII.4.2.2.4c: ERM zum Bestellwesen

Prinzipiell erfüllt die hier entwickelte Datenbeschreibung und die darin enthaltene Beziehungslogik die gleiche Funktion wie ein traditionelles Konvertierungsprogramm. Allerdings besitzt die hier vorgeschlagene Arbeitsweise den Vorteil einer einheitlichen, weitgehend redundanzarmen Datenverwaltung der eingehenden wie auch der ausgehenden Nachrichten sowie der vereinfachten Versionsverwaltung.

In Abb. VII.4.2.2.4d ist unterstellt, daß eine zu übermittelnde Auftragsnachricht (≙Bestellung) je Position aus den dort genannten 12 Datenelementen besteht. Der Einfachheit halber wurde weiter angenommen, es handele sich um einfache Datenelemente. Diese Datenelemente korrespondieren nicht unmittelbar mit den Daten der internen Bestellposition. Die Beziehung zwischen den Daten ist über eine Referenzierung vorzunehmen. Dazu muß bekannt sein, wie interne und externe Daten zusammengebracht werden können. Dies ist Aufgabe der Beziehungstabelle des Data-Dictionary. In den Entity-Relationship-Modellen der Abbildungen VII.2.2.4.a-c entspricht dies der "Datenstrukturbeziehung".

intern: Bestellposition		extern: Auftragsnachricht		Referenzierung
1001	Auftragsnr.	N1082	Waren-Pos.-Nr.	1002
1002	Pos.-Nr.	N1802	Angebots-Pos.-Nr.	aus Angeb.Stamm
1003	Artikel-Nr.	N1804	Bestell-Pos.-Nr.	1002
1004	Menge	N2800	Soll-Liefer-Termin	1009
1005	Datum	N3239	Ursprungsland	über 1003 auf 1220
1006	Grund-Preis	N5110	Preis je Einh.	RF 1006/1007/1008
1007	Rabatt 1	N5116	Pos.Betrag	RF (N6024*N5110)
1008	Rabatt 2	N5831	Preis-Einh.	über 1003 auf 1228
1009	B-Termin	N6024	Bestellte Menge	1004
		N7008	Waren-Beschreib.	über 1003 auf 1202
Artikelstamm		N7020	Waren-Nr.	über 1003 auf 1240
		N7304	Waren-Nr. Käufers	1003
1200	Artikel-Nr.			
1202	Bezeichnung			
1220	Herkunftsland			
1228	Preiseinheit			RF = Rechenfunktion
1240	Artikel-Nr. Lief.			

Abb. VII.4.2.2.4d: Verknüpfung von Nachrichten mit internen Daten

Bei der hier vorgeschlagenen Vorgehensweise kann somit auf die Verwendung von aufwendig programmierten Konvertern (Bridge-Programmen) verzichtet werden. Die Bearbeitung erfolgt dann nicht mehr durch Verwendung uneinheitlicher Datenbasen mit Umsetzprogrammen, sondern durch eine unmittelbar an die Datenverwaltung geknüpfte Regellogik (vgl. Abb. VII.4.2.2.5).

Aufgabe dieser Regel-Logik ist die Umsetzung der Nachrichten in die relevanten unternehmensinternen Daten und umgekehrt. Dabei sind noch zahlreiche Nebenbedingungen bzgl. der Auslassung von Segmenten und Datenelementen, der Möglichkeit von Wiederholungsgruppen, der Erzeugung und Eliminierung von Steuerungs- und Kontrollsegmenten zu beachten. Zugleich ist aber sichergestellt, daß neben einem geringen Aufwand die Schnittstellenproblematik nach außen so gering wie möglich gehalten wird, bei gleichzeitig fast unveränderten Ablaufmöglichkeiten der hausinternen Anwendungen und Verfahren.

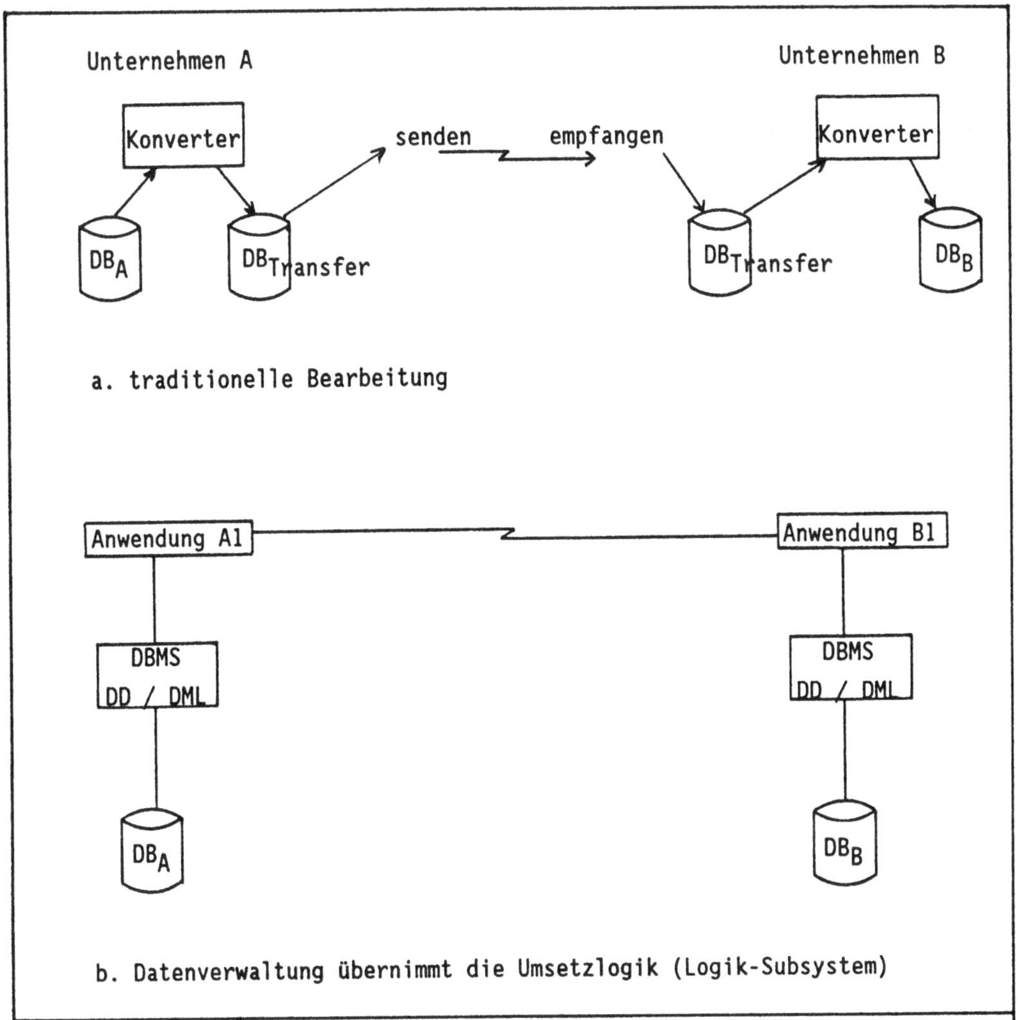

Abb. VII.4.2.2.5: Unterschiedliche Formen der Generierung von Nachrichten

4.2.3 Prüfung externer Daten

Im Rahmen der Entwicklung von Programmen und Verfahren für die EI sind i.a. Prüf- und Testroutinen vorgesehen. Diese betreffen primär die technischen Probleme von und durch:

- Hardware (Protokoll- und Kompatibilitätsprobleme)
- Leitungsprüfungen in öffentlichen Netzen (externe DÜ)
- Compiler (formale Programm-Korrektheit bei System-Entwicklung)
- Testdaten (Übereinstimmung DV-Ablauf mit der Vorgabe).

Z.T. werden auch Parallel-Läufe vor dem Echteinsatz des Verfahrens durchgeführt.

Bei transaktionsorientierten EI-Systemen ist die potentielle Fehleranfälligkeit erheblich höher als in geschlossenen Systemen. Die Ursachen dafür können vielfältig sein:

- Verbindungsaufbau zwischen Geschäftspartnern gelingt nicht
- Datenübertragungsfehler werden durch die vorgeschalteten technischen Prüfungen (Ebene 1 bis 3 des ISO-Referenzmodells) nicht entdeckt
- Sender und Empfänger verstehen sich trotz Normung oder Standardisierung nicht. Die übermittelten Daten können nicht oder nur teilweise bearbeitet werden
- bei weiter Verbreitung des Verfahrens können nicht mehr alle bi- und multilateralen Möglichkeiten überprüft werden.

Der logischen Prüfung von ankommenden Nachrichten/Transaktionen/Daten kommt damit eine überragende Bedeutung für transaktionsorientierte Systeme zu. Wie in V.2. (Datensicherheit) ausgeführt, muß jedes Teilsystem selbst seine Inputdaten komplett auf:

- Vollständigkeit
- syntaktische (formale) Korrektheit
- Plausibilität

überprüfen, da die Logik der externen Systeme nicht zur Verfügung steht. Genau wie bei festgestellten Übertragungsfehlern in DÜ-Netzen müssen hierzu Routinen vorhanden sein, um begonnene Transaktionen anzuhalten, zu wiederholen oder zurückzusetzen.

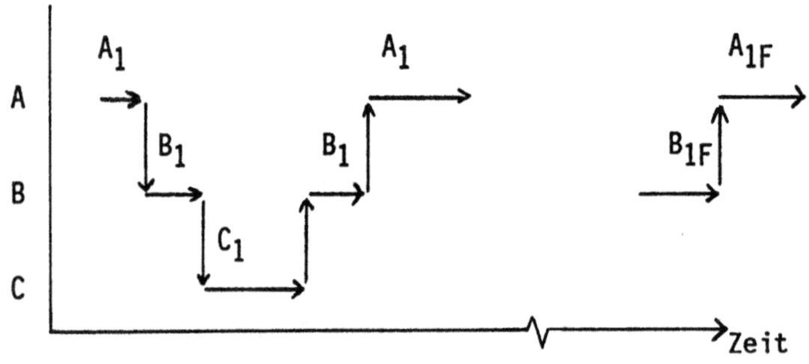

Abb. VII.4.2.3.1: Fehlerbehandlung bei TEI (schematische Vorstellung)

In Abb. VII.4.2.3.1 ist der Fall einer Inkonsistenz dargestellt. Auf einem System A wird eine Transaktion A_1 gestartet und an B übermittelt; dort wird eine Transaktion B_1 angestoßen, die zur Bearbeitung einen Aufruf an ein System C absetzt. C erhält die übermittelten Daten und ist evtl. in der Lage, die gewünschte Transaktion C_1 zu starten. Bei der notwendigen Prüfung stellt C Inkonsistenzen fest. Diese können beruhen auf:

- falschen Daten des Absenders
- falscher / unterschiedlicher Interpretation Sender/Empfänger
- technischen Datenübertragungs-Problemen.

Da C den Vorgang nicht weiter bearbeiten kann, übermittelt er eine entsprechende Nachricht an B zurück. Die Übertragung kann jetzt erneut vorgenommen werden. Sollte nach einer begrenzten Anzahl von Versuchen kein Erfolg eingetreten sein, so verbleiben folgende Möglichkeiten:

- manuelles Eingreifen bei B und/oder C
- Festhalten der Transaktion bei B und teilweise Rückmeldung an A. A kann bedingt weiterarbeiten.
- Rückmeldung von B an A, Zurücknehmen von Transaktionen auf <u>allen</u> Ebenen.

Ähnlich stellt sich die Situation dar, wenn B nach einer festgelegten Zeitschranke keine Meldung von C erhält. In diesem Fall muß die Bearbeitung ebenfalls abgebrochen werden. Abbildung VII.4.2.3.2 zeigt den Ablauf einer möglichen Fehlerbehandlung bei transaktionsorientierter externer Integration auf.

4.3 Konzeption von beispielhaften Abläufen

Unter Nutzung der in VII.4.2. konzipierten Datenstrukturierung, der dort beschriebenen Prüfroutinen sowie der in der Datenbasis integrierten Verarbeitungslogik zum Umsetzen der internen Daten in externe Nachrichten und umgekehrt werden nachfolgend Ablaufsteuerungen zu unterschiedlichen Übertragungsarten (vgl. Kapitel I.5.1, I.5.5 und I.5.13) entwickelt.

Die Darstellung erfolgt durchgängig an einem Beispiel des Funktionalbereichs Auftragsannahme vom einfachen bilateralen Fall mit Übertragung der kompletten Bestelldaten (keine transaktionsorientierte EI) bis zum komplexen multilateralen Fall in verzweigten Unternehmen, bei dem die Nachrichten in beide Richtungen ausgetauscht werden.

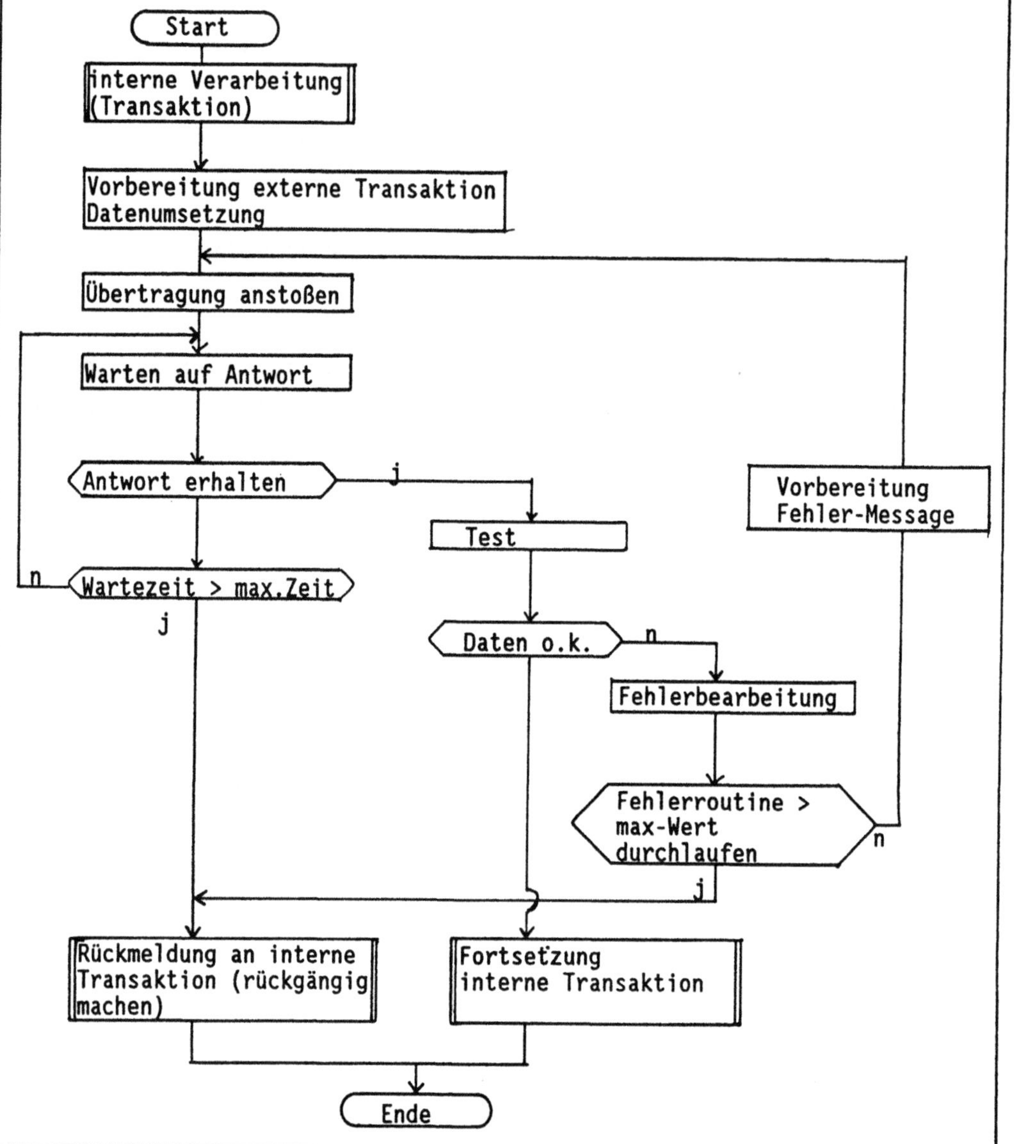

Abb. VII.4.2.3.2:	Fehlerbehandlung bei TEI (Programm-Ablauf)

Für die Darstellung wurde ein Großhandelsbetrieb unterstellt, der die Kundenbelieferung über Speditionen durchführt und selbst nicht alle Artikel auf Lager hält, also selbst bei Lieferanten nachordern muß. Im Mittelpunkt der nachfolgenden Betrachtungen wird die Bestandsverwaltung gesehen.

4.3.1 Fall 1: Unidirektionale Übertragung bei zentraler Struktur im bilateralen Geschäftsverkehr

Im einfachsten Fall einer beidseitig nicht verzweigten Organisation (bzw. Organisationen mit zentraler Aufgabenabwicklung) und einer unidirektionalen Übertragung sieht der prinzipielle Ablauf der Auftragsannahme wie in Abbildung VII.4.3.1.1 dargestellt aus. Die geforderte transaktionsorientierte EI wird dabei nicht erreicht. Der Fall dient vielmehr als Grundlage der weiteren Ausführungen.

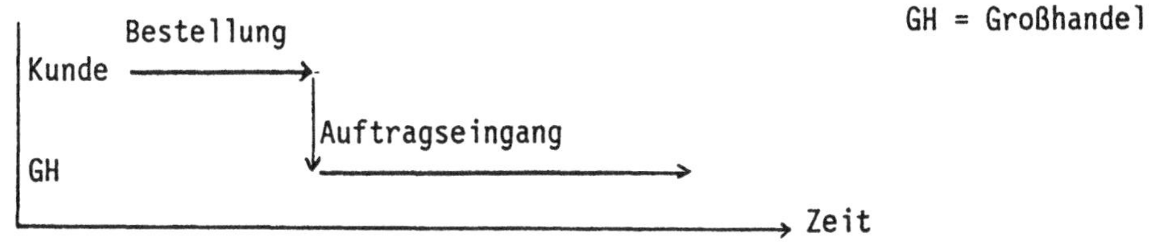

Abb. VII.4.3.1.1:	Grundsätzlicher Übertragungsablauf (Fall 1)

Die vom Kunden erzeugte Bestellung geht in das Auftragseingangssystem des betrachteten (Großhandel-)Unternehmens ein. Zwischen der Generierung der Bestellung und dem Eingang in das Auftragssystem können erhebliche zeitliche Verschiebungen sein (nicht synchronisierter Ablauf). Dabei erfolgt seitens des betrachteten Unternehmens zunächst eine Prüfung der eingehenden Daten bezüglich syntaktischer Korrektheit, logischer Plausibilität und sachlicher Vollständigkeit.

Treten bei der Prüfung keine Probleme auf, dann erfolgt die Bearbeitung im bekannten Schema: Bearbeitung von Kopf-, Positions- und Fußdaten. Von den zahlreichen Logiken ist nur die Bestandsüberprüfung dargestellt. In den nachfolgenden Erweiterungen der Annahmen wird diese Logik ausgebaut. Bei festgestellten Fehlern kann die in Abb. VII.4.2.3.2 gezeigte Abwicklung nicht greifen, da unmittelbare Korrekturmöglichkeiten des Senders entfallen. Hier ist eine manuelle Nachbearbeitung beim Empfänger (vgl. etwa Abb. VI.3.2.1 manuelle Bearbeitung fehlerhafter Datensätze VDA/ Fa. Kammerer) unumgänglich.

Reicht die Auftragsmenge zur Belieferung des Kunden aus, so wird diese Menge vom Lagerbestand subtrahiert und dem Kundenauftrag zugeordnet. Überschreitet die Auftragsmenge einer Position den verfügbaren Lagerbestand, wird - stehen dem nicht andere Absprachen entgegen - der Restbestand zur Auslieferung vorgesehen und über die fehlende Restmenge ein Rückstand erzeugt. Positionsweise werden die Konditionen ermittelt. Summendaten werden in der Abschlußbearbeitung (Fußdaten, Trailer) im Auftrag ermittelt (vgl. Abb. VII.4.3.1.2).

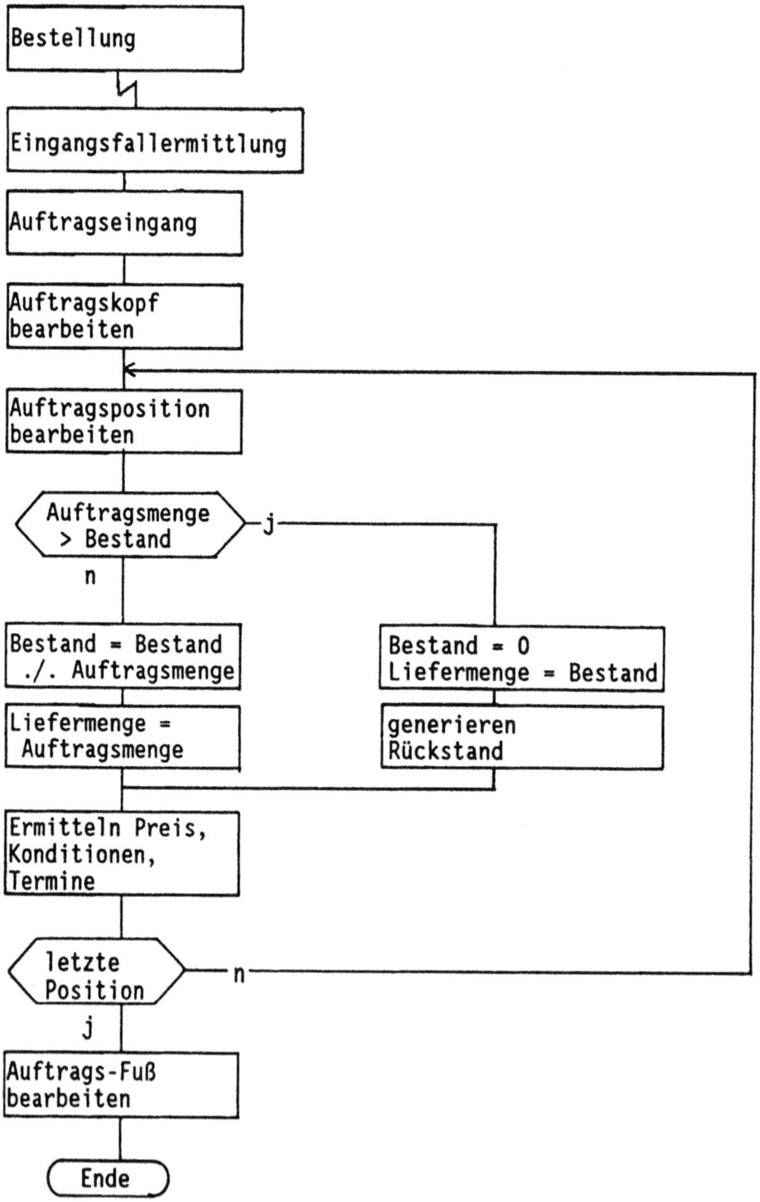

Abb. VII.4.3.1.2:	logischer Ablauf bei bilateraler, unidirektionaler Datenübermittlung mit zentraler Aufgabenerledigung

4.3.2 Fall 2: Bidirektionale Übertragung bei zentraler Struktur im bilateralen Geschäftsverkehr

In diesem Kapitel wird eine dialogorientierte, mit Transaktionen arbeitende Vorgehensweise eingeführt. Der Unterschied zum vorigen Fall wird bereits aus dem Vergleich des Ablaufs in Abb. VII.4.3.2.1 mit 4.3.1.1 deutlich.

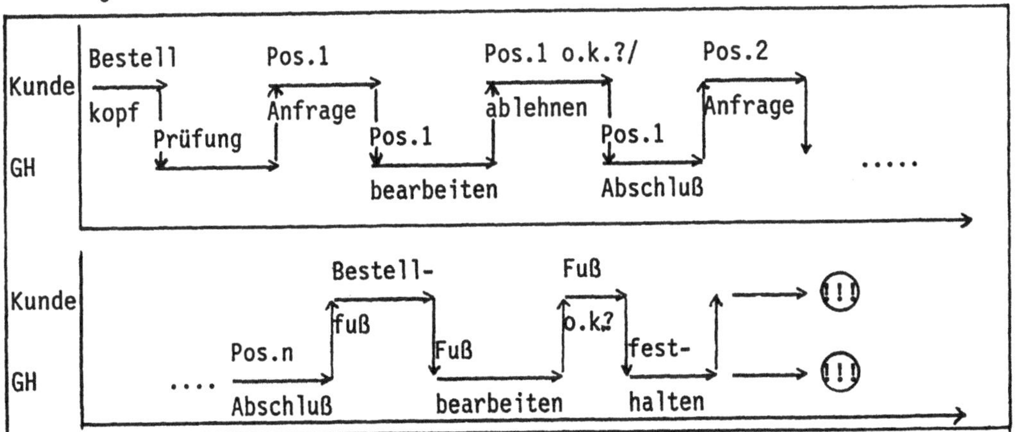

Abb. VII.4.3.2.1:	Grundsätzlicher Übertragungsablauf (Fall 2)

Wurde in 4.3.1 noch der komplette Vorgang "Bestellung" (≙ Auftrag) übertragen, so werden jetzt nur noch Teile davon, wie Bestellkopf, -positionen etc. isoliert nacheinander übermittelt. Dafür erfolgt die Übertragung unmittelbar zeitlich synchronisiert zur internen Verarbeitung auf beiden Seiten. Abbildung VII.4.3.2.2 setzt die Ausführungen von Abbildung VII.4.3.1.2 fort, beschränkt sich aber auf die Auftrags- (Bestell-) positionen. Ähnliche Darstellungen lassen sich auch für den Auftragskopf und den Auftragsfuß erstellen.

Im Gegensatz zur kompletten Datenprüfung (Test der Eingangsdaten) tritt hier eine auf die einzelne Übertragungs-Transaktion ausgerichtete Datenprüfung gemäß Abbildung VII.4.2.3.2 auf. Die Prüfung nimmt die gleichen Funktionen wie oben wahr, allerdings sind die Zusammenhänge nicht immer positionsbezogen unmittelbar prüfbar (Beispiel: Preis in Abhängigkeit des Gesamt-Transportwertes). Nach erfolgreichem Eingangstest (Eingangsfallermittlung) wird die Auftragseingangs-Verarbeitung positionsweise angestoßen. Der Ablauf bleibt grundsätzlich gleich. In einigen Details werden die Auswirkungen der bidirektionalen Sicht deutlich:

- Die Arbeit des Kunden und des betrachteten Unternehmens gleicht einem permanenten Dialog. Jede Position wird vom Kunden übermittelt, vom Unternehmen bearbeitet und beantwortet, der Kunde gibt eine Einverständniserklärung und geht zur nächsten Position über oder verlangt Änderungen, über die das Unternehmen entscheiden muß. In letzter Konsequenz "verhandeln" die DV-Systeme.
- Mit der Verhandlung einher geht eine Zusammenlegung der bisher getrennten Bearbeitungsschritte:
  - Lieferanfrage
  - Angebotserstellung
  - Bestellung
  - Auftragsbestätigung.
- Der Lagerbestand kann nicht sofort verändert werden, sondern wird vorläufig gesperrt, da der Kunde noch nicht endgültig den Auftrag mit allen Bedingungen kennt und somit nicht bestätigen kann. Die endgültige Kundenbestätigung (nicht Auftragsbestätigung) erfolgt erst im Auftrags-Trailer. Dort sind Routinen vorzusehen, die die vorläufige Sperrung endgültig vornehmen, bzw. sind auch noch rückwirkend Korrekturen an den einzelnen Positionen zu erlauben.
- Die Ermittlung von Konditionen und Terminen ist nicht alleine positionsbezogen durchführbar. Dazu sind Gesamtmengen, -werte, Ladebedarfe etc. notwendig, die erst mit Abschluß des kompletten Vorgangs "Auftragsbearbeitung" zu erwarten sind.

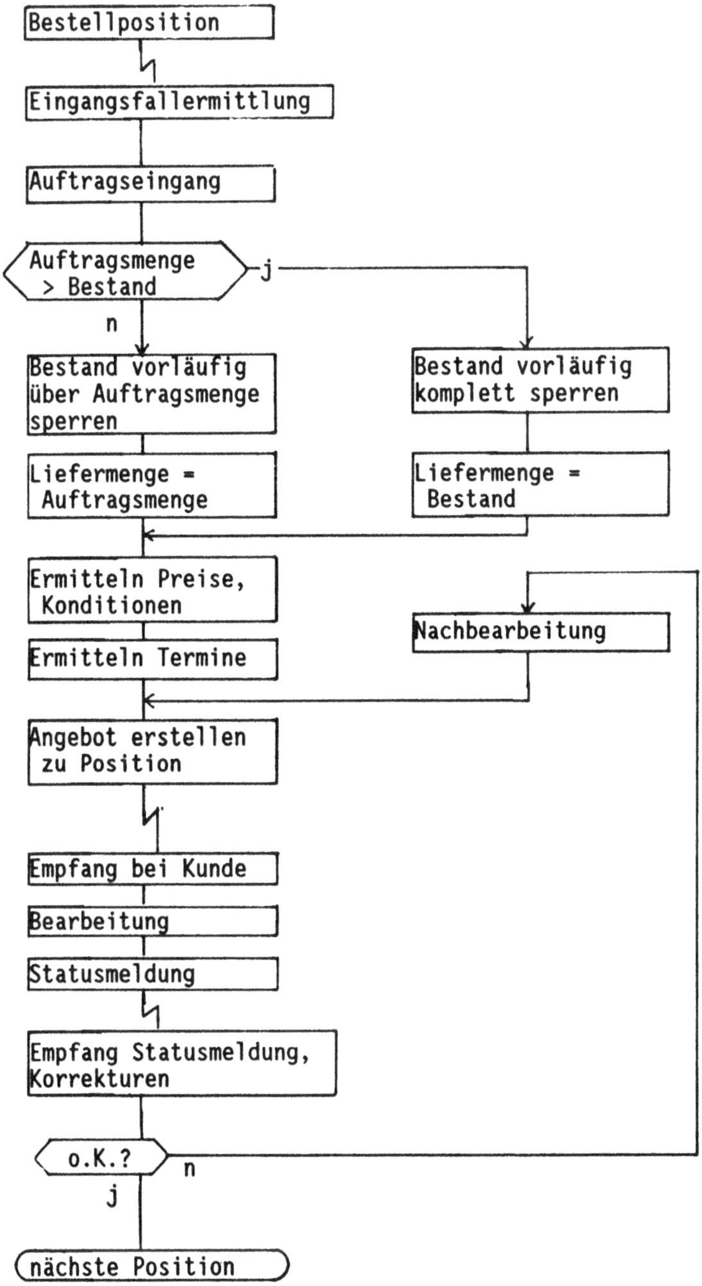

Abb. VII.4.3.2.2:	logischer Ablauf bei bilateraler, bidirektionaler Datenübermittlung mit zentraler Aufgabenerledigung

4.3.3 Fall 3: Bidirektionale Übertragung bei zentraler Struktur im multilateralen Geschäftsverkehr

In diesem Fall wird der Geschäftsverkehr und damit die Übertragung nicht mehr allein zwischen zwei Unternehmen betrieben, sondern an einem Vorgang sind aus der Sicht des betrachteten Unternehmens mehrere Partner beteiligt. Das verwandte Beispiel wird dahingehend erweitert, daß

- bei ungenügendem Bestand das betrachtete Unternehmen selbst Lieferanfragen und Bestellungen auslöst
- zur exakteren Terminierung und Preisgestaltung Transportanfragen und -aufträge generiert werden. Dabei wird vereinfachend angenommen, daß je Position genau ein Transportauftrag entsteht, der vom jeweils liefernden Unternehmen initiiert wird.

Der grundsätzliche Ablauf einer solchen bilateralen Übertragung ist in Abb. VII.4.3.3.1 dargestellt, der detaillierte Ablauf ist Abb. VII.4.3.3.2 zu entnehmen.

Der Kunde gibt Bestellungen auf, die in Transaktionen Bestellkopf (≙ Auftragskopf), Bestellpositionen und Bestellfuß zergliedert sind. Das betrachtete Unternehmen erhält Datentelegramme (Nachrichten) übermittelt, die es in jeweils eigenen internen Verarbeitungs-Routinen prüft und, wenn keine Probleme auftreten, auch bearbeitet.

Kann eine Position wegen mangelndem Lagerbestand nicht unmittelbar bedient werden, so veranlaßt das Unternehmen nach evtl. Durchführen einer artikelbezogenen Disposition Anfragen bei den in Frage kommenden Lieferanten (Lieferantenauswahl), erteilt einem oder mehreren Lieferanten einen Auftrag und führt mit der Kenntnis der voraussichtlichen Termine der Nachlieferung, des Kundenwunschtermins etc. eine Anfrage bei in Frage kommenden Speditionen durch. Die rücklaufenden Angebote der Speditionen werden verglichen, ein Angebot ausgewählt und ein entsprechender Speditionsauftrag generiert.

Mit der Fülle dieser Informationen kann die Termin-, Preis- und Konditionenbearbeitung gegenüber dem Kunden abgeschlossen werden. Dieser erhält ein Angebot, das er entsprechend übernehmen kann. Verlangt er Änderungen daran, die zu einer Nachbearbeitung des Falles führen, wird eine Nachbearbeitung mit Übergabe eines neuen Angebots oder Bestätigung der alten Konditionen notwendig.

Mit diesem Vorgehen werden zahlreiche, bisher sequentiell angeordnete, Bearbeitungsvorgänge zeitlich fast parallel vorgenommen.

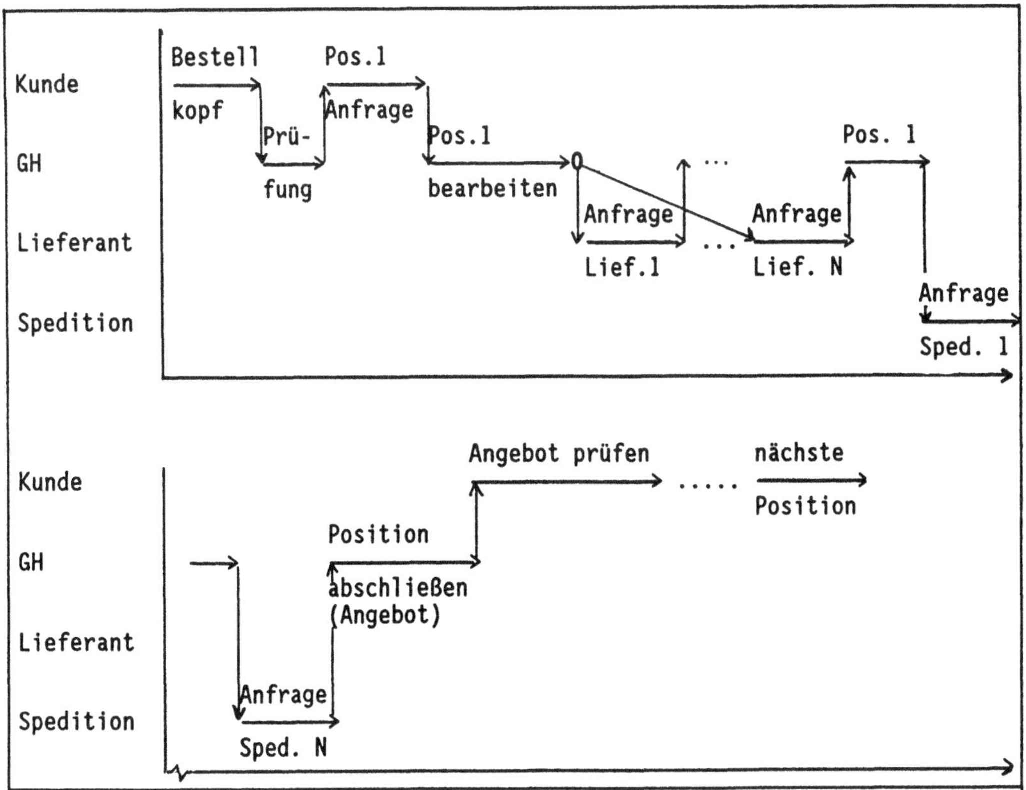

Abb. VII.4.3.3.1.: Grundsätzlicher Übertragungsablauf

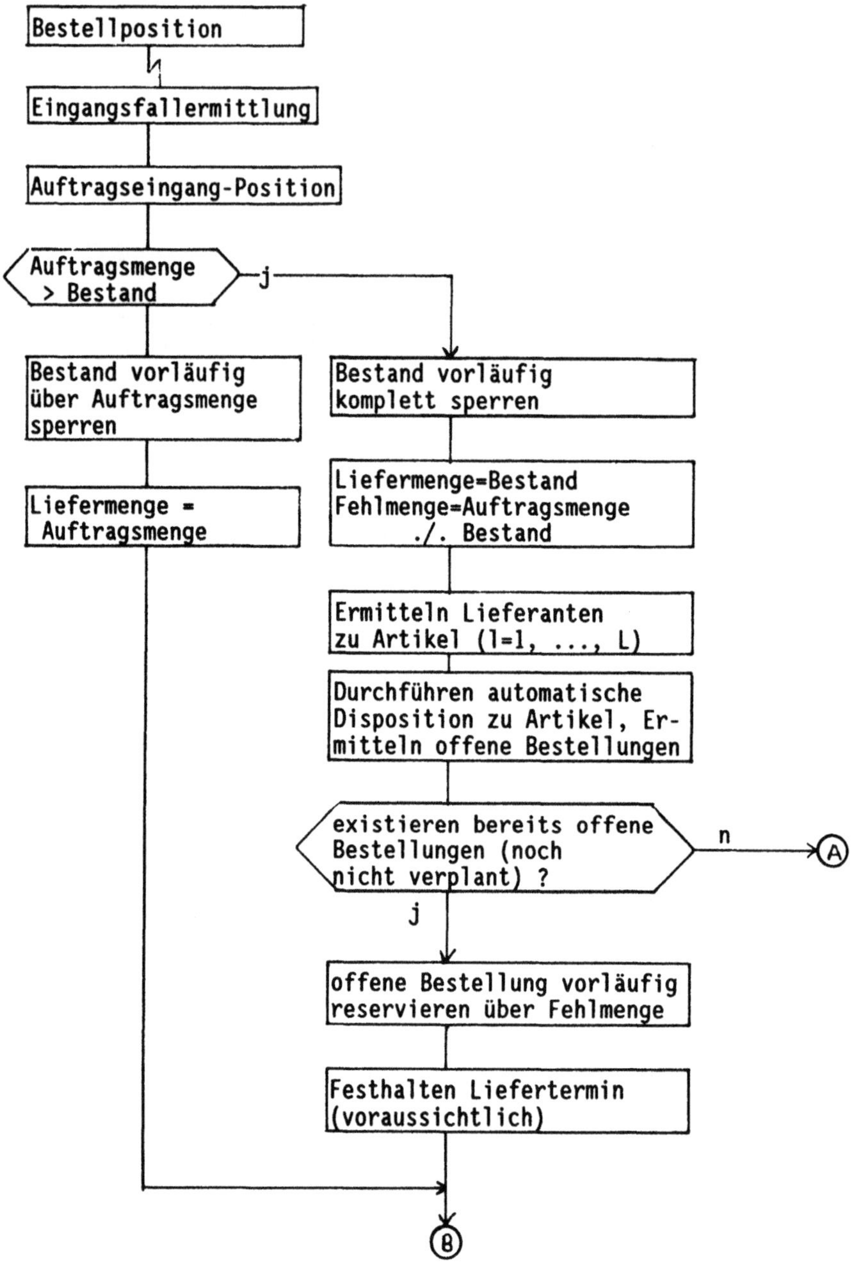

Abb. VII.4.3.3.2: logischer Ablauf bei multilateraler, jeweils bidirektionaler Datenübermittlung mit zentraler Aufgabenerledigung (Teil 1)

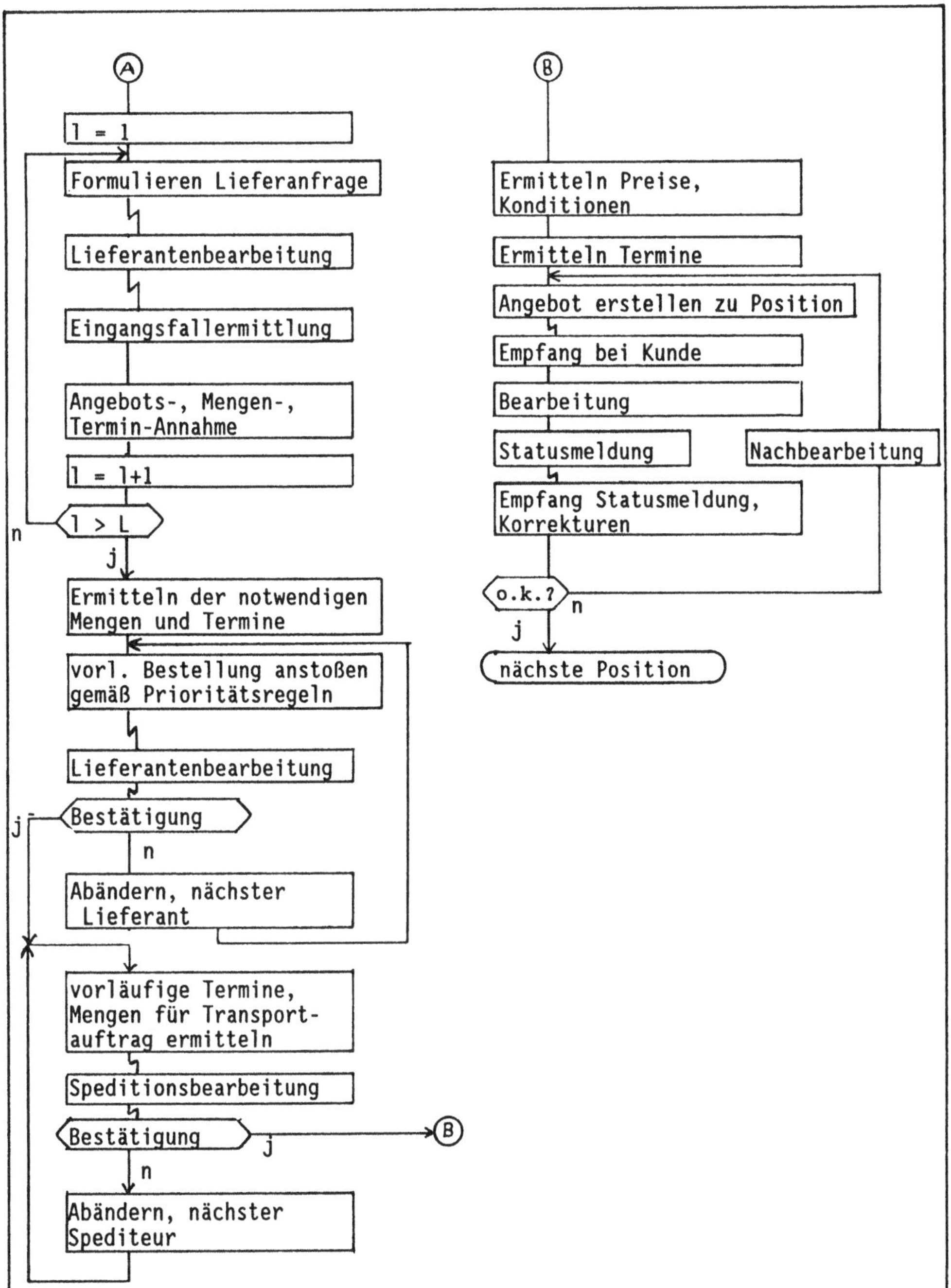

Abb. VII.4.3.3.2: logischer Ablauf bei multilateraler, jeweils bidirektionaler Datenübermittlung mit zentraler Aufgabenerledigung (Teil 2)

Wie im Fall des bilateralen Geschäftsverkehrs übernimmt das betrachtete Unternehmen die vom Kunden initiierten Daten und übergibt sie seinem Auftragssystem. Bei ausreichendem Bestand ergibt sich zunächst keine Änderung im Ablauf. Zur genaueren Terminbestimmung und zur Ermittlung der voraussichtlichen Kosten führt das Unternehmen dann aber eine Angebotseinholung bei Spediteuren durch und erteilt einem ausgewählten Spediteur einen vorläufigen Transportauftrag. Dieser Transportauftrag mit abgestimmten Daten ist zugleich auch die Basis einer Terminzusage und der Kalkulation des Angebots gegenüber dem Kunden.

Genau wie im Falle der bilateralen Beziehungen kann der Kunde diese Position annehmen, eine Änderung verlangen oder zurückweisen, wobei dann beim betrachteten Unternehmen eine Nachbearbeitungsroutine notwendig wird.

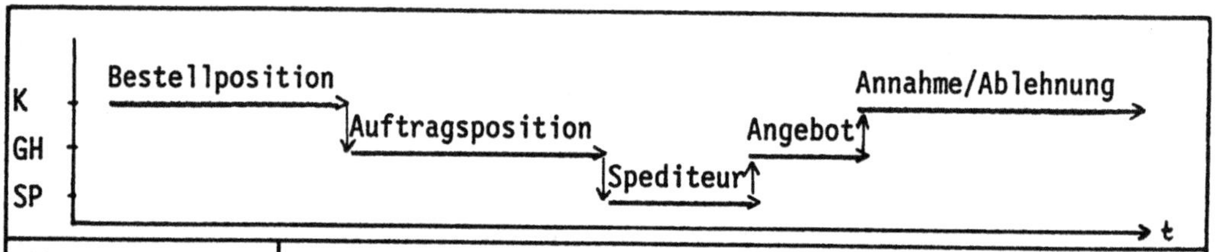

Abb. VII.4.3.3.3: Schematisierter Ablauf bei ausreichendem Bestand (Fall 3)

Reicht der Bestand nicht aus, um die Auftragsmenge eines Kundenauftrags zu befriedigen, so wird zunächst der vorhandene Bestand reserviert und für die Lieferung vorgesehen. Über die Fehlmenge wird ein Rückstand erzeugt. Alle in Frage kommenden Lieferanten eines Artikels werden analysiert und zugleich wird eine möglichst automatische Disposition (wegen der angestrebten Dialogfähigkeit unerläßlich) vorgenommen. Stellt sich dabei heraus, daß keine offenen Bestellungen existieren, die noch nicht verplant sind (d.h. Rückständen oder Terminaufträgen zugewiesen sind), wird eine Anfrage an alle in Frage kommenden Lieferanten übertragen, bei der es zwar auch um Konditionen, im wesentlichen aber um die geforderten Mengen und Termine geht. Die Lieferanten ihrerseits bearbeiten diese Anfrage und senden entsprechende Mitteilungen zurück, die vom betrachteten Unternehmen analysiert werden. Über eine Prioritätensteuerung (Termine, Konditionen, Zuverlässigkeit etc.) werden ein oder mehrere Lieferanten ausgewählt, bei denen eine vorläufige Bestellung angestoßen wird.

Der weitere Ablauf mit Speditionsanfrage, Speditionsauftragsabwicklung, Kundenangebotserstellung etc. bis hin zur Abschlußbearbeitung verläuft dann wieder identisch wie im Falle des ausreichenden Lagerbestandes.

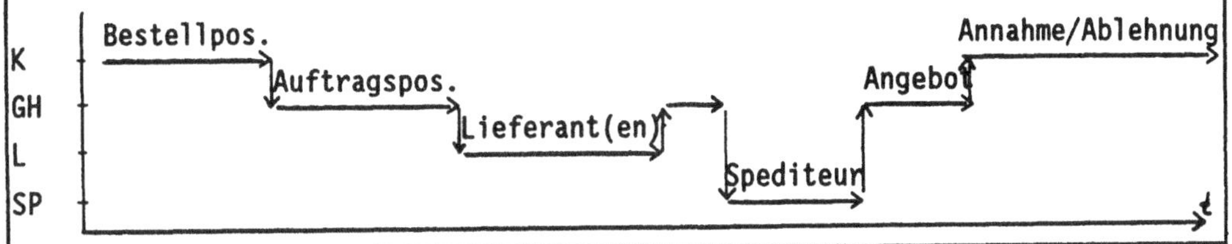

Abb. VII.4.3.3.4:	Schematisierter Ablauf bei nicht ausreichendem Bestand (Fall 3)

4.3.4 Fall 4: Bidirektionale Übertragung bei verzweigter Struktur im bilateralen Geschäftsverkehr

Gegenüber Fall 2, in dem beide Seiten eine zentrale Aufgabenabwicklung besaßen, wird jetzt auf der Seite des betrachteten Unternehmens eine verzweigte (filialisierende) Struktur unterstellt. Eine in einzelne Transaktionen zerlegte Bestellung trifft bei einer Niederlassung ein. Dazu werden folgende Annahmen getroffen:

- Die Niederlassung verfügt über ein eigenes Auftragsabwicklungssystem; ebenso die anderen Niederlassungen.
- Niederlassungen tauschen untereinander Ware aus.
- Bevor Bestellungen beim Lieferanten aufgegeben werden, erfolgen Nachlieferungen aus einer zugehörigen Hauptfiliale (vgl. Konzept der Leitfiliale in I.3.1), sonst aus einem Zentrallager und erst dann durch Umlagerung aus einer anderen Niederlassung.
- Niederlassungen können untereinander kommunizieren.

Sofern die georderte Ware aus dem Lagerbestand der Niederlassung geliefert werden kann, erfolgt eine normale Abwicklung wie im Fall 2. Anderfalls wird versucht, die Restmenge aus der zugehörigen Hauptniederlassung NL_0 (Leitfiliale) zu bedienen. Stellt sich heraus, daß auch dies nicht möglich ist, tritt eine Nachlieferung aus dem Hauptlager (NL_1) und dann aus den übrigen Niederlassungen (NL_i, i=2, ..., N) ein.

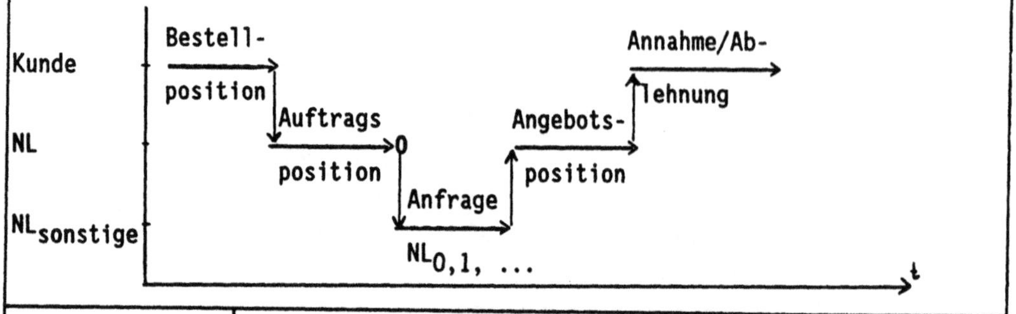

Abb. VII.4.3.4.1: Schematisierter Ablauf (Fall 4)

Vom Ablauf stellt sich dieser Fall sehr ähnlich dar wie Fall 2. Die Anfrage bei den übrigen Niederlassungen setzt eine hohe unternehmensinterne Datenqualität und Planung voraus; so ist neben dem Bestand der jeweiligen Niederlassung auch der für andere Niederlassungen freie Bestand zu vermerken, da ansonsten die Gefahr besteht, daß Ware ziellos umgelagert wird. Termin- und Kostenermittlung spielen bei Abruf von Ware aus anderen Niederlassungen eine erhebliche Rolle.

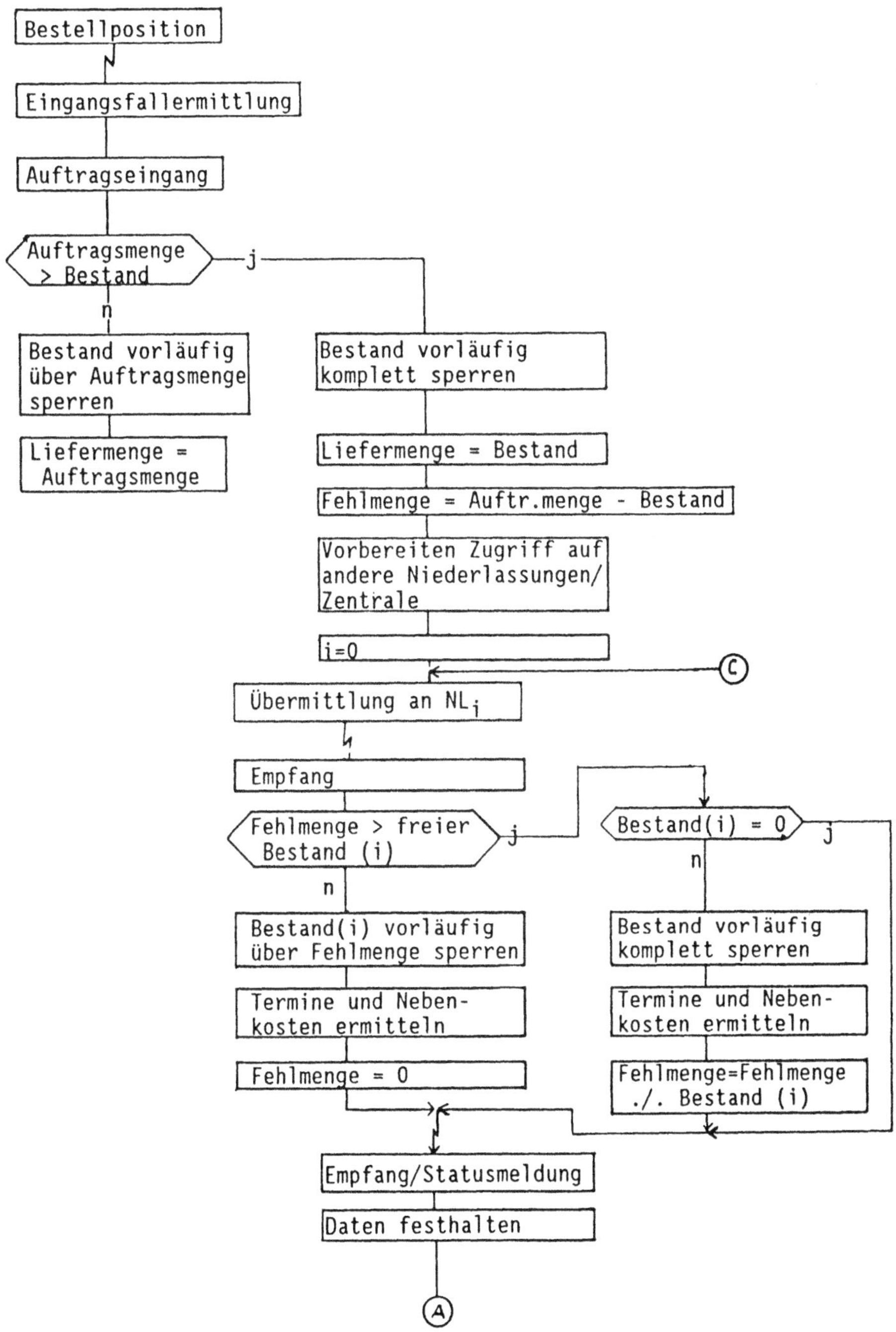

Abb. VII.4.3.4.2:	logischer Ablauf bei bilateraler, bidirektionaler Datenübermittlung mit dezentraler Aufgabenerledigung (Teil 1)

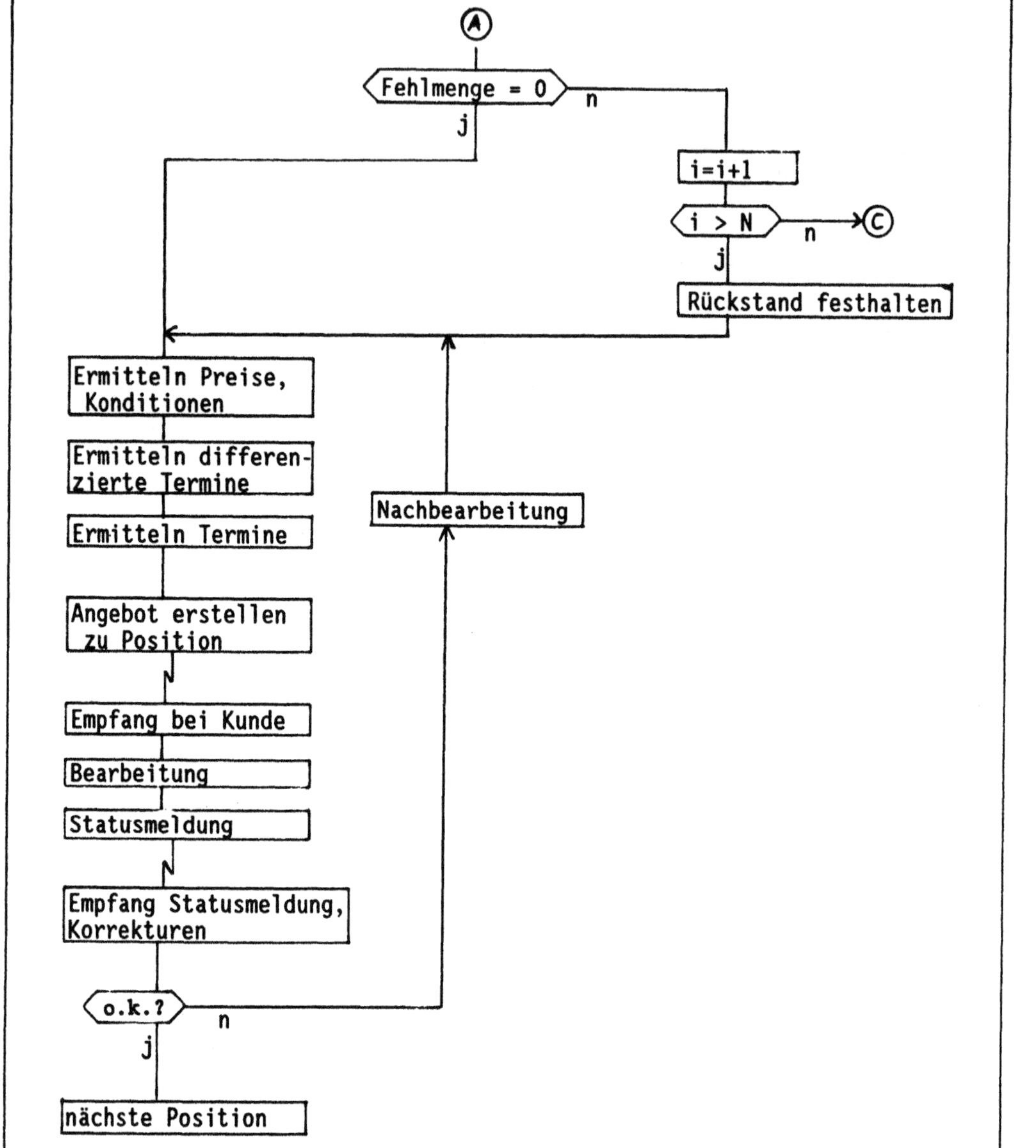

Abb. VII.4.3.4.2:	logischer Ablauf bei bilateraler, bidirektionaler Datenübermittlung mit dezentraler Aufgabenerledigung (Teil 2)

4.3.5 Fall 5: Bidirektionale Übertragung bei verzweigter Struktur im multilateralen Geschäftsverkehr

Fall 5 stellt eine Kombination von Fall 3 und 4 dar und soll hier nicht weiter beschrieben werden. Eine Darstellung der Abläufe enthalten die Abbildungen VII.4.3.5.1 und 2.

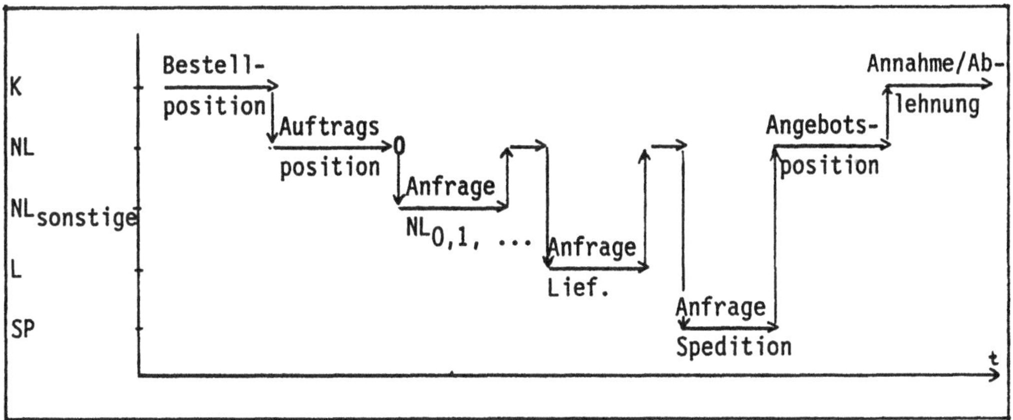

Abb. VII.4.3.5.1:	Schematisierter Ablauf (Fall 5)

5. Eignung unterschiedlicher Nachrichten zur transaktionsorientierten EI (TEI)

Grundsätzlich eignen sich alle wiederkehrenden Tätigkeiten in der Kommunikation eines Unternehmens mit Außenstehenden für einen ähnlich modellhaften Ablauf, wie in Kapitel VII.4. entwickelt. Eine derartig komplexe transaktionsorientierte externe Integration ist nur dort notwendig, wo Informationen schnell benötigt werden und dies aus wirtschaftlichem Interesse oder strategischen Gesichtspunkten (Kundenbefriedigung, Erscheinungsbild, ...) gerechtfertigt ist.

In diesem Zusammenhang kommt allen in der klassischen Auftragsabwicklung anzutreffenden Nachrichten eine hohe Bedeutung zu. Anfrage, Angebot, Auftrag und Auftragsbestätigung sind die zentralen Elemente des externen Informationsaustauschs. Wie in Kapitel VII.4.3.2 ausgeführt, kann bei Transaktionsorientierung die bisher getrennte Bearbeitung dieser vier Vorgänge zeitlich fast zusammenfallen.

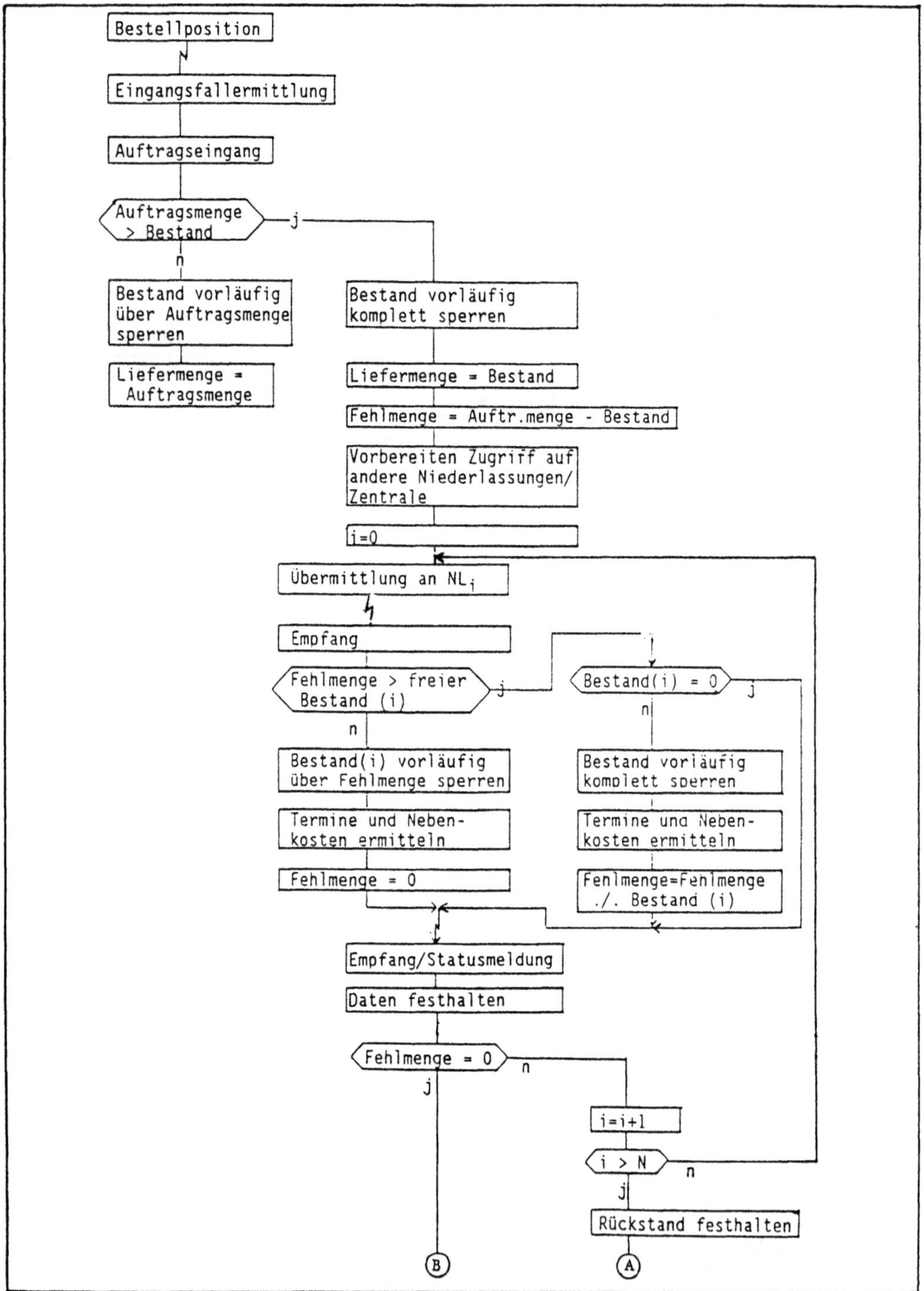

Abb. VII.4.3.5.2:	Logischer Ablauf bei bilateraler, bidirektionaler Datenübermittlung im multilateralen Geschäftsverkehr mit dezentraler Aufgabenerledigung (Teil 1)

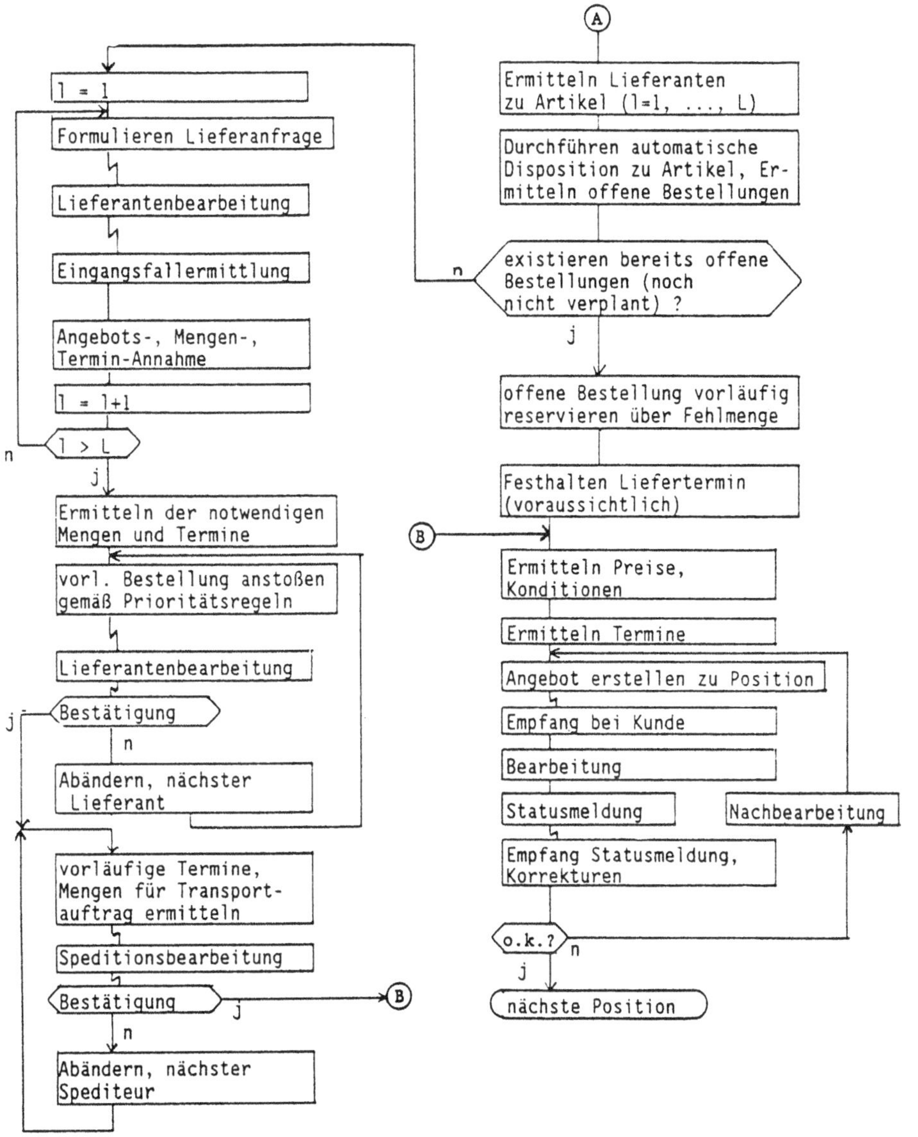

Abb. VII.4.3.5.2:	Logischer Ablauf bei bilateraler, bidirektionaler Datenübermittlung im multilateralen Geschäftsverkehr mit dezentraler Aufgabenerledigung (Teil 2)

Andere traditionell im Mittelpunkt der externen Integration stehenden Nachrichtentypen, wie Lieferscheine, Rechnungen, Stammdatenaustausch etc., eignen sich nur gering für eine derart ausgeprägte transaktionsorientierte EI, da sie durch eine unmittelbare Bearbeitung für das Unternehmen keinen direkt meßbaren Nutzen bringen.

Im Finanzbereich, d.h. in der Kommunikation mit Banken, ist die Auswirkung von schnellen, automatisierten Arbeitsabläufen auf die finanzielle Position von Unternehmen längst erkannt. Wegen des einfacheren Realisierungsansatzes (im Grunde handelt es sich hier bisher noch um Integration durch Lock-in-Terminals) sind hier bereits Lösungen vorhanden, die von Großbetrieben längst intensiv genutzt werden.

Abb. VII.5.1 zeigt eine Bewertung der wichtigsten Nachrichten bzgl. ihrer Eignung für eine TEI.

6. Grenzen eines derartigen Modells

In der Praxis von Handelsunternehmen wird der in Kapitel VII.4. entwickelte Ansatz kurz- und mittelfristig nicht in voller Form für die Routine-Abwicklung eingesetzt werden. Dazu ist der

- hardwaretechnische
- softwaretechnische und
- organisatorische

Aufwand der Koordinierung unterschiedlichster Partner noch zu umfangreich. In Dienstleistungsbereichen - mit allerdings einfacherer Nachrichtenstruktur, etwa für Platz-Reservierungen - sind Ansätze zu solchen Lösungen in der Entwicklung.

Nachricht	Eignung	
Handelsdaten		
Stammdaten	n	vereinzelt hoch, z.B. Angebot
allgemeine Textinformationen	-	
(Liefer-) Anfrage	H	
Angebot	H	
Auftrag	H	
Auftragsbestätigung	H	
Anlieferungs-Anweisung	M	
Anlieferungs-Anweisung-Antwort	M	
Lieferschein-Vorausschau	n	
Lieferschein	n	
Lieferschein-Differenz-Anzeige	n	
Rechnungswesen		
Rechnung	n	
Rechnungs-Differenz-Anzeige	n	
Saldenstand	n	
Gutschrift/Lastschrift	n	
Transport		
Transport-Anfrage	M	
Transport-Auftrag	M	
Anlieferungs-Anweisung	M	
Banken/Finanz		
Zahlungsverkehr	M	
Cash-Management	H	
Sonstige		
öffentliche Statistiken, Abrechnungsdaten	n	H = hohe Eignung M = mittlere n = niedrige

Abb. VII.5.1: Eignung verschiedener Nachrichten zur TEI

VIII. KONSEQUENZEN DER EXTERNEN INTEGRATION

Umfangreiche Erfahrungen mit Projekten der externen Integration liegen noch nicht vor, so daß in etlichen Bereichen die Konsequenzen spekulativ bleiben müssen. In diesem Kapitel werden einige naheliegende Effekte und Probleme der externen Integration angesprochen und diskutiert.

1. Betriebswirtschaftliche Nutzeffekte

1.1 Reduzierung der Bearbeitungsschritte/Änderung der Ablauforganisation

Je nach Integrationsgrad der externen Integration zeigen sich erhebliche Unterschiede in der Aufgabenabwicklung hinsichtlich der Anzahl der Bearbeitungsschritte. Abb. VIII.1.1 zeigt die notwendigen Bearbeitungsschritte beispielhaft anhand einer Bestellung von der Bestellerfassung bis hin zum Eingang der Auftragsbestätigung. Weiterhin enthält die Abbildung die in Kapitel I.5.2 erarbeiteten Integrationsstufen. Es zeigt sich, daß bei verschiedenen Integrationsstufen eine unterschiedliche Anzahl von Arbeitsschritten notwendig ist. So reduziert sich die Anzahl der manuell notwendigen Bearbeitungsschritte im einfachen Fall 1a) (einseitige Integration) von 11 auf 2 bei der hochintegrierten Lösung 3c)-e) (Datenfernübertragung mit festen Vorgaben). Dieses Verhältnis läßt sich noch weiter ausbauen, wenn man die Bestellabwicklung in einer vollständigen innerbetrieblichen Ablaufkette (Stammdatenpflege - Disposition - Einkauf - Rechnungsprüfung - Rechnungsreklamation - Zahlungsanweisung ...) sieht.

Dies zeigt, daß die konsequente Verbindung von unternehmens-interner und -externer Integration einen positiven Effekt mit sich bringt. Allerdings wird dieser nicht gleichmäßig für alle beteiligten Unternehmen eintreten (vgl. Kapitel VIII.1.6 und VIII.2.6). Kurzfristig werden die Unternehmen den größten Nutzen einer unternehmensübergreifenden Integration erzielen, die die Daten erhalten.

In einem Fallbeispiel aus der Automobilbranche zeigt Scheer (Scheer, A.-W.: Betriebsübergreifende Vorgangsketten 1987, S. 62) ein ähnliches Ergebnis aus der Automobilindustrie. Durch den Einsatz einer unternehmensübergreifend organisierten Informationstechnik bei der Bestellung und Auslieferung von Kraftfahrzeugen reduziert sich die Zahl der Bearbeitungsschritte von 50 auf 35.

Eine derartige Vorgangskette wie in Abb. VIII.1.1 macht deutlich, daß die unternehmensinterne Ablauforganisation durch Verfahren der externen Integration beeinflußt wird. Dies betrifft fast alle Unternehmensbereiche, die Daten empfangen. Hier wird nicht mehr die Datenerhebung und Datenerfassung den Schwerpunkt der Aufgaben bilden, sondern die Prüfung und Auswertung der erhaltenen Daten (vgl. ähnliche Effekte der Integration im Rechnungswesen durch Verlagerung der Datenerfassung der Kosten- und Leistungsrechnung auf die vorgelagerten Systeme der Finanzbuchhaltung, des Lagerwesens sowie des Warenein- und -ausgangs, etwa bei Sinzig, W.: Datenbankorientiertes Rechnungswesen 1985, S. 43 ff.; vgl. auch Scheer, A.-W.: EDV-orientierte BWL 1987, S. 108 ff.).

1.2 Zugriff auf Planungs- und Bestandsdaten der Marktpartner

Die enge informationstechnologische Verzahnung der Abläufe macht es unter Umständen sinnvoll, Geschäftspartner direkt auf relevante Unternehmensdaten zugreifen zu lassen (vgl. Kapitel VIII.1.7). Dabei treten folgende Effekte auf:

Die Übermittlung von frühzeitigen Planungsdaten ermöglicht den Geschäftspartnern (gute Datenqualität vorausgesetzt), sich frühzeitiger auf die notwendigen Erfordernisse einzustellen. So können Absatzplanungen für Produkte auf einer Einzelhandelsstufe als Input für den Großhändler oder Hersteller dienen, umgekehrt können die Aktionsplanungen der Hersteller als Information für die Handelsstufen nützlich sein, etwa bei der Lagerraumplanung.

Im Rahmen einer transparenten Logistikkette (vgl. Abbildung IV.3.2.5) ist auf die Vorteile einer verbesserten Transportabstimmung zwischen Versender, Empfänger und Spediteur/Frachtführer eingegangen worden. Der deutlichste Vorteil liegt in einer gleichmäßigeren Auslastung der verfügbaren Kapazitäten an Raum, Personal und Finanzmitteln.

Bearbeitungsschritt	Integrationsgrad 1a)	2	3a)	3b)	3c)-e)
Artikeldisposition					
Bestellwesen					
Erfassen Bestellkopf	-	-	-- 2)	-	-
Erfassen Bestellpositionen	-	-	-- 2)	-	-
Bestelldruck	-	●	●	●	●
Erstellen Magnetbanddatei	*	-	●	●	●
kuvertieren, versenden	-	o 1)	●	●	●
Auftragsannahme					
entgegennehmen	-	o	●	●	●
drucken	*	-	●	-	●
prüfen	-	o	●	-	o
erfassen	-	●	●	-	●
Druck Auftragsbestätigung	-	o 1)	-	●	●
Erstellen Magnetbanddatei	*	-	●	●	●
kuvertieren, versenden	-	o	-	●	●
Bestellüberwachung					
entgegennehmen	-	-	-	●	●
drucken	*	-	●	-	●
prüfen	-	o	●	-	o
erfassen	-	●	-- 2)	-	●

- Bearbeitungsschritt bleibt bestehen
o Bearbeitungsschritt kann teilweise entfallen
● Bearbeitungsschritt kann völlig entfallen

1) Begleitpapiere sind zu erstellen
2) u.U. doppelte Datenführung

*) entfällt wegen manueller Bearbeitung

Abb. VIII.1.1: Bearbeitungsschritte für verschiedene Integrationsstufen bei isolierter Betrachtung des Bestellwesens zwischen Kunde und Lieferant

1.3 Verringerung der administrativen Kosten

Der Einsatz von standardisierten Verfahren der Datenübermittlung reduziert die im traditionellen Belegverkehr anfallenden Datenumsetzungen (Beleg - Beleg, Beleg - DV-Erfassung etc.) und damit die Bearbeitungskosten und die Fehlerquoten. So schätzt die AIAG, daß durch den Einsatz von Verfahren der externen Integration bei der Produktion eines durchschnittlichen PKW's Kosten von 200 US-$ eingespart werden (vgl. Tietz, B.: Informationsgesellschaft 1987, S. 509).

1.4 Beschleunigte Logistik

Die externen Logistik-Vorgänge können durch die in IV.3.2 genannten Verfahren beschleunigt werden und den Bedürfnissen der Unternehmen (gleichmäßige Rampen-, Lager- und Personalkapazitätsauslastung) entgegenkommen. Durch beschleunigte und terminlich sichere Warenzustellung lassen sich die Dispositionsparameter Transportzeiten und Bestände (vgl. dazu nächstes Kapitel 1.5) beeinflussen.

1.5 Geringerer Lagerbestand / geringere Kapitalbindung

Durch schnellere Auftrags-Übermittlung in Verbindung mit einer beschleunigten Warenauslieferung reduzieren sich die Wiederbeschaffungszeiten. Dies ermöglicht - stehen dem nicht wesentlich verschlechterte Wareneinstands-Konditionen oder Transportkosten gegenüber - eine Reduzierung der durchschnittlichen Bestandsmengen bei gleichbleibendem oder verbessertem Liefergrad. Mit sinkendem Lagerbestand reduzieren sich auch die durchschnittlichen Finanzierungskosten und - zumindest mittelfristig - die Raumkosten.

1.6 Verbesserung der Wettbewerbsposition

Zahlreiche Beispiele - insbesondere in der amerikanischen Literatur (vgl. McFarlan, F.W.: Information Technology 1984; Clemons, E.K.; McFarlan, F.W.: Telecom: hook up or lose 1986; Cash, J.I.; Konsinski, B.R.: IS redraws competitive boundaries, 1985, S. 134; Crutchfield, R.J.: Vertical Applications 1986) belegen den Einfluß von unternehmensübergreifenden EDV-Systemen. Beispiele sind:

- ein Großhändler installiert Bildschirme auf seine Kosten bei seinen größten Kunden. Die Kunden können jetzt selbst zu ihnen genehmen Zeiten ihre Bestellungen aufgeben und exakt auf die zugesagte Lieferfähigkeit vertrauen. Mit den getesteten Kunden steigt der Geschäftsverkehr beträchtlich, Konkurrenzunternehmen fallen trotz eigener erheblicher Anstrengungen für längere Zeit im Wettbewerb zurück. Die ursprüngliche Zielsetzung - Einsparung der Datenerfassungskosten und höhere zeitliche Flexibilität für den Kunden - wurde durch den Wettbewerbsvorteil noch weit übertroffen.
- Ein Apothekengroßhändler stellt Datenerfassungsterminals in Apotheken auf. Die Apotheken können Eilaufträge (Belieferung innerhalb von 1-2 Stunden), Normalaufträge etc. über Telefonleitungen absetzen, sie können aber zugleich auch festlegen, daß sie nach erfolgter Datenübertragung noch mit einem Sachbearbeiter verbunden werden wollen. Das System ermöglicht damit zugleich eine Automatisierung wie auch die Aufrechterhaltung von persönlichen Anfragen.
- Eine internationale Bank stellt Finanzmanagern von großen europäischen und amerikanischen Unternehmen Hilfsmittel zur Verfügung (Hard- und Software), mit deren Hilfe sie transkontinentale Überweisungen selbst direkt auf die Konten ihrer Gechäftspartner veranlassen können. Die Bankkunden sind zufrieden über die Schnelligkeit der Überweisung und über die Kontrolle ihrer Aktivitäten. Der große Gewinner ist aber die Bank, der es nicht nur gelingt, ihre Datenerfassungskosten zu senken und die Verantwortung evtl. Erfassungsfehler auf die Kunden zu übertragen, sondern auch gegenüber der Konkurrenz einen Marketing-Vorsprung herauszuarbeiten. Weitere Mitbewerber haben bereits deutlich höhere Einstiegskosten in diesem Markt, bzw. die "Wechselkosten" des Kunden zu einem anderen Anbieter sind erhöht.
- Fluggesellschaften investieren erhebliche Mittel in ihre Flugreservierungssysteme und umwerben Reisebüros mit Nachdruck zur Installation ihrer Systeme (vgl. Odrich, P.: Von "Abacus" bis "Sabre" 1988).

Diese Beispiele zeigen:

- unternehmensübergreifende Informationssysteme (IS) können Markteintrittsschranken errichten
- unternehmensübergreifende IS können Kunden fester an einen Lieferanten oder Hersteller binden

- unternehmensübergreifende IS können selbst ein vermarktbares Produkt darstellen
- die damit verbundene Technologien können den Wettbewerb nachhaltig beeinflussen

McFarlan zeigt (vgl. Abbildung VIII.1.6, McFarlan, F.W.: Information Technology 1984, S. 101) die Bedeutung existierender und zukünftiger DV-Unternehmenskonzepte für verschiedene Unternehmenstypen anhand einer Portfolio-Darstellung auf.

		Strategische Bedeutung des Anwendungs-Entwicklungs-Portfolio niedrig	 hoch
Strategische Bedeutung des bestehenden operativen Systems	niedrig	Großchemie 0 Serienfertiger 0	0 Versicherungsagentur 0 mittlerer EH-Filialist 0 Großbank 1980
	hoch	Flug-gesellschaft 0 Distributor 0	0 großer Versicherer Großbank 1982 0

Abb. VIII.1.6: Positionierung von Informationsverarbeitungssystemen in verschiedenen Unternehmen

Durch die engen Kommunikationsbeziehungen mit Geschäftspartnern hat sich die Bedeutung der Informationssysteme für die meisten Unternehmen erhöht.

1.7 Übergang vom reinen Wettbewerbsgedanken zum Kooperationsgedanken

Im Unterschied zur vorgenannten Nutzung der EI als Wettbewerbsinstrument (Marketinginstrument) muß eine gegensätzliche Entwicklung gesehen werden. Insbesondere große Unternehmen im Automobilbereich (z.T. auch allgemein im Fertigungsbereich) reduzieren die Anzahl ihrer Lieferanten drastisch. Dabei steht weniger die unmittelbare Kostengünstigkeit eines Lieferanten bei Erfüllung bestimmter Mindestqualitäten im Vordergrund, sondern die Sicherstellung einer reibungslosen Zusammenarbeit (Reaktionsgeschwindigkeit, Belieferungsflexibilität ...). Die organisatorische Reduzierung des Verwaltungsaufwandes gewinnt eine dominante Stellung.

Hier dient die externe Integration nicht dazu, einen größeren Marktüberblick hinsichtlich Konditionen, Lieferfähigkeit etc. zu erhalten, sondern ausschließlich der Vereinfachung von Abläufen. Je weniger Teilnehmer, desto einfacher und sicherer und voraussichtlich effizienter ist die Abwicklung. Unternehmen, die hier frühzeitig bereit und in der Lage sind, die externe Integration einzusetzen, besitzen einen langfristigen Vorteil. Der ODETTE-Ansatz des englischen Automobilverbands SMMT war in der ursprünglichen Konzeption darauf angelegt, die Zusammenarbeit zwischen Herstellern und Lieferanten zu koordinieren, um der "japanischen Gefahr" entgegenzutreten.

Auch im Handel werden neue Lieferkonzepte diskutiert. Statt vieler Lieferanten, die kleine Kommissionen einzeln zu den jeweiligen Abnehmern (Betriebsstätten) fahren, ist es ökonomischer, dasselbe Distributionspensum durch weniger, aber besser ausgelastete Fahrzeuge erledigen zu lassen. Gerade im Einzelhandel, wo viele Märkte ihre Regalpflege vom Lieferanten vornehmen lassen, ist es für den jeweiligen Betrieb weniger störend, wenn nur ein Lieferant eine Warengruppe anliefert. Die coop-AG will deshalb in Zukunft das Einordnen bestimmter Sortimente von wenigen "neutralen" Lieferanten bewerkstelligen lassen. Dieser muß wiederum von den bisherigen Herstellern oder Zulieferern versorgt werden, wollen diese weiterhin Geschäftspartner bleiben (vgl. o.V.: Die neuen Lieferkonzepte 1987, S. 56).

Die Auswirkungen sind (vgl. o.V.: Die neuen Lieferkonzepte, 1987, S. 56):
- Ein eigener Fuhrpark und ein eigenes Lagers können eingespart werden
- Dispositionsergebnisse können direkt auf den "neutralen" Lieferanten abgestimmt werden.

Mit der Bestimmung eines neutralen Lieferanten übernimmt dieser die Funktion bzw. die Tätigkeiten eines traditionellen Großhändlers.

Umgekehrt legen Hersteller und Großhändler ihre Aktivitäten auch zusammen, um gemeinsam eine bessere und kostengünstigere Marktpräsenz zu erreichen.

Außerdem ist es vorstellbar, daß die Geschäftspartner Aufgaben, die - unabhängig von DV-Systemen - bei beiden anfallen, wie z.B. Warenprüfung bei Warenausgang und bei Wareneingang, Überprüfung der Rechnungsstellung etc., nur an einer Stelle vornehmen. Der andere Partner beschränkt sich dabei auf Stichproben. Dieses Prinzip, von der Qualitätssicherung in der Industrie her bekannt, könnte sich auch im Handel etablieren.

1.8 Ausschaltung von Zwischenstufen

Moderne Verfahren der Informationsübermittlung, wie die hier diskutierten Systeme der EI, erlauben es vergleichsweise einfach, in unmittelbaren Kontakt zu dem eigentlichen Hersteller zu treten. Besitzt eine zwischengeschaltete Handelsstufe nicht sonstige unverzichtbare Vorteile für nachgelagerte Stufen, ist eine Tendenz zur Ausschaltung vorgegeben, wenn die Kosten des Wareneinstands, des Transports und des Handlings vom Hersteller zum Endverkäufer geringer sind als die Kosten der Einschaltung einer Zwischenhandelsstufe.

Herstellende Unternehmen stehen dann vor folgenden Problemen: zum einen nimmt die Zahl der abzuwicklenden Aufträge (bei c.p. gleichem Volumen) zu, die Anforderungen nach kurzfristiger Lieferfähigkeit steigen bei zugleich nicht mehr vorhandenen dispositiven Zwischenlägern der Großhändler. Um den damit verbundenen Zwang zur erheblich gesteigerten eigenen Lagerhaltung zu verringern, kann der Hersteller mittelfristig nur versuchen, seine Produktion flexibler zu gestalten (vgl. JIT- und CIM-Ansätze).

1.9 Verlagerung von Schwerpunkten in der Aufgabenabwicklung

Anhand der in Kapitel II und IV.1. vorgenommenen Aufgabenteilung innerhalb eines Warenwirtschaftssystems zeigt sich, daß heute in den nach außen gerichteten Funktionen Bestellwesen, Wareneingang, Rechnungsprüfung, Auftragsbearbeitung und Verkauf eine hohe Bearbeitungsintensität durch Mitarbeiter vorherrscht (vgl. Abb. VIII.1.9a). Diese kann zwar durch gezielte Maßnahmen der internen Informationssysteme reduziert werden, jedoch bei weitem nicht in dem Maße, wie dies durch den Einsatz von extern integrierten Informationssystemen erfolgen kann. Die gestrichelte Linie in Abb. VIII.1.9a zeigt die Reduzierung der Bearbeitungsintensität nach Einführung von intern integrierten Systemen an. Abb. VIII.1.9b zeigt die Auswirkungen eines extern integrierten Systems auf die einzelnen Funktionalbereiche.

Die unterschiedliche Gewichtung und Bedeutung der einzelnen Funktionen ergibt sich wie folgt:

Die Bedeutung der Stammdatenpflege wird durch EI-Verfahren drastisch ansteigen, da hier sämtliche Konditions-Aktivitäten zwischen Unternehmen und Geschäftspartnern exakt abgestimmt werden müssen. Dazu genügt es nicht, die Pflege der Konditionen - wie bisher - manuell vorzunehmen. Es ist vielmehr sicherzustellen, daß die Berechnungsmethoden der Geschäftspartner exakt übereinstimmen, um einen bearbeitungs-intensiven Abgleich in den nachfolgenden Funktionen des WWS zu vermeiden. Stellen die Geschäftspartner im Rahmen der EI Stammdaten zur Verfügung, reduziert sich der eigene Erfassungsaufwand deutlich, die Kontrollaktivitäten werden dies z.T. kompensieren. Das betrachtete Unternehmen wird im Rahmen der EI selbst wieder anderen Unternehmen Stammdaten zur Verfügung stellen. Umgekehrt zur Bedeutung dieses Funktionalbereichs wird der Personalbedarf voraussichtlich insgesamt zurückgehen.

Die Disposition behält nach wie vor eine hohe Bedeutung, wird jedoch durch die Einführung von geschlossenen Warenwirtschaftssystemen deutlich erleichtert (vgl. gestrichelte Linie in Abb. VIII.1.1a). Durch Verfahren der EI ist hier nur eine geringe Verbesserung erzielbar, etwa durch automatisierte Angebotseinholung.

Im Bestellwesen können die Daten der Disposition zusammen mit den gespeicherten Daten der Stammdatenpflege zur exakten Lieferantenauswahl genutzt werden. Bei erklärungsbedürftigen Artikeln können hier auch Expertensysteme zur rascheren Entscheidungsunterstützung der Einkäufer eingesetzt werden. Im Zusammenwirken zwischen exakten Dispositionsgrundlagen, Zugriff der Einkaufsabteilung auf externe Daten der Lieferanten und automatisierter Abwicklung des Belegwesens kann im Einkauf erheblicher Aufwand entfallen. Gerade das Bestellwesen bietet sich als Einsatzgebiet von Verfahren der künstlichen Intelligenz an (vgl. etwa Krallmann, H.: EES 1986). Sowohl die Lieferantenauswahl, die Bestellschreibung und die Bestellüberwachung verlieren durch EI-Verfahren einen erheblichen Teil ihrer administrativen Bedeutung.

Nach wie vor unvermeidlich bleibt im Wareneingang die qualitative und quantitative Prüfung der angelieferten Waren, es sei denn im Rahmen kooperativer Konzepte verzichtet der Empfänger auf einen Teil der Kontrollen.
Durch die bei Einsatz der EI bereits frühzeitig bekannten Lieferdaten und die damit verbesserte Planungssituation tritt in diesem Bereich eine erhebliche Entlastung ein.

Ein noch größeres Einsparungspotential stellt die Rechnungsprüfung dar. Hier sind sämtliche Informationen der Bestellung, des Lieferscheins, der Ladedaten des Spediteurs, der Lieferantenrechnung, der Warenannahme, der Stammdatenpflege etc. gegeben. Diese Daten können durch ein Informationssystem beurteilt werden und bei Abweichungen selbst Aktivitäten generieren. Die klassische Rechnungsprüfung kann damit u.U. entfallen. Hauptursache dafür sind die, in den vorgelagerten Funktionsbereichen permanent vorgenommenen, Prüfungen und Rückmeldungen (z.B. erhöhte Prüfaktivität in der Stammdatenpflege, Lieferschein-Differenz-Anzeige, Bestellüberwachung).

Auch im Verkauf können ähnliche Rationalisierungspotentiale wie im Einkauf erzielt werden, wenn es gelingt, die Kunden für neue Systeme zu gewinnen. Andererseits besteht hier die Gefahr des Verlustes von klassischen Steuerungsmöglichkeiten durch Außendienstmitarbeiter (traditionelle Marketinginstrumente greifen nicht mehr), so daß Unternehmen in diesem Bereich sehr vorsichtig agieren, solange keine Klarheit herrscht, welche Wirkungen von EI-Systemen zu erwarten sind. Der Bereich Verkauf muß somit zweigeteilt gesehen werden. Im Bereich des traditionellen Außendienstes werden nicht unmittelbar Auswirkungen eintreten (und wenn dann nur sehr vorsichtig), wohingegen im Innendienst (Auftragsbearbeitung) erhebliches Einsparungspotential liegt.

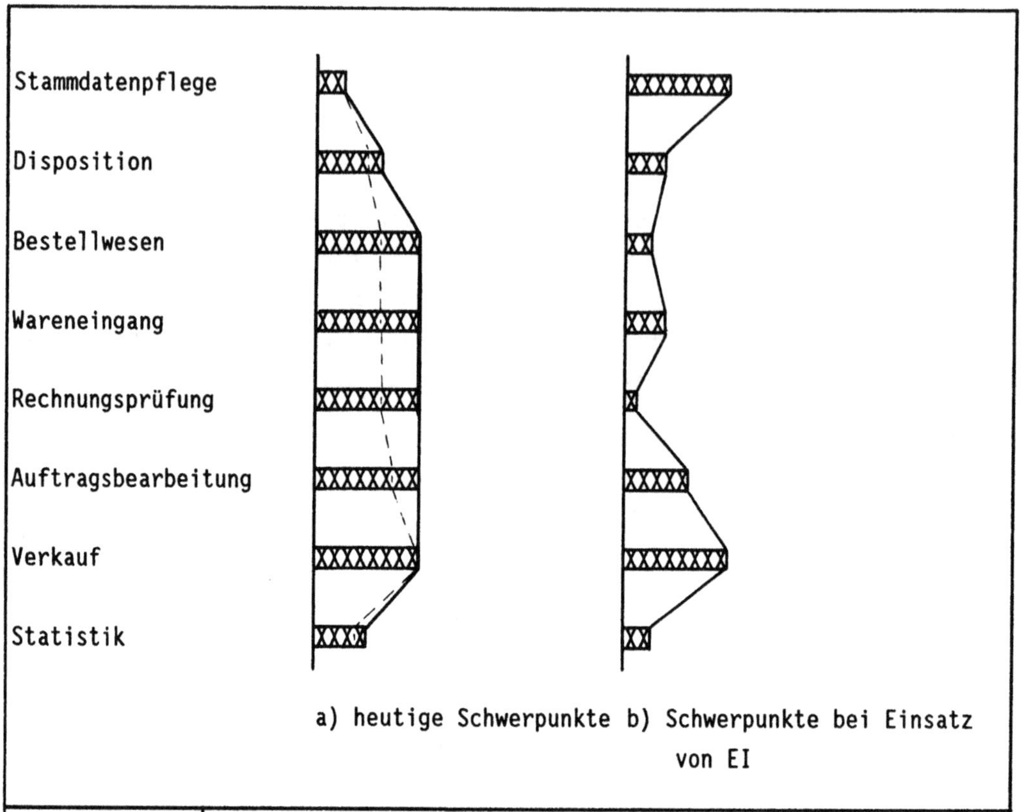

Abb. VIII.1.9: Schwerpunkt-Verlagerung aus traditionell abwicklungsorientierten Bereichen zur Stammdatenpflege bei extern integrierten Warenwirtschaftssystemen

2. Problembereiche externer Integration

2.1 Datenschutz und Datensicherheit

Datenschutzprobleme treten dort auf, wo durch EI-Verfahren natürliche Personen betroffen sind. Vor allem im Zahlungsverkehr (Einführung von Banking-POS-Systemen im Einzelhandel) werden personenbezogene und damit datenschutzrelevante Daten erfaßt, gespeichert und übertragen. Sie werden in Dateien der identifizierenden Stellen, z.B. in den bereits erwähnten Clearing-Centralen verwaltet. Die neuen Telekommunikationssysteme begünstigen zunehmend die Mobilität dieser Daten.

Das derzeitige Datenschutzrecht geht jedoch von definierbaren und relativ dauerhaften Dateien aus, die bei den jeweils hierzu autorisierten Stellen gespeichert sind (vgl. Kubicek, H.; Günter, W.: Telekommunikation 1986, S. 1). Es stellt heutzutage aber kein technisches Problem mehr dar, Zahlungsverkehrsdateien in Länder mit weniger strengen Datenschutzbestimmungen zu transferieren und damit das deutsche Datenschutzrecht zu umgehen, so daß bei einem eventuellen Datenmißbrauch, etwa durch eine Datenverfälschung, keinerlei Möglichkeit zu einer Strafverfolgung bestünde.

Im Bereich der Integration zwischen Unternehmen spielt dies eine geringere Rolle. Hier dominiert die Frage der rechtlichen Verbindlichkeit der mit technischen Hilfsmitteln übertragenen Daten und ihre rechtliche Verbindlichkeit im Geschäftsverkehr.
Mit der Ausweitung der Nutzung von neuen Telekommunikationstechniken und -systemen müssen somit auch neue gesetzliche Regelungen geschaffen werden. Hieraus würde sich jedoch unter Umständen eine kontraproduktive Wirkung auf die gerade anlaufende Entwicklung ergeben. Die Flexibilität, die durch den raschen Zugriff auf benötigte Daten - unabhängig von dem Ort ihrer Herkunft und Speicherung - und deren weiterer Verarbeitung gewonnen werden kann, könnte verloren gehen. Rechtliche Regelungen erfordern zumeist einen höheren Speicher- und Übertragungsaufwand zugunsten größerer rechtlicher Sicherheit. So müssen z.B. bei der Abwicklung buchungsrelevanter Geschäftsvorfälle strenge Vorschriften bezüglich der Transparenz und der Nachvollziehbarkeit eingehalten werden, z.B. die Mehrfachspeicherung von Daten (vgl.: Wagner, G.: Einheitsrechnung 1982, S. 13).

2.2 Telekommunikations-Infrastruktur

Nach einer empirischen Untersuchung ist die Hälfte der Unternehmen, die Btx eingeführt haben, enttäuscht über dessen geringen Wirkungsgrad (vgl.: o.V. Der Volks- und Betriebswirt, 2(1987), S. 20). Zudem konnten die derzeit von der Bundespost angebotenen Netzleistungen teilweise nicht zufriedenstellen. So haben 1987 die Probleme der Post-Knoten-Rechner im Datex-P-Netz für erhebliche Unruhe seitens der betroffenen Teilnehmer gesorgt. Dies hat negative Konsequenzen für die Unternehmen bzgl. der Bereitschaft, solche Dienste zu nutzen.

2.3 Die Software-Problematik

Bei der Entwicklung von Software-Programmen für die externe Integration besteht derzeit ein erheblicher Nachholbedarf. Fertige Lösungen in Form von Standard-Anwendungssoftware können nur in einigen Teilbereichen bezogen werden. Standard-Software-Produkte für die Konvertierung (und De-Konvertierung) von Daten in unterschiedliche Formate sind derzeit in geringem Umfang erhältlich. Solange solche Systeme nicht erhältlich sind, schrecken zahlreiche Unternehmen vor dem Aufwand der Erstellung von EI-Software zurück. Der Umfang der Planung und die Komplexität der Realisierung entsprechender Systeme ergibt sich aus Kapitel V.

Solange keine eindeutigen Aussagen über Ziele und Methoden beim Einsatz von übergreifenden Informations- und Kommunikationssystemen gemacht werden können (vgl. hierzu auch: Heinrich, L.J.; Sterrer, G.: Ziele von Informationssystemen 1987, S. 48-53), stößt die Entwicklung von allgemeingültigen Systemen rasch an Grenzen. Trotz der noch neuen Standardisierungsansätze auf der Basis von EDIFACT ist erkennbar, daß die Ausgestaltung realer, in der Praxis angewandter Nachrichtentypen nicht ohne Probleme verläuft. Ein Beispiel hierfür sind die Unterschiede der Rechnungs- und Auftrags-Nachricht unterschiedlicher Gremien (vgl. Anhang 2).

Dieses Software-Dilemma, in Verbindung mit der Vielzahl der möglichen Kommunikationspartner, läßt derzeit die von Clearing-Centers angebotenen Lösungen als Ausweg erscheinen. So bietet z.B. General Electric Information Services (GEISCO) eine in Verbindung mit dem Software-Haus ACTIS entwickelte Lösung zum Datenaustausch ("Discus" = Data Interchange System for Communication Universal Support; vgl. o.V.: Discus 1988, S. 16; vgl. Meyer, B.E.: Überbetriebliche Integration 1988, S. 136) an. Der Vorteil besteht darin, daß zahlreiche - technisch ganz unterschiedliche - Einstiegspunkte vorhanden sind, etwa Datex-P, Telefon u.a., verschiedenste Hardware- und Netzprotokolle umgesetzt werden können, ohne daß der Anwender sich darum kümmern muß. Die Clearing-Stelle ist darüberhinaus einziger unmittelbarer Adressat der externen Kommunikation.

2.4 Datenaustausch und Normen

Ein weiterer Problembereich von EI-Systemen liegt darin, daß sich aufgrund von solch umfassenden Normierungsvorhaben, wie sie das OSI-Projekt auf seinen unterschiedlichen Stufen darstellt, zeitraubende Entwicklungs- und Abstimmungsprozesse in den zahlreichen Gremien ergeben (vgl. Kapitel VI.2., vgl. auch Vogel, B.: OSI 1985, S. 66). Dies führt dazu, daß Individuallösungen als später nicht integrierbare Insellösungen entstehen.

Es zeigte sich bei bereits vorliegenden Normen, daß diese auf den einzelnen Schichten des Modells durchaus inkompatibel sein können (vgl. Vogel, ebda.). Ähnliche oder noch umfassendere Probleme sind bei einem sehr umfangreichen Normungssystem wie EDIFACT zu erwarten. Zwar wurden dort die einmal erarbeiteten Syntaxregeln für die Gestaltung von Nachrichtentypen für einen gewissen Zeitraum festgeschrieben. Hier sind kaum Probleme zu erwarten. Die Ausgestaltung realer Nachrichtentypen scheint dagegen eine Vielzahl paralleler - und damit zumindest partiell inkompatibler - Systeme hervorzubringen (vgl. dazu die Unterschiede der Rechnungs- und Bestellnachrichten in Anhang 2).

Bedingt durch die permanente Weiterentwicklung der Wirtschaftssituation (Aufnahme neuer und Änderung bestehender Datenelemente, Datensegmente ...) können Anpassungen der zwischen Geschäftspartnern festgelegten Standards erforderlich werden. Die Frage, wie solche Weiterentwicklungen (Versionsverwaltung) im laufenden Betrieb zwischen Geschäftspartnern vorgenommen werden können, und wie bei ungleichen Versionsständen der Norm zu verfahren ist, ist noch nicht gelöst. Das bedeutet, daß neben einer Konzeption für die Umsetzung des Standards in Software-Systeme, auch eine Konzeption des Versionswechsels zu entwickeln ist (parallele Strategien, Stichtagsumstellungen ...).

Insbesondere für Großunternehmen stellt sich das Problem der parallel existierenden Normen und ihrer Behandlung (z.B. ein Glashersteller als Lieferant der Automobilindustrie nach VDA und ODETTE, als Lieferant des Handels nach SEDAS, mit der chemischen Industrie gemäß CEFIC ...).

2.5 Rationalisierung auf Kosten anderer

Ein weiterer Problembereich besteht in der Ambivalenz unternehmensübergreifender Normen, die einerseits die Integration zwischen Unternehmen voranbringen, andererseits für eine Rationalisierung auf Kosten anderer mißbraucht werden können.

So forderte ein großes Warenhausunternehmen (Kaufhof AG) ihre Textillieferanten 1983 ultimativ auf, Warenlieferungen künftig auf eigene Kosten mit dem EAN-Code auszuzeichnen, anderenfalls würden sie bei Dispositions- und Bestellentscheidungen nicht mehr in Betracht gezogen (vgl.: o.V.: Die reine Lehre des EAN 1984).

Obwohl der Nutzen der Auszeichnung eindeutig auf Seiten des Warenhausunternehmens lag, konnte es aufgrund seiner Marktmacht die entstehenden Kosten voll auf die Lieferanten abwälzen; zudem war zum damaligen Zeitpunkt die Eignung des EAN-Codes für die Textilindustrie umstritten, da eine Integration von Farben und Konfektionsgrößen in den EAN-Code nur unter Schwierigkeiten möglich war. Die Kaufhof AG erzwang damit eine Schlechterstellung ihrer Lieferanten.

2.6 Aufgabe der persönlichen Betreuung von Kunden

Im Handel wird diesem Punkt - zumindest in der Literatur - noch nicht der Stellenwert gewidmet wie im Kreditgewerbe. Dort wird die Automatisierung in Teilbereichen kräftig vorangetrieben; dabei wird ständig kritisch beobachtet, ob der Kunde die neuen Techniken und deren Möglichkeiten überhaupt annimmt und benutzt.

3. Ausblick

Die Ausführungen zeigen, daß erhebliche Potentiale durch den Einsatz von unternehmensübergreifenden integrierten Abläufen zum Tragen kommen.

Durch die permanente technologische Innovation werden ständig neue Anwendungen im Bereich der externen Integration ermöglicht. Welche Auswirkungen die EI auf die Unternehmensformen haben wird, kann nicht allgemeingültig beantwortet werden. Tendenziell wird sich die Kommunikationszeit reduzieren, was dazu führt, daß die internen Verfahren deutlich verbessert werden müssen, um die jetzt schneller notwendigen Entscheidungen effektiv zu unterstützen.

Das zunehmende Interesse für Verfahren des elektronischen Datenaustauschs läßt erwarten, daß hier eine wesentliche Triebkraft für neue informationstechnologische Innovationen in der betrieblichen Praxis liegt.

LITERATURVERZEICHNIS

ACTIS (Hrsg.): Seminar "Just-in-time mit DFÜ", Entwicklung und Stand der Datenfernübertragung in der Automobilindustrie, 29./30. September 1986.

ALEWELL, K.: Filialen, in: Seischab, H.; Schwantag, K. (Hrsg.): Handwörterbuch der Betriebswirtschaftslehre, 3. Aufl., Stuttgart 1956, Sp. 1778-1784.

ANTZ, H.: Transport-Disposition mit Bildschirmtext, IBM-Nachrichten, 36/1986, Heft 286, S. 39-42.

AOK - Allgemeine Ortskrankenkasse (Hrsg.): Automatisiertes Meldeverfahren - Ein Ratgeber für die Praxis der Betriebe und der AOK, Bonn 1985.

ARNTZ, K.: Cash-Management, IBM-Nachrichten, 33/1983, Heft 266, S. 39-44.

ASCHE, W.: Datenbanken wenig zugriffsfreundlich, VDI-Nachrichten, 35/1986, S. 2.

AWV - Ausschuß für wirtschaftliche Verwaltung in Wirtschaft und öffentlicher Hand. e.V. (Hrsg.): Automatisierter Datenaustausch nach einheitlichen Regeln, Teil 1, Einführung und Anwendung, AWV-Schrift Nr.261, Eschborn 1981.

AWV - Arbeitsgemeinschaft für wirtschaftliche Verwaltung e.V. (Hrsg.): Automatisierter Datenaustausch nach einheitlichen Regeln, Teil 2: Handbuch für den beleglosen Handelsdatenaustausch, AWV-Schrift Nr. 402, Eschborn 1986.

AWV - Arbeitsgemeinschaft für wirtschaftliche Verwaltung e.V. (Hrsg.): Dokumenten-Verzeichnis des Außenhandels - Beschreibungen und ECE-Codierungen, Eschborn 1985.

BANGEMANN, M.: Vorwort zu: AWV - Arbeitsgemeinschaft für wirtschaftliche Verwaltung e.V. (Hrsg.): Automatisierter Datenaustausch nach einheitlichen Regeln, Teil 2: Handbuch für den beleglosen Handelsdatenaustausch, AWV-Schrift Nr. 402, Eschborn 1986, o.S.

BALZERT, H.: Die Entwicklung von Software-Systemen, Mannheim u.a. 1982.

BARTH, K.: Organisation der Handelsbetriebe, in: HdO, hrsg. von E. Grochla, 2. Aufl., Stuttgart 1980, Sp. 813-822.

BARTH, K.: Systematische Unternehmensführung in den Groß- und Mittelbetrieben des Einzelhandels, Schriften zur Handelsforschung, Nr. 52, Göttingen 1976.

BERTELSMANN DATENBANKDIENSTE (Hrsg.): Datenbanken, München 1985.

BERTHOLD, H.J.: Aktionsdatenbanken in einem kommunikationsorientierten EDV-System, Informatik-Spektrum, 6(1983), S. 20-26.

BESTMANN, U. (Hrsg.): Kompendium der Betriebswirtschaftslehre, 3. Aufl., München 1982.

BMF - Bundesministerium der Finanzen (Hrsg.): Datenverarbeitung in der Zollverwaltung, Bonn 1987.

BMF - Bundesministerium der Finanzen (Hrsg.): ALFA - Automatisiertes Luftfrachtabwicklungsverfahren, o.O., o.J.

BMFT - Bundesministerium für Forschung und Technologie (Hrsg.): Fachinformationsprogramm 1985-88 der Bundesregierung, Bonn 1985.

BÖCKER, F.: Größenbedingte Vor- und Nachteile mittelständischer Einzelhandelsunternehmen in der Informationswirtschaft, in: B. Treis (Hrsg.): Der mittelständische Einzelhandel im Wettbewerb, Größenbedingte Vor- und Nachteile, München 1981, S. 187-210.

BRAUN, G.: Cash-Management für Firmenkunden, bank und markt 5/1987, S. 5-7.

BRINKMANN, W.: Die Verbraucherorganisationen in der Bundesrepublik Deutschland und ihre Tätigkeit bei der überbetrieblichen Normung, Diss., Münster 1976.

BUCHHOLZ, E.: SDS: Coorganisierte Bestellungen - Bestelldatenaustausch mit Lieferanten, Coorganisation 4/1985, S. 26-30.

BUNDESPOST (Hrsg.): Datexdienst mit Paketvermittlung, Datex-P, Informationsblatt, o.O., o.J.

BUNDESVERBAND DEUTSCHER BANKEN: Datenfernübertragung von Zahlungsverkehrsdaten vom Kunden-PC zum Bankrechner, Mitteilung Nr. 78/1986, Köln 8.12.1986.

BUNDESVERBAND DEUTSCHER BANKEN (Hrsg.): Bedingungen für die Beteiligug von Kunden am automatisierten Zahlungsverkehr durch beleglosen Datenträgeraustausch, Magnetband-Clearing-Verfahren und Disketten-Clearing-Verfahren, Datenträgeraustausch zwischen Kunde und Bank, 2 Bände, Köln 1985.

CARLSSON, E.D. (Hrsg.): Databases for Business and Office Applications, New York 1983.

CASH, J.I.; KONSYNSKI, B.R.: IS redraws competitive boundaries, Harvard Business Review, 2/1985, S. 134-140.

CCG - Centrale für Coorganisation (Hrsg.): SEDAS - Standardregelungen für den Rechnungsverkehr, 2. Aufl., Köln 1986.

CCG - Centrale für Coorganisation (Hrsg.): Standardregelungen zur Abrechnungstechnik im Streckengeschäft und zum Bestellverfahren im Überweisungsgeschäft, Köln 1980.

CERI, S.; PELEGATTI, G.: Distributed Databases - Principles and Systems, McGraw-Hill, New York 1984.

CHEN, P.P: Entity-Relationship: A historical Perspective and future Directions, in: DAVIS, C.G.; JAJODIA, S.; NG, P.A.-B.; YEH, R.T. (Hrsg.): Entity-Relationship Approach to Information Modeling and Analysis, Proceedings, Amsterdam (North-Holland) 1983, S. 71 ff.

CLEMONS, E.K.; McFARLAN, F.W.: Telecom: hook up or lose out, Harvard Business Review, 4/1986, S. 91-97.

CRUTCHFIELD, R.J.: Vertical Applications: The high and the mighty, Datamation, 6/1986, S. 36-44.

DAMBMANN, W.: Überlegungen zu POS-Systemen, Bank und Markt, 5/1985, S. 5-10.

DAVIS, C.G.; JAJODIA, S.; NG, P.A.-B.; YEH, R.T. (Hrsg.): Entity-Relationship Approach to Information Modeling and Analysis, Proceedings, Amsterdam (North-Holland) 1983.

DEUTSCHE BANK (Hrsg.): db-data, Informationsblatt, Frankfurt 1987.

DECKER, A.: Auf dem Weg zum Arbeitsamt 2000, arbeit und beruf, 8/1986, S. 233-237.

DEUTSCHE BUNDESPOST (Hrsg.): Datexdienst mit Paketvermittlung, Datex-P, Informationsblatt, o.O.u.J.

DICHTL, E.; GERKE, W.; KIESER, A. (Hrsg.): Innovation und Wettbewerbsfähigkeit, Wiesbaden 1987, S. 227-246.

DICHTL, E.; ISSING, O. (Hrsg.): Vahlens großes Wirtschaftslexikon, Band 1 und 2, München 1987.

DIN - DEUTSCHES INSTITUT FÜR NORMUNG, Normenausschuß Bürowesen NBü 11.2 (Hrsg.): Specification for UN ECE Standard Electronic Commercial Invoice Message, Version No. 3, NBü-Mitteilung 05-88.

DIRUF, G. (Hrsg.): Logistische Informatik für Güterverkehrsbetriebe und Verlader: computergestützte Systeme zur Planung und Kontrolle verkehrsbetrieblicher Transport-, Umschlags- und Lagerleistungen, Anwendertagung Univ. Bamberg 7.-8. März 1985, Berlin - Heidelberg - New York - Tokyo 1985.

DOMSCH, M.: Systemgestützte Personalarbeit, Wiesbaden 1980.

DRESSLER, P.; RENNERT, H.: Automatische Disposition, hrsg. von der RGH, Rationalisierungsgesellschaft des Handels e.V., Köln 1975.

EDIFICE (Hrsg.): Memorandum of Understanding, o.O., 17.11.1986.

EINHOFF, U.: Datenpaketvermittlung und Bildschirmtext, Die Bank, 1/1979, S. 37-41.

EISELE, R.: AIDA soll die Telekonten noch sicherer machen, BTX-Praxis, 7/1984, S. 13-15.

END, W.; GOTTHARDT, H.; WINKELMANN, R.: Softwareentwicklung, 6. Aufl., Berlin - München 1987.

EUROPEAN COOPERATION IN THE FIELD OF SCIENTIFIC AND TECHNICAL RESEARCH (Hrsg.): Automated Transfer of Transport Information, COST 306 Demonstration Manual, Version 3A, o.O., August 1986.

FALK, B.; JAKOB, W.: Handelsbetriebslehre, 7. Aufl., Landsberg 1986.

The FINNISH FOREIGN TRADE ASSOCIATION (Hrsg.): Automatic Transfer of Transport Information, COST 306, Helsinki August 1986.

FRENZEL, U.: Dezentralisierung schafft Reizklima für DV, Computerwoche 3. April 1987, S. 24.

FRENZEL, U.; SCHUBERT, I.: Vom Büroboten zum Inhouse-Netz - erste Erfahrungen mit der neuen Informationstechnologie in den USA und der Bundesrepublik Deutschland, RKW Schriftenreihe "Mensch und Technik", Band 973, Eschborn 1986.

GEWALD, K; HAAKE, G.; PFADLER, W.: Software-Engineering - Grundlagen und Technik rationeller Programmentwicklung, 4. Aufl., München - Wien 1985.

GLAUM, M.: Internationale Cash-Management-Systeme von Banken, Bank und Markt, 1/1987, S. 14-19.

GLI - Gesellschaft für Logistik und Informationssysteme (Hrsg.): EDI File-Konverter für den online-Datenaustausch in Industrie, Handel und Verwaltung, o.O. 1986.

GLI - Gesellschaft für Logistik und Informationssysteme (Hrsg.): EDIFACT - Einheitliche Richtlinien für den Handelsdatenaustausch, Aschheim 1987.

GÖRGEN, K. u.a.: Grundlagen der Kommunikationstechnologie, ISO-Architektur offener Kommunikationssysteme, Berlin - Heidelberg - New York - Tokyo 1985.

GRILL, E.: Relationale Datenbanken - Vom logischen Konzept zur physischen Realisierung, Ziele-Methoden-Fallstudie, Reihe Angewandte Informations-Technik, 3. Aufl., Hallbergmoos 1987.

GROCHLA, E. (Hrsg.): Handwörterbuch der Organisation, 2. Aufl., Stuttgart 1980.

GROENKE, L.: Der Normenausschuß Informationssysteme (NI) und seine Aufgaben, Verbindlichkeit und Durchsetzbarkeit von Normen, Angewandte Informatik, 6/1985, S. 244-254.

HAGEN, K.H., SCHULTE, K.: Marktdatenkommunikation jetzt realisieren, Coorganisation 4/1983, S. 12-19.

HAMMEL, R.G.: Grundfragen der externen Integration der Datenverarbeitung, Köln 1976.

HANSEN, H.R.: Wirtschaftsinformatik I (Einführung in die betriebliche Datenverarbeitung), 5. Aufl., Stuttgart 1986.

HÄUSSERMANN, F.: Verteilte Transaktionsverarbeitung und verteilte Datenhaltung - eine Übersicht und Lösungen, Elektronische Rechenanlagen, 1/1985, S. 15-22.

HEIMBIGER, D.; McLEOD, D.: A federated Architecture for Information Management, ACM Transactions on Information Systems, Vol. 3, No.3, 1985, S. 253-278.

HEINRICH, L.J.; STERRER, G.: Ziele von Informationssystemen - Ergebnisse einer empirischen Studie, Information Management, 1/1987, S. 48-53.

HENNEMANN-BÖCKELS, B.: Umgang mit Datenbanken, Frankfurt 1984.

von HERDER, H.: Filialunternehmen - Alle Macht der Zentrale?, Rationeller Handel, 4/1979, S. 2-8.

HERRMANNS, A. (Hrsg.): Neue Kommunikationstechniken, München 1986.

HESSE, M.; ULLEMEYER, M.: Das Konzept zur Datenfernübertragung bei der Adam Opel AG, in: ACTIS (Hrsg.): Seminar "Just-in-time mit DFÜ", Entwicklung und Stand der Datenfernübertragung in der Automobilindustrie, 29./30. September 1986.

HILDEBRAND, H.: Zahlen mit elektronischem Geld, Dynamik im Handel, 2/1987, S. 78-83.

HILDEBRANDT, H.: Schneller, sicherer, informativer, Dynamik im Handel, 6/1987, S. 64.

HOCH, P.: Strategie und Technik am Point of Sale aus der Sicht eines Unternehmens der Kreditwirtschaft, Bank und Markt, 5/1986, S. 5-8.

HORVATH, P.; PETSCH, M.; WEIHE, M.: Standard-Anwendungs-Software für die Finanzbuchhaltung und die Kosten- und Leistungsrechnung, 2. Aufl., München 1985.

ICC - INTERNATIONAL CHAMBER OF COMMERCE (Hrsg.): Special joint committee on Uniform Rules for Communication Agreements, document no. 374/9 Rev. 2, Paris 7.7.1987.

ICC - INTERNATIONAL CHAMBER OF COMMERCE (Hrsg.): Uniform Rules of Conduct for Interchange of Trade Data by Teletransmission (UNCID), Document No. 374/10 Rev. 2, Paris 7.7.1987.

KATZSCH, R.: Kosten-Nutzen-Aspekte von Bildschirmtext, HMD Nr. 131, 1986, S. 30-43.

KAUFFELS, F.-J.: Personal-Computer und lokale Netzwerke: Architektur von Rechnernetzen, Aufbau und Wirkungsweise lokaler Netze, Software-Standards, Haar bei München 1986.

KIMM, R.; KOCH, W.; SIMONSMEIER, W.; TONTSCH, F.: Einführung in Software-Engineering, 2. Aufl., Berlin - New York 1979.

KIRCHNER, J.D.; ZENTES, J.: Führen mit Warenwirtschaftssystemen, Düsseldorf - Frankfurt 1984.

KOMMISSION DER EUROPÄISCHEN GEMEINSCHAFTEN (Hrsg.): Mitteilungen der Kommission an den Rat betreffend den elektronischen Datentransfer für kommerzielle Zwecke über Kommunikationsnetze, TEDIS (1986a), Trade Electronic Data Interchange Systems, Brüssel, 1.Dezember 1986.

KOMMISSION DER EUROPÄISCHEN GEMEINSCHAFTEN (Hrsg.): Vorschlag für eine Verordnung des Rates über die Vorbereitungsphase eines Gemeinschaftsprogramms betreffend den elektronischen datentransfer für kommerzielle Zwecke über Kommunikationsnetze, TEDIS (1986b), Entwurf, KOM (86) 662 endg., Brüssel 1.Dezember 1986.

KOMMISSION DER EUROPÄISCHEN GEMEINSCHAFTEN (Hrsg.): Vorschlag einer Entscheidung des Rates über die koordinierte Entwicklung von automatisierten Verwaltungsverfahren, in: Amtsblatt der Europäischen Gemeinschaften, Nr. C167, 1985, S. 3-5.

KONSYNSKI, B.R.: IS redraws competitive boundaries, Harvard Business Report, 2/1985, S. 134-140.

KRALLMANN, H.: EES - das Expertensystem für den Einkauf, Betriebswirtschaftliche Forschung und Praxis (BFuP), 6/1986, S. 565-583.

KRCMAR, H.: Innovation durch strategische Informationssysteme, in: DICHTL, E.; GERKE, W.; KIESER, A.:Innovation und Wettbewerbsfähigkeit, Wiesbaden 1987, S. 227-246.

KRUSE, G.: Datenverarbeitung im Lebensmittelhandel - Flexibilität statt EDV-Korsett, Dynamik im Handel, 12/1985, S. 14-20.

KUBICEK, H.; GÜNTER, W.: Entwicklungstendenzen und ökonomische Aspekte der Telekommunikation; HMD Nr.131, 1986, S. 1-8.

KUGLER, H.: Konzept der verteilten Transaktionsverarbeitung mit UTM, in: Siemens (Hrsg.): telcom Report, 7/1984, S. 249-253.

KUHN, G.: Entwicklung und Probleme der Kooperation im Handel - Eine Analyse der Umstrukturierung der Einkaufsvereinigungen und freiwilligen Ketten zu marktaktiven und zentral geführten Kooperativen Gruppen, Schriften zur Handelsforschung Nr. 56, Göttingen 1977.

LEHMANN, H.: Integration, in: HWB der Organisation, hrsg. von E.Grochla, 2. Aufl., Stuttgart 1980, Sp.975-984.

LEONG-HONG, B.W.; PLAGMAN, B.K.: Data Dictionary/Directory Systems, Wiley Interscience Publication, New York 1982.

LITWIN, A.; ABDELLATIF, B.: Multidatabase Interoperability, in: IEEE Society (Hrsg.): Computer, Dez. 1986, S. 10-18.

LÖCHER, W.; SCHUMACHER, F.: Nutzung von Datenbanken, Düsseldorf 1985.

LOH, W.W.: Das S.W.I.F.T.-System, Die moderne Datenübertragung im internationalen Zahlungsverkehr, Frankfurt a.M. 1983.

LÜTKENHORST, W.: Betrieb, in: Vahlens großes Wirtschaftslexikon, Band 1, München 1987, S. 230.

LYNGBAEK, P; McLEOD, D.: An Approach to Object Sharing in Distributed Database Systems, Conference on very large Databases, 1983, Florence October 1983, S. 364-376.

MACIEJEWSKI, P.; BERGMANN, P.; LITKE, H.: Bildschirmtext (Btx) für den Einzelhandel, HMD Nr. 120 (1984), S. 21-30.

MAIER, D.: The Theory of relational Databases, Potomac 1983.

McFARLAN, F.W.: Information Technology changes the way you compete, Harvard Business Report, 3/1984, S. 98-103.

MERKEL, H.: Wie schützt man Investitionen in Informationstechnik, Information Management 4/1987, S. 38-43.

MERTENS, P.: Die zwischenbetriebliche Kooperation und Integration bei der automatisierten Datenverarbeitung, Meisenheim am Glan 1966.

MERTENS, P.: Industrielle Datenverarbeitung, Bd.1: Administrations- und Dispositionssysteme, 6. Aufl., Wiesbaden 1986.

MERTENS, P.: Zwischenbetriebliche Integration der EDV, Informatik Spektrum, 8/1985, S. 81-90.

MERTENS, P; PLATTFAUT, E.: Informationstechnik als strategische Waffe, Information Management, 2/1986, S. 6-17.

MERTENS, P. u.a. (Hrsg.): Lexikon der Wirtschaftsinformatik, Berlin u.a. 1987.

MEYER, B.: Die externe Bankenautomation als Entscheidungsproblem der Kreditgenossenschaften, 3. Aufl., Gelsenkirchen 1985.

MEYER, B.E.: Direktverbund Zulieferer-Hersteller-Kunde, Computer Magazin 4/1987, S. 44-48.

MEYER, B.E.: Überbetriebliche Integration von Datenfernübertragung und Fortschrittszahlen, in: SCHEER, A.W. (Hrsg.): CIM im Mittelstand, Berlin u.a. 1988, S. 125-150.

MEYER, F.A.: Rückkehr zur ganzheitlichen Verarbeitung, Office Management 4/1986, S. 370-372.

MÜLDER, W.: Organisatorische Implementierung von computergestützten Personalinformationssystemen, Berlin - Heidelberg - New York - Tokyo 1984.

MÜLLER, H.: Wechselbeziehungen zwischen internen und externen Datensammlungen, Die Bank 6/1983, S. 151-153.

NAISBITT, J.: Megatrends, 2. Aufl., Bayreuth 1984.

ODETTE - Organisation for Data Exchange by Tele Transmission in Europe, Secretariat (Hrsg.): Project ODETTE, Part One, Rev. 2:86-06, London 1986.

ODETTE - Organisation for Data Exchange by Tele Transmission in Europe: Invoice Message, Version 2, London 1987.

ODETTE - Organisation for Data Exchange by Tele Transmission in Europe: Purchase Order, London 1987.

ODRICH, P.: Computersysteme bestimmen die Zukunft der Luftfahrt: Von "Abacus" bis "Sabre", Frankfurter Allgemeine Zeitung (FAZ), 17. Februar 1988, S. 15.

o.V.: Die Angst der Importeure vor dem Computer, Logistik heute, 9/1983, S. 20.

o.V.: CEFIC Electronic Data Interchange Project, Business Brief, No. 1299, March 18, 1987.

o.V.: CEFIC strikes the Balance of European Chemical Industry, Petrole Informations, January 1987, S. 98.

o.V.: Chemical Industry - CEFIC launches the "EDI"-Project, in: Europe, No. 4507 (new series), Thursday 12 March 1987, S. 16.

o.V.: Definition "Warenwirtschaft" und "Warenwirtschaftssystem", Dynamik im Handel, 10/1983, S. 53.

o.V.: Discus - GE kooperiert bei Daten-Clearing-System, Computerwoche 5/1988, 29.1.1988, S. 16.

o.V.: EDI - Handelsdaten-Syntax geht jetzt an die ISO, Computerwoche 8 (1987), 20.Febr. 1987, S. 4.

o.V.: EDIFICE - Electronic Industry Initiative, Trade Flash, 3/1987, S. 2.

o.V.: Elektronischer Datenaustausch: Neue Initiativen USA - Europa, DEUPRO Information Nr. 6/1986, hrsg. vom Bundesministerium für Wirtschaft, Bonn.

o.V.: Informationswirtschaft, Diebold Management Report, 11/1985, S. 1-6.

o.V.: Initiative Supermarkt: Die neuen Lieferkonzepte, Absatzwirtschaft 1/1987, S. 56-57.

o.V.: MADAKOM-Test bestanden, Coorganisation, 2/1987, S. 21-22.

o.V.: Das Projekt MERCATOR, Executive Summary Report, Deutsche Fassung, o.O., o.J.

o.V.: Die reine Lehre des EAN, Beiblatt in: Coorganisation, 1/1984, o.S.

o.V.: Ein Schritt in die richtige Richtung, Sedas-Datenträgeraustausch in Zukunft "papierlos"?, Coorganisation 1/1987, S. 24-32.

o.V.: Standardregelungen für den Bestellverkehr, SEDAS-Systembausteine erweitert, Coorganisation 3/1983, S. 34-37.

o.V.: Strategische Anwendungen: Informationstechnik als aktives Mittel zur Erzielung von Wettbewerbsvorteilen, Diebold Management Report, 5/1986, S. 1.

o.V.: Der "transparente Konsument" als Schreckensbild der Datenschützer, Schweiz: Einführung elektronischer Zahlungssysteme stößt auf große Skepsis, Handelsblatt, 26. Februar 1987, S. 7.

o.V.: UNICORN - The Ferry Industry Interchange Project, Trade Flash March 1987, S. 2.

o.V.: Weg vom Stückwerk, Diebold Management Report, 8+9/1986, S. 15-18.

o.V.: Weltwirtschaft - Weltweite EDV-Sprache für Übermittlung von Handelsdokumenten, Nachrichten für Außenhandel (NfA), 9.12.1986, S. 1.

o.V.: 20.000.000 Scannerdaten abrufbereit, Coorganisation 2/1987, S. 26-32).

OMIKRON Systemhaus GmbH: Untersuchung für den zentralen Kreditausschuß, Datenfernübertragung der Zahlungsverkehrsdaten vom Kunden- PC zum Bankrechner (ZV-DFÜ), unveröffentlichtes Gutachten für den Bundesverband der deutschen Banken, Köln 1986.

PARDEY, R.: Konzepte für die interne Information - Das Beispiel filialisierender Einzelhandelsunternehmen, Saarbrücken 1985.

PAULUHN, B.: Marketing und EDV - Eine Synergiebeziehung, Bank und Markt 4/1986, S. 43-45.

PLATTNER, H.: Der Integrationsmanager wird gefordert, Computerwoche 41/1987, 9.10.1987, S. 25-29.

PÜTTMANN, M.: Langfristige Auswirkungen von Bildschirmtext, Kabel- und Satellitenfernsehen auf den Lebensmitteleinzelhandel - Ergebnisse einer Delphi-Prognose, in: HERRMANNS, A. (Hrsg.): Neue Kommunikationstechniken, München 1986, S. 153-158.

RAUMER, L.: Informationsbeziehungen zwischen Versender, Frachtführer und Empfänger, Dynamik im Handel, 8/1983, S. 16-22.

RGH Rationalisierungs-Gesellschaft des Handels (Hrsg.): Information und Kommunikation im Handel, Teil 1: I+K-Techniken und ihre Verbreitung im Handel.

RGH Rationalisierungs-Gesellschaft des Handels (Hrsg.): Das Streckengeschäft im Lebensmittelhandel, Köln 1980.

von ROTTENBURG, F.: ZKA: Btx-Benutzung einheitlich geregelt, Die Bank, 8/1984, S. 255-259.

RUDOLFF, P.: FORS-DFÜ bei der Firma Kammerer, in: ACTIS (Hrsg.): Seminar "Just-in-time mit DFÜ", Entwicklung und Stand der Datenfernübertragung in der Automobilindustrie, 29./30. September 1986.

RUHSERT, J.C.: Der Aufstieg des computerintegrierten Managements, Computerwoche, 17. April 1987, S. 44-48.

RUMPELTES, G.: Elektronisches Geld - Das österreichische System für den kartengesteuerten Zahlungsvorgang am Point of Sale, Österreichisches Bankarchiv, 11/1983, S. 417-423.

SCHAPER, H.-H.: Computer für die Arbeitsverwaltung, Siemens-Magazin COM, Special "EDV im Arbeitsamt", 1987, S. 20-21.

SCHEER, A.-W.: Disposition und Bestellwesen als Baustein zu integrierten Warenwirtschaftssystemen, Veröffentlichungen des Instituts für Wirtschaftsinformatik, Nr. 33, Saarbrücken März 1983.

SCHEER, A.-W.: Betriebsübergreifende Vorgangsketten durch Vernetzung der Informationsverarbeitung, Information Management, 3(1987), S. 56-63.

SCHEER, A.-W.: EDV-orientierte Betriebswirtschaftslehre, 3. Auflage, Berlin - Heidelberg - New York - Tokyo 1987.

SCHEER, A.-W.: Wirtschaftsinformatik - Informationssysteme im Industriebetrieb, Berlin u.a. 1988.

SCHEER, A.-W.: CIM - Der computergesteuerte Industriebetrieb, 3. Aufl., Berlin u.a. 1988.

SCHEER, A.-W. (Hrsg.): CIM im Mittelstand, Berlin u.a. 1988.

SCHEER, A.-W.: Entwurf eines Unternehmensdatenmodells, Information Management, 1/1988, S. 14-23.

SCHEER, A.-W.: Unternehmensdatenmodell (UDM) als Grundlage integrierter Informationssysteme, ZfB 10/1988, S. 1091-1114.

SCHEK, H.-J.; SCHOLL, M.H.: Die NF^2-Relationenalgebra zur einheitlichen Manipulation externer, konzeptueller und interner Datenstrukturen, in: SCHMIDT, J.W. (Hrsg.): Sprachen für Datenbanken: Fachgespräch auf der 13. GI Jahrestagung, Hamburg Oktober 1983, Berlin Heidelberg New York Tokyo 1983.

SCHIFFEL, Joachim: Warenwirtschaftssysteme im Einzelhandel, Augsburg 1984.

SCHMIDT, J.W. (Hrsg.): Sprachen für Datenbanken: Fachgespräch auf der 13. GI Jahrestagung, Hamburg Oktober 1983, Berlin Heidelberg New York Tokyo 1983.

SCHMIDT, K.-J. (Hrsg.): Informations- und Kommunikationslogistik, Tagungsband, Saarbrücken 15./16. Oktober 1987.

SCHMINKE, Lutz: Die Informationspolitik von Handelsbetrieben, Eine Analyse des Informationswesens von Handelsbetrieben in kooperativen Gruppen unter besonderer Berücksichtigung des Bereichs Warenwirtschaft, Diss., Göttingen 1981.

SCHREIER, U.: Data Dictionary, in: Lexikon der Wirtschaftsinformatik, hrsg. von P.Mertens u.a., Berlin u.a. 1987, S. 91-92.

SCHULTE, K.H.: Standards auf dem Prüfstand, Coorganisation 1/1983, S. 22-26.

SCHULTE, K.; STECKENBORN, I.; BLASBERG, L.: Systeme der Warenwirtschaft im Handel, Köln 1981.

SCHWARZE, J.: Daten- und Datenbankorientierung in der Betriebswirtschaftslehre, Angewandte Informatik 2/1987, S. 51-58.

SEIBT, D.: Phasenkonzept, in: Lexikon der Wirtschaftsinformatik, hrsg. von P. Mertens. u.a., Berlin u.a. 1987, S. 253-255.

SEISCHAB, H.; SCHWANAG, K. (Hrsg.): Handwörterbuch der Betriebswirtschaftslehre, 3. Aufl., Stuttgart 1956, Sp. 1778-1784.

SHARMAN, G.: The rediscovery of logistics, Harvard Business Review, 5/1984, S. 71-79.

SHEPHERD, A.: Stand der Standardisierungsaktivitäten in der europäischen Automobilindustrie, in: Schmidt, K.-J. (Hrsg.): Informations- und Kommunikationslogistik, Tagungsband, Saarbrücken 15./16. Oktober 1987.

SIEMENS (Hrsg.): Der Computer beim Zoll - ALFA Automatisierte Luftfrachtabwicklung, Bestell-Nr. U-1383-J-Z51-1, München, o.J.

SIEMENS (Hrsg.): SBA - Siemens-Netzarchitektur für Büro-Automatisierung nach internationalen Standards für offene Netze, Bestell-Nr. U2293-J-Z74-3, München o.J.

SIEMENS (Hrsg.): UTM-D, UDS-D, SESAM-DCN (BS 2000) - Verteilte Transaktionsverarbeitung und verteilte Datenbanken, Bestell-Nr. U-2426-J-Z52-2, September 1985.

SIMON, H.; KUCHER, E.; SEBASTIAN, K.-H.: Scannerdaten in Marktforschung und Marketingentscheidungen, ZfB, 6/1982, S. 555-579.

SINZIG, W.: Datenbankorientiertes Rechnungswesen, 2. Aufl., Berlin - Heidelberg - New York - Tokyo 1985.

SMMT - The Society of Motor Manufacturers and Traders (Hrsg.): Motornet, Informationsbroschüre, London, o.J.

SOFTWARE AG (Hrsg.): Ein Überblick über ISA, die offene, integrierte Software Architektur, Produktblatt, o.O., o.J.)

SOVA, O.; PIPER, J.: Computergestützte Warenwirtschaft im Handel, Köln 1985.

SPITZLAY, H.: MADAKOM-Test vor dem Start, Coorganisation, 1 (1986), S. 25-26.

SPITZLAY, H.: MADAKOM-Test gestartet, Coorganisation, 3 (1986), S. 36-42.

STÄDTLER, M.: Stand und neuere Konzeptionen einer zwischenbetrieblichen Integration der Datenverarbeitung im Güterverkehr, Diss., Nürnberg 1984.

STÄDTLER, M.: Zwischenbetriebliche Integration, in: Lexikon der Wirtschaftsinformatik, hrsg. von P. Mertens u.a., Berlin u.a. 1987, S. 368-369.

STAHLKNECHT, P.: Einführung in die Wirtschaftsinformatik, 3. Aufl., Berlin u.a. 1987.

STAHLKNECHT, P.: Standardsoftware, in: Lexikon der Wirtschaftsinformatik, hrsg. von P. Mertens u.a., Berlin u.a. 1987, S. 314-316.

STAHLKNECHT, P., NORDHAUß, R.: Methodik der Hardware- und Software-Auswahl in kleinen und mittleren Unternehmen, München - Wien 1981.

STAUD, J.L.: Online Wirtschaftsdatenbanken 1987, Bd. 1 und 2, Peter Lang Verlag, Frankfurt, Bern, New York, Paris 1987.

STEINER, H.: Kunden und Banken - Verhältnisse ändern sich, IBM-Nachrichten, 259/1982, S. 35-39.

STOYAN, H.; WEDEKIND, H. (Hrsg.): Objektorientierte Software- und Hardware-Architekturen, Stuttgart 1983.

TESSAR, H.: Chancen und Risiken beim Einsatz neuer Kommunikationstechniken im Handel, Frankfurt 1983.

TIETZ, B.: Der Handelsbetrieb, München 1985.

TIETZ, B.: POS-Banking - Elektronischer Zahlungsverkehr im Ladeneinzelhandel. Marketing - ZFP, 7.Jg., 1985, S. 275-284.

TIETZ, B.: Wege in die Informationsgesellschaft, Szenarien und Optionen für Wirtschaft und Gesellschaft, Stuttgart 1987.

TIETZ, W.: CCITT-Empfehlungen der V-Serie und der X-Serie, Datenübermittlungsnetze - Dienste und Leistungsmerkmale, 5. Aufl., Heidelberg 1985.

THOMAS, H.E.: Neue Wege in der unternehmensübergreifenden Kommunikation, EDIFACT soll den elektronischen Geschäftsverkehr erleichtern, Computerwoche, 26.Juni 1987, S. 16-17.

TREIS, B.(Hrsg.): Der mittelständische Einzelhandel im Wettbewerb, Größenbedingte Vor- und Nachteile, München 1981.

UNECE/ UNCTAD - UNITED NATIONS ECONOMIC COMISSION FOR EUROPE; UNITED NATIONS CONFERENCE ON TRADE AND DEVELOPMENT (Hrsg.): Trade Data Elements Directory, Geneva, Stand 1.1. 1987.

UNECE/CEE-ONU - United Nations Informations Service - Economic Commission for Europe (Hrsg.): Information Press Release ECE/TT/11, Geneva, 25-09-1986.

UNECE/CEE-ONU (Hrsg.): Dok.E/ECE/Trade(80), Geneva 1966.

VDA - Verband der Automobilindustrie e.V. (Hrsg.): Datenfernübertragung von Preisdaten, VDA-Empfehlung 4911, Entwurf, Frankfurt, Stand November 1986).

VDA - Verband der Automobilindustrie e.V. (Hrsg.): DFÜ-Vereinbarungen zum Datenaustausch, o.O., Stand Februar 1986.

VDA - Verband der Automobilindustrie e.V. (Hrsg.): Datenfernübertragung von Rechnungen, VDA-Empfehlung 4906, Frankfurt Juni 1984.

VDA - Verband der Automobilindustrie e.V. (Hrsg.): Anfrage/ Angebot: Kombinations-Vordruck in der Automobil- und Zulieferindustrie, VDA-Empfehlung 4901, Frankfurt Oktober 1977.

VINEK, G.; RENNERT, P.F.; TJOA, A.M.: Datenmodellierung - Theorie und Praxis des Datenbankentwurfs, Würzburg - Wien 1982.

VOGEL, B.: Bringt OSI wirklich die Lösung, online, 10 (1985), S. 60-66.

VOSSMANN, H.: Auswahlkriterien für ein Warenwirtschaftssystem im Einzelhandel, Dynamik im Handel, 4/1980, S. 17-19.

WAGNER, G.: Am Ende steht die Einheitsrechnung, Coorganisation, 4/1982, S. 13-15.

WEDEKIND, H.: Datenbanksysteme I, 2. Aufl., Mannheim-Wien-Zürich 1981.

WEDEKIND, H.; HÄRDER, T.: Datenbanksysteme II, Mannheim-Wien-Zürich 1976.

WENZEL, G.: Personalwesen, in: Kompendium der Betriebswirtschaftslehre, hrsg. von U. Bestmann, 3. Aufl., München 1982, S. 457-523.

WÖHE, G.: Einführung in die allgemeine Betriebswirtschaftslehre, 16. Auflage, München 1986.

ZEHNDER, C.A.: Informationssysteme und Datenbanken, 3. Aufl., Stuttgart 1985.

ZEILINGER, P.: Just-in-time und DFÜ bei BMW, in: ACTIS (Hrsg.): Seminar "Just-in-time mit DFÜ", Entwicklung und Stand der Datenfernübertragung in der Automobilindustrie, 29./30. September 1986.

ZELEWSKI, S.: Informations-Broker, DBW Die Betriebswirtschaft, 6/1987, S. 737-748.

ZELLEKENS, H.-J.: Beim POS-Banking gibt es noch verdeckte Karten, Computerwoche, 10. Januar 1986, S. 7.

ZELLEKENS, H.-J.: Geldkarten-Systeme in Deutschland - Erwartungen und Erfahrungen des Einzelhandels, in: Elektronischer Zahlungsverkehr, Conference Proceedings, Gottlieb Duttweiler Institut, Rüschlikon/Zürich 1985, S. 58-76.

ZELLEKENS, H.-J.; FONTAINE, J.: Zahlungsart: Geldkarte, hrsg. von der Rationalisierungsgesellschaft des Handels, Köln 1985.

ZENTES, J.: Warenwirtschaftssysteme als Element der modernen Logistik, Seminar des Gottlieb Duttweiler Instituts, Rüschlikon-Zürich 1981.

ZENTES, J.: Von der Datenflut zur Aktion, "Integrierte Warenwirtschaftssysteme", Seminar des Gottlieb Duttweiler Instituts, Rüschlikon-Zürich 1982.

ZENTES, J.: Konzeption und Aufbau integrierter Warenwirtschaftssysteme, in: "Integrierte Warenwirtschaftssysteme", Seminar des Gottlieb Duttweiler Instituts, Rüschlikon-Zürich, 10.-12. November 1982.

ZENTES, J.: Tendenzen zur Entwicklung von Warenwirtschaftssystemen, in: Zentes, J. (Hrsg.): Moderne Warenwirtschaftssysteme im Handel, Berlin - Heidelberg - New York - Tokyo 1985, S. 1-22.

ZENTES, J.: Moderne Warenwirtschaftssysteme im Handel, Berlin - Heidelberg - New York - Tokyo 1985.

ZENTES, J.: Strategie und Technik am Point of Sale aus der Sicht des Handels, Bank und Markt, 5/1986, S. 9-12.

ZENTES, J.: EDV-gestütztes Marketing, Ein informations- und kommunikationstheoretischer Ansatz, Berlin u.a. 1987.

ZENTES, J.: Neuere Entwicklungen in der Marktforschung: Datengewinnung, Marketing - ZFP, 1/1987, S. 37-42.

ZIMMERMANN, G.: VDA-Schnittstellen, in: Lexikon der Wirtschaftsinformatik, hrsg. von P. Mertens u.a., Berlin u.a. 1987, S. 351-352.

ZVEI - ZENTRALVERBAND ELEKTROTECHNIK UND ELEKTRONIKINDUSTRIE e.V. (Hrsg.): Firmenübergreifender elektronischer Geschäftsverkehr - Grundlagen und aktueller Stand, Frankfurt 1987.

ANHANG

Anhang 1: Verzeichnis der im internationalen Handel gängigen Dokumente

(Quelle: AWV: Dokumenten-Verzeichnis des Außenhandels 1985, S. 9 ff.)

<u>1.</u>	<u>Produktion</u>
105	Beschaffungsauftrag
110	Fertigungsauftrag
120	Lagerabruf
130	Rechnungsdatenblatt
140	Verpackungsanweisung
150	Firmeninterner Transportauftrag
190	Statistische und andere firmeninterne Verwaltungs-Dokumente
<u>2.</u>	<u>Einkauf</u>
210	Anfrage
215	Absichtserklärung
220	Auftrag/ Bestellung
240	Lieferanweisung
245	Lieferfreigabe
<u>3.</u>	<u>Verkauf</u>
310	Angebot/ Kostenvoranschlag
315	Vertrag
320	Auftragsbestätigung
325	Pro-Forma-Rechnung
330	Anforderung von Lieferanweisungen
335	Frachtraum-Buchungsauftrag
340	Versandanweisung
341	Versandanweisung des Versenders (Luft)
343	Transportauftrag (lokaler Transport)
345	Versandbereitschaftsmeldung
350	Versandauftrag
351	Versandanzeige (Versender)
370	Dokumenten-Versandanzeige
380	Handelsrechnung
381	Gutschriftsanzeige
382	Provisionsbestätigung

4. Zahlungsverkehr - Bankwesen

409	Banküberweisungsauftrag
412	Auftrag auf Bankscheck
425	Inkasso-Bezahltmeldung
426	Dokumentenakkreditiv-Zahlungsmitteilung
427	Dokumentenakkreditiv-Akzeptleistungsmitteilung
428	Dokumentenakkreditiv-Negoziierungsmitteilung
429	Bankgarantieauftrag
430	Bankgarantie
431	Dokumentenakkreditiv-Garantie
447	Inkassoauftrag
448	Dokumenteneinreichungsformular
460	Dokumentenakkreditiv-Auftrag
465	Dokumentenakkreditiv
466	Dokumentenakkreditiv-Anzeige
467	Dokumentenakkreditiv-Übertragungsmitteilung
468	Dokumentenakkreditiv-Änderungsanzeige
469	Dokumentenakkreditiv-Änderung
485	Bankscheck
490	Wechsel
491	Solawechsel

5. Versicherung

520	Versicherungszertifikat
530	Versicherungspolice
550	Versicherungsdeklaration (Bordereau oder Deklarationsblatt)
575	Rechnung des Versicherers
580	Deckungsnote

6. Dienstleistungen und Umschlag (Versand, Güterumschlag, Lagerung, Umschlagsplätze und Häfen, etc.)

610	Speditionsauftrag
621	Versandanzeige des Spediteurs an den Korrespondenten im Einfuhrland
622	Versandanzeige des Spediteurs an den Exporteur
623	Speditionsrechnung
624	Spediteur-Übernahmebescheinigung
630	Verladeanzeige/ Schiffszettel
631	Spediteur-Lagerempfangsschein (FIATA-FWR)
632	Empfangsschein
633	Hafenkostenrechnungen
635	Lagerschein
640	Teilschein
650	Umschlagsauftrag
655	Passierschein

7. Transport

701	Universal- (Mehrzweck-) Frachtbrief
702	Transportempfangsschein
710	Seefrachtbrief
710	Binnenschiffs-Frachtbrief
711	Kannossement
711	Ladeschein (Binnenschiffs-Kannossement)
713	Steuermannsquittung
715	Unbedenklichkeitsbescheinigung/ Schadloshaltungsbrief/ Revers
720	Bahnfrachtbrief
722	Abrechnungsbegleitpapier
730	LKW-Frachtbrief
740	Luftfrachbrief
750	Paketkarte
760MTD	Frachtbrief für den multimodalen Transport
760CTD	Frachtbrief für den kombinierten Verkehr
760FBL	FIATA-Kannossement
761	Durchkannossement
763	Transportbescheinigung (FIATA-FCT)
770	Buchungsbestätigung
775	Abruf
780	Frachtrechnung
781	Ankunftsavis
782	Unzustellbarkeitsmeldung
783	Anzeige wegen Unmöglichkeit des Weitertransportes
784	Versandanzeige (Frachtführer)
785	Ladungsmanifest
786	Frachtmanifest
787	LKW-Ladeliste
788	Containermanifest (Packliste)

8. Ausfuhrbestimmungen

810	Antrag auf Ausfuhrgenehmigung
811	Ausfuhrgenehmigung
812	Devisen-Kontrollmeldung
830	Anmeldung zur Ausfuhrabfertigung
833	Zollmanifest (Oberbegriff)
833IMO	Zollmanifest
840	Antrag auf Qualitätszeugnis
841	Qualitätszeugnis
850	Antrag auf Pflanzengesundheitszeugnis
851	Pflanzengesundheitszeugnis
852	Gesundheitszeugnis
853	Tierärztliches Gesunheitszeugnis
855	Antrag auf Prüfbescheinigung
856	Prüfbescheinigung
860	Antrag auf Ursprungszeugnis
861	Ursprungszeugnis (Oberbegriff)
861CCC	Ursprungszeugnis
861GS	Ursprungszeugnis (UNCTAD)
862	Ursprungserklärung
863	Zeugnis über eine geschützte regionale Erklärung
870	Konsulatsfaktura

890	Erklärung für gefährliche Güter
895	Statistische Anmeldung (Ausfuhr)

9. Ein- und Durchfuhrbestimmungen

910	Antrag auf Einfuhrgenehmigung
911	Einfuhrgenehmigung
925	Antrag auf Devisenzuteilung
926	Devisenzuteilung
927	Devisen-Kontrollmeldung (Einfuhr)
930	Zollanmeldung zur Abfertigung zum freien Warenverkehr
931	Zollantrag auf vorzeitige Überlassung
932	Zollfreigabeschein
933	Zollmanifest (Oberbegriff)
933IMO	Zollmanifest
934	Zollwertanmeldung
935	Zollrechnug
936	Zollinhaltserklärung (Postpakete)
937	Steueranmeldung (Einfuhrumsatzsteuer)
950CCC	Zollantrag zum Zollgutversand
950TIF	Internationales Zollanmeldeformular TIF
950TIR	Carnet TIR
950ITI	Anmeldung (ITI)
955	Carnet ATA
955	Durchfuhrüberwachungspapier
995	Statistische Anmeldung (Einfuhr)

Anhang 2: Vergleich von Nachrichtentypen gemäß EDIFACT

Anhang 2.1: DIN

Rechnung

Message Type Code: INVOIC (Teil 1)

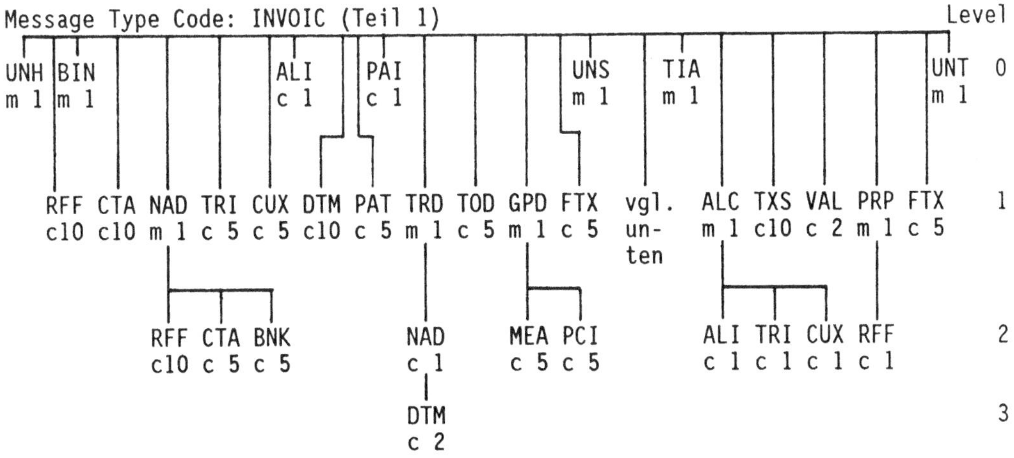

Message Type Code: INVOIC (Teil 2)

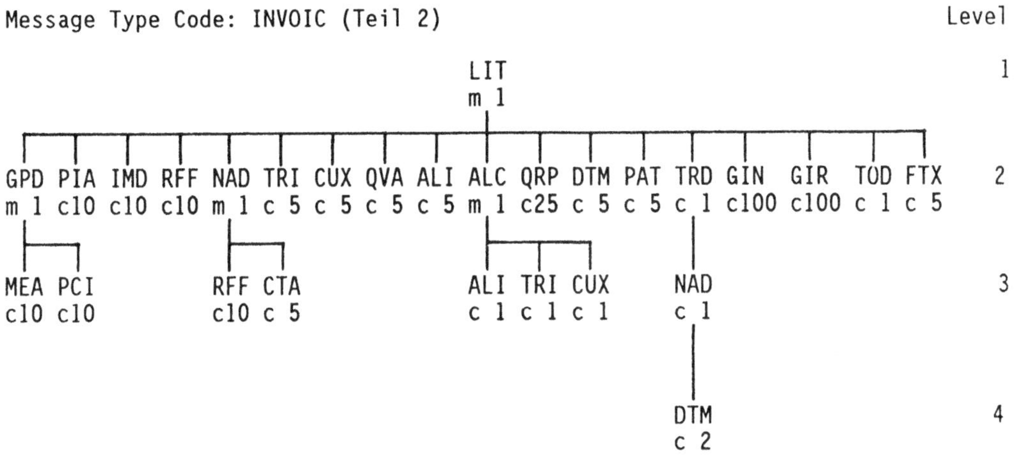

<u>Bestellung</u> (in Ausschnitten)

Message Type Code: ORDER (Teil 1/2) Level

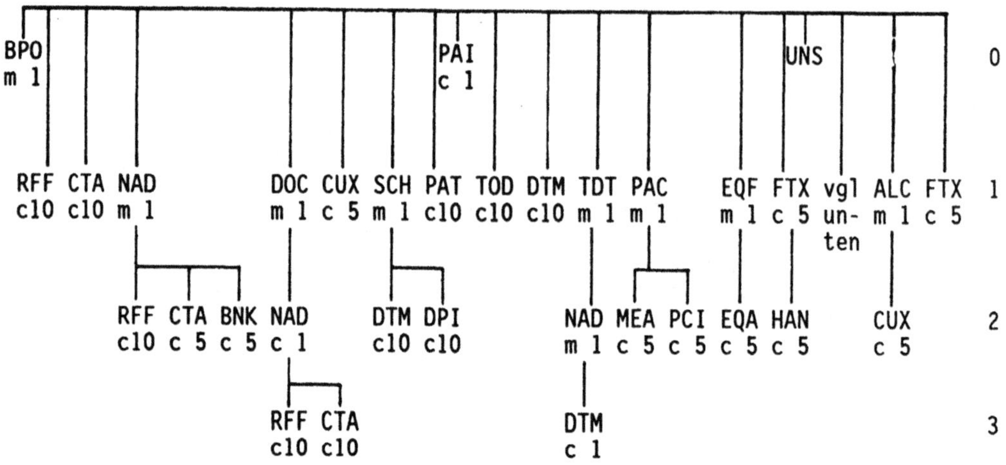

Message Type Code: ORDER (Teil 2/2) Level

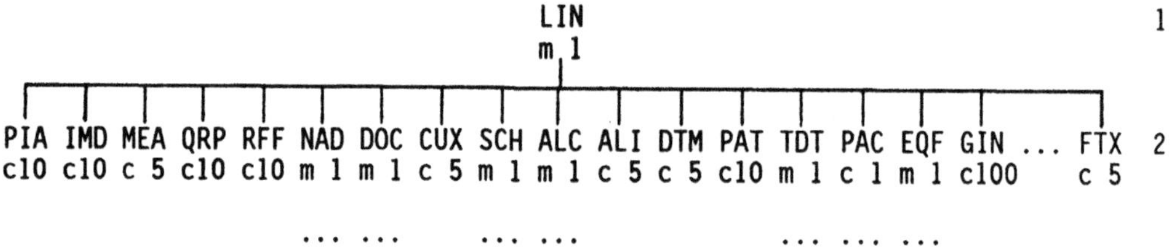

Erläuterungen zu EDIFACT vgl. Abb. VI.3.1.3.c
zusätzliche Datenelemente der Bestellung:

BFC Beginning Material Requirement Forecast
BPO Beginning segment for Purchase Order
CFG Configuration
DOC Documents printed
DPI Delivery pattern instructions
EQA Equipment attached
EQF Equipment fixed information
FSC Forecast schedule
PRI Price information
SCH Schedule
HAN Handling instruction
LID Line item
LIN Line item
MEA Measurements
PAC Package
REL Release Authorisation
TDT Details of Transport

Anhang 2.2: ODETTE (Quelle: ODETTE, Invoice Message, Purchase Order 1987)

Rechnung

Message Type Code: INVOIC

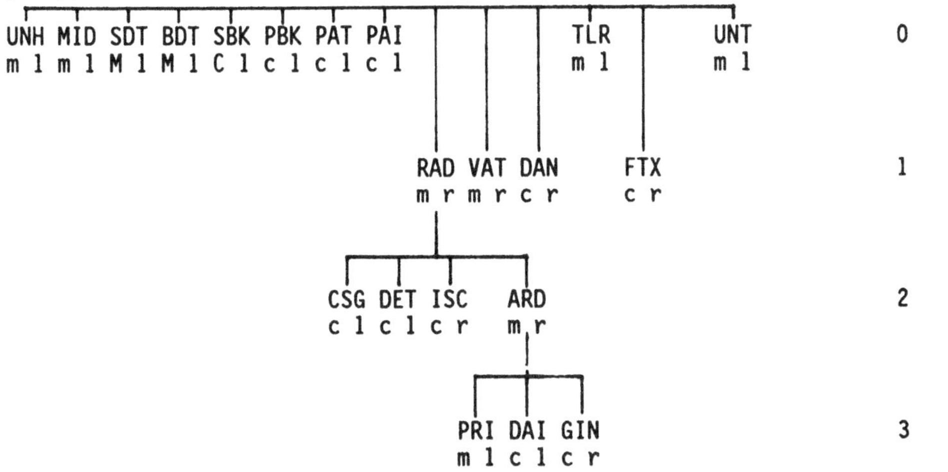

Bestellung

Message Type Code: ORDERR (Purchase Order = Bestellung) Teil 1/2

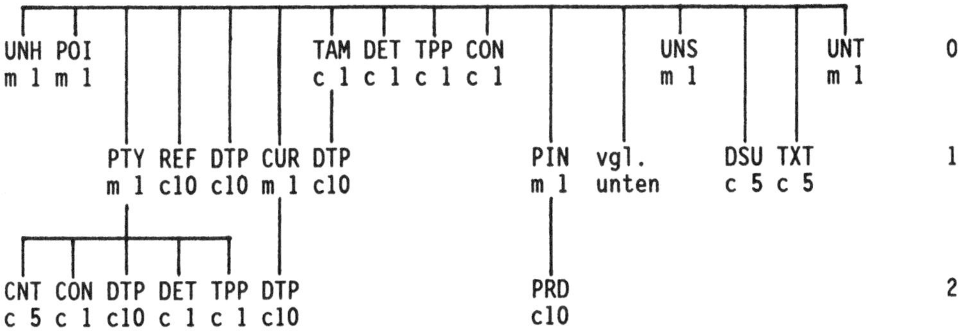

Message Type Code: ORDERR Teil 2/2

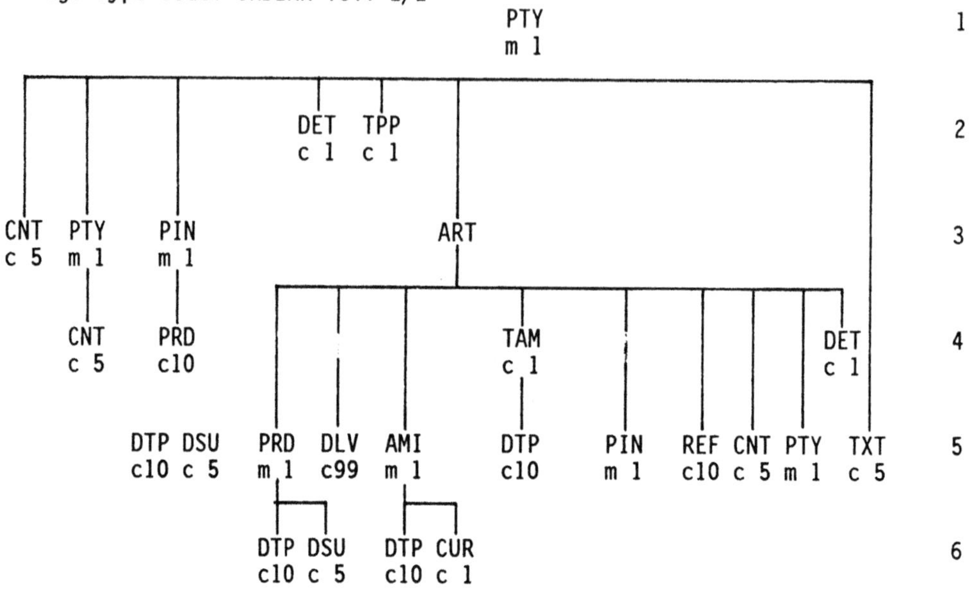

AMI Article material information
ART Article details
CNT Contact information
CON Conditions of purchase
CUR Currencies
DET Delivery Terms
DLV Delivery Details
DSU Discounts and surcharges
DTP Date/time/period

PIN Package information
POI Purchase order identification
PRD Price details
PTY Party details
REF References
TAM Toolig and amortisation details
TPP Terms of payment
TXT Text

Anhang 2.3: COST 306 (Quelle: European Cooperation ...: Cost 306 1986, S. 20)

Message Type Code: CORTRA (Transport Order)

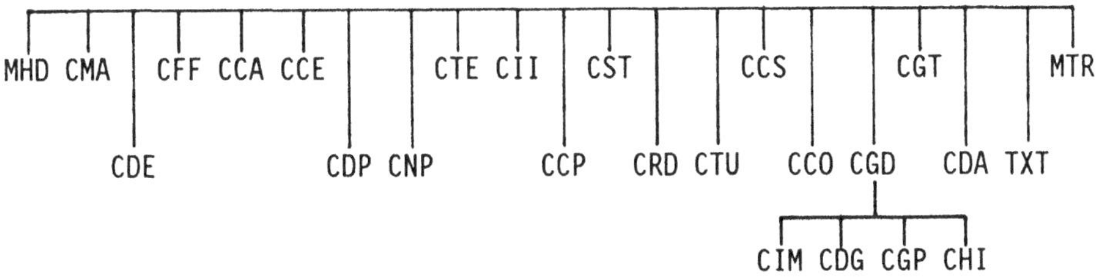

MHD Message header
CMA Message header augmentation
CCR Consignor
CDE Despatch party
CFF Freight forwarder
CCA Carrier
CCE Consignee
CDP Delivery party
CNP Notify party
CTE Terms of delivery
CII Insurance instructions
CCP Charge payment instruction
CST Shipment type

CRD Routing details
CTU Transport unit details
CCS Contaier summary
CCO Container details
CGD Goods details
CIM Dimensions
CDG Dangerous goods details
CGP goods placement in container
CHI Handling instructions
CGT Consignment totals
CDO Document/message references
TXT Text
MTR Message trailer

Betriebs- und Wirtschaftsinformatik

Herausgeber: **H. R. Hansen, H. Krallmann, P. Mertens, A.-W. Scheer, D. Seibt, P. Stahlknecht, H. Strunz, R. Thome**

Band 3: **H. Krallmann** (Hrsg.)
Unternehmensplanung und -steuerung in den 80er Jahren
Eine Herausforderung an die Informatik
1982. DM 82,–. ISBN 3-540-11600-1

Band 4: **R. Thome** (Hrsg.)
Datenverarbeitung im KFZ-Service und -Vertrieb
1983. DM 59,–. ISBN 3-540-12005-X

Band 5: **H. R. Hansen, W. L. Amsüss, N. S. Frömmer**
Standardsoftware
Beschaffungspolitik, organisatorische Einsatzbedingungen und Marketing
1983. DM 54,–. ISBN 3-540-12332-6

Band 8: **T. Noth, M. Kretzschmar**
Aufwandschätzung von DV-Projekten
Darstellung und Praxisvergleich der wichtigsten Verfahren
2. Auflage. 1985. DM 42,–. ISBN 3-540-16069-8

Band 9: **J. Zentes** (Hrsg.)
Neue Informations- und Kommunikationstechnologien in der Marktforschung
1984. DM 40,–. ISBN 3-540-12906-5

Band 10: **H. Krallmann** (Hrsg.)
Lokale und öffentliche Netze
Interdependenzen, Erfahrungsberichte, Wirtschaftlichkeit und Entwicklungstendenzen
1984. DM 39,–. ISBN 3-540-13357-7

Band 11: **W. Mülder**
Organisatorische Implementierung von computergestützten Personalinformationssystemen
Einführungsprobleme und Lösungsansätze
1984. DM 60,–. ISBN 3-540-13360-7

Band 14: **N. Wittemann**
Produktionsplanung mit verdichteten Daten
1985. DM 64,–. ISBN 3-540-15665-8

Band 15: **G. Diruf** (Hrsg.)
Logistische Informatik für Güterverkehrsbetriebe und Verlader
1985. DM 48,–. ISBN 3-540-15692-5

Band 17: **A. Schulz** (Hrsg.)
Die Zukunft der Informationssysteme Lehren der 80er Jahre
Dritte gemeinsame Fachtagung der Österreichischen Gesellschaft für Informatik (ÖGI) und der Gesellschaft für Informatik (GI). Johannes Kepler Universität Linz, 16.–18. September 1986
1986. DM 106,–. ISBN 3-540-16802-8

Band 18: **H. R. Göpfrich**
Bildschirmtext in der Ausbildung
Dargestellt am Beispiel der Wirtschaftsuniversität Wien
1987. DM 74,–. ISBN 3-540-17175-4

Band 19: **M. Schumann**
Eingangspostbearbeitung in Bürokommunikationssystemen
Expertensystemansatz und Standardisierung
1987. DM 54,–. ISBN 3-540-17369-2

Band 20: **T. Noth**
Unterstützung des Managements von Software-Projekten durch eine Erfahrungsdatenbank
1987. DM 69,–. ISBN 3-540-17842-2

Band 21: **H. Demmer**
Datentransportkostenoptimale Gestaltung von Rechnernetzen
1987. DM 69,–. ISBN 3-540-17919-4

Band 22: **J. Becker**
Architektur eines EDV-Systems zur Materialflußsteuerung
1987. DM 65,–. ISBN 3-540-18349-3